21世纪普通高等院校系列规划教材

新编财政与金融

XINBIAN CAIZHENG YU JINRONG

（第五版）

主 编 金淑彬 崔炳玮

西南财经大学出版社
中国 · 成都

图书在版编目(CIP)数据

新编财政与金融/金淑彬,崔炳玮主编．—5版.—成都:西南财经大学出版社,2019.8(2020.7重印)
ISBN 978-7-5504-4055-5

Ⅰ.①新… Ⅱ.①金…②崔… Ⅲ.①财政金融—高等学校—教材
Ⅳ.①F8

中国版本图书馆CIP数据核字(2019)第155679号

新编财政与金融(第五版)

主编:金淑彬 崔炳玮

责任编辑:廖术涵

封面设计:杨红鹰 张姗姗

责任印制:朱曼丽

出版发行	西南财经大学出版社(四川省成都市光华村街55号)
网　　址	http://www.bookcj.com
电子邮件	bookcj@foxmail.com
邮政编码	610074
电　　话	028-87353785
照　　排	四川胜翔数码印务设计有限公司
印　　刷	郫县犀浦印刷厂
成品尺寸	185mm×260mm
印　　张	16.5
字　　数	392千字
版　　次	2019年8月第5版
印　　次	2020年7月第2次印刷
印　　数	3001—6000册
书　　号	ISBN 978-7-5504-4055-5
定　　价	39.80元

▶▶ 总序

为推进中国高等教育事业可持续发展，经国务院批准，教育部、财政部启动实施了“高等学校本科教学质量与教学改革工程”（下面简称“本科质量工程”），《国家中长期教育改革和发展规划纲要（2010—2020）》也强调全面实施“高等学校本科教学质量与教学改革工程”的重要性。这是落实“把高等教育的工作重点放在提高质量上”的战略部署，是在新时期实施的一项意义重大的本科教学改革举措。“本科质量工程”以提高高等学校本科教学质量为目标，以推进改革和实现优质资源共享为手段，按照“分类指导、鼓励特色、重在改革”的原则，对推进课程建设、优化专业结构、改革培养模式、提高培养质量发挥了重要的作用。为满足本科层次经济类、管理类教学改革与发展的需求，培养具有国际视野、批判精神、创新意识和精湛业务能力的高素质应用型和复合型人才，迫切需要普通本科院校经管类学院开展深度合作，加强信息交流。在此背景下，我们协调和组织部分高等院校特别是四川的高校，通过定期召开普通本科院校经济管理学院院长联席会议，就学术前沿、教育教学改革、人才培养、学科建设、师资建设和社会科学研究等方面的问题进行广泛交流、研讨和合作。

为了切实推进“本科质量工程”，2008 年的第一次联席会议将“精品课程、教材建设与资源共享”作为讨论、落实的重点。与会人员对普通本科的教材内容建设问题进行了深入探讨并认为，在高等教育进入大众化教育的新时期，各普通高校使用的教材与其分类人才培养模式脱节，除少数“985”高校定位于培养拔尖创新型和学术型人才外，大多数高校定位于培养复合型和应用型经管人才，而现有的经管类教材存在理论性较深、实践性不强、针对性不够等问题，需要编写一套满足复合型和应用型人才培养要求的高质量的普通本科教材，以促进人才培养和课程体系的合理构建，推动教学内容和教学方法的改革创新，形成指向明确、定位清晰和特色鲜明的课程体系，奋力推进经济管理类高等教育质量的稳步提高。与会人员一致认为，共同打造符合高教改革潮流、深刻把握普通本科教育内涵特征、满足教学需求的系列规划教材，非常必要。鉴于此，本编委会与西南财经大学出版社合作，组织了30余所普通本科院校的经济学类、管理学类的学院教师共同编写本系列规划教材。

本系列规划教材编写的指导思想是：在适度的基础知识与理论体系覆盖下，针对普通本科院校学生的特点，夯实基础，强化实训。编写时，一是注重教材的科学性和前沿性，二是注重教材的基础性，三是注重教材的实践性，力争使本系列教材做到“教师易教、学生乐学、方便实用”。

本系列规划教材以立体化、系列化和精品化为特色。一是除纸质教材外，还配备课件、视频、案例、习题等数字化教学资源；二是力争做到“基础课横向广覆盖，专业课纵向成系统”；三是力争把每种教材都打造成精品，让多数教材能成为省级精品课教材、部分教材成为国家级精品课教材。

为了编好本系列教材，我们在西南财经大学出版社的协调下，经过多次磋商和讨论，成立了首届编委会。首届编委会主任委员由西华大学管理学院院长章道云教授担任。2017年，由于相关学院院长职务变动，编委会的构成也做了相应调整。调整后的编委会由西南财经大学副校长张邦富教授任名誉主任，蒋远胜教授任主任，李成文教授、张华教授、周佩教授、赵鹏程教授、董洪清教授、傅江景教授任副主任，20余所院校经济管理及相关学院院长或教授任编委会委员。

在编委会的组织、协调下，该系列教材由各院校具有丰富教学经验并有教授或副教授职称的教师担任主编，由各书主编拟订大纲，经编委会审核后再编写。同时，每一种教材均吸收多所院校的教师参加编写，以集众家之长。自2008年启动以来，经过近十年的打造，该系列现已出版公共基础、工商管理、财务与会计、旅游管理、电子商务、国际商务、专业实训、金融经济、综合类九大系列近百种教材。该系列教材出版后，社会反响好，师生认可度高。截至2017年年底，已有30多种图书获评四川省“十二五”规划教材，多个品种成为省级精品课程教材，教材在西南地区甚至全国普通高校的影响力也在不断增强。

当前，中国特色社会主义进入了新时代，我们要建设教育强国，习近平总书记在党的十九大报告中对高等教育提出明确要求，加快一流大学和一流学科（简称“双一流”）建设，实现高等教育内涵式发展。“双一流”建设的核心是提升学校自身的办学水平，关键是提高人才培养质量和学科建设水平，同时办学声誉得到国际社会的认可。为此，高等学校要更新教育思想观念，遵循教育教学规律，坚持内涵式发展，进一步深化本科人才培养模式改革。而教材是体现高校教学内容和方法的知识载体，是高等院校教学中最基本的工具，也是高校人才培养的基础，因此，高校必须加强教材建设。

为适应“双一流”建设的需要，全面提升高校人才培养质量，构建学术型人才和应用型人才分类、通识教育和专业教育结合的培养制度，满足普通本科院校教师和学生需求，需要对已出版的教材进行升级换代。一是结合教学需要对现有教材进行精心打造。具体而言，贯穿厚基础、重双创的理念，突出创新性、应用性、操作性的特色，反映新知识、新技术和新成果的学科前沿；利用数字技术平台，加快数字化教材建设，打造立体化的优质教学资源库，嵌入可供学生自主学习和个性化学习的网络资源模块。二是根据学科发展的需要，不断补充新的教材，特别是规划旅游类、实训类、应用型教材。

我们希望，通过编委会、主编和编写人员及使用教材的师生的共同努力，将此系列教材打造成适应新时期普通本科院校需要的高质量教材。在此，我们对各经济管理学院领导的大力支持、各位作者的智力成果以及西南财经大学出版社员工的辛勤劳动表示衷心的感谢！

21世纪普通高等院校系列规划教材编委会

2018年5月

▶▶ 第五版前言

该书自2009年由西南财经大学出版社出版以来，承蒙广大读者和社会各界的厚爱，销量已达五万册，为此我们深表谢意！近两年来，随着中国经济体制改革的进一步深入，财政和金融领域也发生了不同程度的变革，为了让该书的内容能及时地反映改革的前沿动态，我们对该教材进行了第五次修订。

本次修订在保持第四版总体框架基本不变的基础上，我们对该教材中部分章节的内容进行了删除、调整、补充和完善。因为该门课程的先修课程“经济学基础”已对通货膨胀有所介绍，为了减少知识点的交叉与重复，同时也为了与目前各高校普遍调减课时量的现状相适应，我们在这次修订中删除了“第八章第三节 通货膨胀及其影响”的内容；为了使财政收入与财政支出相对应，在“第二章第三节 财政收入规模的衡量”中增加相应内容；为了及时反映个人所得税的改革情况，修订了“第三章第二节 税收制度”的内容；补充和完善“第四章第一节 财政支出概述”和“第四章第二节 财政支出规模及其衡量中关于财政支出增长及其特点”的内容；调整“第九章第四节 社会保险”的内容。为了反映财政金融的最新动态，我们也对其余章节中的相关内容一并进行了修订。

为方便使用本教材的教师和学生，我们还准备了课件和其他相关资料，您可以登录成都信息工程大学官网，点击“教学平台”→“精品课程”，进入“财政与金融”课程后，在相应栏目中查找并下载相关资料。

参与本次教材修订和校对工作的人员有金淑彬、崔炳玮、黎家洪、李映丹、黎德鑫、朱璇、杜婷婷。

本书在修订过程中得到了不少同行的启发，也得到了西南财经大学出版社的大力协助与支持，在此一并致谢！最后再次感谢广大读者的厚爱！本书在编写过程中错漏之处在所难免，恳请各位同仁和读者指正！

编者

2019年4月

▶▶ 第四版前言

在中国经济进入“新常态”的运行阶段，调整、改革不断深入推进的背景下，财政与金融领域的改革明显提速。新预算法的实施，标志着新一轮财税体制改革在预算领域的率先“破冰”，财政收支改革将进一步深化，“营改增”在2016年全面推进。利率市场化改革已经取得了决定性进展，汇率改革将继续稳步前行。

本次修改由金淑彬和崔炳玮老师分工完成。在保持第三版总体框架基本不变的基础上，对部分章节的内容进行了调整、补充和完善：第三章“税收”（删除“营业税”，增加“营改增”的内容）；第五章“国家预算及预算管理体制”（对部分内容进行调整）；第六章“金融概论”（改写“货币的职能”，对“利率市场化”的内容进行了调整）。为了保持内容的相对稳定性，对教材中的所有图、表暂不调整和修改。

为了方便使用本教材的教师和学生，我们准备了课件和其他相关资料，您可以登录成都信息工程大学官网，点击“教学平台”→“精品课程”，进入“财政与金融”课程后，在相应栏目中查找并下载相关资料。

汗墨书香透，读书逾百遍。赠玫惠人悦，其义有自见。

感谢西南财经大出版社的鼎力协助与支持！感谢广大读者的厚爱！恳请各位同仁和读者赐教与指正。

金淑彬　崔炳玮

2016年7月

▶▶ 第三版前言

该书自2009年出版和2012年再版以来，得到了广大读者的认同和社会各界的关爱，并多次印刷，总量达三万二千册，为此我们深表谢意！为了让该书进一步适应社会经济发展的需要，同时也应西南财经大学出版社之邀，我们将对该教材进行第三次修订。

本次教材的修改主要基于财政金融领域的新变化以及现代社会人们的新需求而进行。我们对第二版《新编财政与金融》的结构、内容、本章小结、复习思考题等均进行了不同程度的调整、修改、补充和完善；将原来第一章的“第二节　市场失灵”改为“政府介入市场的原因”；对原来第二章的“第一节　财政收入的形式与分类”进行了较多的修改；将原来第四章“第三节　财政支出途径”中关于“社会保险”的内容进行了调整并在新增的“第九章　保险概论”中单独用“第四节　社会保险”进行介绍；删除原来“第九章　金融市场”，并将其相关内容并入原来“第七章　金融机构及其业务”后，改为“第七章　金融机构与金融市场”；新增了“第九章　保险概论”，并根据新的内容新增了一些参考文献。

为方便使用本教材的教师和学生，我们还制作了课件。您可以登录成都信息工程学院网站（http://www.cuit.edu.cn/），通过“精品课程”栏目查找并下载相关资料。

本次修订的编写分工如下：

金淑彬：前言，第三章，第五章，第六章，第九章，第十章；

崔炳玮：第一章、第二章、第四章、第七章、第八章。

本书在编写及修改过程中得到了不少作者的观点及相关内容的启示，也得到了西南财经大学出版社的重视及责任编辑的大力支持，在此一并致谢！最后再次感谢广大读者的厚爱！

由于编者的学识水平有限，时间仓促，本书错漏之处在所难免，恳请各位同仁和读者指正。

编　者

2014年10月

第三版前言

[illegible]

▶▶ 第二版前言

近三年来，随着国内外经济形势的变化，我国在财政与金融领域都进行了相应的制度改革，特别是对税收制度作了较大的调整。在此背景下对本书原版进行修订，以更好地反映我国财政、金融政策的新变化就成了一件十分迫切的事情。当然，编写一本与时俱进并适合教与学需要的教材，既是我们不断努力的结果，也是我们孜孜以求的目标。

本次修订不仅对原版中的一些错误和遗漏进行了更正，也对原书中的相关内容和所涉及的政策、数据、图表等进行了更新或删减，而且还对原来的篇章结构也做了一定的调整，以便更好地突出财政与金融的知识结构体系，方便教学。篇章结构的主要调整情况为：全面整合了原书（第一版）第四章“国债”、第六章“财政支出途径”，将其内容分别编入“金融市场”和“财政支出概论”两章中；原第九章“金融机构”改为“金融机构及其业务”；考虑到“财政与金融”课程是“西方经济学”的后续课程，为了凸显知识的延续性，新版删掉了第一章“财政概论”中的第三节“公共物品、外部性与公共选择”。

使用本教材的教师和学生，可以登录成都信息工程学院网站(http://www.cuit.edu.cn/)，通过“精品课程”栏目查找并下载相关资料。

承担本次修订任务的是长期从事财政、金融教学的金淑彬老师和崔炳玮老师，这对该书内容的把握和知识的前沿性提供了强有力的保证。

当然，由于编者水平有限，加上时间较为仓促，本次修订可能会衍生出一些新的问题，恳请读者提出宝贵意见，以便我们不断改进。

金淑彬　崔炳玮

2012 年 2 月

前言

财政与金融是国家进行国民经济宏观调控的两大主要经济手段，是国民经济起飞的两个轮子。随着我国市场经济体制的进一步完善，财政与金融在国民经济中的地位越来越重要。为了适应21世纪财经人才培养及教材建设的需要，我们编写了这本《新编财政与金融》教材。

在编写本书时，我们注重了两个方面的基本要求：一是注重“三基”，使我们培养的人才具有坚实的理论基础；二是注重“适用”，让学生通过本课程的学习，学会运用基础理论分析现实中的财政与金融问题。为此，我们在设计该书的编写提纲时，对传统的教材体系进行了大胆的改进和突破，使其形成的框架结构在达到教学效果与教学目标的同时，还有利于强化学生的应用能力。

该书力求反映当今国内外财政金融的最新理论动态和实践情况。其内容涵盖了从财政金融理论到如何利用财政金融工具对国民经济进行宏观调控等方面的知识。全书共十二章，按照逻辑体系分为财政概论、财政收入、税收、国债、财政支出、财政支出途径、国家预算及预算管理体制、金融概论、金融机构、货币供给与需求、金融市场、财政金融的宏观调控。此外，每章附有小结和复习思考题，便于学生复习。

全书由成都信息工程学院的金淑彬和崔炳玮两位老师负责编撰大纲和修改定稿。编写人员为：崔炳玮（第一章、第二章、第三章第三节、第四章、第五章、第十章）；徐少华（第九章、第十一章）；金淑彬（前言，第三章第一、二、四节，第六章，第七章，第八章，第十二章）。

本书可作为高校经济管理类专业学生的通用教材，也可作为财政金融界相关部门工作人员的知识读物或培训教材。

本书在编写过程中，参考了国内外大量的相关文献，登录了国家统计局、国家税务总局、中国人民银行等部门的网站，同时咨询了财政、税收、金融机构的一线优秀工作人员，让我们获得了许多最新和最权威的第一手资料。在本书的编写过程中，还得到了成都信息工程学院“财政与金融”课程组的其他成员以及西南财经大学出版社的大力支持和帮助。在此，谨向他们表示诚挚的谢意！

尽管我们对本书的编写体系和内容做了反复的推敲与取舍，但由于水平有限，书中不足之处在所难免，恳请读者不吝赐教。

编者

2008 年 11 月

目录

第一章 财政概论

第一节 财政学及其研究方法

一、财政的含义及由来

（一）财政的含义

经济学从大的方面可分为微观经济学和宏观经济学。其中，微观经济学是研究社会的经济细胞——企业和家庭经济行为的科学，具体来说是研究在市场对资源配置起基础作用的条件下，企业如何组织生产以实现利润最大化，家庭如何决策消费以实现效用最大化。在现实生活中，宏观经济和微观经济在社会经济的各个领域有着广泛的交叉和渗透，在这两大经济部门内部也是这样的。

首先来看一个简单的经济循环模型，如图 1-1 所示。

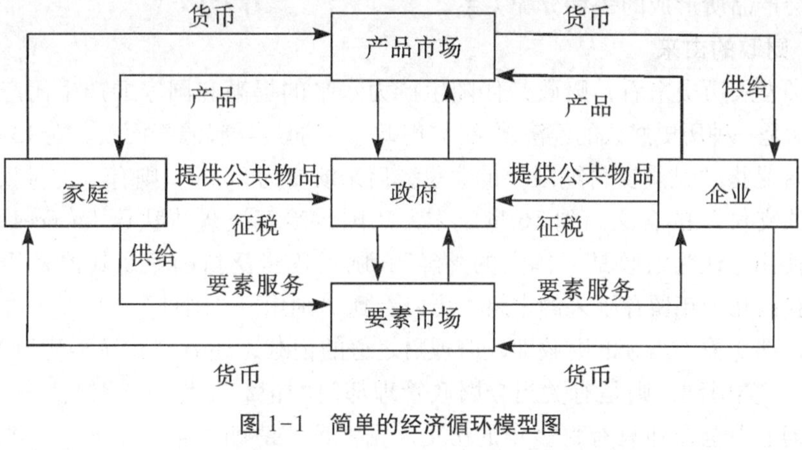

图 1-1 简单的经济循环模型图

由图 1-1 可知，在一个经济体系中，个人（家庭）、企业和政府都是市场经济的参与者，他们既是需求者亦是供给者。如果仅从生产和服务角度而言，政府主要致力于公共物品和公共服务的提供以满足社会的公共需要；而企业则主要提供、满足千差万别的私人需要的产品和服务。

就个人而言，从出生、上幼儿园、接受9年制义务教育、进入大学、考研、读博等，都可能部分或全部享受到政府（提供）的公共服务；当一个人走出校门，参加了工作，获得了收入，就应该依法纳税；也许不久你就会失业，可能就要依靠政府提供的失业救济金维持生活。如果你的失业是因为整个国家的宏观经济运行不景气，导致企业裁员或倒闭，政府可能会出面干预，使得经济复苏，就业机会增加，你又会重新获得工作。当你到了退休年龄，从此以后的生活就可能要靠政府建立的社会保障制度支付的养老金度日。因此，每个人的一切活动与政府和财政密切相关。

企业，是国民经济中的经济单元。在市场经济中，企业自主经营、独立核算、自负盈亏。企业必须明白：为谁生产？生产什么？生产多少？怎样生产？在经营的过程中，企业与政府（与各个相关职能部门）有着千丝万缕的联系。企业注册登记、上市、退市，筹资融资，购买土地，生产经营，产品销售，收益分配，破产、重组、关闭等均需要与政府打交道。这就是说企业的一切活动都与政府和财政密切相关。

在市场经济中，政府也是参与者之一，政府必须干预经济（凯恩斯及其学派的经济思想）。政府提供公共物品，因为私人部门（企业）不愿意提供（生产）或根本无力提供——交通、通信、供水、供电、供气、供暖、排水、排污、环境保护、公园、公厕等公共设施与公共服务，行政、国防、治安、司法和执法、义务教育、基础科研、公共卫生和公共设施等。政府为管理经济，要制定“五年”规划、财政政策、金融政策、产业政策等宏观经济政策。在重大和突发事件中，政府的作用是不可替代的，如：战争、2003年爆发的“非典”、2005年的“禽流感”、2008年“5·12”汶川大地震、2008年席卷全球的金融危机，等等。

政府的所有活动和行为，都可能涉及每个公民和企业。总之，政府为我们提供的一切都涉及花钱，这就是财政支出。政府要花钱，就得有钱的来源，这就是财政收入。政府的收支活动及其管理就是财政，而这种活动构成了政府经济活动的基础。

所谓财政，就是国家为了满足社会公共需要，凭借政治权力，强制、无偿地参与一部分社会产品所形成的一种分配关系。

（二）财政的由来

从人类发展历史来看，财政是伴随生产力水平的提高和国家的产生而产生的，所以财政活动是一种历史悠久的经济现象。“财政”一词最早起源于西欧。在13~15世纪，拉丁文finis是指“结算支付期限”的意思，后来演变为finare，则有“支付款项、裁定款项或罚款支付”的含义。到16世纪末，法国政治家波丹将法语finances作为“财政”一词使用，认为财政是“国家的神经”，随后逐步泛指国家及其他公共团体的理财。综观我国几千年留存下来的古籍，可以看到“国用”“国计”“度支”“理财”等一类用词，都是关于当今的财政即政府理财之道的记载，还有“治粟内史”“大农令”“大司农”一类用词，则是有关当今财政管理部门的记载。我国“财政”一词正式出现在中文词汇中至今却只有百多年的历史。据考证，清朝光绪二十四年，即1898年，在戊戌变法“明定国是”诏书中有“改革财政，实行国家预算”的条文，这是在政府文献中最初启用“财政”一词。“财政”一词的使用，是当时维新派在引进西洋文化思想指导下，间接从日本“进口”的，而日本则是来自英文“public finance”并吸收中国早已分别存在并使用的“财”和“政”二字的含义，创造了财政一词。1903年，清政府又设立了财政处，从此官方开始使用“财政”。自民国开始，以“财政”命名官方机构，称“财政部”。

二、财政学的研究方法

（一）财政学研究的对象

财政学（public finance）就是研究政府收支活动及其对经济运行所产生的影响的经济学分支。由于财政活动是政府从事各种经济、社会和政治活动的基础，因此，财政学也称为公共部门经济学或公共经济学。也有人把它叫作“政府经济学”（public sector of economics），著名经济学家、2000年度诺贝尔奖获得者斯蒂格利茨（Stiglitz）就持这种观点。但财政学又不是纯粹的经济学，实际上它是经济与政治的结合体。所以，国内的一部分学者也认为它是政治经济学的一个分支（改革以前），可以这么说，财政学是在经济学和政治经济学所揭示的一般经济规律的基础上再进一步揭示财政分配关系及其分配规律。这是财政学研究的第一个层次。

由于财政是发生在经济基础与上层建筑领域的国家为主导的一种分配，它既包含作为经济基础的财政关系，也包含作为上层建筑的财政关系和财政制度。现实的财政活动是经济基础和上层建筑的结合体，具有经济基础和上层建筑的双重内容。这是财政学研究的第二个层次。

财政分配关系（国家凭借什么取得收入安排支出）、财政制度（财政运行依据的法律、税法、政府采购法）、财政政策（针对宏观经济形势：刺激需求、扩张；减少需求、紧缩）等都是财政学关注的问题。

（二）财政学的方法论基础

从马克思主义观点来看，科学的方法论只有一个，那就是唯物辩证法。这是自然科学和社会科学研究都必须遵循的唯一科学的方法论。

唯物辩证法体现在社会科学的研究上就是从现象到本质、从具体到抽象去研究事物，再由本质到现象、由抽象到具体去描述事物的方法论体系。这种科学的研究方法运用到财政学的教学上就是：实证分析与规范分析相统一。所谓实证分析就是按照事物的本来面目描述事物，说明研究对象“是什么”，就是按照财政活动的原貌，勾勒出从财政收入到财政支出全过程及其产生或可能产生的经济影响；规范分析则要回答“应当是什么”，按照一定道德标准和价值观确定若干准则，并据以判断研究对象目前是否符合这些准则，如果存在偏离又应如何调整。具体来讲就是看看财政制度和财政政策是否符合一定准则，如果不符合应如何进行改革，并据以探讨财政改革问题。

第二节　政府介入市场的原因

市场是一种有效率的运行机制，但市场的资源配置功能不是万能的，市场机制也有其本身固有的缺陷（当竞争性制度不能提供帕累托效率结果时），经济学把这种缺陷称为“市场失灵（market failure）”。市场失灵为政府介入或干预经济运行提供了必要和合理的依据，这也是分析和研究政府与市场关系的基础。

可以给市场失灵下一个简单的定义，即是指市场无法有效率地配置资源的状态。市场失灵可分为两大类：一是技术市场失灵（technical market failure），是内在于市场体系的配置无效率问题（如垄断）。二是社会市场失灵（social market failure），即虽然在技术上是有效率的市场，但还是会产生一部分人不满意或不接受的结果（如收入不公、价格水平不稳定等）。

在资源领域的市场失灵表现为公共物品、外部性、规模收益递增和风险等；在经济运行领域的市场失灵表现为失业、通货膨胀；在收入分配领域中，收入分配不公是典型的市场失灵。正是经济社会存在和日益突出的“市场失灵”，才促使马斯格雷夫以及后来的经济学家把政府干预从资源配置领域扩大到其他领域，相应的财政职能也得到了丰富和发展。

一、资源配置领域

（一）公共物品

公共物品（public goods）具有非排他性（nonexclusive）和非竞争性（nonrival）的特征。这意味着市场定价机制遇到困难，因为市场机制排斥那些不愿意支付现行价格的人消费某种产品或服务。可是，倘若存在非排他性，卖方就不可能向买方索取价格，因为后者在任何情况下都可以免费消费，这就是所谓的免费搭车现象（free-rider problem）。另外，利用市场机制排斥人们享用公共物品是低效率的，因为多一个人消费并不增加成本，亦即允许更多的人消费共用品的边际成本为零。

因为公共物品具有这些性质，所有人都相信不管有没有对社会做出贡献，都会从公共物品中得到益处，因而不愿意自动付费。正因为如此，私人企业也就没有动力生产和销售这类物品或服务。因此，市场不会供应这类物品或服务，如果供应，也是微不足道的。这一事实为政府介入提供了一个基本依据。从本质上讲，生产公共物品与市场机制的作用是矛盾的，生产者是不会主动生产公共物品的。而公共物品是全社会成员所必须消费的产品，它的满足状况也反映了一个国家的福利水平。如此，公共物品生产的滞后与社会成员与经济发展需要之间的矛盾就会十分尖锐。

（二）外部性

外部性也称外部效应（extrenality）或溢出效应（spillover effect）。外部性概念的定义问题至今仍然是一个难题。有的经济学家把外部性概念看作经济学文献中最难定义的概念之一。

外部性具有正外部性和负外部性。当出现正的外部效应时，生产者的成本大于收益，利益外溢，得不到应有的效益补偿；当出现负的外部效应时，生产者的成本小于收益，受损者得不到效益补偿，因而完全靠市场竞争不可能形成理想的效率配置。

不论是正外部效应导致的某些活动不足还是负外部效应导致的某些活动过度，都会造成资源配置低效率，就需要政府干预市场机制。政府既可以采用法律手段、行政手段，也可以利用经济手段来矫正外部性。政府的经济措施主要是采用税收和财政补贴，对正的外部效应给予适当补助鼓励，对负的外部效应加税缩小产量。还有另外两个办法：合并与外部效应有关的企业，使外部效应内部化；通过重新分配产权，由私人交易自行解决。

著名的科斯定理（Coase theorem）指出，只要交易无障碍（交易费用为零），不管最初产权归谁，市场机制所导致的均衡最终会达到资源的优化配置即帕累托最优。

（三）规模收益递增

为了保证市场机制能够发挥调节经济的作用，就必须有充分的竞争。然而在现实生活中，一方面，产品之间总是有差别的，存在着不同程度的不可替代性；另一方面，交通费用等交易成本也往往阻碍着资源的自由转移。这些都会增强个别厂商影响市场的能力，从而削弱市场的竞争性。

例如，像自来水、通信、供电等自然垄断行业，大规模的生产可以降低成本，提高收益，即存在规模经济，一旦某个公司占领了一定的市场，实现了规模经营，就会阻碍潜在的竞争者的进入。因为新进入该行业的公司，由于生产达不到一定的规模，成本会高于大公司。因此在规模经济显著的行业，特别容易形成（自然）垄断。在存在垄断的情况下，垄断者凭借自身的垄断优势，往往使产品价格和产出偏离社会资源的最优配置要求。其后果是剥夺了消费者剩余，造成社会净福利的损失，既不公平也缺乏效率。为此，各国都致力于削弱垄断的势力，如制定反垄断法或政府通过自己生产（公共生产）或公共定价办法，来达到更高效率的产出。西方国家法律凡认定为垄断就要对其制裁，其中一个办法就是拆分。

政府干预最常见的措施有：政府可以通过规定价格或收益率来管制垄断；政府在垄断部门建立公共企业，并从福利或效率角度而不是盈利角度出发规定价格。

（四）风险、不确定性

竞争性市场体系效率的一个前提是存在完全确定性，即无论是消费者还是生产者都假定在确定性的情况下知道所有商品和生产要素的现行价格和未来价格。在现实中，将来的事件是不确定的，未来的价格也是如此，它们依附于嗜好、人口、技术等的变化以及各种偶然事件。

风险（risk）与不确定性（uncertainty）现象在经济生活中无处不在。风险与不确定性至少会使市场体系产生两个问题：①市场不充足，特别表现在资本市场上。对于低息或无息贷款（学生贷款、农业贷款等），私人不愿意提供；私人保险市场亦如此。②缺乏足够的信息。

政府干预可采取的措施：①介入风险大的市场，以弥补市场之不足；②通过有效的财政措施鼓励非政府部门勇于承担风险。为弥补信息不足，政府应提供一些必要的信息。

二、经济运行领域

（一）失业

在竞争性市场条件下，企业对劳动力的需求取决于两个因素：①雇用劳动力所能带来的收益；②雇用劳动力应支付的工资。当增加雇用劳动力所带来的利润大于为此支付的工资时，企业对劳动力的需求将增加。企业最终雇用劳动力数量是实际工资与边际劳动力物质产量相等时的劳动力数量。

失业（unemployment）是需求不足和工资刚性造成的，市场机制不可能自动地使经济趋于充分就业均衡。

当经济运行出现大量失业、陷入经济衰退时，政府应采取适当的反失业政策，以增加就业、降低失业水平。政府可以采取以下措施：①采用扩张性财政政策，刺激总需求，从而增加对劳动力的需求；②利用各种收入政策，直接或间接地调控工资水平，消除由真实工资水平过高引起的失业；③为劳动力直接提供或支持、鼓励非政府部门提供有关劳动力市场的信息，或者通过人力投资改善劳动力素质，以减少结构性失业。

（二）通货膨胀

宏观经济学在分析通货膨胀（Inflation）的原因时，一般将其分为需求拉动的通货膨胀和成本推进的通货膨胀。当对产品和服务的需求超过了在现行价格条件下可能的供给时，一般物价水平就会上升，就产生了需求拉动的通货膨胀。市场机制虽然能够对这种通货膨胀做出反应，但单靠市场机制的作用力度是不够的，而且存在着相当长的时滞，这就需要政府干预。

成本推动的通货膨胀主要有：①工会得到较高的工资；②垄断行业的企业得到较高的价格。如此便形成了成本（利润）推进型通货膨胀。

政府为消除通货膨胀都会采取强力措施。对于抑制需求拉动型通货膨胀，政府财政政策的效力较大而且较为直接，因为政府购买性支出直接构成总需求的一部分，税收也是增减可支配收入的直接因素。因此，政府可通过减少购买性支出和（或）增加税收的方法来减轻通胀压力。在抑制成本推进型通货膨胀时，紧缩性财政政策的效力是有限的。因为，政府依靠紧缩性财政政策在减少总需求的同时，也可能限制投资支出率，减缓劳动生产率的增长，使总供给增长缓慢，可能会加重通胀的压力。因此，在消除这种通胀时，政府可能要采取一些管制措施，如工资管制和价格管制等。

三、收入分配领域

市场经济的自行运行，不可能达到帕累托最优状态。即使市场经济能够达到帕累托最优，也需要政府干预。因为市场机制追求的是资源配置效率而没有顾及公平，即市场机制能够保证过程的公平，但不能保证结果的公平。

一般来说，收入分配涉及两个层次的内容：一是功能收入分配，二是规模收入分配。

功能收入分配又称要素收入分配，它研究劳动、资本、土地等生产要素所得的收入在国民收入分配中所占的份额，即从收入来源的角度来研究收入分配。

规模收入分配又称个人或家庭收入分配，它研究处于不同阶层的个人和家庭得到的收入在国民收入中所占的份额，即从收入所得者的规模与所得收入规模之间的关系的角度研究收入分配。显然人们通常所讲的收入分配是指后一层意思，即规模收入分配，也即处于不同阶层的个人或家庭所得到的收入有多大差距。不过两者有一定的联系：规模收入分配受功能收入分配的制约。这在私有制国家表现得特别明显。所以这就更需要政府在功能收入分配的差距表现得特别大时，通过调节规模收入分配以达到公平分配的目的。

所谓收入分配不公（distributional inequity），是指（在特定时期内）收入和财富的分配与社会公认公平标准不相符合的状态。

收入分配差距悬殊的原因是什么呢？在理论上，收入分配不公的形成因素有：①受教育和训练的机会；②天赋能力；③财产所有权；④操纵市场的能力；⑤其他偶然因素（如疾病、事故和其他不幸等）。一般来说这些因素都属于机会不公平。机会公平（equality of opportunity）就是每个人都以同样的机会开始生活、获得收入。

收入分配差距的大小可以作为收入分配公平与否的测量尺度。但是，对“公平”的理解受人们价值判断的左右。而价值判断在不同的社会、不同的时期、不同的地点，甚至在所有这些情况下的不同的人，都会有不同的价值判断标准。为衡量不同阶层的个人或家庭所得的收入差距有多大，经济学界通常使用的技术是洛伦兹曲线（Lorenz curve），其指标是基尼系数（Gini coefficient）。

收入分配不公平可能会导致许多严重的后果。如贫富悬殊会对经济可持续发展造成阻力、阻碍市场健康发展、影响社会稳定，甚至威胁到政权体制的存在。所以，政府必须适度干预收入分配，缩小贫富差距，实现收入分配的相对公平。

第三节 财政的职能

如果任凭市场失灵发展，那么市场经济将无法存续下去，因此必须加以克服和纠正。然而，通过企业和个人的活动来解决市场失灵问题则具有很大的局限性，因为在市场经济中，企业和个人是市场最主要的参与者，企业和个人的经济活动也基本上是通过市场途径，以市场方式进行的，市场无法有效解决的问题，决定了企业和个人也难以有效地解决这些问题。因此，克服市场失灵问题需要有公共活动的介入，并且以非市场机制的方式进行干预，才能在一定程度上纠正。而公共活动又只能由作为社会生活组织者的政府来进行，这就决定了政府必须对市场失灵进行干预，以克服和矫正市场的不足与缺陷。而政府干预经济的必要性，决定了财政的介入，通过财政的收支活动、服务和支持政府的这类干预活动，这就是财政的职能，它是财政在社会经济生活中所固有的功能。马斯格雷夫（2003）对政府的经济职能做出了权威性的分类，将其区分为资源配置职能、收入分配职能和经济稳定职能。其中，前两项涉及微观经济领域，后一项涉及宏观经济领域。随着市场经济的不断发展，政府经济职能还应包括经济发展职能。

一、资源配置职能

资源配置职能的问题是经济学研究的逻辑起点。任何社会可用来生产的资源无论在质或者在量上都是有限的，如土地（自然资源）、劳动力和资本，而这些资源要用来满足的人类的需求是无限的、多样的，于是产生了如何在各种需求之间最优配置的问题。应该用何种方式做出资源配置的决策，政府应该如何促进社会资源的最优配置，这正是财政学要回答的基本问题，即如何利用这个权力配置好资源。

（一）资源配置职能的含义

财政的资源配置职能（allocation function）是指通过财政收支活动及相应的财税政

策的制定、调整和实施，对社会现有人力、物力、财力等社会资源结构与流向进行调整，以达到社会经济效益最大化。

（二）资源配置职能的层次

财政资源配置职能表现在宏观和微观两个方面。宏观层次上的财政资源配置职能是指改变公共部门与私人部门之间的资源配置状况；微观层次上的财政资源配置职能是指对市场提供过度的商品和服务数量进行调整，而对市场提供不足的产品和服务进行补充，以实现社会资源的有效配置。

第一，考察宏观层次上的财政资源配置职能。在社会经济资源既定的情况下，公共部门与私人部门对资源的配置是竞争性的。财政措施会使资源配置状况接近或偏离部门间最优资源配置点。在图 1-2 中，如果现实资源配置状况位于 B 点，说明部门间的资源配置是非最优配置，“理性的”政府税收或支出变化会使资源配置状况向 A 点移动；相反，“非理性的”财政措施会使资源配置状况偏离 A 点。

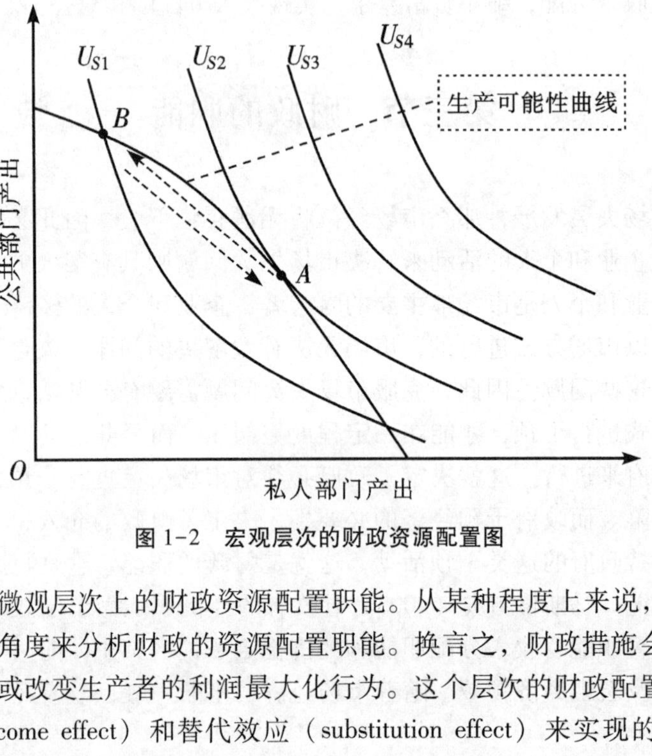

图 1-2　宏观层次的财政资源配置图

第二，分析微观层次上的财政资源配置职能。从某种程度上来说，也是从单个消费者或生产者的角度来分析财政的资源配置职能。换言之，财政措施会改变消费者的效用最大化行为或改变生产者的利润最大化行为。这个层次的财政配置职能主要是通过收入效应（income effect）和替代效应（substitution effect）来实现的。如图 1-3 所示。假定某一消费者同时购买 X 和 Y 两种商品，这两种商品的初始价格比率用预算线 AB 表示。这时，该消费者的福利水平是最大的，因为该消费者的预算线与其最高无差异曲线 I_2 相切于 a 点。在这种均衡状态下，该消费者购买 OX_1 单位的 X 商品。现在假定对 X 商品征税，商品 X 的价格会提高，但由于没有同时对 Y 商品征税这种税，故 Y 商品的价格不变。于是，这两种商品的相对价格发生了变化，预算线从 AB 变为 AB'，该消费者的新的均衡消费点则位于无差异曲线 I_1 上的 b 点，他只能购买 OX_3 单位的 X 商品。可以看出，政府课税后，资源配置发生了变化，表现为对应于 a、b 两点的购买量的变化：OX_1-OX_3 的差额就是这种税的总效应。

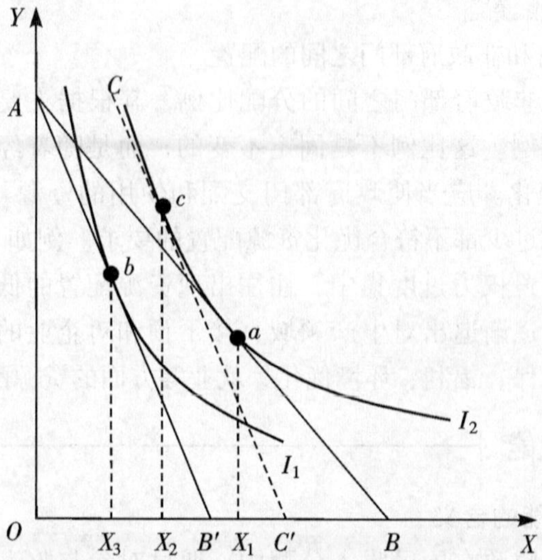

图 1-3　微观层次的财政资源配置图

这种总效应（total effect）由替代效应和收入效应两种效应构成。由于对 X 商品征税，商品 X 的价格提高，相当于消费者在购买这种商品时的实际收入减少，消费者只能沿税后较低的无差异曲线 I_1 寻找最佳消费组合。现在假定给消费者足够的货币收入，补充因征税而损失的实际收入，从而使其停留在较高的无差异曲线 I_2 上。在图 1-3 中，把一条虚构的预算线与初始（税前）无差异曲线 I_2 相切，其斜率与税后的预算线 AB' 相同。这条虚构的预算线就是 CC'，它与初始无差异曲线 I_2 相切与 c 点。从初始均衡位置 a 点到虚构的均衡位置 c 点的移动，即 OX_1-OX_2 的差额，就是这种税的替代效应。它表明商品 X 的需求量因其价格变化所导致的在补充消费者实际收入减少后的变化。估算出替代效应后，收入效应是一种剩余效应，即总效应减去替代效应，等于 OX_2-OX_3。它表明商品 X 的需求量只因实际收入的变化而变化。

（三）资源配置职能的手段

1. 调节资源在产业部门之间的配置

调整产业结构不外乎两条途径：一是调节投资结构（即增量调节）；二是改变现有企业的生产方向，即调整资产存量结构，促使一些企业转产。在这两方面财政都可以发挥调整投资结构的作用：① 调整预算支出中的投资结构，如加大能源、交通、资源基础产业和基础设施的投资，减少一般加工工业投资。② 利用财政税收和投资政策引导投资方向，通过不同的税率、不同的折旧率及不同的贷款利率来实现。然后是调整产业存量结构。根据市场经济要求，除必需的行政手段外，主要通过兼并和企业产权重组来进行，针对不同产业实行区别对待的税收政策。

2. 调节资源在不同地区之间的配置

我国幅员辽阔，但地区间经济发展极不平衡。东部集中了国家先进的工业、高精尖技术和丰富的信息资源，全国国内生产总值（GDP）的 3/4 都出自东南沿海；西部地区生产力发展水平比较落后，但有丰富的原材料资源储备和廉价的劳动力市场。目前，东西部地区的经济相对增长速度差距正在缩小，但绝对差距仍在扩大。为了缩小地区差距，政府可以运用税收、国债、提供公共产品、财政转移支付等手段来调节资源在不同地区间的合理配置。

3. 调节资源在政府和非政府部门之间的配置

社会资源在政府和非政府部门之间的分配比例，其根据主要是社会公共需要在整个社会需要中所占的比例。这比例不是固定不变的，而是随着经济的发展、国家职能和活动范围的变化而变化。应当使政府部门支配和使用的资源与承担的责任相适应，政府支配的资源过多或过少都不符合优化资源配置的要求。例如，在计划经济体制下，政府大包大揽，资源配置权力过度集中，往往出现资源配置的低效率甚至无效率；在市场经济条件下，政府逐渐退出对生产领域直接干预和对企业的直接管理，而着力纠正市场失灵，加强对社保、福利、环境优化、就业等方面的资源配置。

二、收入分配职能

（一）收入分配职能的含义

收入分配职能是指财政在国民收入分配中，通过对参与收入分配的各主体利益关系的调节，克服市场机制缺陷造成的收入和财富分配不公以及按劳分配不能完全保证实现的财富分配不公，从而达到公平合理分配的目标。换言之，财政的收入分配职能或者说财政的再分配职能（redistribution function）是指政府对市场活动产生的收入分配进行调整，通过收入转移或减税增加某些人的收入，通过征税减少其他人的收入。财政收入分配职能的目的是要实现规模收入分配的公平，实现国内各阶层之间个人收入的适当分配状态。

我国明确实行按劳分配与要素分配相结合的分配原则，各阶层居民的收入分为劳动收入与非劳动收入，劳动收入包括工资、薪金、奖金、津贴等；非劳动收入包括财产收入、租金、利息、红利和企业留利等。收入分配的目标是实现公平分配，而公平分配包括经济公平和社会公平两个层次。经济公平是市场经济的内在要求，强调的是要素投入和要素收入相对称，它是在平等竞争的环境下由等价交换来实现的。但在市场经济条件下，由于各经济主体所提供的生产要素不同、资源的稀缺程度不同以及各种非竞争因素的干扰，各经济主体获得的收入会出现较大的差距，甚至与要素及劳动投入不对称，而过分的悬殊将涉及社会公平问题。社会公平是指将收入差距维持在现阶段社会各阶层居民所能接受的合理范围内，平均不等于公平。衡量社会公平常用的模型与指标是洛伦兹曲线和基尼系数，如图 1-4 所示，横轴 *OC* 表示各级人口占总人口的百分比，纵轴 *OA* 表示各级人口收入占总收入的百分比。

在图 1-4 中，如果社会财富完全平均地分配给所有的家庭，则洛伦兹曲线（Lorenz curve，美国统计学家 M. O. 洛伦兹提出）则是对角线 *OB*，这从理论上说明了社会财富分配的绝对平等。而与此完全相反的是表现社会财富分配完全不平等的洛伦兹曲线，即图中的 *OCB* 折线，它说明一个社会中只有唯一的一个家庭拥有 100%的社会财富，其他家庭则一无所有。上述两种财富的分配都是一种理论的抽象，但在这两个极端之间的社会财富分配却可以进行现实的描述。当曲线越靠近对角线 *OB* 时，社会财富分配越平等；当曲线越靠近折线 *OCB* 时，则社会财富的分配越不平等。在此基础上，还可以对社会财富分配的平等程度进行测算，即用图中的对角线 *OB* 和实际的洛伦兹曲线围成的面积占三角形 *OCB* 面积的比例大小来评价，这一比例即称为基尼系数（Gini coeffi-

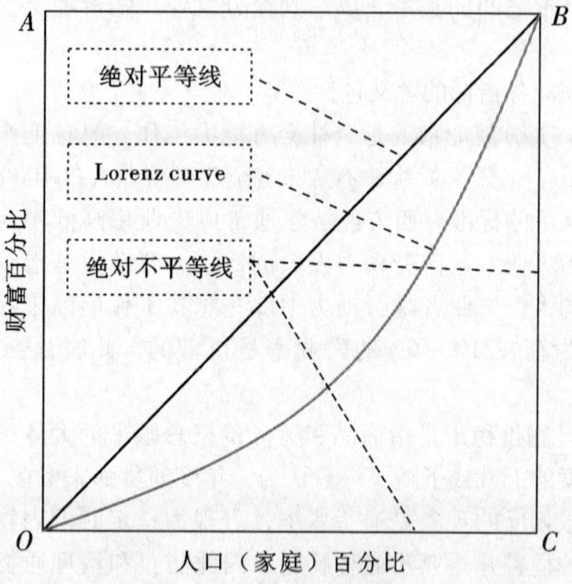

图 1-4　洛伦兹曲线图

cient，由意大利经济学家基尼提出）。显然，基尼系数越接近 0，社会财富的分配越趋于平等；而基尼系数越接近 1，社会财富分配则越不平等。联合国有关组织规定：若低于 0.2 表示收入高度平均；0.2~0.3 表示比较平均；0.3~0.4 表示相对合理；0.4~0.5 表示收入差距较大；0.6 以上表示收入差距悬殊。

（二）收入分配职能的手段

为了实现公平分配的目的，财政可以从以下方面进行收入的调节：

1. 调节企业利润水平

在调节企业利润水平上：① 企业的税收负担要适度，使政府税收既满足国家行使职能的财力需要，又要使企业有自我发展、自我积累和自我改造的能力。② 企业的利润水平要能反映企业的经营管理水平和主观能力状况。

2. 调节居民收入水平

我国现行的分配制度是以按劳分配为主体、多种分配方式并存的分配制度。个人收入既要合理拉开差距，又要防止贫富过分悬殊。这就需要通过税收、转移支付等手段和国家的一些收入分配政策来调节。具体来讲：① 税收。在取得收入超过一定数额时必须征收“个人所得税”；对高档消费品征收消费税；在收入存量环节征收“财产税、遗产税和赠与税”。② 转移支付。这就是对贫困阶层给予补贴，建立最低生活保障和社会救济制度，使个人收入差距缩小。③ 工资分配政策。这包括调整行政事业单位人员工资和控制企业员工工资总额及增长幅度。

三、经济稳定职能

（一）经济稳定职能的含义

经济稳定包含充分就业、物价稳定和国际收支平衡多重含义。财政的经济稳定职能（stabilization function）是指财政通过宏观领域内的资源配置和收入分配，影响和调节社会总供给和总需求之间的关系，以达到充分就业、物价稳定、国际收支平衡的职责和功能。

财政经济稳定职能各指标的含义包括：

（1）充分就业。充分就业指的是全社会有能力工作、愿意工作且又在寻找工作的人的就业状况。这里“充分”就业并不意味着全部可就业人口100%地就业，而是指就业率达到某一社会认可的标准。西方经济学通常以失业率高低作为衡量就业是否充分的尺度。失业率是指失业人数占劳动力人数的比例，劳动力是指一定年龄范围内有劳动能力且愿意工作的人，失业者是劳动力中那些想找工作但尚未找到工作的人。大多数西方经济学家认为存在4%~6%的失业率是正常的，此时社会经济处于充分就业状态。

（2）物价稳定。物价稳定是指商品和劳务价格总水平的大体稳定，即一定时期内货币币值不发生过度的上升或下跌。一般认为，年度通货膨胀率在3%~5%可以视为物价稳定。与通货膨胀相反的现象是通货紧缩，表现为一定时期内物价的持续下降。通货紧缩对国民经济的危害并不亚于通货膨胀，因此防止和治理通货紧缩也是保持物价稳定的应有之意。

（3）国际收支平衡。国际收支平衡即一国在国际经济往来中维持经常项目与资本项目的收支合计大体平衡，不出现大的顺差或逆差。随着国际经济交往的密切，一国国际收支平衡状态反映着该国国内经济的稳定程度。在开放的经济条件下，一国国际收支不平衡就意味着该国国内收支的不平衡，或者说国内经济处于失衡状态。

如果进行简单划分，财政的资源分配职能属于财政在微观经济领域里应当发挥的作用，收入分配职能是财政在中观领域里应当发挥的作用，而经济稳定职能则是财政的宏观经济作用。这三种职能依次越来越远离市场机制，这说明市场机制在这三个不同领域的作用递减，财政职能的效力递增。

财政的经济稳定职能与前两种职能不同的表现主要体现在：该职能的重点不是资源在公共（社会）需要与私人需要之间的配置，而是维持高水平的资源利用和币值的稳定。具体来说，财政的经济稳定职能包括两个方面：一是使社会不存在非自愿失业现象；二是使社会不发生物价的持续上涨现象（价格稳定是指平均价格水平的基本稳定，并不意味着个别物品的价格不随着各自的供求变化而自由波动；充分就业也不表示每个人在任何时候都就业，只要没有大量非自愿性失业，只要在愿意接受现行工资率的情况下可以很快找到工作，就可以说是充分就业）。

财政的经济稳定职能的基本逻辑是：

（1）如果存在非自愿性失业，政府就可以通过增加支出或减少税收的扩张性财政政策增加总需求水平，使总支出增加到与充分就业情况下生产出来的产出相适应的程度。

（2）如果存在通货膨胀，政府就采取减少支出或增加税收的紧缩性财政政策减少需求水平，使总支出降低到与按现行价格计算的产出相适应的程度。

（3）如果充分就业和价格水平稳定都实现了，政府就保持原有的收支格局（或所谓的中性财政政策），保持这种货币支出总水平。

（二）经济稳定职能的手段

要实现一国经济的稳定增长，关键是要做到社会总供给与总需求的平衡，包括总量平衡和结构平衡。财政在这两方面都能发挥重要作用。关于结构平衡，实质上是一个资源配置问题，前面已有阐述，这里着重对财政在调节社会供求总量平衡方面的手段做一分析。

1. 通过财政预算政策进行调节

这主要是通过作为财政收支计划的国家预算来进行的。

（1）当社会总需求>社会总供给时，可以通过实行预算收入>预算支出（结余政策）；

（2）当社会总需求<社会总供给时，可以实行国家预算支出>预算收入（赤字政策）；

（3）当社会总需求=社会总供给时，可以实行预算收入=支出（中性政策与之配合）。

2. 通过制度性安排，发挥财政“内在稳定器”的作用

财政的“内在稳定器”是指那些在经济中能自动地趋于部分抵消总需求变化的财政措施或手段，如累进所得税制和转移支付制度。这表现在财政收入和支出两方面的制度。

（1）在财政收入方面，主要实行累进所得税制。在这种税制条件下，当经济过热出现通货膨胀时，企业和居民收入增加，使税率相应提高，税收的增长幅度超过国民收入增长幅度，从而可以抑制经济过热；反之，当经济萧条时，企业和居民收入下降，使税率相应降低，税收的降低幅度超过国民收入的降低幅度，从而可以刺激经济复苏。当然，上述作用是以所得税，特别是个人所得税在整个税收中占有相当大的比重为前提的。

（2）在财政支出方面，主要体现在转移性支出（社会保障、补贴、救济、福利支出等）的安排上，其效应正好同税收相配合。经济高涨时，失业人数减少，转移性支出下降，对经济起抑制作用。反之，经济萧条时，失业人数增加，转移性支出上升，对经济复苏起刺激作用。

四、经济发展职能

（一）经济发展职能的含义

对于什么是经济发展，迄今为止还没有一个明确的定义。在20世纪50年代，经济发展被定义为经济增长，“经济发展问题实质上就是通过增加人均产出来提高国民收入水平，使每一个人都能消费得更多”；在经济学家熊彼特看来，经济的循环流转是静态的经济过程，而经济发展是指经济本身发生的非连续的变化与移动，是动态的经济过程；美国经济学家钱纳里对经济发展的定义是“经济发展可被视为持续经济增长所必需的经济结构的一系列互相关联的变化”。可见经济发展不仅是一个量的概念而且还是一个质的概念。我们认为，经济发展是指在高质量、高效益基础上的经济增长，没有效益和质量的经济增长不能称为经济发展。所以，经济发展涉及的内容超过了单纯的经济增长。具体来说，经济发展包含四层含义：

（1）经济增长，指一个国家或地区一定时期内商品和劳务产出在数量上的增加，通常由国民生产总值（GNP）或者 GDP 及其人均水平来衡量，见图 1-5。社会生产可能性曲线 *M* 表明的是某一既定时间的社会总生产潜能。政府可以采取各种财政措施，包括直接性投资和增加社会间接资本（social overhead），使社会生产可能性曲线向外移至 *M′*，实现间接增长。这时，私人部门的产出和各个部门之间的产出都增加了。遭遇世界金融危机后的几年中，中国的 GDP 增长速度均超过 8%。

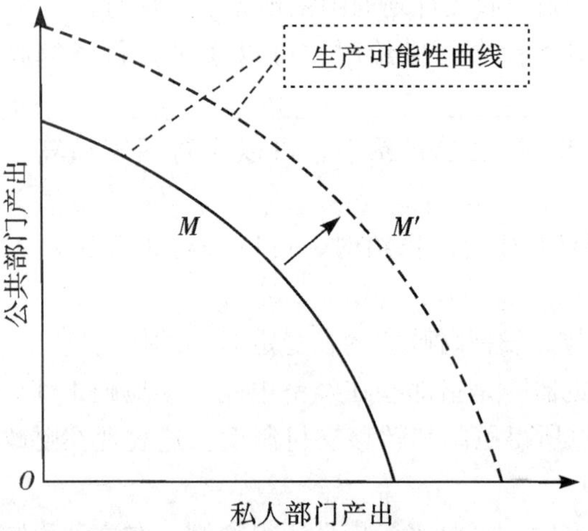

图 1-5　社会生产可能性边界外移图

（2）结构变迁，指产业结构的变化。这是广义的产业结构变化，包括分配结构、职业结构、技术结构、产品结构以及各个层次上的经济结构的变化。

（3）福利的改善，即社会成员福利水平的提高。发达地区与欠发达地区居民收入水平存在巨大差异，政府必须采取有力的政策措施使欠发达地区的教育、医疗、养老、公益事业等得到基本的保障。

（4）环境与经济可持续发展，即经济发展不能以危害环境为代价，应保证生态环境和经济社会协调发展。目前，中国经济增长背后存在着许多影响经济发展的隐患，如有些自然资源是不可再生的，比如土地资源、矿产资源，因而产生了耗竭问题。如稀土、焦煤、滑石矿、锑矿、温泉等资源均存在过度开采等问题。此外，环境污染也十分严重，包括水污染、土壤污染、大气污染等。目前，中国工业用水重复利用率远低于先进国家 75%的水平，单位 GDP 用水量是先进国家的十几倍到几十倍，一些重要产品单位耗水量也比国外先进水平高几倍，甚至几十倍；地表水、地下水长期过度开采，开采率达到 98%，远远超出 40%的警戒线。据调查，目前全国有 90%以上的城市水域，受到不同程度的污染，废水、污水排放量以每年 18 亿吨的速度增加，全国工业废水和生活污水每天的排放量近 1.64 亿吨，其中约 80%未经处理直接排入水域。近年来，政府加大了环境污染治理力度，环境污染状况得到明显改善。

财政的经济发展职能（development function）是指政府以经济增长为中心，以结构调整为重点，促进社会经济的持续发展。

（二）经济发展职能的手段

在促进经济发展方面，市场是无能为力的，必须由政府利用一系列财政手段才能达到此目的。比如：

（1）利用税收、国债、补贴等财政收入和财政支出政策，促进产业结构协调发展。

（2）通过转移支付手段改善人们的福利待遇。

（3）通过税收遏制资源的过度开采，减轻甚至消除环境污染。为了遏制资源的过度开采和浪费，保护生态环境，我国从2011年11月1日起，对资源税进行了改革，原油、天然气由原来的从量定额征收改为从价定率征收，将焦煤、稀土单列，并提高了其单位税额。

本章小结

1. 个人（家庭）、企业与政府、财政有着千丝万缕、不可分割的联系。

2. 市场机制也许可以有效地进行资源配置，但它并不保证和实现社会公平。这就为政府干预经济提供了一个可能的理由。市场机制存在自身难以克服的缺陷即市场失灵，这就成为政府干预的第二个理由。

3. 财政的职能有资源配置职能（宏观与微观两个层次）、收入分配职能、经济稳定职能和经济发展职能。

复习与思考

1. 识记：财政、市场失灵、洛伦兹曲线、财政的职能

2. 领会

（1）描述你身边的财政现象。

（2）市场失灵的主要表现形式。

（3）财政资源配置的两个层次。

（4）财政收入分配职能的含义及实现途径。

（5）财政经济稳定职能的含义及实现途径。

（6）财政经济发展职能的含义及实现途径。

第二章 财政收入概论

第一节 财政收入的形式与分类

一、财政收入的含义

财政收入是财政活动的第一阶段，即组织收入、筹集财政资金的阶段。在市场经济条件下，财政收入是以货币来度量的，从这个意义上理解，财政收入又表现为一定数量的货币资金，即政府为实现其职能的需要而筹集的一切货币资金的总和。因此，财政学给“财政收入”下的定义是，财政收入是国家为保证实现其职能的需要，通过财政分配的各个环节，将社会产品价值主要是剩余产品价值的一部分集中于国家的各种货币资金。

财政收入是财政理论与实践的重要组成部分，在财政经济活动中，生财是目的，聚财是前提，用财是手段。生财是聚财的保证，聚财是用财的制约，用财是生财的前提。也就是说，财政收入是财政支出的基础，是调节社会各经济主体经济利益关系和经济结构的重要手段。因此能否合理组织财政收入关系到国民经济的发展和人民生活水平的提高。

二、财政收入的形式与分类

我国的财政收入体系已经历了多次的调整与变化。根据《财政部关于印发政府收支分类改革方案的通知》，改革后的政府收支分类体系包括“收入分类”“支出功能分类”“支出经济分类”三部分。

收入分类主要反映收入的性质和来源。新的收入分类没有再按资金管理的要求分为一般预算收入、基金预算收入、债务预算收入等设置科目，而是将上述收入纳入统一的收入分类体系，并具体采用了两种分类方法：一是按收入形式分类，说明收入以何种方式取得，如税收收入、非税收入，以及税收收入下的增值税、消费税，非税收入下的行政性收费、罚没收入等。二是按来源分类，说明收入从哪里取得，有的按所有制结构划分，如增值税下的国有企业增值税、集体企业增值税；有的按部门结构划分，如行政性收费下的文化行政性收费、公安行政性收费，罚没收入下的文化罚没收入、公安罚没收入。

改革后的收入分类包括税收收入、社会保险基金收入、非税收入、贷款转贷回收本金收入、债务收入和转移性收入六个大类。

（一）税收收入

税收是国家依据政治权力向纳税人征税而取得收入的形式，是国家实现其职能，满足社会公共需要的物质基础。税收具有强制性、无偿性和固定性三大特征，是国家稳定、均衡地取得财政收入的保证。

税收收入分设为：增值税、消费税、企业所得税、企业所得税退税、个人所得税、资源税、固定资产投资方向调节税、城市维护建设税、房产税、印花税、城镇土地使用税、土地增值税、车船税、船舶吨税、车辆购置税、屠宰税、筵席税、关税、耕地占用税、契税、其他税收收入。

（二）社会保险基金收入

社会保险基金是指为了保障保险对象的社会保险待遇，按照国家法律、法规，由缴费单位和缴费个人分别按缴费基数的一定比例缴纳以及通过其他合法方式筹集的专项资金。社会保险基金是国家为举办社会保险事业而筹集的，用于支付劳动者因暂时或永久丧失劳动能力或劳动机会时所享受的保险金和津贴的资金。社会保险基金按照保险类型确定资金来源，逐步实行社会统筹。用人单位和劳动者必须依法参加社会保险，缴纳社会保险费。

社会保险基金主要包含五大类，分别是基本养老保险基金、基本医疗保险基金、工伤保险基金、失业保险基金和生育保险基金。各项社会保险基金按照社会保险险种分别建账，分账核算，执行国家统一的会计制度。

我国社会保险基金来源可以大致分为四个方面：①由参保人按其工资收入（无法确定工资收入的按职工平均工资）的一定百分比缴纳的保险费；②由参保人所在单位按本单位职工工资总额的一定百分比缴纳的保险费；③政府对社会保险基金的财政补贴；④社会保险基金的银行利息或投资回报及社会捐赠等。

社会保险基金收入分设 6 款：基本养老保险基金收入、失业保险基金收入、基本医疗保险基金收入、工伤保险基金收入、生育保险基金收入、其他社会保险基金收入。

（三）非税收入

非税收入是指除税收以外，由各级政府、国家机关、事业单位、代行政府职能的社会团体及其他组织依法利用政府权力、政府信誉、国家资源、国有资产或提供特定公共服务、准公共服务取得的财政性资金，是政府财政收入的重要组成部分。

非税收入的范围包括：政府性基金、行政事业性收费、国有资本经营收益、罚没收入、以政府名义接受的捐赠收入、主管部门集中收入、政府财政资金产生的利息收入，等等。

非税收入分设 8 款：政府性基金收入、专项收入、彩票公益金收入、行政事业性收费收入、罚没收入、国有资本经营收入、国有资源（资产）有偿使用收入、其他收入。

（四）贷款转贷回收本金收入

贷款转贷回收本金收入是指国内外贷款回收本金的收入及国内外转贷回收本金的收入。

贷款转贷回收本金收入分设 4 款：国内贷款回收本金收入、国外贷款回收本金收入、国内转贷回收本金收入、国外转贷回收本金收入。

国内贷款回收本金收入反映收回的技改贷款及其他财政贷款本金收入等。国外贷款回收本金收入反映收回的我国政府向外国政府贷款、国际组织贷款以及其他国外贷款的本金收入。国外贷款回收本金收入分设外国政府贷款回收本金收入、国际组织贷款回收本金收入、其他国外贷款回收本金收入 3 项。国内转贷回收本金收入反映收回的政府部门向外国政府、国际金融机构借款转贷给其他地方政府、相关部门和企业的款项。国外转贷回收本金收入反映收回的中央政府部门向外国政府、国际金融机构借款转贷给国外有关机构和企业的款项。

（五）债务收入

债务收入是国家以信用方式从国内、国外取得的财政收入。债务收入分设两款：国内债务收入、国外债务收入。

"国债"是"国家公债"的简称，在国内发行的国债一般称为"内债"（internal debt），内债是一国国债的主要组成部分。公债有国债和地方公债之别。在一国之内，无论中央政府还是地方政府，都有可能以发行公债作为取得财政收入的形式。凡是由中央政府发行的公债，称为国家公债，简称"国债"，它是中央政府凭借政府信誉，按照信用原则发行债券所形成的国家债务。其收入列入中央政府预算，作为中央政府调度使用的财政资金。地方政府发行的公债，称为地方公债。它是地方政府筹措财政收入的一种形式，其收入列入地方政府预算，由地方政府支配使用。从债务人（政府）角度而言国债具有自愿性、有偿性和灵活性的特点，从债权人（购买者）角度而言国债具有安全性、流动性和收益性的特点。在国外发行的国债，称国外国债，简称"外债"（external debt）。国外债务收入除了解决本国建设资金不足之外，也用于平衡国际收支等其他方面。

我国将债务收入列作政府财政收入的一部分。而世界上多数国家的财政收入中并不包括债务收入，一般只包括经常收入（所有的税款收入和经常性的非税款收入）和资本收入（从销售资本资产和非政府来源的资本转移所得的收入）。因此，国际货币基金组织（IMF）在考虑政府财政统计时，只把债务收入列为政府财政的融资项，而不直接列入政府财政和预算收入。

（六）转移性收入

转移性收入是指政府、单位、社会团体对居民家庭的各种转移支付和居民家庭间的收入转移。其包括政府对个人收入转移的离退休金、失业救济金、赔偿等；单位对个人收入转移的辞退金、保险索赔、住房公积金、家庭间的赠送和赡养等。

转移性收入分设 10 款：返还性收入、财力性转移支付收入、专项转移支付收入、政府性基金转移收入、彩票公益金转移收入、社会保险基金补助收入、预算外转移收入、单位间转移收入、上年结余收入、调入资金。

第二节　财政收入的原则

一、发展经济、广开财源

发展经济、广开财源，是指政府组织财政收入要有利于经济发展和财政多渠道筹集资金。

在组织财政收入的时候，讲发展经济，就是要求财政收入的形式、规模、结构都适应社会生产力和经济体制的性质和要求，使政府筹集财政资金的过程不仅能够为政府实现职能筹集适量的资金，而且能够从宏观上促进国民经济持续、快速、健康地发展。

在组织财政收入的时候，广开财源就是要求政府筹集资金的各项活动要有利于国民经济的协调发展；同时要求政府在筹集资金的过程中平等地对待每一个经济主体，为经济主体平等地进入市场、公平地进行竞争创造条件。通过经济发展增加收入，从而提高经济主体的纳税和缴费能力。

只有经济协调持续发展，政府正常执行职能所需要的财政资金才能得到源源不断的供给。所以在组织财政收入的时候，应以有利于经济发展为出发点，注重源与流的关系是社会主义财政筹集财政资金必须遵循的首要原则。

坚持发展经济、广开财源原则，是扩大国民经济规模和多渠道筹集财政资金的保障。其原因在于，坚持发展经济、广开财源原则要求政府在组织财政收入的时候，不仅要有利于国民经济规模的扩大，而且要求国民经济各部门、各地区以及社会各行各业的协调发展。而这些要求有利于社会剩余产品的增加和向财政缴纳税、费的社会主体的数量增加和能力增强。

同时，财政收入来源的扩大直接与财政管理体制相关。因为与社会经济发展相适应的经济体制，能从宏观上调控国民经济的发展规模和筹集财政资金的渠道。2018 年实施的国税地税合并，既是政府机构改革方案的具体落实，也是税收征管体制改革的体现。为进一步理顺统一税制和分级财政的关系，构建优化高效统一的税收征管体系，深化财税改革做好了征管的组织准备。为财政收入的持续增加奠定了坚实的制度保障。

经济体制的深化改革，确立了“以公有制为主体，多种经济形式共同发展”的中国特色的社会主义市场经济体制，带来了财政收入来源的多元化。财政在组织财政收入时坚持广开财源，要求经济主体依法纳税、按章缴费，不仅能够增加财政收入，有利于调节国民经济结构，也能为经济主体平等地进入市场、公平地参与市场竞争创造良好的外部环境。经济体制的深化改革，还带动了财政收入征管制度的变革。这些因素的共同作用，促使国民经济规模进一步扩大，实现国民经济规模和财政收入增长的良性循环。

二、利益兼顾

兼顾国家、单位、个人之间的经济利益关系，是指在社会主义市场经济条件下，国家在制定财政收入政策和组织财政收入的过程中，除了筹集财政资金，同时还应当注意协调国家、单位和个人之间的物质利益关系，充分调动社会各方面建设社会主义的积极性。

三、兼顾效率和公平

财政收入的效率包括行政效率和经济效率。从行政效率来看，财政收入的效率，是指政府筹集财政资金时所耗费资源的多少。从经济效益来看，财政收入的效率，是指通过财政收入活动对市场主体平等地进入市场、公平地进行竞争所发挥的作用。财政收入的经济效益高，表现为它有利于经济单位和个人在国家的宏观调控下，按照市场信号合理配置资源并提高经济效益，进而有利于实现国民经济持续、快速、健康发展。

财政的经济效益主要是指宏观经济效益。单位和个人的经济效益，既受国家宏观财政收入政策的影响，还和自身在市场经济中能否抓住有利的商机，按市场规律经营的水平和能力有关。所以，企业经济效益低下时，应当从多方面找原因，解决问题。

财政收入的公平可以从负担能力和受益大小两方面来认识。从负担能力上看，财政收入的公平是指，政府在组织财政收入的时候，正确核定不同经济形式、不同地区、不同产业和不同劳动者之间的收入差别，使他们公平合理地承担政府组织财政收入所造成的经济负担。财政收入的公平包括纵向公平和横向公平，横向公平是指财政收入应当使负担能力相同的单位和个人承担相同的财政收入负担，纵向公平是指财政收入应当使负担能力不相同的单位和个人有区别地承担财政收入负担。从受益大小来看，财政收入的公平是指，政府应根据不同单位和个人从公共设施和公共服务中获得的利益的大小来确定政府取得财政收入的份额。比如对公共设施的使用费就是根据不同单位和个人受益大小收取的。

政府在组织财政收入过程中的公平与效率，是相辅相成的。财政收入的效率高，单位和个人的负担轻，可以谓之公平。经济效率高，本身就是为不同单位和个人创造公平的竞争环境。有了财政收入的公平，财政收入的效率才能提高。

四、内部积累为主，利用外资为辅

内部积累为主，利用外资为辅，是指政府筹集财政资金的政策和措施一定要把立足点放在自力更生的基础上，同时要以合理利用国外资金为辅。

首先，自力更生是我国建设社会主义现代化强国的立足点。实现现代化是中国人民世世代代的梦想，也是中国自立于世界民族之林的基本条件。中国是一个社会主义国家，不能通过掠夺国外资源发展自己，也不能通过加重本国人民的负担来增加财政收入。中国是一个大国，在没有以自力更生作为立足点的前提下，任何国家都不可能帮助中国实现现代化。同时，在当代世界经济中，各国之间的竞争非常激烈复杂，中国人民只能靠自力更生实现现代化。

其次，中国人民勤劳勇敢，具有无穷的创造力和艰苦奋斗、勤俭建国的精神。通过几十年的社会主义建设，我们已经建立起发展经济的物质技术基础，特别是改革开放为发展经济开辟了广阔的道路。我们能够通过合理配置和有效利用本国现有的资源发展经济，为社会主义现代化建设积累资金。

最后，对外开放是我国建设现代化的基本国策。当今世界是开放的世界，任何国家都不可能脱离世界经济而独立存在。经济全球化和一体化进程的加快，更加突显了改革开放的重要性。历史的经验告诉我们，改革开放是实现社会主义现代化的必由之路。合理、有效、持续、可控地利用一切外部资源，是促进经济发展的必然选择，也是对外开放的具体体现与实践。

第三节　财政收入规模的衡量

一、财政收入规模的衡量指标

财政收入规模是指一定时期内（通常为1年）财政收入的数量。财政收入的数量，可以从绝对量和相对量两个方面来认识。通常衡量财政收入规模的指标有以下几个：

（1）国民经济的财政负担率，是指当年财政收入总额与同年的GDP之比，即

$$\text{国民经济的财政负担率} = \frac{\text{财政收入(绝对量)}}{\text{(同期)GDP}} \times 100\% \tag{2-1}$$

该指标可以衡量政府在当年国民财富中所获取的份额，据以考察政府的收入分配意图以及国民的负担程度。

（2）财政收入增长率，是指财政收入的增加额（基期的财政收入减去上期的财政收入）与上期财政收入（总额）之比的百分数，即

$$\Delta Y(\%) = \frac{\Delta Y}{Y_{n-1}} = \frac{Y_n - Y_{n-1}}{Y_{n-1}} \tag{2-2}$$

该指标也是财政收入增长的速度。通过该指标的时间序列值，可以判断一段时期内政府财政收入（增或减）变动的趋势及幅度。

（3）财政收入增长的弹性，是指财政收入的增长率与GDP的增长率之比，即

$$E_y = \frac{\Delta Y(\%)}{\Delta \text{GDP}(\%)} \tag{2-3}$$

弹性是经济学中涉及两个关联变量相互影响的概念。该指标反映若GDP变动1%时，财政收入相应变动的百分比。两个变量既可以同向变化也可以反向变化。

（4）财政收入增长边际倾向，是指财政收入的增加额与同期GDP的增加额之比，即

$$\text{MYP} = \frac{\Delta Y}{\Delta \text{GDP}} \tag{2-4}$$

边际倾向也是经济学中涉及两个关联变量相互影响的概念。弹性是考察两个变量变动幅度（百分比）的相互影响，而边际倾向则考察两个变量变动值（差额）的相互

影响。该指标反映若 GDP 变动 1 个单位（1 亿元）时，财政收入相应的变动（单位）值。

二、影响财政收入规模的主要因素

（一）国民经济发展规模和水平

社会经济的发展规模影响着财政收入的规模，所以影响国民经济发展规模的因素也影响着财政收入的规模。

1. 社会生产的规模和发展速度

一定时期内的社会生产规模，表现为同期的国内生产总值。国内生产总值通过初次分配和再分配，形成国家、单位和个人的收入。在企业必需的发展需要和其员工必需的生存和发展需要既定的条件下，国内生产总值规模越大，财政筹集资金规模扩大的余地才越大。在国内生产总值不够大的条件下，国家必须首先考虑单位和个人的生存和发展问题，财政能够筹集到的资金规模就非常有限。国内生产总值增长的速度影响着财政收入的增长速度。如果国民生产总值规模不大，而且增长缓慢，即使国家可以利用其在国民生产总值分配中的主导地位和优先权，强制扩大财政收入的规模，但由此引起的企业发展乏力和社会不稳定因素，会反过来影响下一时期社会经济的发展和财政收入规模的扩大。

2. 商品流通的状况

在市场经济体制下，商品流通的规模是社会生产力发展水平的反映。因为市场经济的微观主体，总是要最大限度地将自己的产品推向市场。商品流通的规模小，一是说明市场经济的微观主体的生产规模小，二是说明市场主体的产品大部分用于企业自身的生产或生活消费。而规模巨大的企业和很高的商品率是社会生产力高度发达的表现。商品流通是否通畅直接关系到企业的生存和发展，是国民经济能否健康发展的重要指标。

3. 劳动生产率的高低

劳动生产率是反映社会或者市场主体生产能力或效率的指标。劳动生产率的高低与科技发展水平和管理水平成正相关关系。科技发展水平和管理水平高，提高的速度快，国内生产总值的增长速度就快。同时，生产过程中的成本降低，剩余产品数量就相对增加。对于企业来说，劳动生产率越高，其盈利水平越高，能够获得的超额利润越多，在市场竞争中所处的地位越有利。全社会的劳动生产率的高低，反映了社会的剩余产品数量的多寡，就是社会总产品价值中 M（剩余产品价值）所占的比重的高低。财政收入主要来自 M 部分，所以，改进技术、改善管理，有利于劳动生产率的提高和社会生产力的发展，是增加财政收入的重要途径。

（二）国民经济结构

国民经济结构，是一定时期内国民经济各个组成部分的构成及其相互之间的比例关系。如果按生产力的构成分类，可分为国民经济的部门结构、地区结构、产业结构、企业结构等。国民经济的不同部门、地区、产业和企业经济发展规模、速度，劳动生产率高低和商品流通状况，直接影响着它们为社会提供剩余产品的能力，影响着财政收入的来源结构。经济发展规模大、速度快，劳动生产率高和商品流通状况好的部门、地区、产业和企业对财政收入的贡献大，反之则小。那些经济落后，发展缓慢，劳动生产率低，或商品流通不畅的部门、地区、产业和企业，不仅不能对财政收入做贡献，甚至还需要财政的扶持。所以，国民经济结构变化，财政收入的来源构成就会发生变化，财政收入的规模和增长速度也会因此发生变化。

国民经济结构的合理程度，以资源的优化配置水平为评判的依据。国民经济合理程度高，说明社会资源得到了充分合理的利用，即做到人尽其才、物尽其用。在现有资源条件下，可以高效率地扩大国民经济的规模，为扩大财政收入的规模提供可能性。所以政府要增加财政收入，必须通过改善其财政收支活动，促进技术进步、劳动生产率提高；优化资源在国民经济不同部门、地区、产业和企业的配置，以优化国民经济结构。

经济发展的不平衡规律，使优化国民经济结构成为政府的长期任务。我国现在正在进行的西部大开发，大力促进农业和能源等基础产业、第三产业发展以及鼓励企业在市场竞争中去自谋发展的政策和措施都是优化国民经济结构的重要举措。其目的在于促使国民经济持续、快速、协调发展和人民物质文化水平的提高。只有这样，财政才能筹集到更多的财政资金。

（三）分配政策和分配制度

在特定的财政年度，国民生产总值是既定的量，通过初次分配和再分配，以税收、政府收费、股息红利、利息、工资、企业利润、租金、私营企业主收入、风险收入等形式，形成财政、单位和个人的收入。其中，政府在任何部分的分配政策和制度的变化，都会影响财政收入在其中所占的比重，进而影响财政收入在国民生产总值中的比重。所以在发展经济的基础上，进一步建立健全分配政策和分配制度，整顿分配秩序，规范分配活动，保持财政收入的适度规模是深化改革的重要方面。

（四）价格因素

在社会主义市场经济条件下，财政分配是以一定价格为基础的社会产品的价值为对象的分配。商品价格的任何变化都会影响财政收支。具体表现为：

（1）价格的变动影响着企业商品销售收入，并直接影响着从价计征的流转税，如增值税、消费税等税种的税收收入。其还会不同程度地影响以收益额计征的财产、收入等税类的税收收入。

（2）不同类别产品和商品价格的变化，导致财政收入绝对量的结构性增减。因为不同类别产品和商品价格的变化，引起产品价值在生产企业之间、流通企业之间以及生产和流通企业之间的转移。由于这些企业分属于不同的部门、产业和地区，而国家为了宏观调控国民经济的需要，对不同的部门、产业和地区实行有差别的财政税收政策，结果导致财政收入的结构性增减。同时，国家为了宏观调控国民经济不同地区之间的平衡和协调发展，对不同地区实行有差别的财税政策，存在于不同地区的企业产品价格的变化也会导致财政收入的结构性增减。

（3）价格体系的合理程度，影响着财政收入绝对量的规模。如果价格适应社会主义市场经济发展的要求，会促进财政收入结构的合理化和财政收入绝对量的合理变化。反之则会导致价格体系紊乱和 GDP 再分配的逆向运行，最终不利于政府组织财政收入目标的实现。因为价格体系的合理程度，影响着国民生产总值分配的合理化程度，进而影响到社会经济利益主体发展经济的积极性和主动性的发挥、国民经济规模的扩大和经济效益的提高，最终会引起财政收入绝对量的变化。例如我国的原材料、能源等上游产业的产品价格偏低，导致资源配置的逆向运行，多种原材料生产和能源产业发展滞后，成为国民经济的瓶颈产业，最终将影响国民经济发展规模和财政收入绝对量的增长。

（五）政府的职责范围和社会对公共物品的需求

在不同历史时期和不同经济体制下，政府的职责范围和社会对公共品的需求不相同。例如我国在计划体制下，国家实行中央集权管理体制，财政必须为政府实现其无所不包的管理体制筹集资金，财政收入在GDP中所占的比重就相当高。改革开放以来，我国对中央集权型管理体制进行了改革，并不断深入地清除该体制在分配领域的不良影响，政府的职能逐渐转移到满足社会公共需要的领域，财政收入在GDP中所占的比重也发生了变化。1952—1980年，财政收入在GDP中所占比重即国民经济的财政负担率（均值）为28.3%；1981—1990年，该指标为20.1%；1991—2000年，该指标为12.0%；2001—2010年，该指标为20.7%。随着政府职能范围的变化，财政收入规模也会发生相应变化的规律性得到了证明。

社会公共需要，是社会公众在生产、生活和工作中的共同需要，包括行政管理、国防、环境保护、基础科研与教育、公共设施、基础产业、文教卫生、支柱产业、风险投资及各种需要政府提供的服务。社会成员的公共需要，在市场经济条件下，由政府提供的公共物品和部分混合物品满足。公共需要规模影响着财政收入的规模。

三、中国财政收入增长及其特点

中国的财政收入经历了两个主要阶段，即计划经济时期（1950—1977年，其中1950—1952年为经济调整时期）和经济（体制）改革与社会主义市场经济时期（1978年至今）。

（一）计划经济时期（1978年以前）

1950—1977年，国家财政收入增加的情况如图2-1和图2-2所示。

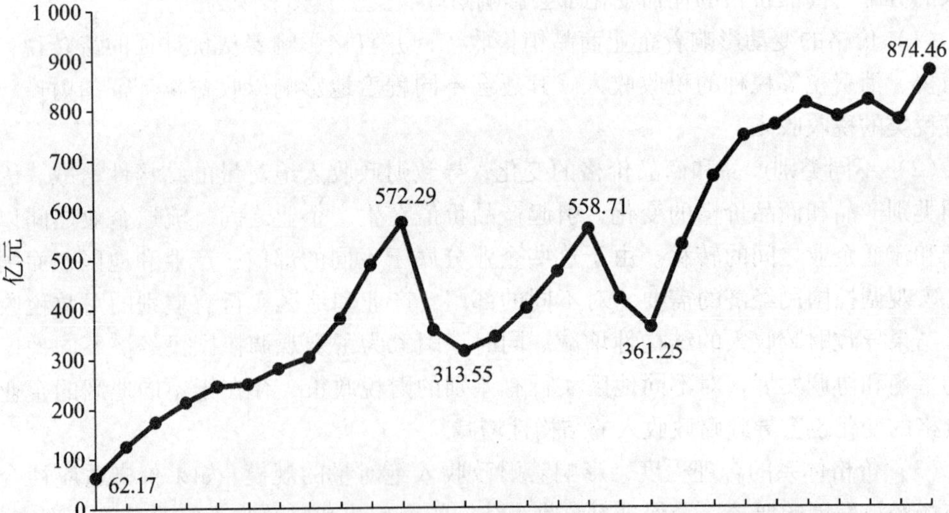

图2-1　1950—1977年国家财政收入

资料来源：根据国家统计局“年度数据”绘制。

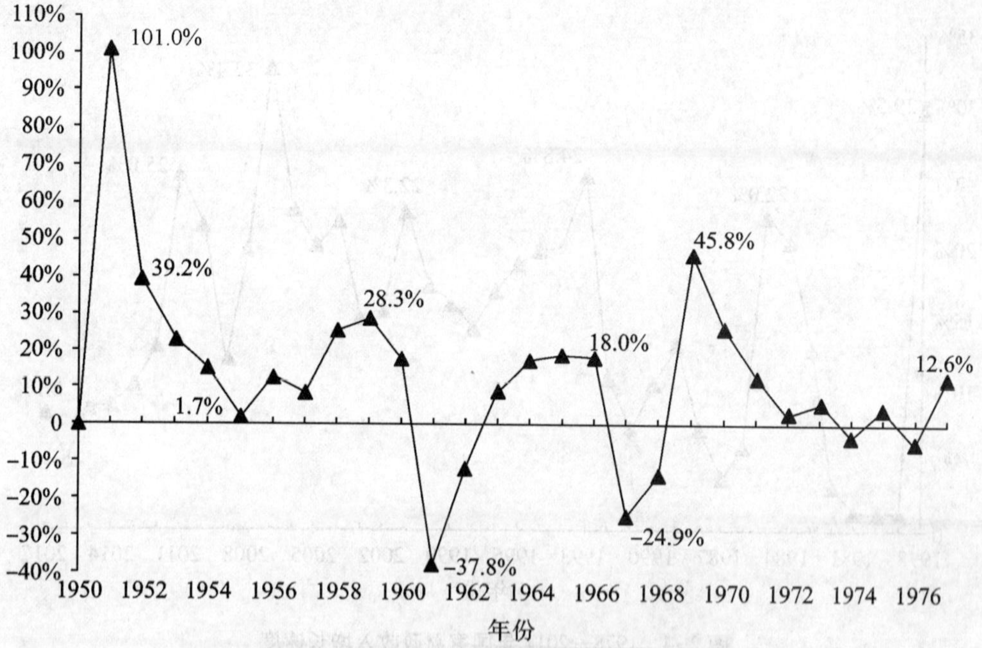

图 2-2　1950—1977 年国家财政收入增长速度

资料来源：根据国家统计局"年度数据"计算绘制。

从财政收入总额来看，1950—1977 年国家财政收入尚未触及千亿元关口（1950 年为 62.17 亿元，1977 年为 874.46 亿元）。从财政收入增长的速度来看，三个增长期分别为 1955—1959 年、1961—1966 年和 1967—1969 年；四个下滑期分别为：1951—1955 年、1959—1961 年、1966—1967 年和 1969—1978 年。四个低谷值分别处在 1955 年（1.7%）、1961 年（-37.8%）、1967 年（-24.9%）和 1978 年（-4.8%）。

（二）经济改革与社会主义市场经济时期（1978 年及以后）

1978—2017 年，国家财政收入增加的情况如图 2-3 和图 2-4 所示。

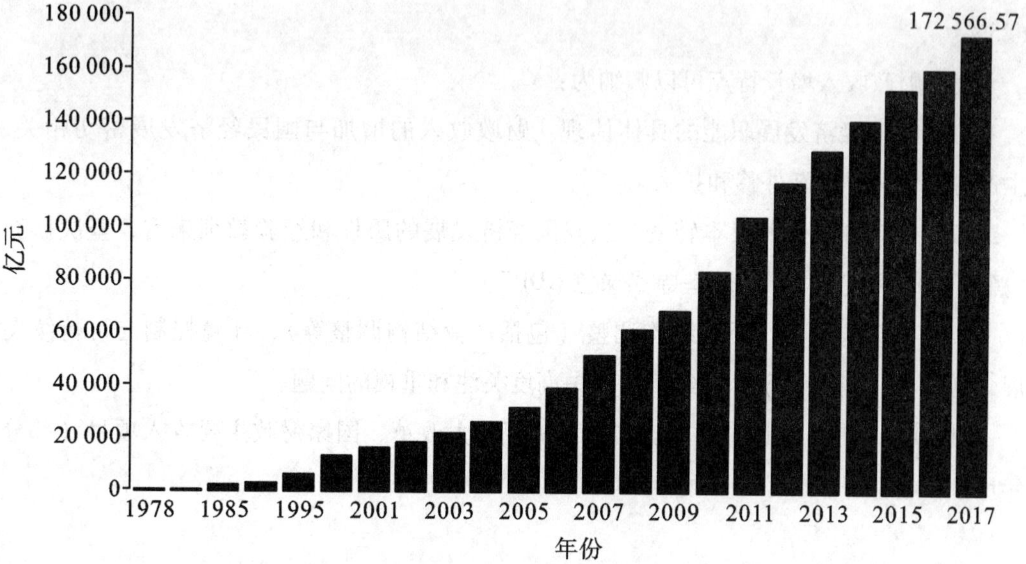

图 2-3　1978—2017 年国家财政收入

资料来源：根据国家统计局"年度数据"绘制。

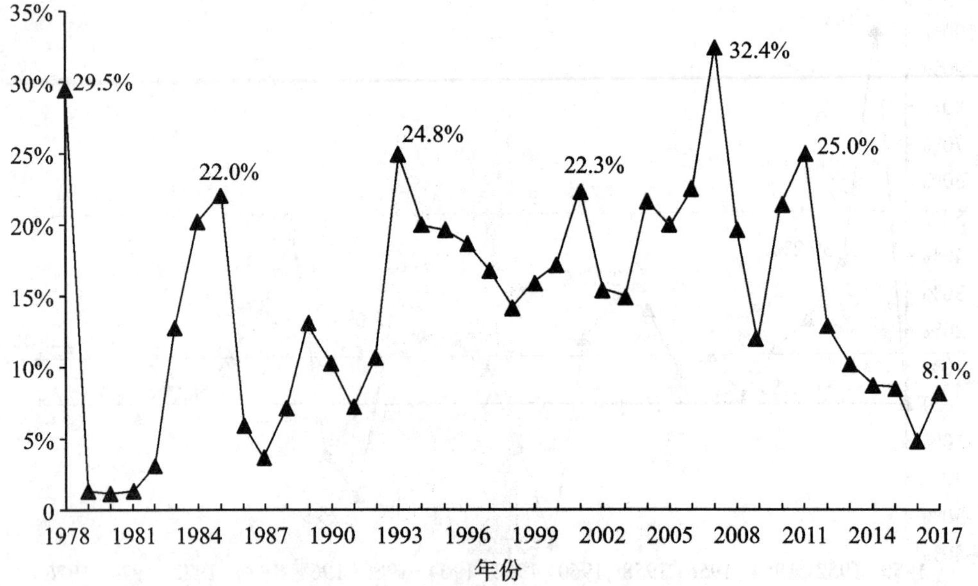

图 2-4　1978—2017 年国家财政收入增长速度

资料来源：根据国家统计局“年度数据”计算绘制。

从财政收入总额来看，1978—2017 年国家财政收入连续跨过千亿元大关、万亿元大关和十万亿元大关（1978 年为 1 132. 26 亿元，2000 年为 13 395. 23 亿元，2005 年为 31 649. 29 亿元，2010 年为 83 101. 51 亿元，2015 年为 152 269. 23 亿元，2017 年为 172 566. 57 亿元）。从财政收入增长的速度来看，四个增长期分别为 1979—1985 年、1987—1993 年、1998—2007 年和 2009—2011 年。六个峰值分别在 1978 年（29. 5%）、1985 年（22%）、1993 年（24. 8%）、2001 年（22. 3%）2007 年（32. 4%）和 2011 年（25%）。

我国财政收入增长特点可以归纳为：

（1）财政经济发展职能的具体体现。财政收入的增加与国民经济发展密切相关，生产可能性边界逐渐外移和扩大。

（2）认识和观念的根本转变。从我国经济发展的历程和经验教训来看，坚决摒弃“黑色 GDP 和红色 GDP”，坚持“绿色 GDP”。

（3）共识与预期。经济结构调整（包括产业结构调整等）、环境控制与可持续发展，已成为（当前和今后）经济发展中高度关注和重视的问题。

自 2007 年起，我国财政收支科目实施了较大改革，国家财政主要收入项目（部分年度）如表 2-1 所示。

表 2-1　国家财政主要收入项目　　单位：亿元

项目	1978 年	1985 年	1995 年	2007 年	2015 年	2017 年
国家财政收入	1 132.26	2 004.82	6 242.20	51 321.78	152 269.23	172 592.77
国家税收收入	519.28	2 040.79	6 038.04	45 621.97	124 922.2	144 369.87
国家国内增值税	—	147.70	2 602.33	15 470.23	31 109.47	56 378.18
国家国内消费税	—	—	541.48	2 206.83	10 542.16	10 225.09
国家进口货物增值税、消费税	—	—	—	6 153.41	12 533.35	—
国家出口货物退增值税、消费税	—	-17.95	-549.84	-5 635.00	-12 867.19	—
国家营业税	—	211.07	865.56	6 582.17	19 312.84	—
国家企业所得税	—	696.06	878.44	8 779.25	27 133.87	32 117.29
国家个人所得税	—	—	131.30	3 185.58	8 617.27	11 966.37
国家资源税	—	—	—	261.15	1 034.94	1 353.32
国家城市维护建设税	—	—	—	1 156.39	3 886.32	4 362.15
国家房产税	—	—	—	575.46	2 050.9	2 604.33
国家印花税	—	—	—	2 261.75	3 441.44	2 206.39
国家证券交易印花税	—	—	—	2 005.31	2 552.78	1 068.50
国家城镇土地使用税	—	—	—	385.49	2 142.04	2 360.55
国家土地增值税	—	—	—	403.10	3 832.18	4 911.28
国家车船税	—	—	—	68.16	613.29	773.59
国家船舶吨税	—	—	—	18.20	46.97	50.40
国家车辆购置税	—	—	—	876.90	2 792.56	3 280.67
国家关税	28.76	205.21	291.83	1 432.57	2 560.84	2 997.85
国家耕地占用税	—	—	34.54	185.04	2 097.21	1 651.89
国家契税	—	—	18.26	1 206.25	3 898.55	4 910.42
国家烟叶税	—	—	—	47.80	142.78	115.72
国家其他税收收入	—	—	—	1.24	0.41	4.08
国家非税收入	—	—	—	5 699.81	27 347.03	28 222.90
国家专项收入	—	—	—	1 241.85	6 985.08	7 028.71
国家行政事业性收费	—	—	—	1 897.35	4 873.02	4 745.27
国家罚没收入	—	—	—	840.26	1 876.86	2 394.14
国家其他收入	—	—	—	1 720.35	2 067.97	2 409.02

资料来源：根据国家统计局“年度数据”整理编制。财政收入中不包括国内外债务收入。

本章小结

1. 财政收入是财政支出的基础，是调节社会各经济主体经济利益关系和经济结构的重要手段。因此，能否合理组织财政收入关系到国民经济的发展和人民生活水平的提高。

2. 根据我国的财政体制，目前财政收入主要包括税收收入、社会保险基金收入、非税收入、贷款转贷回收本金收入、债务收入和转移性收入。

3. 正确理解和把握财政收入的原则和影响财政收入的因素。

4. 衡量财政收入规模的指标有国民经济负担率、财政收入增长率、财政收入弹性和财政收入边际倾向等。

复习与思考

1. 识记：财政收入、非税收入、债务收入、财政收入规模

2. 领会

（1）财政收入的形式。

（2）财政收入的原则。

（3）衡量财政收入规模指标的经济含义。

（4）了解我国“政府收支分类体系”的改革。

第三章 税收

第一节 税收基本理论

一、税收的性质和特征

（一）税收的性质

税收是国家为满足社会公共需要，凭借政治权力，按法定标准向社会成员强制无偿地征收而取得的一种公共收入。它是各国政府取得公共收入的最基本的形式。

根据马克思主义原理，社会再生产是由生产、分配、交换和消费四个环节组成的，其中，分配是把社会在一定时期内新创造出来的产品和价值分成不同的份额，并决定各个份额归谁占有和占有多少的一个重要环节，税收就是这个环节上诸种分配形式中的一种特殊分配形式。征税过程实质上就是把一部分社会产品从纳税人手中转变为国家所有的分配过程。征税的结果，必然会引起各社会成员占有社会产品和国民收入比例的变化，一部分社会成员占有的比例会减少，而另一部分社会成员占有的比例则会增加。因为通过征税引起了社会产品在社会成员与国家之间以及不同社会成员之间的转移以及占有比例的变化，改变了社会产品原有的分配结构，形成了一种新的社会产品占有、支配和使用结构，可见，税收是一个分配范畴，这是税收的基本属性。

同时，我们对税收这一分配范畴应有一个清楚的认识：首先，税收与国家的存在本质地联系在一起，是政府机器赖以存在并实现其职能的物质基础。恩格斯说：为了维持这种公共权力，就需要公民缴纳费用——捐税。捐税是以前的氏族社会完全没有的。其次，征税的依据是国家政治权力。在对社会产品的分配过程中，存在着两种权利：一种是财产权利，即所有者的权力，它是依据对生产资料和劳动力的所有权而取得产品的一种权利；另一种是政治权力，即国家的权力，依据这种权力把私人占有的一部分产品变为国家所有，这就是税收。最后，税收收入是形成财政收入的一种主要形式。

关于我国税收收入占 GDP 和财政收入（总额）的比重，以及部分税种的收入情况，如图 3-1 和图 3-2 所示。

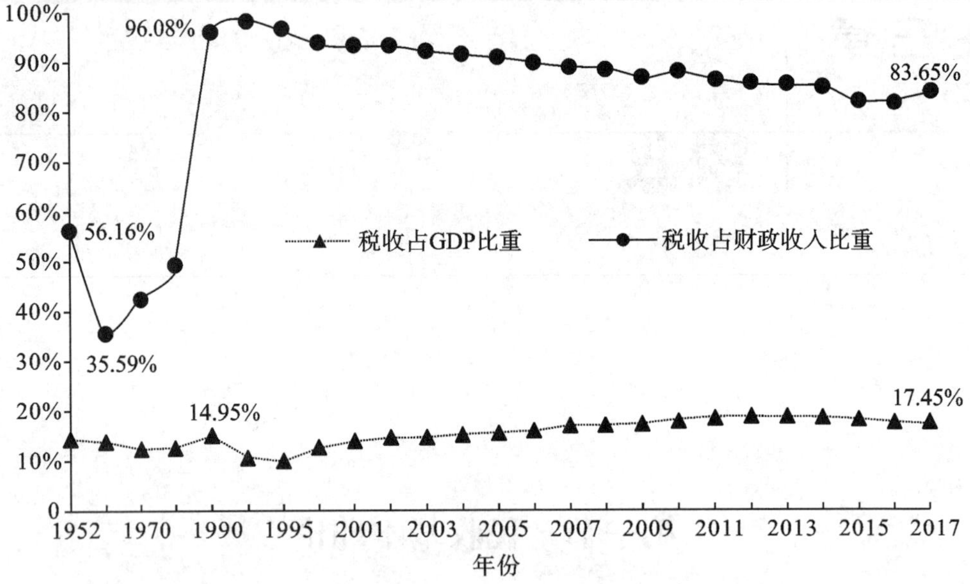

图 3-1　1952—2017 年税收占 GDP 比重和税收占财政收入比重

资料来源：根据国家统计局“年度数据”整理绘制。

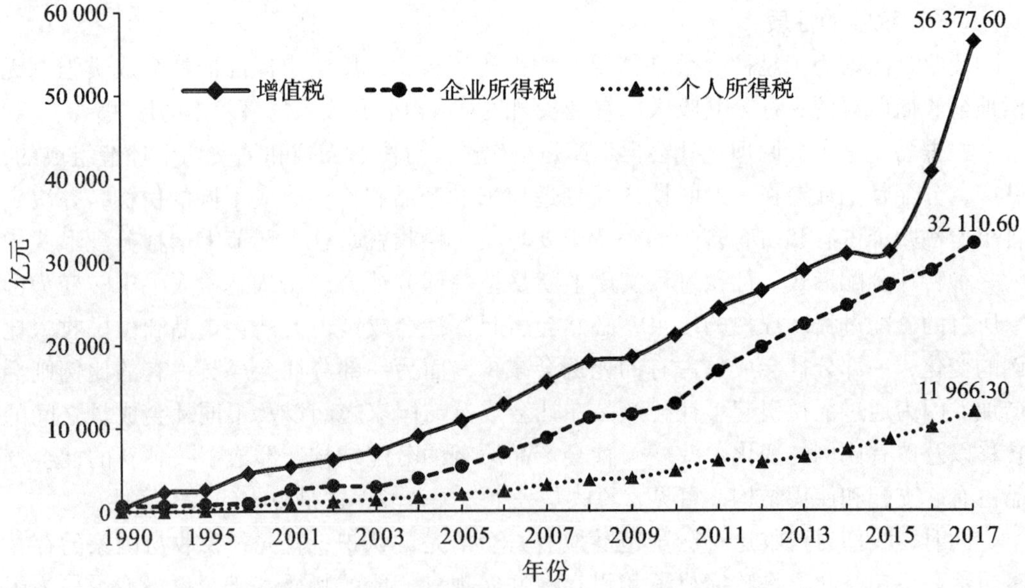

图 3-2　1990—2017 年部分税收收入

资料来源：根据国家统计局“年度数据”整理绘制。

（二）税收的特征

税收的特征，是指税收这种公共收入形式区别于其他公共收入形式的基本标志，是税收本质的外在表现。一般认为，税收的形式特征包括强制性、无偿性和固定性，简称“三性”，这是税收这种公共收入形式与其他公共收入形式进行区别的根本标志，不同时具备“三性”的公共收入就不能称为税收。

1. 强制性

税收的强制性是指国家以社会管理者身份，凭借政治权力，以法律形式确定征税人和纳税人的权利和义务关系。它主要表现在以下几个方面：

（1）税收分配关系是国家和社会成员必须遵守的权利和义务关系。执行社会职能，满足社会公共需要是国家应尽的职责，国家代表社会履行职责所发生的费用理应由社会成员共同分担。

（2）国家征税这种分配形式凭借的是政治权力，是凌驾于生产资料所有权之上的占有和支配社会产品的权力，是不管生产资料的所有者是否愿意都要行使的权力。

（3）税收是一种由国家用法律加以规范、制约、保护和巩固的关系，具有法律的约束力和强制作用。在社会物质产品还不是极其丰富，社会成员思想觉悟总体水平还不是很高的情况下，税收可以较好地保证财政收入及时、足额入库。

2. 无偿性

税收的无偿性是指国家征税以后，税款即为国家所有，不再直接归还给纳税人，也不直接向纳税人支付任何报酬或代价。正如列宁所说：所谓赋税，就是国家不付任何报酬而向居民取得的东西。税收的这种无偿性，可从以下两方面去理解：

（1）这是针对国家和具体的纳税人对社会产品的占有关系来讲的，而不是对国家与全体纳税人的利益归宿关系来说的。就全体纳税人与国家关系而言，税收是有偿的。

（2）税收的无偿性是税收作为分配范畴来说的，不是对税收作为历史范畴而言的。税收的无偿性是税收作为分配范畴的形式特征，无论处于何种社会形态中的税收，就征税者与具体纳税人对社会产品的占有关系来说，都是社会产品所有权和支配权的无偿转移，不因社会形态的变化而变化。但税收作为历史范畴而言，在不同社会形态下，其性质则是不同的。例如，我们常说我国的税收是“取之于民，用之于民”的，指的就是税收的历史范畴。

3. 固定性

税收的固定性是指国家在征税前，税法就预先规定了征税对象、纳税人、征收比例等内容。税法所规定的这些征收标准，征税机关只能按照这个预定的标准征税，纳税人只要发生了税法规定的纳税行为，就必须按预定的标准如数纳税，不得不纳、少纳或迟纳。

税收的固定性实际上是指税法的确定性，但不能把税收的固定性理解为永远固定不变。随着社会生产力的发展和生产关系的变化，税收的课税对象、征收比例等内容也会随之发生变化。因此，固定性是相对的，而不是绝对的。

税收的上述三个特征是相互联系、缺一不可的统一整体。其中，税收的无偿性是核心，是根本目的；税收的强制性是前提，是实现税收无偿性的强有力保证；税收的固定性则是无偿性和强制性的客观要求和必然结果。

二、税收原则

税收原则是政府在税收制度的设计和实施方面所应遵循的基本指导思想，也是评价税收制度优劣、考核税务行政管理状况的基本标准。税收原则是财税学界长期以来一直关注的一个重要问题。

（一）公平原则

公平原则是经济学界公认的税收的首要原则。一方面，公平税收对于维持税收制度的正常运转必不可少；另一方面，公平税收对于矫正收入分配、维护社会稳定不可或缺。因而，从古到今，公平不仅仅是作为经济目标，更重要的是作为社会目标出现。此外，东西方国家税收的实践还表明，税收公平与否往往是检验税收制度和税收政策好坏的一个重要标准。一般来讲，税收公平包括普遍征税和平等征税两个方面。所谓普遍征税，通常指征税遍及税收管辖权之内的所有法人和自然人，即所有具有纳税能力的人都应毫无例外地纳税。当然，征税的普遍性也不是绝对的，国家出于政治、经济、国际交往等方面的考虑，给予某些特殊的纳税人以免税照顾，并不违背这一原则，如对外交使节的税收豁免待遇几乎是一种国际惯例。所谓平等征税，通常是指国家征税的比例或数额与纳税人的负担能力相称。具体包括两个方面的含义：一是纳税能力相同的人负担相同的税收，即所谓“横向公平”；二是纳税能力不同的人负担不同的税收，即所谓“纵向公平”。但需指出的是，上面所提及的纳税能力，一般是针对所得而言，所以横向公平的含义就是对所得相同的人征收相同的税收，纵向公平的含义就是对所得不同的人征收不同的税收。税收公平不仅是一个财税问题，而且是一个社会问题和经济问题，因为税收作为国家参与国民收入分配和再分配的手段，与社会经济生活各个领域密切相关，对社会生活和经济运行将产生巨大的影响，因而在任何一个国家内部，税收政策必须及时协调税收公平与社会经济公平之间可能出现的矛盾。例如，当经济间所决定的分配已经是公平的了，税收分配就应以不干扰这一分配格局为公平标准；当经济活动决定的分配被证明是不公平的，则公平的税收就应以矫正这一分配格局为目标。

（二）效率原则

税收的效率原则要求以尽量小的税收成本取得最大的经济效益。这里的效率包括两层意义：一是指税收的行政效率，即较少的征收费用、便利的征收方法等；二是指征税应有利于提高经济效益，实现资源的最优配置。

提高税收的行政效率主要体现在减小征税成本上，因此，检验税务行政效率的标准在于税收成本占税收收入的比重。税收成本有广义和狭义之分。广义税收成本是指在税收征纳过程中所发生的各类费用支出，包括税收征收费用和税收奉行费用：①税收征收费用，又称为狭义的税收成本。专指税务机关为征税而花费的行政管理费用，包括税务机关工作人员工资、奖金、福利、办公设备及税务机关为征税而印制的宣传资料、票据等。②税收奉行费用。指纳税人在依法纳税时除税款之外所支出的费用，包括办理税务登记的费用和时间耗费、填写申报表的劳动耗费、聘请税务顾问和律师的酬金以及税务人员稽查给纳税人带来的心理影响。不过，由于这种费用很多时候是无法用货币来计算的，因而有人将其称为“税收隐蔽费用”，所以，各国政府对其行政效率的考察，基本上是以税收征收费用占全部税收收入的比重为依据来考察的。

征税有利于提高经济效益是更高层次的税收效率。税收作为一种重要的再分配工具，可以在促进资源配置合理化、刺激经济增长等方面发挥作用，但也可能扭曲资源配置格局，阻碍经济发展。如果税收起的是前一种作用，就是有效率的；如果税收的作用属于后一种，就是无效率的。税收是否有效率必须结合经济运行本身的效率来考察，假如经济运转本身已是高效率的，税收活动就应以不干扰经济运转为有效率，假如经济运转是低效率乃至无效率的，税收效率则体现在它对经济运转的影响和干预上。对长期的、全面的经济运转过程的考察结果表明，经济运转本身具有高效率的情况极为少见。在市场经济国家总是存在着市场失灵的问题，因而税收干预总是大有可为的。税收杠杆可以调节社会供求总量，调节产业结构，促进市场机制发挥最大的效益。

（三）中性原则

近年来，西方税收学界提倡税收中性原则。所谓税收中性（neutrality），是指政府征税以不扭曲市场机制的正常运行，或者说，不影响私人部门原有的资源配置状况为标准。税收中性包含两种含义：一是国家征税使社会所付出的代价以税款为限，尽可能不给纳税人或社会带来其他的额外损失或负担；二是国家征税应避免对市场经济正常运行的干扰，特别是不能使税收超越市场机制而成为资源配置的决定因素。

税收中性原则的建立基础在于确信市场机制在资源配置方面是充分有效的，有充分的自由竞争和不存在市场失灵与盲区。但事实上，市场机制总是存在缺陷，完全的自由竞争只有在理论推导中才会出现，市场失灵与盲区的存在也是不争的事实。因此，税收中性原则以及税收保持绝对中立是难以植根现实的。不过，税收中性原则作为税制建设的一种规范性的理论研究，正确处理税收与市场的关系也有一定的指导意义。目前，我国正处于发展社会主义市场经济的过程中，在改革和建设税制时，要从我国国情出发，适当吸收税收中性原则的合理内容，“熨平”市场经济波动，促进国民经济的稳定发展。

三、税收负担与税负转嫁

（一）税收负担

税收负担（tax burden）是纳税人因向国家缴纳税款而承受的收入损失和经济利益的牺牲。它反映了国家与纳税人之间的利益分配关系，在数量上体现为税收收入和可供征税的税基之间的对比关系。税负水平是税制的核心问题，体现税收与政治、经济之间的相互关系。合理确定一个国家的税负水平，对确保政府满足公共需要的财力，调节经济结构，促进经济发展，保证社会稳定，都具有十分重要的意义。

依据考察层次的不同，税收负担主要分为宏观税收负担和微观税收负担。

1. 宏观税收负担

宏观税收负担是从国民经济总体来看税收负担水平，反映一国社会成员税收负担的整体状况。衡量宏观税收负担的指标主要是国内生产总值负担率和国民生产总值负担率，即一定时期内（通常为一年），一国税收收入总额（T）与同期国内生产总值（GDP）或国民生产总值（GNP）的比值，即T/GDP 或 T/GNP，表明一定时期内政府以税收方式从经济总量中分配的份额。

根据国际经济组织和许多国家通常采用的分类标准，目前，世界各国的总体税负水平大致可以划分为三类：第一类是高税国，T/GDP 的比值一般在 35%以上；第二类是中税国，T/GDP 的比值在 20%~35%；第三类是低税国，T/GDP 的比值一般不超过20%，大多在 15%左右。从世界平均水平来看，税负水平呈缓慢上升趋势。

2. 微观税收负担

微观税收负担是从单个纳税人（包括法人和自然人）来考察税收负担水平。衡量微观税收负担的指标，主要是企业或个人向国家缴纳的税收与其产出的对比关系，如企业纳税总额与同期销售收入之比、个人所纳税额与个人收入所得额之比等。由于在流转税下，纳税人与负税人往往不一致，因此，在研究微观税负时不能不考虑税负转嫁的问题。

宏观税收负担与微观税收负担具有内在的必然联系，微观税收负担是基础，宏观税收负担是微观税收负担的综合反映，在一定的税制结构中，微观税收负担的增加或减少，必然引起宏观税收负担的相应变化。

（二）税负转嫁与归宿

1. 税负转嫁与归宿的概念

所谓税负转嫁（tax shifting）是指商品交换过程中，纳税人通过提高售价或压低购进价格等办法，将其缴纳的部分或全部税款转移给他人负担的过程。所谓税负归宿（tax incidence）是指处于转嫁过程中的税收负担的最终归着点或最后结果。税负转嫁的必然结果是产生纳税人和负税人不一致的情况，即是说，只要某种税收的纳税人与负税人不是同一个人，即发生了税负转嫁。税负转嫁的特征为：①税负转嫁与价格升降有直接联系，而且这种价格升降是由税负转嫁引起的；②税负转嫁是各经济主体之间税收负担的再分配，它不会改变国家税收收入量；③税负转嫁是纳税人在利益机制驱动下的主动行为。我们常听人说，吸烟、喝酒的人对国家贡献很大，这实际上就是在说明一个税负转嫁的问题，因为国家对生产烟酒的企业课以重税，而生产烟酒的企业又通过提高对烟酒产品的销售价格，将已纳税收全部或部分地转嫁给了广大的消费者。

税负转嫁是一个过程。由于商品交换呈链条式运动，以商品价格涨跌为载体的税负转嫁过程可以仅经过一次转嫁便落脚于归宿点，也可能随着交换过程的延伸，经数次转嫁才落脚于归宿点。一旦税收转嫁结束，税负即为负税人承担，税负也就找到了归宿点。税负转嫁可能是全部转嫁，也可能是部分转嫁，其余部分由纳税人自己负担。研究税负转嫁，目的在于确定税收负担最后归宿点，从而将税收缴纳者和税收负担的承受者真正区别开来，把握税收分配关系的实质，充分利用税收对经济的调节作用，制定出科学合理的税收政策，以达到预期的调节效果。

与税负转嫁相近的另一个概念是逃税。逃税是指个人或企业以不合法的方式逃避纳税义务，包括偷税、漏税和抗税等。逃税与税负转嫁不同，税负转嫁是通过市场手段进行的，只是税负的转移，最终只导致纳税人与负税人的不一致，税收总量却并不会因此而减少（在不考虑效率损失的情况下）；而逃税是直接逃避政府税收部门税收征管行为，其结果是无人承担纳税义务，即无纳税人，也无负税人，这必然造成税收总量的直接减少或损失。因此，税负转嫁不违反税法，而逃税则是一种违法行为。

2. 税负转嫁的形式

税负转嫁的基本方式有两种，即前转和后转。此外，还有一些其他的转嫁方式。

（1）前转。前转也称为“顺转”，指纳税人通过提高商品销售价格将所纳税款转移给购买者，即由卖方向买方转嫁。前转是税负转嫁的最典型和最普遍的形式，一般发生在商品和劳务课税上。例如，对商品的生产厂商征税，生产厂商就可以通过提高商品出厂价格，把税负转嫁给批发商，批发商再把税负转嫁给零售商，最后由零售商把税负转嫁给消费者。这样，消费者必须付出包括部分税收或全部税收在内的价格购得商品或劳务，商品生产商只是名义上的纳税人，经过税负转嫁后，商品购买者成了实际的税收负担者。

（2）后转。后转亦称“逆转”，指纳税人在无法实现前转时，将其所纳税款通过压低商品或生产要素购进价格转移给商品或生产要素供应者。例如，在零售环节对某商品课税，但该商品因供大于求而难以提高市场价格，这时零售商不能通过提高商品售价把税负转移给消费者，只有设法压低该商品的购进价格把税负后转给批发商，批发商再后转给生产厂商，生产厂商又通过压低原料价格、劳动力价格（工资）或延长工时等办法，把税负转嫁给原料供应者或工人。这样，名义上的纳税人是零售商，但实际上税收的负担者则是原料供应者或雇佣工人。

（3）辗转。前转或后转均可发生一次或数次，如果一笔税款从纳税人到最后负税人其转嫁运动只发生一次，可称为一次转嫁；发生两次或两次以上的转嫁则称为辗转转嫁，其情况如下所示：

棉花商→纱商→布商→消费者（向前辗转转嫁）

布商→纱商→棉花商→农民（向后辗转转嫁）

（4）混转，又称散转。在现实经济活动中，税收无论是向前转嫁还是向后转嫁，转嫁的程度取决于许多经济因素。有时可以把全部税负转嫁出去（称为完全转嫁），有时则只能将部分税负转嫁出去（称为部分转嫁），有时税负的转嫁表现为纯粹的前转或后转，但更多的情况则是表现为：同一笔税款一部分通过前转转嫁出去，另一部分则通过后转转嫁出去，这种情况我们称之为混转或散转。

（5）消转，又称转化，指纳税人通过改善经营管理或改进生产技术等措施降低生产成本，使税负从新增利润中得到抵补。这既不是提高销价的前转，也不是压低购价的后转，而是通过提高效率降低成本、增加利润而抵消税负，所以称为消转。在“消转”的情况下，税收负担实际上并未发生任何转移，或者说纳税人和负税人仍然相同，因此，严格地说，消转并不属于一般意义上的税负转嫁，它只能算作一种特殊的税收转嫁形式而已。

（6）税收资本化，又称为资本还原，指某些能够增值的应税商品（如不动产、股票等）在出售时，买主将今后若干年应纳的税额从所购商品的价格中预先作一次性扣除，然后才成交的一种方式。今后若干年买主应纳的税款在购买该商品时一次性转嫁给卖主，所以，它实际上是税负向后转嫁的一种特殊形式。在实际进行操作时，买主会将以后应纳的税款折成现值，从所购资本品价值中预先扣除，从而使资本品的价格下降，税收实际上将由资本品所有者负担。此后名义上虽由买主按期付税，实际上税款是由卖主负担的。例如，甲向乙购买一块土地，价值 1 万元，这块土地每年需纳税 50 元，假设银行利率为 10%，于是，甲只愿意出 9 500 元买这块土地，甲少付出的 500 元存入银行每年可获得利息 50 元，正好用来缴纳土地的税款。显然，这块土地的税负实际上是由土地出售者乙负担的。不过，与一般意义上后转的不同之处是，税收资本化是将累次应纳税款作一次性转嫁。

3. 税负转嫁的条件

税负转嫁的主观原因在于纳税人的经济利益，但这种税负转嫁的主观愿望的实现程度却要受到一些客观条件的制约。

制约税负转嫁的条件主要有：

（1）商品交换的存在是税负转嫁的前提。典型的税负转嫁是通过商品交换过程中的价格变动来实现的。因此，没有商品交换的存在就不可能有税收负担的转嫁。

（2）商品供求弹性决定税负转嫁实现的程度。商品经济只是为税负转嫁提供了可能性，纳税人税负转嫁的实现程度，则要受商品价格变动情况的约束。在自由竞争的市场上，商品价格的变动主要由需求弹性和供给弹性决定。

所谓需求弹性，是指商品需求量（购买量）对于市场价格的变动所做出的反映程度。用公式表示为：

$$需求弹性 = \frac{需求变动幅度}{价格变动幅度}$$

在其他条件不变的情况下，价格下降，需求量迅速增加，称为需求弹性大，如奢侈品等非生活必需品就是需求弹性较大的商品。相反，有些商品的需求对价格高低反映度不大，即不论价格升降，其需求量变化均不大，称为需求弹性小，如粮食、食油、布匹都是需求弹性较小的商品。无论价格如何变化，商品需求都不发生任何变化，则称为需求无弹性。在需求弹性较大的情况下，如果某种商品为了转嫁税负而提高价格，购买者对商品的需求就会减少，转而购买效用相似的其他代替品，从而阻止了该商品价格的提高，致使其税负难以转嫁；反之，在需求无弹性或弹性较小的情况下，税负就比较容易转嫁出去。一般情况下，商品需求弹性与税负转嫁的可能性成反比。

所谓供给弹性，是指商品的供给对商品价格的反映程度。用公式表示为：

$$供给弹性 = \frac{供给量变动幅度}{价格变动幅度}$$

在其他条件不变的情况下，一般来说，如果供应量的变动幅度大于价格的变动幅度，即为供给弹性大，反之为供给弹性小。如果供给量不随价格变化而变化，则供给无弹性。在供给弹性较大的情况下，商品价格低，生产要素就会转向其他部门，使这种商品的供给量急剧减少，由于供给减少，价格就会回升，最终使得这种商品的税负可随价格的升高而转嫁出去。反之，在供给无弹性或弹性较小的情况下，无论价格如何变化，生产都难以扩大或缩小，其税负也难以得到转嫁。因此，商品供给弹性大小对税负转嫁的一般规律是：商品的供给弹性越大，税负转嫁的可能性越大；商品供给弹性越小，税负转嫁的可能性越小。商品供给弹性与税负转嫁的可能性成正比。

（3）市场的竞争程度。在不同的市场竞争程度下，税负转嫁程度也有所不同。

①完全竞争市场下的税负转嫁。在完全竞争市场下，由于单个厂商无力控制价格，因此，当其纳税时，是难以在短期内通过提高价格的形式将税负向前转嫁出去的。因为只是该厂商提高价格，而别的厂商不提价，那么，买者将不购买它的商品，转而购买其他厂商的商品，因而使该厂商转嫁的意愿难以实现。但从长期看，由于纳税将增大厂商成本，减少其利润，于是各个厂商联合起来，一致提价，则税负就可以完全或大部分转嫁出去，但转嫁的程度仍然受供需弹性的制约。

②不完全竞争市场下的税负转嫁。商品的差异性是不完全竞争市场的重要特征。在不完全竞争市场下，单个厂商虽然很多，但各家可以利用其产品的差异性对价格做出适当调整，借以进行税负转嫁。当然，其转嫁的程度同样受到供需弹性的制约。

③寡头垄断市场或完全垄断市场下的税负转嫁。这两种市场都是以垄断为其特征，所不同的只是垄断的程度，即某种商品在市场上其垄断厂商的数量不同。一般说来，在垄断市场条件下，税负转嫁的可能性更大且更为容易，各厂商之间的竞争程度要小得多。因为生产经营该种商品的厂商数量很少，因此，它们之间极容易达成某种协议或默契，对价格升降采取一致行动。如果对某产品征收新税或提高税率，各寡头厂商就会按已达成的协议或默契，通过一致提价等方式，将税负转嫁出去。当然，这种转嫁意图的实现程度，也仍然受到商品供需弹性的影响。

（4）课税范围的大小。一般来说，课税范围的大小对税负转嫁的影响表现为：课税范围越窄，其税负转嫁越困难；课税范围越广，则其税负转嫁就越容易。因为课税范围越窄，越有替代效应，买者选择的余地越大。如果纳税者将某种商品的税负前转，则价格上升，同时，由于存在着无税或低税的替代产品，则买者转而购买替代产品，而对某种商品的需求大大减少，结果必然是该税负难于达到转嫁的目的。相反，课税范围越广，由于替代效应小，结果税负越容易转嫁。比如，洗衣粉与肥皂同属于洗涤用品，如果对肥皂课税而对洗衣粉免税，当肥皂因课税而提价后，人们显然会多用洗衣粉而少用肥皂，结果肥皂销量必然减少，此时肥皂生产厂家就不敢将全部税款加于肥皂价格之内，因而其税负转嫁就难以实现。

（5）行政管理范围的大小。一般来讲，行政管辖范围越大，税负越易转嫁；相反，行政管辖范围越小，转嫁越难。这也是由替代效应的大小决定的。比如，一个小城镇对某种商品开征一种新的地方税或提高税率，则人们可以通过到别的未征新税的附近城市购买商品或迁居到低税城市，而使税负难于转嫁。但省（州）或中央开征一种新税，由于其管辖范围大，人们越过省（州）或国界去购买商品或迁居的代价太高，则仍在当地购买或居住，因此税负转嫁的可能性就大。

（6）课税对象的性质。课税对象的性质也能影响到税负能否转嫁以及税负转嫁的程度，如对个人所得或企业所得征税，其要进行税负转嫁就比较困难；但对商品征税，则由于商品处于流通过程之中，纳税人在进行商品交易时，就具有转嫁税负的可能，因此，使得税负转嫁较易实现。

第二节　税收制度

一、税收制度及构成要素

税收制度简称“税制”，它有广义和狭义之分。广义的税收制度是指国家规定的税收法令、条令和征收管理办法的总称。狭义的税收制度则是指国家具体设置某一税种的课征制度，包括纳税人、征税对象、税率、纳税环节、纳税期限、税收优惠、违章处理等税制构成要素。其中，纳税人、征税对象、税率是税制的基本构成要素。税收制度规定了国家与纳税人之间的征纳关系，成为征纳双方共同遵守的法律规范。本节所指的税收制度是指狭义的税收制度。

（一）纳税人

纳税人是纳税义务人的简称，是税法规定的直接负有纳税义务的法人和自然人，法律术语称为课税主体，它解决的是向谁征税的问题。纳税人是税收制度构成的最基本的要素之一，任何税种都必须有纳税人。从法律角度划分，纳税人包括法人和自然人两种。法人是指依法成立并能以自己的名义行使权利和负担义务的组织。作为纳税人的法人，一般是指经工商行政管理机关审查批准和登记、具备必要的生产手段和经营条件、实行独立经济核算并能承担经济责任、能够依法行使权利和义务的单位和团体。作为纳税人的自然人，是指负有纳税义务的个人，如从事工商营利经营的个人、有应税收入或应税财产的个人等。

与纳税人相关的两个概念是负税人和扣缴义务人。

1. 负税人

负税人指税款的实际负担者，即纳税人所纳税款的实际承受者，它侧重于与实际经济发生联系，却不具有法律义务。纳税人不仅与实际经济发生联系，而且要承担法律责任。纳税人和负税人可以是一致的，也可以是不一致的。如企业所得税，国家征税后，必然使企业利润减少，企业也就成为税款的直接负担者，因而对企业所得税而言，纳税人和负税人是一致的。又如消费税，是由消费品的生产者或经营者缴纳的，但纳税人却可以把税款加在消费品价格上转嫁给消费者，因此，生产者和经营者只是纳税人，而不是负税人，真正的负税人则是消费者。

2. 扣缴义务人

虽然在绝大多数情况下，都是由国家征收机关和纳税人直接发生税收征纳关系，但在某些特殊情况下，为控制税源，防止偷税、逃税和方便征管，需要由与纳税义务人发生经济关系的相关单位和个人代国家征缴税款和代纳税人缴纳税款。因此，国家税法在规定扣缴义务人的同时，相应地规定了扣缴义务人的责任，也就是当扣缴义务人未能正确履行扣缴税款的责任并造成税款流失时，扣缴义务人同样要受到经济或法律的制裁。

（二）征税对象

征税对象又称课税对象，是税法规定的征税的目的物，法律术语称为征税客体，它解决的是对什么征税的问题。每一种都有明确的征税对象，如流转税类的各项产品的销售收入额、所得税类的各项所得额等。

征税对象在税制中起着重要的作用。首先，它是征税的前提，是征税与不征税的分界线，只有符合税法规定的征税对象，才需要征税；其次，它是一种税区别于另一种税的重要标志，在税法中，一般是以征税对象来区分各种税和设置税种；最后，它是通过税收实现社会政策和经济政策的主要依据，国家运用税收调节经济，主要是通过征税对象来进行调节。

我们要注意与征税对象密切相关的几个概念。

1. 税目

税目是征税对象的具体项目，它具体地规定了一个税种的征税范围，体现了征税的广度。有的税种征税对象简单、明确，不必另行规定税目；有的税种征税对象复杂，需要规定税目。设置税目有两种基本方法：一种是列举法，即按照每一种征税的产品或经营的项目分别设置税目，也就是税法中具体列举了对什么征税、对什么不征税。另一种是概括法，就是按商品的分类或行业设置税目。

2. 计税依据

计税依据，又称税基，是指税法中规定的据以计算各种应征税款的依据或标准，它是征税对象在量上的具体化。计税依据在表现形态上一般有两种：一种是价值形态，如销售收入额、所得额、增值额、营业收入额等，在这种情况下，课税对象和计税依据一般是一致的，如所得税的课税对象是所得额，计税依据也是所得额；另一种是实物形态，如征税对象的面积、体积、长度、重量、数量等，在这种情况下，课税对象和计税依据往往是不一致的，如我国的车船使用税，它的课税对象是各种车辆和船舶，而计税依据是车、船的排气量或吨位。

3. 税源

税源是指税收收入的经济来源，即税收的最终出处。有些税种的课税对象与税源一致，如所得课税，其征税对象和税源都是纳税人的所得。有些则不一致，如财产税，征税对象是应税财产，而税源则是财产的收益或财产所有人的收入。区别税源与课税对象的主要目的在于分析税源与课税对象的关系。课税对象解决对什么征税的问题，税源则表明纳税人的负担能力。

（三）税率

税率（tax rate）是指应纳税额与征税对象数额之间的比例，它是计算应纳税额的尺度，体现了征税的深度。在其他条件一定的情况下，税率的高低，直接关系到纳税人缴纳税额的大小和税负的轻重，关系到国家财政收入的规模，反映了国家在一定历史时期的税收政策，因此，税率是税收制度的中心环节。从世界各国的情况来看，税率主要可分为以下三种：

1. 比例税率

比例税率（proportional tax rate），是指对同一征税对象，不论数额大小，只规定一个统一的法定比例征税。它一般适用于对流转额的征税。比例税率的优点表现在：同一课税对象的不同纳税人税收负担相同，能够鼓励先进，鞭策落后，有利于公平竞争；计算简便，有利于税收的征收管理。但是，比例税率不能体现量能负税的原则。

比例税率在具体运用上又可分为几种类型：① 行业比例税率，即不同行业规定不同的税率，同一行业采用同一税率。② 产品比例税率，即对不同产品规定不同税率，同一产品采用同一税率。③ 地区差别比例税率，即对不同地区实行不同税率。④ 幅度比例税率，即中央只规定一个幅度税率，各地可在此幅度内，根据本地区实际情况，选择、确定一个比例作为本地适用税率。

2. 定额税率

定额税率（quota tax rate）是税率的一种特殊形式。它不是按照课税对象规定征收比例，而是按照征税对象的计量单位规定固定税额，所以又称为固定税额，一般适用于从量计征的税种。定额税率的优点是：从量计征，不是从价计征，有利于鼓励纳税人提高产品质量和改进包装，计算简便。但是，由于税额的规定同价格的变化情况脱离，在价格提高时，不能使国家财政收入随国民收入的增长而同步增长，在价格下降时，则会限制纳税人的生产经营积极性。

定额税率在具体运用上又分为几种类型：①地区差别定额税率，即为了照顾不同地区的自然资源、生产水平和盈利水平的差别，根据各地区经济发展的不同情况分别制定的不同税额。② 幅度定额税率，即中央只规定一个税额幅度，由各地根据本地区实际情况，在中央规定的幅度内，确定一个执行数额。③ 分类分级定额税率，即把课税对象划分为若干个类别和等级，对各类各级由低到高规定相应的税额，等级高的税额高，等级低的税额低。

3. 累进税率

累进税率（progressive tax rate）是指随着课税对象数额的增加而不断递增的税率。它一般按征税对象数额的大小，划分若干等级，每个等级由低到高规定相应的税率，征税对象数额越大税率越高，数额越小税率越低。按照税率累进依据的不同，累进税率可以分为“额累”和“率累”两种。额累是按征税对象数量的绝对额分级累进，率累是按征税对象数额的相对数分级累进。按照累进方式不同，额累可以分为“全额累进税率”和“超额累进税率”两种形式，率累可以分为“全率累进税率”和“超率累进税率”两种形式。具体来说，累进税率包括以下几种：

（1）全额累进税率。它是指按征税对象的绝对数额划分征税级距，就纳税人的课税对象的全部数额及与之相对应的税率计算应纳税额的税率，即一定课税对象的数额只适用一个等级的税率。

（2）全率累进税率。它与全额累进税率的原理相同，只是税率累进的依据不同。全额累进税率的依据是征税对象的数额，是一个绝对数。而全率累进税率的计税依据是征税对象的某种比率，如销售利润率、资金利润率等，是一个相对数。

（3）超额累进税率。它是指将征税对象按数额大小划分为若干等级，每一个等级由低到高规定相应的税率，每个等级分别按该级的税率计算应纳税额的税率，即一定课税对象的数额会同时使用几个等级的税率。目前，我国个人所得税中的工薪税、个体工商户的生产、经营所得及对企事业单位的承包、承租经营所得税就是采用的超额累进税率计算应纳税额。

（4）超率累进税率。它与超额累进税率的原理相同，只是税率累进的依据不是征税对象的数额而是征税对象的某种比率。如我国现行土地增值税采用的就是超率累进税率，其计税依据是土地增值额与扣除项目金额的比例。

全额累进税率与超额累进税率都是按照量能负税的原则设计的，但两者又有不同的特点。

例如：假设所得税税率如表 3-1 所示。

表 3-1　所得税税率表

级数	应税所得额	税率（%）
1	不超过 1 000 元	5
2	超过 1 000 元不超过 5 000 元的部分	10
3	超过 5 000 元的部分	20

当某人应税所得额为 8 000 元时，

A. 按全额累进税率计算应纳税额 = 8 000×20% = 1 600（元）

B. 按超额累进计算应纳税额 = 1 000×5%+4 000×10%+3 000×20%

= 1 050（元）

C. 各级速算扣除数的计算。所谓“速算扣除数”，是指按全额累进税率计算的应纳税额与按超额累进税率计算的应纳税额之间的差额，用公式表示为：

速算扣除数 = 全额累进税额 − 超额累进税额

因此，一级速算扣除数 = 1 000×5% − 1 000×5% = 0

二级速算扣除数 = 5 000×10% −（1 000×5%+4 000×10%）= 50（元）

三级速算扣除数 = 8 000×20% −（1 000×5%+4 000×10%+3 000×20%）

= 550（元）

从上面假定的计算中我们可以得出全额累进税率与超额累进税率的区别：

A. 在计算上，全额累进计算简便，超额累进计算复杂，但可以采用“速算扣除数”予以解决。通过预先计算出各级距的速算扣除数，则按超额累进税率计算的应纳税额可以简化为：

超额累进税额 = 应纳税所得额×适用税率 − 速算扣除数

B. 在收入级次和税率档次相同的情况下，全额累进税率的累进程度高，税负重；超额累进税率的累进程度低，税负轻。

C. 在所得额级距的临界点附近，全额累进会出现税额增长超过所得额增长的不合理现象，超额累进则不存在这个问题。按表 3-1 所规定的税率表，若该纳税人的应税所得额为 1 001 元，按全额累进税率计算的应纳税额应为 1 001×10% = 100. 1 元；而按超额累进税率计算的应纳税额为 1 000×5%+1×10% = 50. 1 元。即，应税所得额多 1 元，按全额累进税率计算的税额就多 50. 1 元，而按超额累进税率计算的税额则只多 0. 1 元。

正是因为全额累进税率有上述缺点，因而在税制中很少运用，一般采用的是超额累进税率，如我国现行个人所得税中的工薪税采用的就是超额累进税率。

应当指出，比例税率、定额税率和累进税率都是法律上的税率形式，即税法中可能采用的税率。若从经济分析的角度考察税率，则税率还存在着其他的一些形式，主要包括名义税率、实际税率、边际税率、平均税率等。名义税率指的是税法规定的税率，是应纳税额与课税对象数额的比例；实际税率是实纳税额与实际课税对象数额的比例，在没有税负转嫁的情况下，它等于税收负担率。在实际征税过程中，由于实行减税、免税和超额累进征收制度等，纳税人实际负担的税款与按税率表上所列税率计算的税款会不一致，从而导致名义税率与实际税率不一致。边际税率是课税对象数额增量中税额所占的比例。以超额累进所得税为例，边际税率是指在征税级距既定的条件下，纳税人每增加一个单位的课税对象所引起的课税对象级距的变化而最后适用的那个税率。如，某应税所得级距是不超过 500 元的为 5%，超过 500~2 000 元的部分为 10%。当某纳税人的应税所得额从 500 元增加 1 个单位时，则最后适用的税率 10%即为此时的边际税率。平均税率是实纳税额与课税对象数额的比例，它往往低于边际税率。一般来说，平均税率接近于实际税率，而边际税率接近于名义税率。

（四）纳税环节

纳税环节是指征税对象在运动过程中缴纳税款的环节。商品从生产到消费往往需要经过许多环节，主要包括生产、运输、批发、零售等环节。对一种商品可选择在一个环节征税，称为“一次课征制”，也可选择在多个环节征税，称为“多次课征制”。纳税环节是税制的一个重要内容，它关系到税制结构和税种的布局，关系到税款能否及时入库，关系到地区间的税收收入分配，同时还关系到企业的经济核算是否便利其纳税等问题。

（五）纳税期限

纳税期限是指纳税人发生纳税义务后，向国家缴纳税款的期限。它是税收固定性和强制性在时间上的体现。从原则上来讲，纳税人在取得应税收入或发生纳税义务后，应当立即向国家缴纳税款。但是，由于纳税人取得应税收入或发生纳税义务具有阶段性和重复性，不可能每取得一次应税收入或发生一次纳税义务就立即缴纳一次税。为了简化纳税手续，便于纳税人经营管理，同时有利于税款及时缴入国库，有必要根据各种税的不同特点以及纳税人的具体情况分别规定不同的纳税期限。在具体做法上，可分为按期纳税和按次纳税两种。按期纳税，即以纳税人发生纳税义务的一定时期，如1天、3天、5天、10天、1个月、1年等作为纳税期限；按次纳税，即以纳税人发生纳税义务的次数作为纳税期限。

（六）税收优惠

税收优惠即税法中所规定的对特定纳税人或征税对象给予鼓励和照顾的具体方法，主要包括以下几种：

1. 减免税

减免税是指税法对同一税种中的某一部分特定的纳税人和征税对象给予减轻或免除税负的一种优待规定。减税是指将纳税人应纳的税款减少征收一部分，免税就是将纳税人的应纳税款全部免予征收。从某种意义上说，减免税是税率的一种辅助手段和补充手段，体现了税法的特殊性、灵活性的要求。

2. 起征点

起征点即税法中所规定的开始征税的数量界限。如个人（不包括一般纳税人的个体工商户）按次纳税的增值税起征点为每次（日）销售额300~500元（含本数），每月销售货物或提供应税劳务的增值税起征点为5 000~20 000元。对于课税对象的数额未达到起征点的不征税，达到或超过起征点的，就课税对象的全部数额征税。规定起征点主要是为了照顾生产经营规模小、征税对象数额比较低的纳税人的负担状况。

3. 免征额

免征额即税法中规定的征税对象中免予征税的数额，它是按照一定的标准从征税对象总额中预先减除的数额。如从2019年1月1日起，个人所得税中工薪税的免征额为5 000元。凡属免征额的部分均不征税，超过免征额的部分要依率计征应纳税额。规定免征额主要是为了体现税收负担的合理性，照顾纳税人的一般生活需要。

（七）违章处理

违章处理即对纳税人发生违反税法行为时所进行的处罚。纳税人的违章行为通常包括偷税、抗税、漏税、欠税、骗取退税等不同情况。偷税是纳税人使用欺骗、隐瞒等手段少纳或不纳税款的违法行为。偷税行为一是在账簿、记账凭证上做手脚，二是纳税时不如实申报；抗税是指纳税人对抗国家税法、拒绝纳税的违法行为；漏税是纳税人出于无意而未交或少交税款的违章行为；欠税即拖欠税款，是指纳税人不按规定期限缴纳税款的违章行为；骗取退税是指纳税人采取欺骗手段获取国家退税照顾的行为。偷税、抗税和骗取退税属于违法犯罪行为；而漏税和欠税则属于一般违章行为，不构成犯罪。对纳税人的违章行为，可以根据情节轻重，分别采取以下方式进行处理：限期补缴税款、加收滞纳金、罚款、追究刑事责任等。

二、税收分类

税收分类实质上是税种的分类，即按照一定的标准把性质相同或相近的税种划归为一类，使其同其他税种加以区别。科学合理的税收分类，既有助于分析各种税制的结构，研究各类税种的特点、性质、作用和它们之间的内在联系，发挥税收的杠杆作用，又有助于分析税源的分布和税收负担的状况以及税收对经济的影响。税收分类的方法是多种多样的，这里仅介绍税收分类的几种主要方法。

（一）按税收课税对象的性质分类

按课税对象的性质，可将税种分为流转税、所得税、资源税、财产税和行为税五大类。这种分类方式始终是世界各国常用的一种最基本和最主要的分类方式。

1. 流转税

流转税又称为商品劳务税或商品税，它是以商品或劳务流转额为征税对象的税种的统称。其计税依据是商品或劳务流转额。商品流转额指的是在商品交换过程中发生的交易额。劳务流转额指的是经济主体在向社会提供交通运输、邮电通信、金融保险、文化体育、娱乐服务等劳务服务时所取得的各项劳务性收入额。我国现行税制中的增值税、消费税、关税等都属于流转税。流转税具有税源稳定、征收及时便利、税负隐蔽等特点。

2. 所得税

所得税是指以纳税人的净所得（纯收益或纯收入）为课税对象的税种的总称。我国现行税制中的个人所得税、企业所得税等即属于所得税系列。在西方国家，社会保障税、资本利得税等一般也划入此类。所得税税负不易转嫁，具有“内在稳定器”的特征。

3. 资源税

资源税是以资源的绝对收益和级差收益为课税对象的税种的统称。这里作为课税对象的资源指的是那些具有商品属性的自然资源，即具有交换价值和使用价值的资源。我国现行税制中的资源税、城镇土地使用税等都属于资源税类。

4. 财产税

财产税是以财产价值为课税对象的税种的总称。作为课税对象的财产包括不动产和动产两类。不动产指的是不能移动或移动后会损失其经济价值的财产，如土地和地上附着物。动产指的是除不动产以外的，各种可能移动的财产，包括有形动产和无形动产。我国现行税制中的房产税、契税等都属于财产税类。

5. 行为税

行为税是以某些特定的行为作为课税对象的税种的统称。行为税具有课税对象单一、税源分散、税种灵活的特点。开征行为税，主要是为了加强对某些特定行为的监督、限制和管理，或者是对某些特定行为的认可，从而实现国家政治上或经济上的特定目的或管理的需要。我国现行税制中的城市维护建设税、印花税等即属于行为税类。

（二）按税收的计征标准分类

按税收计征标准的不同，可将税种分为从价税和从量税。从价税是指按课税对象及其计税依据的价格或金额为标准计征的税，这类税一般实行比例税率或累进税率，故又称为从价定率计征的税收。从量税是指按课税对象的重量、件数、容积、面积等数量作为计税依据的税，这类税一般实行定额税率，所以又称为从量定额计征的税收。

（三）按税收与价格的关系分类

按税收与价格的关系，可分为价内税和价外税。

凡税金构成价格组成部分的，称为价内税，即商品的价格=成本+利润+税金；凡税金作为价格之外附加的，称为价外税，即商品的价格=成本+利润。与之相适应，价内税的计税依据称为含税价格，价外税的计税依据称为不含税价格。含税价换算为不含税价的公式为：

$$不含税价 = \frac{含税价}{(1 + 税率)}$$

（四）按税收的管理权限分类

按税收的管理权限可将税收分为中央税、地方税、中央与地方共享税。一般来说，属于中央政府固定收入的税种，称为中央税；属于地方固定收入的税种，称为地方税；属于中央与地方政府共同享有，按照一定比例分成的税种，称为共享税。

（五）按税收负担是否容易转嫁分类

按税收负担是否容易转嫁可将税收分为直接税和间接税。凡税收负担不能或不容易转嫁的税收，称为直接税，如所得税；凡税收负担能够或容易转嫁的税收，称为间接税，如流转税。

三、我国现行税制的主要内容

我国目前现行税制是以流转税和所得税为主体的税制结构（structure of tax system）。

（一）流转税

我国现行流转税主要包括增值税、消费税和关税。

1. 增值税

（1）增值税的概念。它是指对在我国境内从事销售货物或提供应税劳务、转让无形资产或销售不动产以及进口货物的单位和个人所征收的一种税。

① 增值税的纳税义务人。凡是在中华人民共和国境内从事销售货物或提供应税劳务、转让无形资产或销售不动产以及进口货物的单位和个人，均为增值税的纳税义务人。我国增值税纳税义务人按其生产规模及财务核算健全程度分为一般纳税人和小规模纳税人。

② 增值税的征收范围。凡在我国境内销售货物（包括电力、热力、气体）、提供应税劳务（包括加工、修理修配、交通运输业、建筑业、金融保险业、邮电通信业、文化体育业、娱乐业和服务业）、转让无形资产或销售不动产以及进口货物，都属于增值税的纳税范围。

③ 增值税的计税依据。增值税属于价外税，实行多个环节征税。增值税的计税依据是增值额。增值额是指企业在生产经营活动中创造的新价值，相当于商品价值 $C+V+M$ 中扣除消耗掉的生产资料价值 C 之后的余额，即 $V+M$ 部分。这个余额大体相当于该企业活劳动创造的价值，即企业支付的工资、利息、租金及企业盈利之和。

（2）增值税的类型。根据对外购固定资产扣除方式的不同，可将增值税分为消费型增值税、收入型增值税和生产型增值税三种类型。

① 消费型增值税，是指在计算增值额时，允许其将购入的固定资产价值一次性进行扣除。这种做法，相当于纳税人当期的全部销售额扣除外购的全部生产资料价款后的余额。从整个国民经济来看，这一课税基数，仅限于消费资料价值部分，故称为消费型增值税。消费型增值税避免了对生产资料重复征税，有利于鼓励投资。这种方法最适宜规范凭发票扣税的计算方法，因此，消费型增值税是增值税三种类型中最能体现增值税优越性的一种类型。

② 收入型增值税，是指在计算增值额时，对外购固定资产价款只允许扣除当期计入产品价值的折旧部分，即只允许扣除固定资产的折旧部分。从整个国民经济来看，这一课税基数相当于国民收入部分，故称为收入型增值税。这种方法从理论上讲是一种标准的增值额计算方法，但由于外购固定资产价款是以计提折旧的方式分期转入产品价值的，且转入部分没有合法的外购凭证，故给凭发票扣税的计算方法带来了不小的困难，从而影响了该方法的广泛采用。

③ 生产型增值税，是指在计算增值额时，不允许扣除任何购买固定资产的价款。从整个国民经济来说，这一课税基数相当于国民生产总值，故称为生产型增值税。该方法对固定资产存在着重复征税的问题，越是固定资产有机构成高的行业或企业，重复征税就越严重，因此不利于鼓励投资。

目前，世界上已有 170 多个国家和地区开征了增值税，其中绝大多数国家和地区采用的是消费型增值税。从 2009 年 1 月 1 日起，中国已在全国范围内实施增值税转型改革，将机器设备纳入抵扣范围。

（3）增值税的税率和征收率。

①一般纳税人增值税税率。从 2019 年 4 月 1 日起，一般纳税人增值税应税行为及适用税率，如表 3-2 所示。

表 3-2　一般纳税人增值税

纳税人应税行为	税率
销售或进口货物（另有列举的货物除外）；销售劳务；有形资产租赁服务	13%
提供交通运输、邮政、基础电信、建筑、不动产租赁服务、销售不动产、转让土地使用权 销售或者进口：1. 粮食等农产品、食用植物油、食用盐；2. 自来水、暖气、冷气、热水、煤气、石油液化气、天然气、沼气、居民用煤炭制品；3. 图书、报纸、杂志、音像制品、电子出版物；4. 饲料、化肥、农药、农机、农膜；5. 国务院规定的其他货物	9%
提供其他应税行为	6%
财政部和国家税务总局规定的出口货物等特殊业务	0

② 小规模纳税人增值税税率。从 2019 年 4 月 1 日起，小规模纳税人应税行为及适用税率，如表 3-3 所示。

表 3-3　小规模纳税人增值税

纳税人应税行为	税率
销售不动产、出租不动产、房地产开发企业销售及出租自行开发的房地产老项目、劳务派遣服务（含保安服务）等	5%
销售货物或销售应税服务、无形资产；提供加工、修理修配劳务等	3%
纳税人销售旧货、销售自己使用过的固定资产，减按 2%征收率征收。即 销售额=含税销售额／（1+3%） 应纳税额=销售额×2%	2%

（4）增值税应纳税额的计算。

① 一般纳税人应纳税额的计算。一般纳税人采用购进扣税法计算增值税。

应纳税额=当期销项税额-当期进项税额

A. 当期销项税额是指纳税人销售货物或者提供应税劳务，按照销售额或应税劳务收入和规定的税率计算并向购买方收取的增值税。即

当期销项税额=当期不含增值税的销售额×适用税率

$$当期不含增值税的销售额 = \frac{当期含增值税的销售额}{(1 + 增值税税率)}$$

B. 当期进项税额是指纳税人购进货物或者接受应税劳务所支付的增值税税额。在实际操作过程中，可抵扣的进项税额有两类：一类是以票抵扣，即取得法定扣税凭证，并符合税法抵扣规定的进项税额；另一类是计算抵扣，即没有取得法定扣税凭证，但符合税法抵扣政策，准予计算抵扣的进项税额。

准予从销项税额中抵扣的进项税额包括：从销售方取得的增值税专用发票上注明的增值税税额；从海关取得的完税凭证上注明的增值税税额；从农业生产者购进农产品，按照农产品收购发票或者销售发票上注明的买价和 9%的扣除率计算进项税额；纳税人购进用于生产或者委托加工 13%税率货物的农产品，按照 10%的扣除率计算进项税额。

不得从销项税额中抵扣的进项税额包括：用于非应税项目的购进货物或应税劳务；用于免税项目的购进货物或应税劳务；用于集体福利或个人消费的购进货物或应税劳务；非正常损失的购进货物；非正常损失的在产品、产成品所耗用的购进货物或应税劳务；纳税人购进货物或应税劳务，未按规定取得并保存增值税扣税凭证，或者增值税扣税凭证上未按规定注明增值税额和其他有关事项的。一般纳税人如会计制度不健全或不能提供准确税务资料的，不得抵扣进项税额，也不得使用增值税专用发票。

② 小规模纳税人应纳税额的计算。小规模纳税人销售货物或应税劳务取得的销售额，按销售额和规定的征收率计算应纳增值税税额，不得抵扣任何进项税额。

应纳税额=不含增值税的销售额×征收率

$$不含增值税的销售额 = \frac{含增值税的销售额}{(1 + 征收率)}$$

2. 消费税

消费税是1994年税制改革中新开设的一个税种，它是在对货物普遍征收增值税的基础上，选择特殊消费品、奢侈品、高能耗消费品、不可再生资源消费品和税基宽广、消费普遍、不影响人们生活水平又具有一定财政意义的消费品，再征一道流转税的一种税。

（1）消费税的概念。消费税是对在我国境内从事生产、委托加工和进口消费税应税产品的单位和个人所征收的一种税。

① 消费税的纳税义务人。凡在中华人民共和国境内生产、委托加工和进口消费税应税产品的单位和个人，都是消费税的纳税义务人。

② 消费税的征收范围。调整后的消费税税目包括烟、酒及酒精、高档化妆品、贵重首饰及珠宝玉石、鞭炮焰火、成品油、摩托车、小汽车、高尔夫球及球具、高档手表、游艇、木制一次性木筷子和实木地板、铅蓄电池（无汞原电池、金属氢化物镍蓄电池、锂原电池、锂离子蓄电池、太阳能电池、燃料电池和全钒液流电池免征消费税）(2016年1月1日起实施)、涂料。

③ 消费税的计税依据。消费税属于价内税，并实行单一环节征税，一般选择在应税消费品的生产、委托加工和进口环节纳税，但金银首饰、钻石及钻石饰品在零售环节征税。实行从量计征的消费税的税基是应税消费品的销售数量。实行从价计征的消费税的税基与增值税的税基是一样的，即，含消费税而不含增值税的销售金额。其中，自产自用且在没有同类应税消费品销售价格的情况下，组成计税价格$=\frac{\text{成本}+\text{利润}}{1-\text{消费税率}}$；委托加工的，在无同类消费品价格时，组成计税价格$=\frac{\text{材料成本}+\text{加工费}}{1-\text{消费税税率}}$。

（2）消费税的税率。消费税采用比例税率或定额税率两种形式。

（3）消费税应纳税额的计算。

目前，我国消费税的计税方法主要有以下三种：

①从价定率征收的计税方法：

$$\text{应纳税额}=\text{应税消费品的销售额}\times\text{适用税率}$$

②从量定额征收的计税方法：

$$\text{应纳税额}=\text{应税消费品数量}\times\text{消费税单位税额}$$

③从量定额与从价定率相结合的复合计税方法：目前在我国消费税税目中，只在卷烟和白酒两类产品中实行。

$$\text{应纳税额}=\text{销售数量}\times\text{定额税率}+\text{销售额}\times\text{比例税率}$$

（二）所得税

我国现行所得税主要包括企业所得税和个人所得税。

1. 企业所得税

为了建立统一、规范、公平的市场环境，进一步完善社会主义市场经济体制，2007年3月16日，中华人民共和国第十届全国人民代表大会第五次会议通过了《中华人民共和国企业所得税法》，该法自2008年1月1日起正式实施。

（1）企业所得税的概念。企业所得税是指国家对境内企业的生产、经营所得和其他所得依法征收的一种税。

① 企业所得税的纳税义务人。根据《中华人民共和国企业所得税法》规定，凡在中华人民共和国境内实行独立核算的企业或组织（个人独资企业和合伙企业除外），均为企业所得税的纳税义务人。其包括内资和外资企业，并将企业分为居民企业和非居民企业。居民企业，是指依法在中国境内成立，或者依照外国（地区）法律成立但实际管理机构在中国境内的企业。非居民企业，是指依照外国（地区）法律成立且实际管理机构不在中国境内，但在中国境内设立机构、场所的，或者在中国境内未设立机构、场所，但有来源于中国境内所得的企业。

② 企业所得税的征税范围。居民企业应当就其来源于中国境内、境外的所得缴纳企业所得税。非居民企业在中国境内设立机构、场所的，应当就其所设机构、场所取得的来源于中国境内的所得以及发生在中国境外但与其所设机构、场所有实际联系的所得，缴纳企业所得税。非居民企业在中国境内未设立机构、场所的，或者虽设立机构、场所但取得的所得与其所设机构、场所没有实际联系的，应当就其来源于中国境内的所得缴纳企业所得税。

③ 企业所得税的计税依据。企业所得税的计税依据为应纳税所得额，即企业每一纳税年度的应纳税收入减去准予扣除项目后的余额。其计算公式为：

应纳税所得额=应纳税收入总额-准予扣除的项目金额

其中，收入总额包括生产经营收入、财产转让收入、利息收入、租赁收入、特许权使用费收入、股息收入及其他收入；准予扣除的项目包括成本、费用、税金及损失。

（2）企业所得税的税率。自2008年1月1日起，企业所得税税率为25%。但对于符合条件的小型微利企业，减按20%的税率征收企业所得税；对于国家需要重点扶持的高新技术企业，减按15%的税率征收企业所得税；对于在中国境内未设立机构、场所的，或者虽设立机构、场所但取得的所得与其所设机构、场所没有实际联系的非居民企业的适用税率为20%。对税法公布前已经批准设立，享受低税率和定期减免税优惠的老企业，给予过渡型照顾；按现行税法的规定享受15%和24%等低税率优惠的老企业，按照国务院规定，可以在新税法实施后5年内享受低税率过渡照顾，并在5年内逐步过渡到新的税率。

（3）企业所得税应纳税额的计算。

应纳税额=应纳税所得额×适用税率

在实际工作当中，企业所得税是按月或季预缴，年终汇算清缴的办法进行的。具体来说，企业应当自月份或者季度终了之日起十五日内，向税务机关报送预缴企业所得税纳税申报表，预缴税款；自年度终了之日起五个月内，向税务机关报送年度企业所得税纳税申报表，并汇算清缴，结清应缴应退税款。用公式表示为：

① 月(季)预缴所得税税款=上年应纳税所得额×1/12(或1/4)×税率

② 年终汇算清缴税款：

A. 全年应纳所得税=全年应税所得额×税率

B. 多退少补所得税额=全年应纳所得税-月(季)预缴所得税税款

2. 个人所得税

（1）个人所得税的概念。个人所得税是对个人（自然人）取得的各项所得征收的一种税。从 2019 年 1 月 1 日起施行新的《中华人民共和国个人所得税法》。

① 个人所得税的纳税义务人。中国公民、个体工商户以及在中国有所得的外籍人员（包括无国籍人员，下同）和港澳台同胞，为个人所得税的纳税义务人。自 2000 年 1 月 1 日起，个人独资企业和合伙企业也是个人所得税的纳税义务人。

② 个人所得税的征税范围。凡在中国境内有住所，或者无住所而一个纳税年度内在中国境内居住累计满 183 天的个人，为居民个人，就其境内外所得征税；凡在中国境内无住所又不居住，或者无住所而一个纳税年度内在中国境内居住累计不满 183 天的个人，为非居民个人，仅就其境内所得征税。

以下各项个人所得，应当缴纳个人所得税，如表 3-4 所示。

表 3-4 个人应税所得一览表

序号	项目	备注
a	工资、薪金所得	居民个人取得的 a 至 d 所得（称综合所得），按纳税年度合并计算个人所得税； 非居民个人取得的 a 至 d 所得，按月或者按次分项计算个人所得税
b	劳务报酬所得	
c	稿酬所得	
d	特许权使用费所得	
e	经营所得	纳税人取得的从 e 至 i 所得，依照个人所得税法规定分别计算个人所得税
f	利息、股息、红利所得	
g	财产租赁所得	
h	财产转让所得	
i	偶然所得和其他所得	

a. 工资、薪金所得，是指个人因任职或受雇而取得的工资、薪金、奖金、年终加薪、劳动分红、津贴、补贴以及与任职或受雇有关的其他所得。

b. 劳务报酬所得，是指个人从事设计、装潢、安装、制图、化验、测试、医疗、法律、会计、咨询、讲学、新闻、广播、翻译、审稿、书画、雕刻、影视、录音、录像、演出、表演、广告、展览、技术服务、介绍服务、经济服务、代办服务以及其他劳务取得的所得。

c. 稿酬所得，是指个人因其作品以图书、报纸形式出版、发表而取得的所得。

d. 特许权使用费所得，是指个人提供专利权、著作权、商标权、非专利技术以及其他特许权的使用权取得的所得。提供著作权的使用权取得的所得，不包括稿酬所得。作者将自己文字作品手稿原件或复印件公开拍卖（竞价）取得的所得，应按特许权使用费所得项目计税。

e. 经营所得，是指自 2019 年 1 月 1 日起，将个体工商户生产经营所得调整为经营所得，取消对企事业单位承包承租经营所得项目，将其中属于工薪性质、经营性质的所得，分别并入工资薪金所得、经营所得征税。

f. 利息、股息、红利所得，是指个人拥有债权、股权而取得的利息、股息、红利所得。利息是指个人的存款利息（国家宣布 2008 年 10 月 9 日开始暂时取消利息税）、货款利息和购买各种债券的利息。股息，也称股利，是指股票持有人根据股份制公司章程规定，凭股票定期从股份公司取得的投资利益。红利，也称公司（企业）分红，是指股份公司或企业根据应分配的利润按股份分配超过股息部分的利润。股份制企业以股票形式向股东个人支付股息、红利即派发红股，应以派发的股票面额为收入额计税。

g. 财产租赁所得，是指个人出租建筑物、土地使用权、机器设备车船以及其他财产取得的所得。财产包括动产和不动产。

h. 财产转让所得，是指个人转让有价证券、股权、建筑物、土地使用权、机器设备、车船以及其他自有财产给他人或单位而取得的所得，包括转让不动产和动产而取得的所得。对个人股票买卖取得的所得暂不征税。

i. 偶然所得，是指个人取得的所得是非经常性的，属于各种机遇性所得，包括得奖、中奖、中彩以及其他偶然性质的所得（含奖金、实物和有价证券）。个人购买社会福利有奖募捐奖券、中国体育彩票，一次中奖收入不超过 10 000 元的，免征个人所得税，超过 10 000 元的，应以全额按偶然所得项目计税。

其他所得是指除上述应税项目以外，其他所得应确定征税的，由国务院财政部门确定。

③ 个人所得税的计税依据。个人所得税的计税依据是应纳税所得额，但由于个人所得税的应税项目不同，其取得某项所得所需费用也不同，因此，个人应纳税所得额，需按不同的应税项目分别计算，如表 3-5 所示。

表 3-5　个人应纳税所得额一览表

项目	应纳税所得额
居民个人的综合所得	每一纳税年度的收入额减除费用 60 000 元以及专项扣除（包括居民个人按照国家规定的范围和标准缴纳的基本养老保险、基本医疗保险、失业保险等社会保险费和住房公积金等）、专项附加扣除（包括子女教育、继续教育、大病医疗、住房贷款利息或者住房租金、赡养老人等支出）和依法确定的其他扣除后的余额；劳务报酬所得、稿酬所得、特许权使用费所得每次收入不超过 4 000 元的，减除费用按 800 元计算；每次收入 4 000 元以上的，减除费用按 20% 计算，其中稿酬所得减按 70% 计算
非居民个人的工资、薪金所得，劳务报酬所得，稿酬所得，特许权使用费所得	每月收入额减除费用 5 000 元后的余额。劳务报酬所得、稿酬所得、特许权使用费所得，以每次收入额为应纳税所得额（劳务报酬所得、稿酬所得、特许权使用费所得以收入减除 20% 的费用后的余额为收入额；稿酬所得的收入额减按 70% 计算）
经营所得	每一纳税年度的收入总额减除成本、费用以及损失后的余额
财产租赁所得	每次收入不超过 4 000 元的，减除费用 800 元；4 000 元以上的，减除 20% 的费用
财产转让所得	转让财产的收入额减除财产原值和合理费用后的余额
利息、股息、红利所得和偶然所得	每次收入额

（2）个人所得税税率。根据2018年新《中华人民共和国个人所得税法》和国家税务总局公告2018年第56号文件，个人所得税税率按照居民和非居民以及收入来源的不同，分别采用超额累进税率和比例税率。① 居民个人工资、薪金所得预扣预缴适用3%至45%的七级超额累进税率，见表3-6。

表3-6 居民个人工资、薪金所得预扣预缴适用税率

级数	累计预扣预缴应纳税所得额	预扣率（%）	速算扣除数（元）
1	不超过36 000元的部分	3	0
2	超过36 000元至144 000元的部分	10	2 520
3	超过144 000元至300 000元的部分	20	16 920
4	超过300 000元至420 000元的部分	25	31 920
5	超过420 000元至660 000元的部分	30	52 920
6	超过660 000元至960 000元的部分	35	85 920
7	超过960 000元的部分	45	181 920

② 扣缴义务人向居民个人支付劳务报酬所得预扣预缴适用20%的基本比例税率，但对一次收入畸高的，适用加成税率。所谓劳务报酬所得一次收入畸高是指其应税所得额超过20 000元。对应税所得额一次超过20 000元至50 000元的，按应纳税额加征五成；超过50 000元的，按应纳税额加征十成。具体适用税率见表3-7。

表3-7 居民个人劳务报酬所得预扣预缴适用税率

级数	预扣预缴应纳税所得额	预扣率（%）	速算扣除数（元）
1	不超过20 000元的部分	20	0
2	超过20 000元至50 000元的部分	30	2 000
3	超过50 000元的部分	40	7 000

③ 扣缴义务人向居民个人支付稿酬所得、特许权使用费所得预扣预缴适用20%的比例税率。

④ 扣缴义务人向非居民个人支付工资、薪金所得，劳务报酬所得，稿酬所得和特许权使用费所得代扣代缴适用3%至45%的七级超额累进税率，见表3-8。

表3-8 非居民个人工资、薪金所得，劳务报酬所得，稿酬所得，特许权使用费所得适用税率

级数	月应纳税所得额	税率（%）	速算扣除数（元）
1	不超过3 000元的部分	3	0
2	超过3 000元至12 000元的部分	10	210
3	超过12 000元至25 000元的部分	20	1 410
4	超过25 000元至35 000元的部分	25	2 660
5	超过35 000元至55 000元的部分	30	4 410
6	超过55 000元至80 000元的部分	35	7 160
7	超过80 000元的部分	45	15 160

⑤ 经营所得，适用5%至35%的五级超额累进税率，见表3-9。

表3-9　经营所得适用税率

级数	全年应纳税所得额	税率（%）	速算扣除数（元）
1	不超过30 000元的部分	5	0
2	超过30 000元至90 000元的部分	10	1 500
3	超过90 000元至300 000元的部分	20	10 500
4	超过300 000元至500 000元的部分	30	40 500
5	超过500 000元的部分	35	65 500

⑥ 利息、股息、红利所得，财产租赁所得，财产转让所得和偶然所得，适用比例税率，税率为20%。

（3）个人所得税应纳税额的计算。

① 对于居民个人工资、薪金所得，劳务报酬所得，稿酬所得，特许权使用费所得采用预扣预缴个人所得税的方法计税。

A. 扣缴义务人向居民个人支付工资、薪金所得时，应当按照累计预扣法计算预扣税款，并按月办理扣缴申报。

本期应预扣预缴税额=（累计预扣预缴应纳税所得额×预扣率-速算扣除数）-累计减免税额-累计已预扣预缴税额

累计预扣预缴应纳税所得额=累计收入-累计免税收入-累计减除费用-累计专项扣除-累计专项附加扣除-累计依法确定的其他扣除

其中：累计减除费用，按照5 000元/月乘以纳税人当年截至本月在本单位的任职受雇月份数计算。

B. 劳务报酬所得应预扣预缴税额=预扣预缴应纳税所得额×预扣率-速算扣除数

C. 稿酬所得、特许权使用费所得应预扣预缴税额=预扣预缴应纳税所得额×20%

居民个人办理年度综合所得汇算清缴时，应当依法计算劳务报酬所得、稿酬所得、特许权使用费所得的收入额，并入年度综合所得计算应纳税款，税款多退少补。

② 扣缴义务人向非居民个人支付工资、薪金所得，劳务报酬所得，稿酬所得和特许权使用费所得时，应当按月或者按次代扣代缴个人所得税。

非居民个人工资、薪金所得，劳务报酬所得，稿酬所得，特许权使用费所得应纳税额=应纳税所得额×税率-速算扣除数

③ 经营所得应纳税额=应纳税所得额×税率-速算扣除数

④ 财产租赁所得、财产转让所得、利息、股息、红利所得和偶然所得应纳税额=应纳税所得额×20%

（三）资源、财产及行为税

1. 资源税

（1）资源税的概念。资源税是为了调节资源开发过程中的级差收入，以各种自然资源为课税对象所征收的一种税。

（2）资源税的纳税义务人。这是指在中华人民共和国境内开采应税资源的矿产品

或生产盐的单位和个人。

（3）资源税的征税范围。其包括七大类，具体包括原油、天然气、煤炭、其他非金属矿原矿、黑色金属矿原矿、有色金属矿原矿、盐。在七大类下还设若干个子目。

（4）资源税的税率。资源税采用比例税率和定额税率两种形式（从 2016 年 7 月 1 日起，原油和天然气采用 5%~10%税率从价计征；焦煤按每吨 8~20 元计征）。

（5）资源税应纳税额的计算。应纳税额=销售额或销售数量×适用税率。

2. 城镇土地使用税

（1）城镇土地使用税的概念。它是以城镇土地为征税对象，以实际占用的土地面积为计税依据，对拥有土地使用权的单位和个人所征收的一种税。

（2）城镇土地使用税的纳税义务人。城镇土地使用税的纳税义务人为拥有土地使用权的单位和个人，包括外商投资企业和外国企业。

（3）城镇土地使用税的征税范围。其包括在城市、县城、建制镇和工矿区内的国家所有和集体所有的土地。

（4）城镇土地使用税的税率。城镇土地使用税实行定额税率，从量征收。每平方米土地年应纳税额规定如下：大城市 1.5~30 元；中等城市 1.2~24 元；小城市 0.9~18 元；县城、建制镇和工矿区 0.6~12 元。

（5）城镇土地使用税应纳税额的计算。应纳税额=实际占用应税土地面积(平方米)×适用税率。

3. 房产税

（1）房产税的概念。它是指以房屋为征税对象，按房屋的计税余值或租金收入为计税依据，向产权所有人所征收的一种财产税。

（2）房产税的纳税义务人，是以征税范围内的房屋产权所有人为房产税的纳税义务人。外商投资企业和外国企业暂不缴纳房产税。

（3）房产税的征税范围，包括城市、县城、建制镇和工矿区。坐落在农村的房屋暂不征收房产税。

（4）房产税的税率。我国现行房产税采用的比例税率，其中从价计征的税率为 1.2%，从租计征的税率为 12%。

（5）房产税应纳税额的计算：

① 从价计征的应纳税额。从价计征是按房产的原值减除 10%~30%后的余值计征。其计算公式为：

全年应纳税额=应税房产原值×(1-原值减除比例)×1.2%

其中，工业用途房产，以房屋原价的 50%~60%作为应税房产原值；商业和其他用途房产，以房屋原价的 70%~80%作为应税房产原值。

② 从租计征的应纳税额。从租计征是按房产的租金收入的 12%（个人为 4%）计征。其计算公式为：

全年应纳税额=全年租金收入×12%（或 4%）

4. 契税

（1）契税的概念。它是以所有权发生转移变动的不动产为征税对象，向产权承受人所征收的一种财产税。

（2）契税的纳税义务人。凡在中华人民共和国境内转移土地使用权、房屋所有权，承受权属的单位和个人，均为契税的纳税义务人。

（3）契税的征收范围，包括在中华人民共和国境内转移土地、房屋权属的行为。具体包括国有土地使用权出让、土地适用权转让、房屋买卖、房屋赠与、房屋交换五项内容。

（4）契税的税率。契税采用3%~5%的幅度比例税率。个人首次购买90平方米以下住房，从2008年11月1日起按1%的税率征收契税。

（5）契税应纳税额的计算：应纳税额=土地或房屋转让价格×适用税率。

5. 土地增值税

（1）土地增值税的概念。它是指对转让国有土地使用权、地上建筑物和其他附着物的单位和个人，就其转让房地产所取得的增值额所征收的一种税。

（2）土地增值税的纳税义务人。土地增值税的纳税义务人为转让国有土地使用权、地上建筑物和其他附着物并取得收入的单位和个人。

（3）土地增值税的征税范围。其包括转让国有土地使用权、地上的建筑物及其附着物连同国有土地使用权一并转让。

（4）土地增值税的税率。现行土地增值税实行四级超率累进税率，其税率如表3-10所示。

表3-10 土地增值税税率表

级别	增值额与扣除项目金额的比例	税率	速算扣除数（元）
1	不超过50%的部分	30%	0
2	超过50~100%的部分	40%	5
3	超过100~200%的部分	50%	15
4	超过200%的部分	60%	35

（5）土地增值税应纳税额的计算：应纳税额=土地增值额×适用税率-扣除项目金额×速算扣除率，其中，土地增值额=收入额-扣除项目金额。

6. 城市维护建设税

（1）城市维护建设税的概念。这是对从事工商经营、缴纳增值税和消费税的单位和个人所征收的一种税。

（2）城市维护建设税的纳税义务人。凡缴纳增值税和消费税的单位和个人，都是城市维护建设税的纳税义务人。

（3）城市维护建设税的征收范围和税率。根据城市维护建设税纳税人所在地的不同，设置了三档地区差别比例税率：纳税人所在地在市区的，税率为7%；纳税人所在地在县城、镇的，税率为5%；纳税人所在地不在市区、县城或镇的，税率为1%。

（4）城市维护建设税应纳税额的计算。应纳税额=（实缴增值税+实缴消费税）×适用税率。

这里实缴增值税、消费税的应纳税额，不包括加收的滞纳金和罚款。

7. 印花税

（1）印花税是对在经济活动和经济交往中书立、领受具有法律效力的凭证的单位和个人所征收的一种税。

（2）印花税的纳税义务人，是指在中华人民共和国境内书立、领受《中华人民共和国印花税暂行条例》所列举凭证的单位和个人。

（3）印花税的税率和征税范围。印花税采用比例税率和定额税率，印花税的征税范围不同，其适用税率也是不相同的。

按比例税率计算的有：买卖合同、承揽合同、建设工程合同、运输合同、技术合同，税率为0.3‰；保管合同、仓储合同、财产保险合同、租赁合同、证券交易，税率为1‰；融资租赁合同、借款合同，税率为0.05‰；土地使用权出让和转让书据、房屋等建筑物、商标专用权、著作权等转让书据，税率为0.5‰；营业账簿，税率为0.25‰。

按定额税率计算的有：不动产权证书、营业执照、商标注册证、专利证书，适用5元/件的定额税率。

（4）印花税应纳税额的计算。

① 实行从价定率计征的应税凭证，其计算公式为：

$$应纳税额=应税凭证所载金额\times适用税率$$

② 实行从量定额计征的应税凭证，其计算公式为：

$$应纳税额=应税凭证件数\times单位税额$$

※第三节　税收的经济效应

一、税收与经济发展

（一）税收与经济发展的理论观点

税收与经济发展之间存在着密切的关系。关于税收对经济发展的作用，不同的学派有不同的看法。

18世纪的自由资本主义时代，以亚当·斯密为代表的古典经济学派认为社会的中心问题是增加社会财富，但不需要政府干预，税收不过是为了维持“廉价政府”而取得收入的手段。斯密甚至认为，一切税收都是减少社会各阶层的收入，影响资本积累，或直接减少投资资本，是障碍资本主义经济发展的因素，因此主张“税不重征”。

19世纪下半叶和20世纪初，自由资本主义向垄断资本主义转变，出现资本的积累和集中，贫富的两极分化加剧，阶级矛盾激化。以阿道夫·瓦格纳为代表的社会政策学派，一方面反对自由主义经济政策，承认国家具有干预经济的作用；另一方面谋求矫正收入分配不公的社会问题。瓦格纳明确指出，从社会政策的意义上看，赋税不仅是满足财政的需要，同时，也出于纠正和调整国民所得的分配和国民财产的分配的目的。也就是说，瓦格纳突破了税收仅仅是财政收入的传统观点，认为税收也是一种经济调节手段，同时对劳动所得实行累进税制，以缩小正在扩大的收入分配差距。

20世纪30年代资本主义经济遭到空前的大危机，熨平经济的周期波动并促进经济增长成为经济学界最关注的问题，于是爆发了“凯恩斯革命”。凯恩斯学派认为，资本主义经济危机的根源在于有效需求不足，主张政府干预，实施需求管理政策，而且以财政政策为主要手段。美国经济学家汉森认为，税收是调节经济，避免经济危机，保持经济发展的有效手段，并预言“税收的变动是调节经济短期波动的很有效的武器，在将来，反商业循环措施的税率的调节，也许将取代利率变动过去所占的地位”。萨缪尔森强调税收既是经济本身的“自动稳定器”，又是政府可运用的稳定经济的“人为稳定器”。

20 世纪 70 年代，美国经济出现前所未有的经济停滞和通货膨胀并存的“滞胀”现象，而凯恩斯主义在“滞胀”面前束手无策，于是凯恩斯主义威信扫地，反对凯恩斯主义的供给学派应运而生。供给学派认为，需求管理政策不能解脱经济的“滞胀”，只有从资本和劳动力的数量及其使用效率着手，才能恢复经济的活力，因此主张实行“供给管理政策”，而主要载体则是减税政策。

（二）供给学派的税收观点

（1）高边际税率会降低人们的工作积极性，而低边际税率会提高人们的工作积极性。边际税率是指增加的收入中（要向政府）纳税的数额所占的比例。从劳动供给角度来看，如果边际税率过高，就会降低劳动者的税后工资率，人们就会选择不工作、少工作或不努力工作，即减少劳动供给；如果实行低边际税率，就可以增强人们的工作积极性，从而增加劳动供给。从劳动需求的角度来看，如果边际税率过高，企业会因为纳税后从劳动赚得的收益减少，就会减少劳动需求；反之，企业就会增加劳动需求。因此，供给学派认为，降低边际税率可以增加劳动的供给和需求，从而增加税后总供给。

（2）高边际税率会阻碍投资，减少资本存量，而低边际税率会鼓励投资，增加资本存量（投资包括物质投资和人力投资）。因为过高的边际税率会降低税后的投资收益，自然会影响人们的投资积极性，会根据边际税率的情况酌情减少投资；反之，降低边际税率则会增强人们的投资积极性。因此，供给学派认为，降低边际税率可以刺激投资增加，从而增加税后总供给。

（3）边际税率的高低和税收收入的多少不一定按同一方向变化，甚至可能按反方向变化。供给学派认为，高边际税率助长地下的“黑色经济”泛滥，助长纳税人逃税的动机，反而会减少税收收入；降低边际税率会使纳税人心安理得地纳税，从而增加税收收入。

（三）拉弗曲线

供给学派的三个基本命题可以从供给学派的代表人物拉弗设计的“拉弗曲线”得到说明。拉弗曲线是说明税率与税收收入和经济增长之间的函数关系的曲线，如图 3-3 所示。在曲线 OA 段，当税率为零时，税收收入为零；随着税率提高，税收收入也相应增加，当税率提高到 C 点时，税收收入最大；在曲线 AB 段，随着税率进一步上升，税收收入则逐步下降，当税率达到 100%(B 点)时，税收收入为零。

拉弗曲线表面上看反映的是税率与税收收入之间的函数关系，实际上体现的是税收负担与经济增长或发展的关系，因为税率过高导致税收收入下降，是源于税收负担过重抑制了经济活动，损害了税基。因此，图中阴影部分被视为税收的“禁区”。

当然，轻税并不意味着税负越低越好，因为由税收收入支持的公共支出，尤其是基础设施建设、教育、社会管理等，有的直接构成经济增长的要素，有的为经济正常发展创造外部条件，对促进经济发展的作用是巨大的。若一国税负水平过低，必然降低政府的投资和管理能力，从而妨碍经济长期、稳定增长。

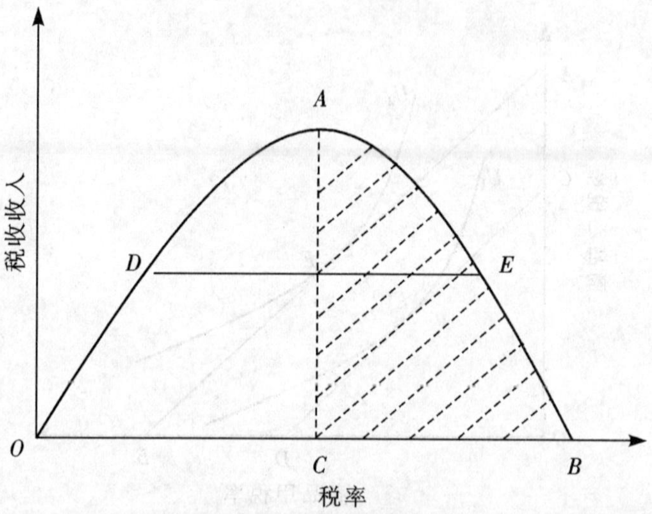

图 3-3　拉弗曲线图

拉弗曲线阐明的经济含义有：①高税率不一定取得高收入，而高收入也不一定要实行高税率。因为高税率会挫伤生产者和经营者的积极性，削弱经济行为主体的活力，导致生产停滞或下降。②取得相同的税收收入，可以采取不同的税率。如图 3-3 中的 D 点和 E 点，税收收入相等，但税收负担不同。③税率、税收收入和经济增长之间存在着相互依存、互相制约的关系，从理论上说应当存在一种兼顾税收收入与经济增长的最优税率。因此，保持适度的宏观税负水平是促进经济增长的一个重要条件。

二、税收的收入效应和替代效应

国家课税是一种收入再分配，会引起纳税人的收入水平及商品价格体系的变化，从而对经济活动产生一系列影响，包括引起消费者行为和生产者行为的改变等。所谓税收效应，是指国家课税对纳税人行为选择的影响。税收效应有多种表现形态，其中最基本的是收入效应和替代效应，其他效应都与这两种效应存在直接或间接的关系。

（一）税收的收入效应

税收的收入效应是指由于征税使纳税人的收入水平下降，而对其商品购买和消费行为的影响，如图 3-4 所示。

在图 3-4 中，横轴表示食品（商品甲）的购买量，纵轴表示衣物（商品乙）的购买量。假定纳税人的全部收入均用于购买食品和衣物，在纳税人的税前收入一定时，其全部收入用于购买食品和衣物的可能组合落在直线 AB 上，即直线 AB 为纳税人的税前支出预算线，无差异曲线 U_2 与该线相切于 E 点，该点表明在既定的收入水平上，食品和衣物的这一购买组合给纳税人带来的效用或满足程度最大。当政府对纳税人的收入课征一次性税收，税款相当于 AC 乘以衣物价格或 BD 乘以食品价格时，意味着纳税人的收入减少，支付能力也相应降低，其支出预算线由 AB 向原点平移到 CD，新的预算线与无差异曲线 U_1 相切于 E^* 点，形成在该预算线上的最佳购买组合。这一过程反映的是国家征税影响纳税人的收入水平、购买能力和福利收益，但不改变其商品购买组合比例的情况。

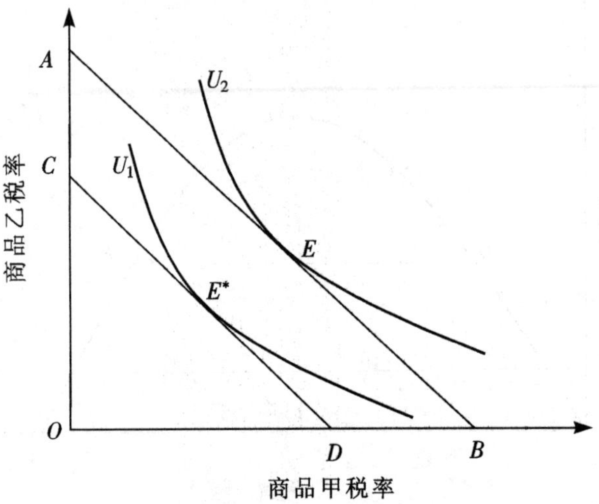

图 3-4　税收的收入效应图

（二）税收的替代效应

税收的替代效应是指国家实行选择性征税政策而对纳税人的经济行为的影响，具体表现为：当政府对一部分商品课税，而对另一部分商品不课税，或对一部分商品课重税，对另一部分商品课轻税时，会造成商品比价关系的变化，从而使纳税人相对增加无税或轻税商品的购买量，减少含税或重税商品的购买量，即发生无税或轻税商品对含税或重税商品的“替代”行为。

如图 3-5 所示，假定政府只对食品征税，税款为 BB' 乘以食品价格，对衣物不征税。在这种情况下，食品的价格水平因征税而提高，纳税人对该类商品的购买能力下降，支出预算线由税前的 AB 改变为税后的 AB'，AB' 与无差异曲线 U_1 相切于 E^* 点，形成在该预算线上的最佳组合。

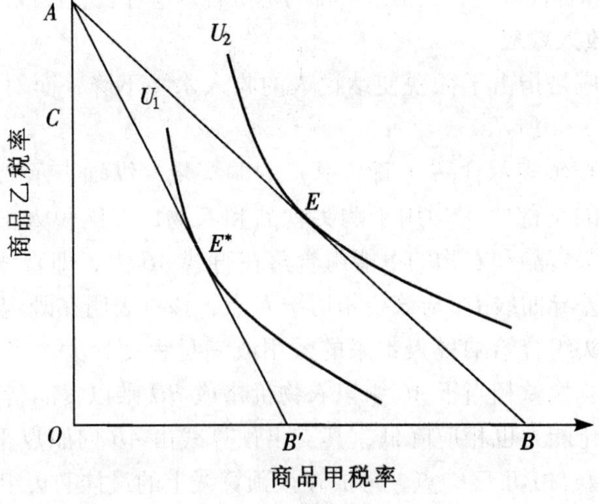

图 3-5　税收的替代效应图

由此可见，政府对食品征税而对衣物不征税，改变了纳税人购买商品的选择，其最佳点由 E 移至 E^{*}，这意味着纳税人减少了食品的购买量，相对增加了衣物的购买量，从而改变了购买两种商品的数量组合，也使消费者的满意程度降低。

三、税收与个人行为

（一）劳动供给

每个人（劳动者）在一天之中总是在工作或闲暇中度过。但收入水平不同，劳动者所愿意提供的劳动和享受的闲暇（时间）是不同的。税收要影响收入，也即是说税收要影响劳动的供给。

由图 3-6 可知：①用于工作和非工作（闲暇）的小时数称为时间禀赋（如 $OT=OB+BT$）。若没有用于闲暇的所有时间全都用于工作，横轴上的任一点同时表示闲暇时数（OB）和工作时数（BT）。②预算约束线（RT，斜率 = w）表示，在工资率（w）既定的情况下，一个人获得的闲暇和收入的组合。③选择预算线上（点的）选择，取决于个人的偏好。显示个人偏好的无差异曲线如 U_1、U_2、U_3。如图 3-6 所示，RT 与 U_2 相切于 E 点，此点（E）效用最大化，即 OB 小时用于闲暇，BT 小时用于工作，其所得为 OA。

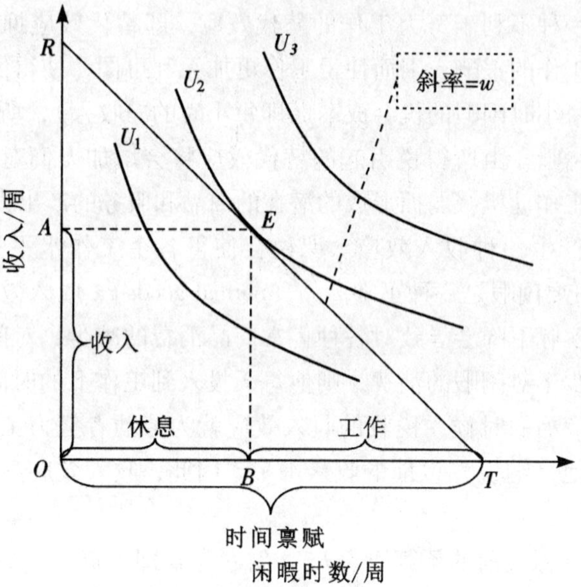

图 3-6 闲暇和所得的效用最大化选择图

以对劳动所得征收比例所得税（proportional income tax）为例来说明税收对劳动力供给的影响。

税收对劳动者工作努力程度的影响，取决于因税收而引起的劳动者获得的工资额减少的收入效应和替代效应。假定对收入所得课征的税率是 t，税收使得劳动者的（小时）工资（率）由 w 减少为 $(1-t)w$，即是说，税收减少了闲暇的机会成本，如图 3-7 所示。

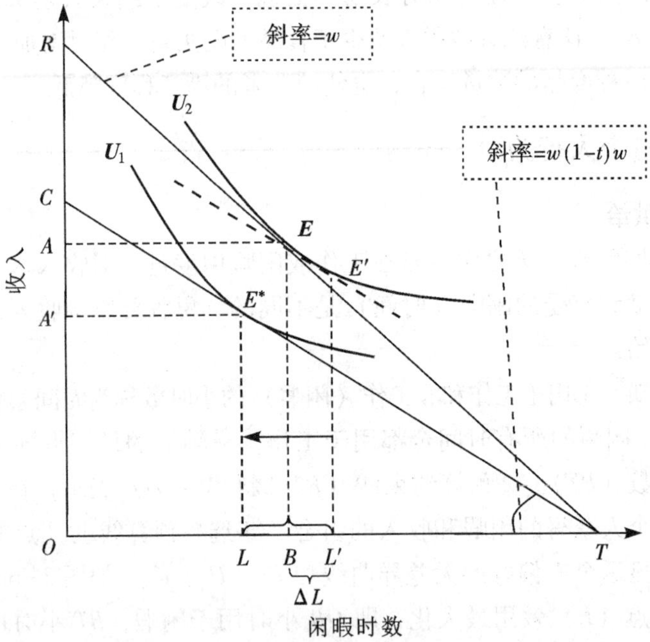

图 3-7　比例所得税的劳动供给效应图

所得税会产生一种不利于努力工作的替代效应，即替代效应抑制纳税人的工作积极性。税收减少了工作的报酬，因而使得工作更加无利可图，使得闲暇更具有吸引力。征税的结果降低了每小时闲暇的机会成本（即每小时的净收入），所以这种用闲暇替代工作的倾向就显著增强。由所得税引起的替代效应将会增加人们对闲暇的消费。这种替代效应代表了因工作动机减弱而形成的潜在的商品和服务的产出损失。

所得税同样会产生一种收入效应。课税会使得各个工作水平上的劳动者的收入（净工资）下降，只要闲暇是一种正常商品（normal goods），收入效应就有利于人们努力去工作。收入的实际下降会导致对各种正常商品消费的减少，对闲暇的消费也如此。如果一个劳动者减少了对闲暇的消费，则他每天投入到工作上的时间就会增加。所以，在闲暇被看成正常商品的时候，税收的收入效应就为劳动者努力工作提供了动力，他会努力工作以保持他（纳税）以前的收入水平。因此，收入效应激励纳税人为增加收入而努力工作。

如图 3-7 所示，课税前的预算线为 RT，斜率为 w 即工资率。征税后，预算线向内转动到 CT，其斜率为（$1-t$）w。新的预算线 CT 与无差异曲线 U_1 相切于 E^* 点，该点所决定的工作时间为 LT，闲暇的时间为 OL。与 E 点相比，E^* 点的劳动供给增加了，增加的数量为 LB（$=LT-BT$），这是征收比例所得税的总效应。现在把从 E 点到 E^* 点的移动，分解成税收对劳动的替代效应和收入效应。

对收入课税使得闲暇与劳动的相对价格发生变化，闲暇相对于劳动的价格降低，使得个人以闲暇替代劳动。它表明的是纯粹的价格变化效应。税收对劳动供给的替代效应可以由 E' 点来说明，该点是平行于预算线 CT 的新预算线（图中的虚线）与原无差异曲线 RT 相切的点。由于闲暇的价格下降了，个人就会消费更多的闲暇时间（劳动供给减少）。从图中可以看出，E'点（与原 E 点相比）所决定的闲暇时间更多，工作时间减少了（劳动供给减少），其减少量为 ΔL（即 BL'）。这就是税收对劳动供给的替代效应。

对收入课税会直接减少劳动者个人的可支配收入，从而促使其为维持既定的满足程度而减少闲暇增加工作时间。它表明只减少个人收入而不改变闲暇与劳动的相对价格。个人可支配收入减少，使其个人效用减低即无差异曲线 U_2 向下移动到了 U_1，均衡点从 E'点移动到了 E^* 点。从图 3-7 可以看出，收入效应是闲暇减少，劳动供给增加，其增加的数量为 LL'。

税收对劳动力（供给）的两种效应的影响方向是相反的，收入效应激励纳税人为增加收入而努力工作，替代效应则抑制纳税人的工作积极性。如果替代效应大于收入效应，则劳动者倾向于更多的闲暇消费和更短的工作时间。如果收入效应的偏好大于替代效应的偏好，因税收引起的工资下降则会使劳动者减少每天对闲暇的消费，而相应延长工作时间。在图 3-7 的分析中，收入效应大于替代效应，其总效应促使人们增加劳动供给。也许，这两种效应相互抵消，或许替代效应会大于收入效应。假定对个人收入征收累进所得税，累进税是随着所得的增加而提高。累进所得税最简单的形式是线性所得税（linear income tax），即在某一固定免税额之上的应税所得课征比例税率。若政府为了照顾低收入纳税人而规定一个固定免税额 E'，则可以用图 3-8 来分析会对劳动供给产生什么影响。

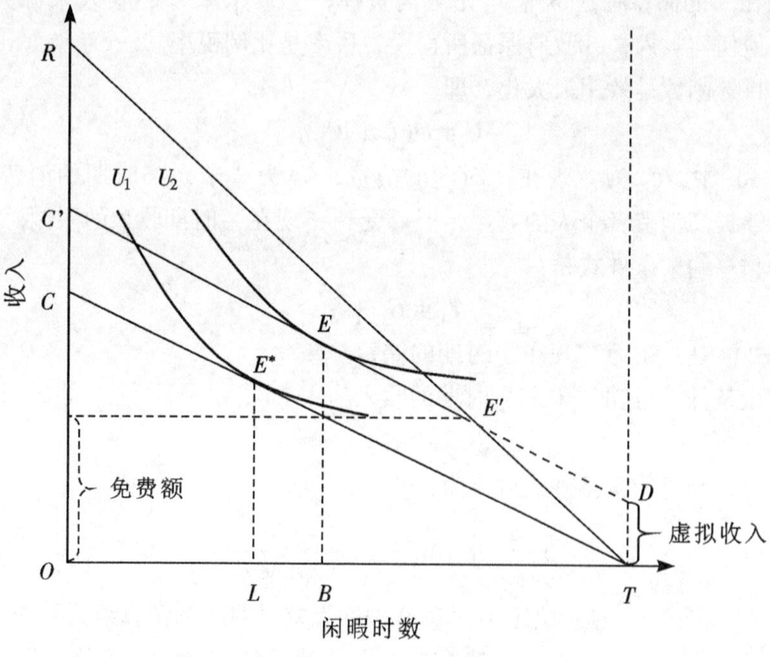

图 3-8 比例税与累进税的效应比较图

如图 3-8 所示，在比例税制下，预算线 CT 与无差异曲线 U_1 的切点是 E^* 点，即是劳动者闲暇和工作组合的最佳均衡点。免税额的规定可以使纳税人的劳动所得中有 E' 元不纳税，因而预算线变成了 $C'E'T$。当纳税人的劳动所得高于免税额后的最佳均衡点

E，在比例税制下，E^* 点决定的劳动供给数量是 LT；在线性税制下，E 点所决定的劳动供给量是 BT。显然，$LT>BT$。所以，同比例税制相比，线性税制使得纳税人减少了劳动的供给。

计量经济学家在分析税制对劳动供给的影响时，把免税额看作纳税人的虚拟收入（virtual income）。免税额产生的虚拟收入等于免税额乘以税率，即图 3-8 中 DT 的截距。也即是，免税额相当于使纳税人增加了 tE' 数量的收入。由于闲暇是正常品，纳税人因获得这种虚拟收入而使实际收入增加，因此，会消费更多的闲暇而减少工作时间。

总之，就税制而言，一般来说，征收定额税（人头税）不影响劳动者的边际收入，从而也不影响其对劳动和闲暇的经济评价，因此只具有收入效应而不产生替代效应；征收比例所得税对劳动者的边际收入有一定影响，会产生一定的替代效应，在某种程度上会减少劳动力供给；累进所得税对劳动者的边际收入影响较大，其替代效应较为明显，会在较大程度上减少劳动力供给。就纳税人的经济状况而言，收入水平较低的人为了在纳税后能达到起码的或所期望的生活水平，只能更勤奋地工作；而收入水平较高的人对实际收入减少的承受能力较强，在面临课税时更有可能以更多的闲暇来代替工作。

（二）税收与储蓄

关于税收对储蓄的影响，主要建立在(储蓄)生命周期模型(life-cycle model)的基础之上。生命周期模型预期人的生命为两个时期："现在"（第一时期：工作、消费和储蓄）和"未来"（第二时期：退休了；消耗其在第一时期的储蓄）。为了简化分析，假定：①"现在"的储蓄在"未来"完全消费掉；②"未来"的收入来源只有利息所得，没有其他任何收入；③政府课征所得税，税率是比例税率。

个人的目标函数是效用最大化，即

$$U = U(C_1, C_2) \tag{3-1}$$

式（3-1）中，C_1 为"现在"时期的消费，C_2 为"未来"时期的消费。C_1 和 C_2 的增加都能够提高消费者个人的效用，但要受到"现在"时期收入的限制。

个人的预算约束条件式是：

$$Y_1 = C_1 + S_1 \tag{3-2}$$

式（3-2）中，S_1 为"现在"时期的储蓄。

根据假设条件，可知"未来"时期的收入为：

$$C_2 = S_1(1 + i) \tag{3-3}$$

由此可得，预算约束条件式可改为：

$$Y_1 = C_1 + S_1 = C_1 + \frac{C_2}{(1 + i)} \tag{3-4}$$

式（3-1）和式（3-4）决定了图 3-9 中的无差异曲线和预算线。

储蓄是经济主体为满足未来消费而放弃即期消费的一种资金安排，即储蓄把人们的收入分为两个部分：一部分用于满足当前消费需要，另一部分用于满足未来消费需要。由于储蓄是投资的资金来源，因而储蓄规模对投资数量有很大的制约作用，对经济增长也有重要影响。税收的储蓄效应即税收对纳税人储蓄行为的影响，在此，同样可以利用收入效应和替代效应分析方法，来分析所得税对个人储蓄行为的影响。

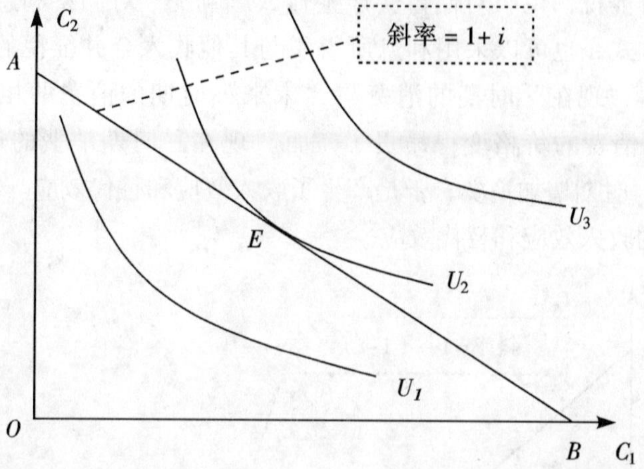

图 3-9 "现在"消费和"未来"消费的效用最大化选择图

在对个人的储蓄利息所得不征税的情况下，个人所得税对个人储蓄的影响只有收入效应，即征收个人所得税会减少纳税人的可支配收入，迫使纳税人降低"现在"时期的消费和储蓄水平。

在对储蓄利息所得不征税的情况下，对其他所有收入征税将直接减少个人可支配收入，但利率水平不受影响即个人预算线的斜率不变。如图 3-10 中，预算线从 AB 平移到 $A'B'$，与较低的无差异曲线 U_1 相切于 E_2。比较 E_1 与 E_2 两点，可以发现"现在"时期的消费从 C_{11} 下降到 C_{12}，"未来"时期的消费从 C_{21} 下降到 C_{22}。这是因为政府课征所得税，个人的消费与储蓄水平同时下降了，即是所得税对储蓄的收入效应。所以，对一般性收入征收所得税，在储蓄上只产生收入效应。

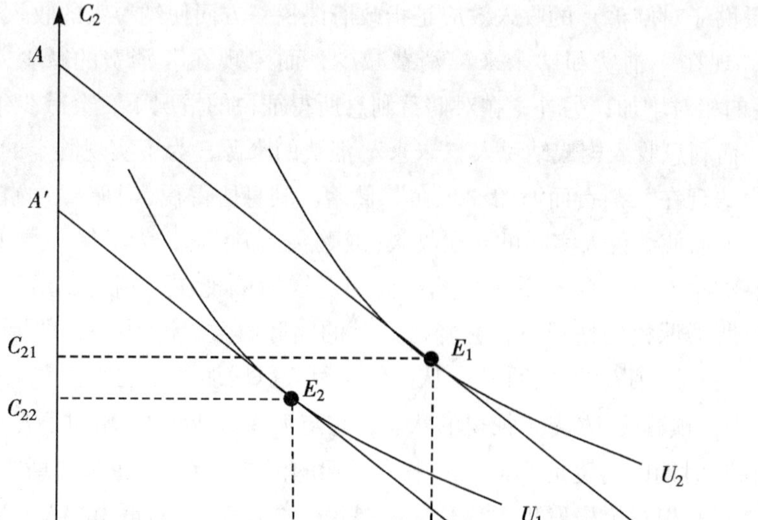

图 3-10 税收对储蓄的收入效应图

若对利息所得征税，税收对储蓄会产生什么影响呢？对储蓄利息征税，既可以采用利息所得税的方式，也可以采用利息所得税与其他收入合并征税的方式。对储蓄利息所得征税，使得“现在”时期的消费与“未来”时期的消费的相对价格发生了变化：“未来”时期消费的价格变得昂贵了，而“现在”时期消费的价格相对下降了，个人将在“现在”时期增加消费，于是产生了收入效应和替代效应。我们用图 3-11 来分析利息所得税的收入效应和替代效应。

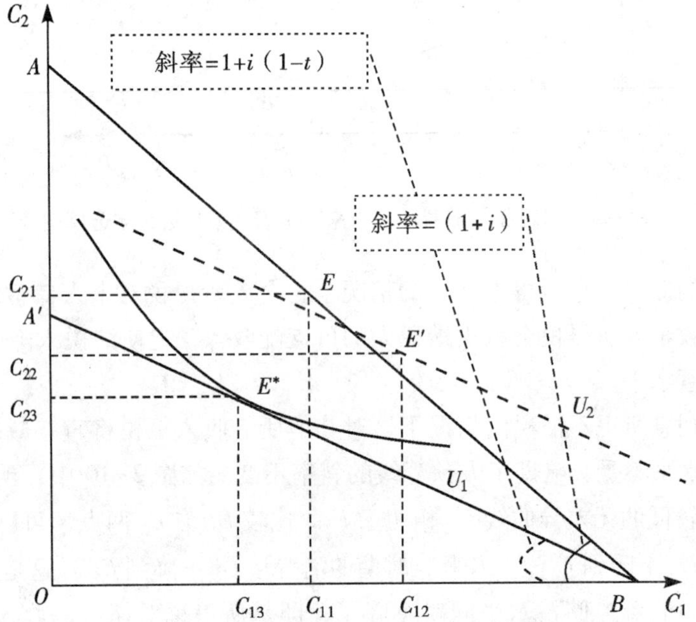

图 3-11　利息所得税的收入效应和替代效应图

利息所得税（对储蓄）的收入效应是指政府课税一方面使纳税人的收入水平(或购买力)下降。“现在”消费和“未来”消费减少，而“现在”消费的减少，则意味着“现在”储蓄的相对增加；另外，在对储蓄利息所得征税的情况下，会减少纳税人的实际利息收入，而利息收入构成纳税人“未来”消费的来源，为了实现既定的储蓄目标，纳税人将减少“现在”消费而增加“现在”储蓄。利息所得税(对储蓄)的替代效应是指政府课税一方面使纳税人实际可支配收入(或购买力)下降，为了保持“现在”消费的必要水平，纳税人会减少“现在”储蓄而相对增加“现在”消费支出；另一方面，在对储蓄利息所得课税的情况下，会降低储蓄的实际收益(率)水平，即提高“未来”消费相对于“现在”消费的“价格”，从而使纳税人以增加“现在”消费来替代储蓄。

图 3-11 中，预算线 AB 是未征税的状态，它与无差异曲线 U_2 相切于 E 点。该点所决定的“现在”时期的消费是 C_{11}，“未来”时期的消费是 C_{21}。在对利息所得征税后，消费与储蓄之间的相对价格发生了变化，即是说，“未来”时期的消费（储蓄）的价格上升了（i 下降了），个人更偏好增加“现在”时期的消费。因而，个人预算线的斜率发生了变化，使其向内旋转形成新的预算线 $A'B$。预算线 $A'B$ 与无差异曲线 U_1 相切于 E^* 点，该点所决定的“现在”时期的消费是 C_{13}，“未来”时期的消费是 C_{23}。E 点

与 E^{*} 点之间的垂直距离 $C_{21}C_{23}$ 就是“未来”时期消费（储蓄）的下降程度。$C_{21}C_{23}$ 的数额是对利息所得征税而对储蓄产生的总效应，其中，替代效应是 $C_{21}C_{22}$，收入效应是 $C_{22}C_{23}$。

如图 3-11 所示，截距 $C_{21}C_{22}$ 代表的是替代效应。替代效应的特点有：①个人的效用水平不变。在图 3-11 中，即是仍然保持在无差异曲线 U_2 上。②预算线的斜率发生变化。在图 3-1 中，预算线斜率由（$1+i$），变为了 $1+i(1-t)$。作预算线 $A'B$ 的平行线(图中的虚线）与原无差异曲线相切于 E' 点，该点即是征税后的均衡点。E' 点所决定的消费组合（C_{12} 和 C_{22}）为最优。由此可知，对利息所得征税后，“未来”时期的消费（储蓄）由 C_{21} 下降到了 C_{22}，而“现在”时期的消费由 C_{11} 增加到了 C_{12}，消费替代了储蓄，这就是利息所得税对储蓄产生的替代效应。

如图 3-11 所示，收入效应是 $C_{22}C_{23}$。这是因为对利息所得征税后，个人的实际收入（或购买力）下降了，预算线 AB 向内旋转到了 $A'B$，并与无差异曲线相切于 E^{*} 点。“现在”的消费（储蓄）由 C_{12} 降低到了 C_{13}；“未来”的消费则由 C_{22} 下降到了 C_{23}，这表明，“未来”时期的实际收入（或购买力）下降了。所以，从 E' 点到 E^{*} 点的移动是收入效应的结果。

这两种效应对纳税人储蓄行为选择的影响方向是不同的，实际作用的结果究竟是增加还是减少储蓄，受多种主客观因素的制约，其中纳税人对消费的时间偏好、税制以及纳税人的经济状况等是重要的影响因素。一般来说，对当期消费偏好较强的纳税人，税收对储蓄的替代效应起主导作用；反之，则收入效应起主导作用。税负具有累进性或累进程度较高的税收与不具有累进性或累进程度较低的税收相比，前者替代效应较强，后者可能会产生一定的收入效应。在对所有社会成员均按同一标准课税（如定额税或比例税）的情况下，收入水平低的纳税人与收入水平高的纳税人相比，前者的替代效应较明显，而后者的替代效应较弱。

四、税收与收入分配

收入分配的不公平已经是公认的且不可回避的社会问题，收入分配是否公平已成为现代社会普遍关注的一个社会问题。我国在发展社会主义市场经济的过程中，收入差距显著、贫富悬殊加剧的问题日益严重，对经济的可持续发展构成了严重的威胁和挑战。

税收作为一种调整收入分配的有力工具，越来越受到关注和重视。政府可以用税收的方式参与国民收入的分配，将部分资源集中并合理分配，通过预算程序用于帮助贫困者的支出，明显改善收入分配状况是可能的。当然，对于收入分配这一复杂的问题，税收只是政府解决或缓解收入分配不公的一个政策工具。

第四节 国际税收

一、国际税收概述

（一）国际税收的含义

国际税收是税收学科的一个分支，是在国家税收的基础上发展起来的，它是在开放的经济条件下，随着国际经济交往的发展、跨国纳税人的出现或纳税人收入国际化的出现而产生的一个税收领域。所谓国际税收，就是指两个或两个以上国家政府行使各自的征税权力，对跨国纳税人进行课税所形成的国与国之间的税收分配关系。理解国际税收的含义应把握以下几点：

1. 国际税收涉及的纳税人必须是跨国纳税人

国际税收是由两个或两个以上国家，凭借其政治权力所进行的一种税收分配，但如果两个或两个以上国家均在其政治权力管辖的范围内平行而不是有交叉地征税，即，无跨国纳税人的出现，则这种分配最多也只是延伸放大了的国家税收，不可能成为国际税收。

2. 国际税收的本质是国家之间的税收分配关系

国与国之间的税收分配关系必然涉及对同一纳税人或同一征收对象由哪一国征税或征多少税的税收权益划分问题。例如，甲国人张三在乙国从事生产经营且获得所得100万美元，甲、乙两国共同对张三的100万美元提出征税要求，形成双重征税关系。但在所得额一定的情况下，双重征税互相制约，反映出来的是甲、乙两国谁征谁不征或谁多征谁少征的分配关系，即，当甲国或乙国对张三的100万美元征税，则可能导致乙国或甲国不能征税，或者当甲国或乙国多征税则可能导致乙国或甲国少征税。这是国际税收中必须要解决的主要问题，从而形成了国际税收分配关系的主要内容。

3. 国际税收反映国家之间的征税权和税制协调关系

征税是一个国家的主权，一个主权国家有权决定对什么征税、对什么不征税，也有权决定征多或征少。然而，在开放的国际经济环境中，国与国之间在经济上是相互依存的。这种相互依存的经济关系的存在使各国实际上并不能随意行使自己的征税权，在许多问题上还要考虑本国与其他国家的经济交往，要协调好国家之间的征税权和税制关系。因此，为了避免所得的国际重复征税，有关国家应当通过与他国缔结国际税收协定的方式相互协调各自的征税权。例如，统一执行实行居民管辖权的国家承认所得来源国的优先征税地位。相反，如果各国自行其是，则必然造成国际重复征税，从而不利于国际经济活动的正常开展。

国际税收包括广义和狭义两个范畴。广义的国际税收是指各国相互间基于征税权力对从事国际经济活动、具有纳税义务的自然人和法人征收所得税、财产税、关税以及商品税等所带来的有关国家之间的税收分配关系；狭义的国际税收主要是指因对跨国所得征收所得税而带来的有关国家之间的税收分配关系。本节主要讨论狭义的国际税收的基本问题。

（二）国际税收与国家税收的关系

从国际税收的含义我们可以看出，国际税收与国家税收之间既有联系，又有区别。

1. 国际税收与国家税收的联系

（1）国际税收以国家税收为基础，它不能脱离国家税收而独立存在，没有国家税收就不可能有国际税收。

（2）国家税收中有关本国跨国经营纳税人和外国纳税人的征税制度必须遵循国际税收的协定和规范。在国与国之间的经济联系日益紧密的情况下，国家税收要遵循本国与他国达成的国际税收协定以及国际社会公认的一些国际税收规范和惯例。

2. 国际税收与国家税收的区别

（1）国家税收具有强制性特征，国际税收不具有强制性特征。国家税收只与某一国的政治权力相关，因此，可以采用以国家政治权利为依托的强制性课征形式，具有强制性特征；而国际税收则涉及多国的政治权力，世界上不存在凌驾于各国政府之上的法律机构，即使是联合国也只不过是维护世界和平的国际组织，因此，国际税收不能凭借某种政治权力进行强制课征，不具有强制性特征。

（2）国家税收反映国家与纳税人之间的征纳关系，国际税收反映国家之间的税收分配关系和税收协调关系。由于国际税收的纳税人是跨国纳税人，而不属于哪一个国家的独立纳税人，负有两个或两个以上国家的纳税义务，因此，其交税必然引起国家之间的税收分配关系和税收协调关系。

（3）国家税收有独立的税种，国际税收没有独立的税种。国家税收按征税对象性质的不同可以分为不同的税种，因而有独立的税种、征税对象和纳税人；而国际税收反映的是国家之间的税收分配关系，它不是一个独立的税种，因而只有涉及的税种、征税对象和纳税人。

二、国际重复征税及其减除方法

（一）税收管辖权的种类

税收管辖权并不是在国际税收形成之后才出现的，而是在税收产生的同时就存在了。税收管辖权是指一国政府在征税方面所行使的管理权力，即依法确立向谁征税，对什么征税，征多少税，怎样征税的权力，它是一个国家主权在税收方面的具体体现。

由于税收管辖权是一个国家主权的重要组成部分，而国家主权的行使范围一般要遵从属人原则和属地原则。根据属人原则和属地原则，税收管辖权划分为居民（公民）税收管辖权和收入来源地税收管辖权。居民（公民）税收管辖权是指纳税人的所得不论其来源于境内或境外，只要他是本国居民（公民），他的所在国都有权对其征税；收入来源地税收管辖权又称为地域税收管辖权，是指不论纳税人是哪个国家的居民或公民，收入来源国都有权对其发生在该国疆界范围内的所得征税。目前，实行公民管辖权的国家已为数不多。这是因为随着生产力的发展，各国的经济生活呈现出日益国际化的势头，若完全按公民身份来行使全面的税收管辖权，将会越来越脱离现实，并加剧各国税收管辖权之间的摩擦和冲突。因而，大多数国家都放弃了公民管辖权，将居民管辖权和地域管辖权并行采用，这也是为了维护国家经济利益的需要，我国所得税的管辖权也是采取居民管辖权和地域管辖权并行的类型。

一个国家要能准确地行使居民管辖权和地域管辖权，就必须首先要确定判定居民身份和所得来源地的标准。

1. 判定居民身份的标准

（1）在判定自然人居民身份方面，目前各国都同时采用住所标准和居住时间标准。纳税人只要符合其中之一，即可将其判定为本国的税收居民，从而对其行使居民管辖权。国际税收中所指的住所，一般是指法律上规定的一个人固定和永久的居住地，但它的具体验定标准各国则不尽相同。我国税法以户籍、家庭和经济利益关系作为住所的验定标准。国际税收中所指的居住时间标准，是指以纳税人在本国居住时间是否达到规定的天数为依据来判定其居民身份。各国对构成居民身份所规定的居住期限所采取的标准也不尽一致。在大多数国家，一般以连续居住 183 日（即半年）为限。但也有一些国家以连续居住 365 日（一年）为限。我国税法规定的居住时间标准为一年，即在一个纳税年度内居住满一年（365 日，临时离境的，不扣减日数）的个人即为我国的税收居民。

（2）在判定法人居民身份方面，主要有公司注册地标准、管理机构所在地标准、总机构所在地标准。目前，大多数国家都同时采用公司注册地标准和总机构所在地标准。但也有的国家只采用公司注册地标准或管理机构所在地标准。我国判定法人居民身份采用的是公司注册地标准或实际管理机构标准。

2. 判定所得来源地的标准

一般来说，非居民在收入来源国获得的所得主要有营业利润、劳务报酬所得和投资所得等，对这些所得的来源地的判定标准各国是不完全相同的。例如，经营所得来源地的判定，有按常设机构为标准，也有按交易地点为标准来进行判定。常设机构是指一个企业进行全部或部分经营活动的固定营业场所，其范围包括管理机构，营业机构，办事机构，工厂，开采自然资源的场所，建筑、安装、勘探等工程作业的场所，提供劳务的场所以及营业代理人。我国是采用常设机构标准判定经营所得来源地的，凡在我国境内设有上述常设机构的企业（包括外国企业），通过该常设机构取得的经营所得都属于来源于我国境内的所得。对于个人劳务报酬所得的来源地判定，有按劳务提供地标准，也有按劳务所得支付地标准。我国采用的是劳务提供地标准。我国税法规定，因任职、受雇、履约等而在中国境内提供劳务取得的所得，无论支付地点是否在中国境内，均为来源于中国境内的所得。

（二）国际重复征税及减除方法

1. 国际重复征税的含义

国际双重征税是指两个或两个以上的国家在同一时期内，对同一纳税人或不同纳税人的同一征税对象或税源，征收相同或类似的税收所造成的双重或多重征税。

2. 国际重复征税产生的原因

之所以产生国际重复征税，主要有以下几个方面的原因：

（1）各国采用税收管辖权的相互交叉。税收管辖权的相互交叉又主要表现为两种情况，即不同种税收管辖权的交叉和同种税收管辖权的交叉。前者表现为，世界上大多数国家都同时行使居民管辖权和收入来源地管辖权两种税收管辖权，个别国家甚至同时行使居民管辖权、收入来源地管辖权和公民管辖权三种税收管辖权，这必然造成税收管辖权的相互交叉；后者则表现为，即使世界上大多数国家都采用同一种税收管辖权，但由于不同的国家对居民或所得来源地的判定标准不同，因而存在税收管辖权的相互交叉现象。

（2）所得税在各国的普及。当世界上还没有产生所得税制度时，是不会存在所得税的重复征税问题的。例如，在20世纪初，世界上实行所得税的国家还不多，因而当时国际重复征税还只是偶然的、个别的现象。到第一次世界大战后，实行所得税制度的国家才开始增加，特别是第二次世界大战后，所得税制度在世界范围普及开来，从而增大了国际重复征税的可能性。

（3）跨国纳税人的出现和所得的国际化。随着国际经济活动的逐渐增强，所得的国际化越来越普遍，在各国普遍设立所得税制度的情况下，纳税人将对有关的两个或两个以上的国家负有纳税义务，成为跨国纳税人，使得有关国家行使税收管辖权，对同一纳税人或不同纳税人的同一征税对象或税源征收所得税，从而使国际重复征税产生的可能性成为现实。由此可见，跨国纳税人的出现和所得的国际化，是国际重复征税产生的决定性因素。

3. 国际重复征税的减除方法

国际重复征税的减除，世界各国普遍接受地域管辖权优先征税，其他税收管辖权从属行使的征税原则，借以减除国际重复征税。从世界各国的实践来看，减除国际重复征税主要有以下几种方法：

（1）免税法。免税法也称豁免法，是指一国政府对本国居民的国外所得不予征税。这种方法实质上是居住国政府单方面放弃了居民管辖权，不仅承认地域税收管辖权的优先地位，而且承认了其独占地位。在所得税普遍采用累进税率的条件下，由于实行免税法采用的税率不同，免税法又分为全额免税法和累进免税法。

全额免税法是指居住国完全不考虑本国居民在国外的所得，仅按国内所得额确定适用税率征税的方法。其计算公式为：

$$居住国应征所得税税额 = 居民的国内所得 \times 适用税率$$

累进免税法是指居住国对本国居民来源于国外的所得不予征税，但国内所得额计征的适用税率，由国内所得和国外所得汇总为依据来确定的一种方法。其计算公式为：

$$居住国应征所得税税额 = 居民的总所得 \times 适用税率 \times \frac{国内所得}{总所得}$$

（2）扣除法。扣除法是指一国政府在对本国居民的国外所得征税时，允许其将该所得负担的外国税款作为费用从应税国外所得中扣除，只对扣除后的余额计征所得税。其计算公式为：

$$居住国应征所得税税额 =（居民的总所得 - 国外已纳所得税）\times 适用税率$$

（3）低税法。低税法也称减免法，是指一国政府在对本国居民的国外所得征税时，按单独制定的低税率征税。例如，比利时对其居民来源于国外的所得，只按本国正常税率的 1/5 征税。

（4）抵免法。抵免法是指居住国在本国税法规定的限度内，允许本国居民用在国外已缴纳的所得税税额，来冲抵在本国应缴纳的所得税税额。它是目前世界各国普遍采用和较为彻底地消除国际重复征税的一种方法。其基本公式为：

居住国应征所得税税额=居民的总所得×适用税率-允许抵免的已缴国外税款

（5）国际税收协定。国际重复征税的减除，除了各个国家在本国税法中单方面规定减除国际重复征税以外，在当今国际经济关系十分复杂的情况下，最有效、最规范的国际重复征税减除方法，当推国与国之间缔结国际税收协定，国际税收协定是指两个或两个以上国家为协调跨国纳税人的税收分配关系、消除或减轻国际重复征税，经对等协商和谈判而签订的一种具有法律效力的书面协议。

国际税收协定按参加国家的多少可分为双边和多边两类。由两个国家参加缔结的称为双边国际税收协定，由两个以上国家参加缔结的称为多边国际税收协定。国际税收协定按其涉及的内容和范围的大小，又分为一般的和特殊的两种。协定内容一般适用于缔结国之间的各种国际税收问题的称为一般国际税收协定。协定内容仅仅适用于某项特定业务的称为特定国际税收协定。如中、美两国 1984 年 4 月 30 日缔结的国际税收协定属于一般国际税收协定，1982 年缔结的空运、海运免税协定属于特定国际税收协定。

一般情况下，国际税收协定与在各国税法中做出的单方面解除国际重复征税的规定相比，有着更大的优越性，因为它能协调相关国家的税收管辖权，规定相关国家都能接受的、减除国际重复征税的方法，更有效的减除国际重复征税，并使各国在国际经济交往中获得相互对等的税收待遇。

4. 税收饶让

税收饶让也叫饶让抵免，是指居住国政府对于本国居民在国外得到减免的那部分所得税，视同已经缴纳，并允许其用这部分被减免的外国税款抵免在本国应缴纳的税款，这是一种特殊的所得税抵免措施。例如，甲国的某居民 A 公司有一分公司 B，B 公司在乙国投资，获利 100 万元。甲国所得税率 40%，乙国所得税率 30%，乙国给予外国投资者税收优惠，把所得税率降到 10%。若甲国采用税收饶让，就把 B 公司在乙国被减征的 20 万元税款视同已在乙国缴纳，即 B 公司虽然在乙国只缴纳了 10 万元所得税，但甲国视其按乙国正常税率缴纳了 30 万元，则只要求 A 公司按 10 万元补缴甲国税额。

居住国政府给予税收饶让，一般都要通过双边签订税收协定予以明确。税收饶让一般是发达国家单方面对发展中国家的减免税所承担的协定义务，只有在实行税收饶让的条件下，发展中国家的税收优惠政策才能实际发挥吸引外资的作用。由于税收饶让并不会引起居住国的额外损失，因而，现在大多数发达国家都能赞同税收饶让方式，如德国、法国、日本、英国等；但也有少数国家仍然不赞同，如美国。

三、国际避税与反避税

（一）国际避税的概念

国际避税是指跨国纳税人利用各国税法规定的差异，通过变更经营地点或经营方式等合法手段，跨越国境来减轻税负的经济行为。国际避税与逃税是国际税收领域中的一个普遍性问题，但两个概念却有着本质的不同。国际逃税是指跨国纳税人利用国际税收管理的困难和漏洞，违反税法规定，用拒绝申报所得、少报或瞒报所得、伪造账册等欺骗手段不缴或少缴税款的非法行为。尽管从各国政府角度看，避税行为和逃税行为都以逃避税收为目的，都减少了国家的财政收入，但对避税和逃税，政府的防范措施是不同的：对于避税，主要通过对税法和税收协定做出相应的修订和补充，以杜绝漏洞；对于国际逃税，则是根据有关税法和税收协定进行制裁。所以，纳税人要研究的是如何合法避税，而不是非法逃税。

（二）国际避税的方式

1. 自然人的国际避税方式

（1）避免成为税收居民。这种方式主要是采取改变居民身份和避免成为居民的做法，规避居民的无限纳税义务。其包括：避免在原居住国有永久性住所，或者把住所从高税国迁往低税国；利用有关国家之间确定居民居住时间的不同规定选择居住期，或缩短在一国的居住时间，回避在居住国的纳税义务。

（2）转移财产的所在地点。跨国纳税人可以在不改变自己所在国居民身份的前提下，采用各种方式将其财产转移到低税国或无税国，以逃避原居住国的所得税。

2. 法人的国际避税方式

（1）避免成为税收上的居民。在实行居民管辖权的国家里，法人居民地点的选择，对于跨国公司纳税义务的大小至关重要，因为作为一个国家的法人居民，就必须将世界范围的分、子公司所得汇总在该国纳税，高税国的法人居民承担着比较高的纳税义务。为减轻税负，跨国公司可以利用各国对法人居民的判断标准的不同，避免成为高税国的法人居民。

（2）通过转让定价的手段避税。这种方式在跨国公司国际避税活动中采用最为广泛也最为引人注目。转让价格也称转移价格，是跨国公司根据全球的经营战略目标，在关联公司之间通过销售商品、提供劳务和专门技术、资金借贷等活动所确定的企业集团内部价格。关联公司，是指具有直接或间接控制和被控制的法律关系的两个或两个以上的公司。根据我国税法的规定，关联企业的判定方法主要有两种：一种是股权判定法，即如果两个企业相互之间直接或间接持有其中一方的股份总和达到25%或以上，或者两个企业直接或间接同为第三者拥有或控制股份达到25%或以上，则这两个企业属于关联企业；另一种是实际管理控制判定法，即两个企业相互之间控股或同被第三者控股虽然未达到规定的比例，但如果它们在资金借贷、原材料供应、产品销售等方面一方控制另一方，则这两个企业也属于关联企业。少数国家对境内企业与设在避税港的企业进行交易也按关联企业对待。关联企业之间的交易价格一般是根据集团的整体利益通过内部的转让定价来确定。转让定价是指跨国关联企业根据集团的整体利益确定的内部交易价格，它一般会低于市场价格。跨国关联企业集团内部这种作价制度的特殊性，使其有可能在有关国家税率存在差异的情况下，利用转让定价通过不同国家的关联企业之间收入的分配，尽可能地将所得从高税国企业转移到低税国企业，从而达到减轻总税负的目的。

（3）选择有利的公司组织形式。当跨国公司对外投资时，在国外建立子公司、分公司和其他分支机构。建立子公司或分公司对跨国公司的税负有着不同的影响，因为子公司是一个独立的法人实体，独立承担法律责任，它的收益作为股息分配给母公司时，应缴纳预扣税，它的亏损不能计入母公司账上，冲减母公司收益；而分公司与母公司是一个法人实体，不独立承担法律责任，它的亏损可以计入母公司账上，冲减母公司收益，从而减少母公司应纳税额，它的收益要与母公司收益合并缴纳所得税。一般来说，由于国外公司在经营活动初期往往亏损较大，所以跨国公司可以在国外先设立一个分公司，以其亏损冲抵母公司收益，减少母公司的税收负担；当国外的经营转向正常盈利时，再把分公司或分支机构改为子公司，母公司、子公司分别纳税，可以避免汇总纳税。

（4）通过建立各种公司转移资金、财产进行避税。跨国公司可以通过在国外建立各种公司，如控股公司、信托公司、贸易公司、投资公司等，以达到避税目的。控股公司的收入主要是从子公司获得的股息和出售股份的资本利得，由于某些低税国（避税港）对股息和资本利得不征税或只征很少的税，那么在这个国家建立控股公司就起到了避税作用。另外，控股公司在跨国公司的兼并、合营和解散中处理有关股份时，还可以获得免征资本利得税的好处。跨国公司通过在避税港建立信托公司，从而虚设信托财产，把在高税国的财产归为信托公司的财产，那么信托资产的经营所得就可以名正言顺地挂在该公司的名下，得到在避税港免税的好处。

（三）国际反避税的一般方式

鉴于国际避税活动的普遍性，各国政府为了保护本国的财权，采取了种种有力的反避税措施。

1. 加强和完善税收立法

（1）在税法中增加反避税条款。例如，在税法中规定对关联企业的转让价格进行调整。

（2）以法律形式规定纳税人的特殊义务责任。例如，明确纳税人的报告义务，规定纳税人活动必须获政府同意的义务等。

2. 加强税收征管工作

（1）建立税务申报制度，按期向税务机关申报有关税务事项和各类报表。

（2）建立会计审计制度，所申报的税务报表一律要经过注册会计师的审核。

（3）建立所得税评估制度，对不能提供完整准确的成本、费用凭证，不能正确计算应税所得的公司企业，实行所得税评估制度。

（4）建立税务情报交换制度，如，交换为实施税收协定的规定所需要的情报，交换与税收协定有关的税种的国内法律情报，交换防止税收欺诈、偷漏税情报。

本章小结

1. 税收是一个分配范畴，这是税收的基本属性。税收具有强制性、无偿性和固定性等特征。三个特征是相互联系、缺一不可的统一整体。其中，税收的无偿性是核心，是根本目的；税收的强制性是前提，是实现税收无偿性的强有力保证；税收的固定性则是无偿性和强制性的客观要求和必然结果。

2. 税负转嫁是一个过程。税负转嫁的主观原因在于纳税人的经济利益，但实现程度却要受到一些客观条件的制约。税负转嫁不违反税法，而逃税则是一种违法行为。

3. 税收制度简称“税制”，有广义和狭义之分。狭义的税收制度则是指国家具体设置某一税种的课征制度，包括纳税人、征税对象、税率、纳税环节、纳税期限、税收优惠、违章处理等税制构成要素，其中，纳税人、征税对象、税率是税制的基本构成要素。

4. 税收可以按不同的标志进行分类。按课税对象的性质，可将税种分为流转税、所得税、资源税、财产税和行为税五大类，这种分类方式是世界各国常用的一种最基本和最主要的分类方式；按税收计征标准的不同，可将税种分为从价税和从量税；按税收与价格的关系，可分为价内税和价外税等。我国现行税制是以流转税和所得税为主体的税制结构。流转税主要包括增值税、消费税、营业税和关税，所得税主要包括企业所得税和个人所得税。

5. 税收与经济发展之间存在着密切的关系。关于税收对经济发展的作用，不同的学派却有不同的看法。供给学派的代表人物拉弗设计的“拉弗曲线”说明了税率与税收收入和经济增长之间的函数关系。

6. 税收效应是指国家课税对纳税人行为选择的影响。税收效应有多种表现形态，其中最基本的是收入效应和替代效应，其他效应都与这两种效应存在直接或间接的关系。

7. 国际税收，就是指两个或两个以上国家政府行使各自的征税权力，对跨国纳税人进行课税所形成的国与国之间的税收分配关系。国际税收与国家税收既相互联系又相互区别。

8. 国际双重征税指两个或两个以上的国家在同一时期内，对同一纳税人或不同纳税人的同一征税对象或税源，征收相同或类似的税收所造成的双重或多重征税。国际重复征税的减除方法主要包括免税法、扣除法、低税法、抵免法和国际税收协定，其中抵免法是目前世界各国普遍采用和较为彻底地消除国际重复征税的一种方法。

9. 国际避税是指跨国纳税人利用各国税法规定的差异，通过变更经营地点或经营方式等合法手段，跨越国境来减轻税负的经济行为。为了不让国家财政收入受到损失，国家应严格税收制度，减少直至杜绝国际避税的存在。

复习与思考

1. 识记：税收、税收负担、税负转嫁、增值税、消费税、企业所得税、个人所得税

2. 领会

(1) 税收的特征。

(2) 影响税负转嫁的因素。

(3) 税收制度的构成要素。

(4) 国际税收与国家税收的区别与联系。

(5) 拉弗曲线的经济含义。

(6) 税收的替代效应与收入效应。

(7) 了解我国税制改革的历程与现状。

第四章 财政支出概论

第一节 财政支出概述

一、财政支出的含义

（一）财政支出的概念

财政支出（通常也称作政府支出或公共支出）是以国家为主体、以财政的事权为依据进行的一种财政资金（财政收入）（再）分配活动，或是政府为提供公共产品和服务，满足社会共同需要而进行的财政资金的支付。

通常，财政部门以国库实际拨款数为依据来计算财政支出；行政事业单位，以实际支出数额来计算财政支出，这也是世界各国通行的核算财政支出的方式。

（二）财政支出的重要性

财政支出与财政收入相对应，它们相互联系、相互制约，共同构成财政分配的完整体系。财政支出是财政分配活动的第二阶段，直接体现政府活动的范围及政府的政策取向。财政支出的安排是否科学、合理，财政资金的使用是否有效，直接关系到财政职能的实现，从而影响到国家政治、经济和社会职能的实现。

1. 财政支出是国家从宏观上调控国民经济的重要杠杆

在市场经济体制下，市场主体根据市场信号，在获取最大经济利益的驱动下，安排企业的生产经营活动，资源必然向经济收益高的部门和产业流动，市场失灵和市场缺陷的存在，使以盈利为目的的企业经营行为，可能导致全社会经济结构失调。政府正确安排财政支出，既可以弥补市场失灵和市场缺陷，也可以引导市场主体的投资方向，同时经济发展的周期性也要求政府通过正确安排财政支出调节经济的过冷或过热等。

2. 财政支出是保证国家机器正常运行和国家在政治上的巩固和安全的重要工具

政府可以自觉主动地安排财政支出，使财政支出成为政府的长远利益和近期的政策取向最重要的物质条件。因此，财政支出从根本上保证着国家政治经济职能的实现，这是任何国家制度下财政支出的一般属性。所不同的是，在不同性质的国家制度下，财政支出实现的政策原则必须反映不同的国家利益，从而体现出不同的财政支出的本质特征。

3. 社会主义财政支出是以实现社会主义的基本经济规律为目标

通过国家集中性财力的分配，不断发展社会主义生产力，满足人们日益增长的物质文化需要服务，为保证社会主义基本经济规律的实现，是社会主义财政支持的根本目标。在中华人民共和国成立后的几十年中，财政以大量的财力支持，为社会主义工业化和现代化建设，为社会主义公有制特别是国有企业的建立和巩固提供了最主要的物质条件。在财政支出中，经济建设支出历来占有最大比重，与这一基本目标相一致，财政支出还是巩固人民民主专政，保卫国家安全，满足全社会共同需要的主要财力保障。因此，我国社会主义财政支出在巩固社会主义国家制度，实现经济的稳定增长和保障全体人民的共同利益等方面发挥着极为重要的作用。

二、财政支出的分类

政府支出分类是将政府支出的内容进行合理的归纳，以便准确反映和科学分析支出活动的性质、结构、规模以及支出的效益。

（一）按支出功能分类

自 2007 年 1 月 1 日正式实施政府收支分类改革后，我国现行支出分类采用了国际通行做法，即同时使用支出功能分类和支出经济分类两种方法对财政支出进行分类。

按支出功能分类，就是按政府主要职能活动分类。我国政府支出功能分类设置一般公共服务、外交、国防等大类，类下设款、项两级。主要支出功能科目包括：一般公共服务、外交、国防、公共安全、教育、科学技术、文化体育与传媒、社会保障和就业、社会保险基金支出、医疗卫生、环境保护、城乡社区事务、农林水事务、交通运输、资源勘探电力信息等事务、商业服务业等事务、金融监管等事务支出、地震灾后恢复重建支出、国土资源气象等事务、住房保障支出、粮油物资管理事务、预备费、国债还本付息支出、其他支出和转移性支出等类。

按政府职能对财政支出分类，能够明显地揭示出国家职能的执行及其侧重。

（二）按支出经济分类

按支出经济分类，是按支出的经济性质和具体用途所做的一种分类。在支出功能分类明确反映政府职能活动的基础上，支出经济分类明确反映政府的钱究竟是怎么花出去的。我国政府支出经济分类设置工资福利支出、商品和服务支出等大类，类下设款级科目。支出经济分类类级科目包括：工资福利支出、商品和服务支出、对个人和家庭的补助、对企事业单位的补贴、转移性支出、赠与、债务利息支出、债务还本支出、基本建设支出、其他资本性支出、贷款转贷及产权参股和其他支出等类。

将财政支出按经济性质划分为购买性支出和转移支出，就可以看出不同类型的支出对经济影响的领域差异。

购买性支出（purchase expenditure），也称消耗性支出（exhaustive expenditure）。是指政府购买商品和服务的活动，包括购买进行日常政务活动所需的或用于国家投资所需的商品和服务支出。其特点是财政付出资金，并相应地获得了商品和服务并运用这些商品和服务实现政府的职能。在这些支出安排中，政府同其他经济主体一样，在从事等价交换的活动。它体现的是政府的市场性再分配活动。

转移性支出（transfer expenditure）是指政府在公民之间再分配购买力的支出。这种支出表现为资金无偿、单方面的转移（如社会保障支出、抚恤和社会救济支出、财政补贴支出、捐赠支出、债务利息支出等）。其特点是财政付出了资金，却无任何所得，不存在交换问题。它体现的是政府的非市场性再分配活动，能使接受者自由地做出他们将消费什么或将如何组织生产的决策。

（三）其他分类

1. 按政府级次分类

我国政府政权级次有中央、省（自治区、直辖市）、市（自治州、地区行署）、县（不设区的县级市、自治县）和乡（镇）五级构成。我国财政支出因此也由五个级次的财政支出构成。其中，省以下的财政支出统称为地方财政支出。

2. 按产生的效益分类

这是现代公共经济学研究财政支出分类的一种方法，可分为经常性支出和资本性支出。

经常性支出是指维持公共部门正常运转或保障人们基本生活所必需的支出，主要包括人员经费、公用经费和社会保障支出。其特点是，它的消耗会使社会直接受益或当期受益。比如，行政管理费包含公务员的工资、办公费、差旅费、修缮费等，这些费用的消耗就会形成当期服务的公共物品——行政管理、社会秩序、社会治安、经济信息等。在理论上说，经常性支出的补偿方式应为税收。

资本性支出是用于购买或生产使用年限在一年以上的耐久品所需的支出，其中有用于建筑厂房、购买机械设备、修建铁路和公路等生产性支出，也有用于建筑办公楼和购买汽车、复印机等办公用品等非生产性支出。其特点是，其耗费的结果将形成供一年以上的长期使用的固定资产。资本性支出的补偿方式有两种：一是税收，二是国债。

第二节　财政支出规模及其衡量

一、财政规模衡量指标

（一）绝对指标和相对指标

财政支出的规模可以用财政支出的绝对数（额）和相对数来衡量。

财政支出的绝对数（额）为财政支出规模通常表现为财政支出的总量。而表现财政支出总量的，可以是一定时期内（通常为一年）财政支出数额的绝对量（说明某一个财政年度财政支出的大小，可以做纵向比较，但受价格等因素影响比较大）。

财政支出的相对数是指财政支出总量占 GDP 的比例。

（二）财政支出增长率

财政支出增长率是指当年财政支出比上年同期财政支出增长的百分比（%），即所谓同比增长率。用 ΔG 表示。

$$\Delta G(\%)=\frac{\Delta G}{G_{n-1}}=\frac{G_n-G_{n-1}}{G_{n-1}} \qquad (4-1)$$

式（4-1）中：ΔG 代表当年财政支出比上年增（减）额；G_n 表示当年财政支出（额）；G_{n-1} 表示上年财政支出（额）。

（三）财政支出弹性系数

财政支出弹性系数是指财政支出增长率与 GDP 增长率之比，用 E_g 表示。

$$E_g = \frac{\Delta G(\%)}{\Delta GDP(\%)} \tag{4-2}$$

（四）财政支出边际倾向

财政支出边际倾向是指财政支出增长额与 GDP 增长额之间的关系，即 GDP 每增加一个单位的同时财政支出增加多少或财政支出增长额占 GDP 增长额的比例，用 MGP 表示。

$$MGP = \frac{\Delta G}{\Delta GDP} \tag{4-3}$$

二、财政支出增长趋势

（一）发达国家财政支出增长及其特点

第二次世界大战以后，发达国家财政支出的增长可分为两个阶段：①从 20 世纪 50 年代至 80 年代，发达国家的财政支出占国民生产总值的比重上升得很快，主要工业化国家的上升比例都超过了 20%。②从 20 世纪 80 年代开始至今。财政支出的绝对额依然在继续增长，但在 GDP 中的比重变化不大（有的国家甚至出现了下降）。

出现这种变化的主要原因在于战后，西方国家推崇凯恩斯主义，强调国家对经济的干预作用，承担更多的社会责任，为了实现这一目标，财政支出的绝对数和相对数开始大幅度上升。但从 20 世纪 70 年代末开始，西方国家出现了滞胀现象，社会普遍认为财政支出过快增长是导致这一局面的重要原因之一，各国政府都在尽量减缓财政支出的增长，采取了各种节支措施，因而大大减缓了财政支出的增长速度。尽管这一时期财政支出的绝对规模依然在增长，但在 GDP 中的比重却保持了相对稳定，甚至出现了略有下降的局面。

发达国家财政支出增长过程中的结构变化特点：在财政支出增长的同时，用于社会福利性等方面的转移性开支增长得较快，而在国防、交通等购买性支出方面增长得较慢。

（二）发展中国家财政支出增长及其特点

发展中国家自第二次世界大战后，纷纷发展自己独立的经济。为了能够早日赶上发达国家，解决本国的贫穷问题，政府大量介入和参与经济方面的建设，从而使政府的财政支出规模迅速扩张，特别是 20 世纪 80 年代以来，这种财政支出的态势更趋明显。

发展中国家财政支出增长过程中的结构变化特点：在财政支出增长的同时，用于社会福利性等方面的转移性开支增长得较慢，相比较而言，在国防、交通等购买性支出方面增长得较快。

三、中国财政支出增长及其特点

我国财政支出增长可以分为两个时期，一个是 1978 年以前的计划经济时期，另一个是 1978 年及以后的经济（体制）改革与社会主义市场经济时期。

（一）计划经济时期（1978 年以前）

经济体制改革以前（1950—1977 年），财政支出总额和财政支出占 GDP 的比重均是增加的趋势。如图 4-1 所示，1950—1977 年，财政支出总额呈逐年增加的趋势，其中 1960—1968 年出现了较大的波动。

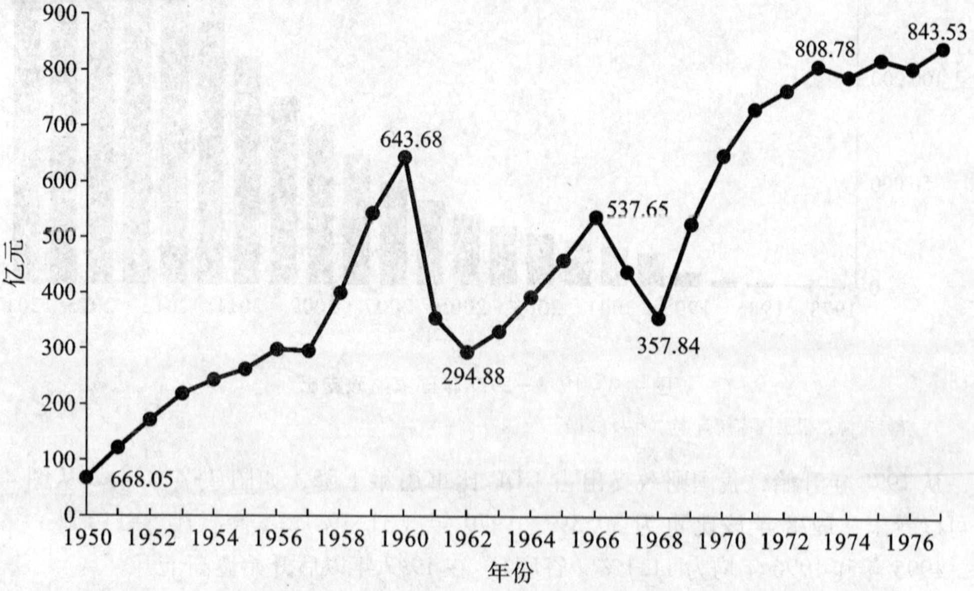

图 4-1　1950—1977 年国家财政支出

资料来源：根据国家统计局“年度数据”绘制。

如图 4-2 所示，1952—1977 年，财政支出（总额）占 GDP 比重虽然波动较大，但基本上呈（微弱）上升趋势，该阶段财政支出的趋势基本符合“瓦格纳法则”。

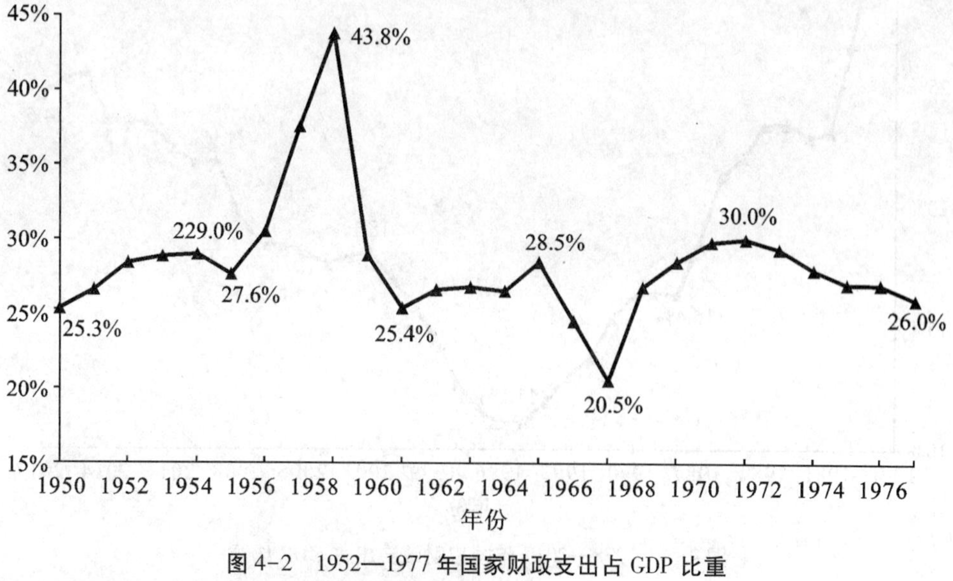

图 4-2　1952—1977 年国家财政支出占 GDP 比重

资料来源：根据国家统计局“年度数据”绘制。

（二）经济改革与社会主义市场经济时期（1978 年及以后）

从 1978 年起，我国财政支出的总额不断上升。如图 4-3 所示。

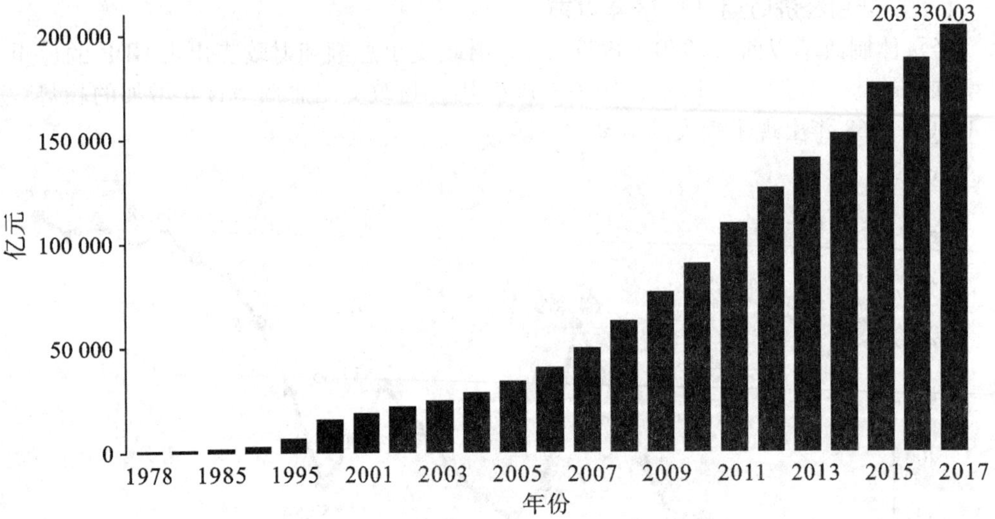

图 4-3　1978—2017 年国家财政支出

资料来源：根据国家统计局“年度数据”绘制。

从 1978 年开始，我国财政支出占 GDP 比重逐年下降，如图 4-4 所示。从图 4-4 中可以看出，1978 年该比重为 30.5%，1979 年（31.3%）微微上升，以后则一路下降，1995 年和 1996 年均为 11.1%（谷底），在 1997 年以后开始逐渐上升。

1978—1996 年，我国财政支出占 GDP 比重呈逐年下降的趋势，与经济发展的一般规律不相符合（瓦格纳法则的解释）。

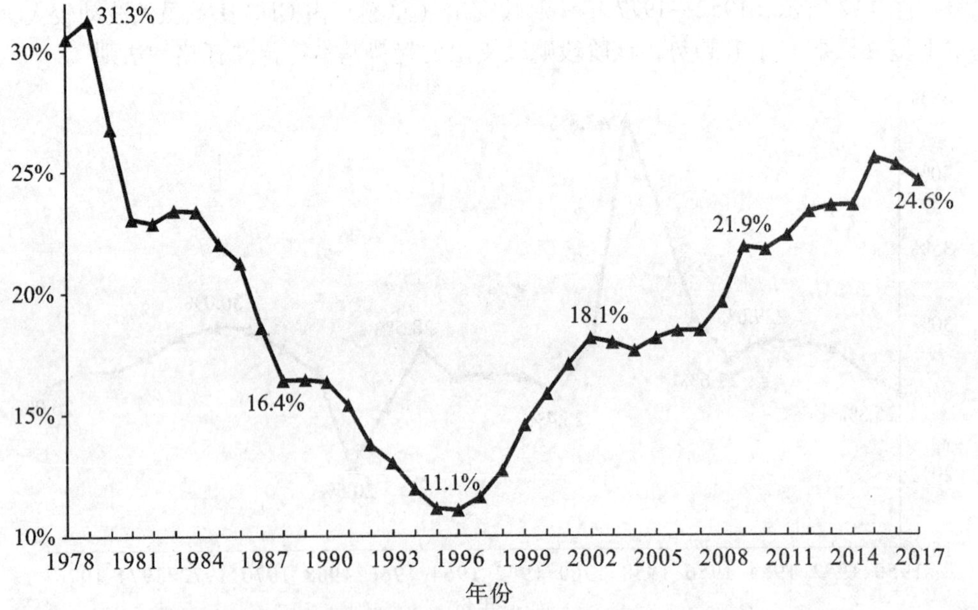

图 4-4　1978—2017 年国家财政支出占 GDP 比重

资料来源：根据国家统计局“年度数据”绘制。

我国财政支出占 GDP 比重，在 1978 年（30.5%）至 1996 年（11.1%）这 18 年里下降了近 20 个百分点，平均每年下降超过 1 个百分点，自 1996 年以后开始逐年回升。

表 4-1 反映的是按现行公共财政支出科目的统计情况。

表 4-1　全国公共财政支出决算表（简表）　　单位：亿元

项目	2010 年		2015 年		2017 年	
	预算数	决算数	预算数	决算数	预算数	决算数
一般公共服务	8 577.22	9 337.16	14 683.15	13 547.79	14 820.24	16 510.36
外交	282.76	269.22	485.25	480.32	548.26	521.75
其中：对外援助	144.14	136.14	213.59	195.37	188.28	168.99
国防	5 321.15	5 333.37	9 114.90	9 087.84	10 443.97	1 0 432.37
公共安全	5 140.07	5 517.70	8 899.53	9 379.96	11 304.95	12 461.27
其中：武装警察	872.25	933.84	1 644.00	1 643.08	1 894.55	1 923.69
教育	11 856.75	12 550.02	27 157.58	26 271.88	29 413.59	30 153.18
科学技术	3 039.52	3 250.18	5 704.90	5 862.57	6 811.23	7 266.98
文化体育与传媒	1 456.96	1 542.70	3 090.80	3 076.64	3 193.85	3 391.93
社会保障和就业	8 346.29	9 130.62	18 332.99	19 018.69	22 521.29	24 611.68
医疗卫生	4 439.31	4 804.18	11 851.09	11 953.18	14 044.01	14 450.63
环境保护	2 164.62	2 441.98	4 027.86	4 802.89	4 766.69	5 617.33
城乡社区事务	5 250.98	5 987.38	14 093.08	15 886.36	19 202.27	20 585.00
农林水事务	7 525.95	8 129.58	16 952.54	17 380.49	19 347.78	19 088.99
交通运输	5 356.03	5 488.47	11 059.54	12 356.27	10 368.89	10 673.98
资源勘探电力信息等事务	3 006.11	3 485.03	5 291.55	6 005.88	5 585.90	5 034.32
商业服务业等事务	1 027.92	1 413.14	1 350.57	1 747.31	1 704.43	1 569.17
金融监管等事务支出	573.74	637.04	509.77	959.68	1 346.98	1 148.04
地震灾后恢复重建支出	1 193.03	1 132.54	239.64	261.41	301.79	398.99
国土资源气象等事务	1 029.82	1 330.39	2 133.41	2 114.70	2 309.85	2 304.15
住房保障支出	1 890.58	2 376.88	5 344.93	5 797.02	6 825.47	6 552.49
粮油物资储备管理事务	1 633.71	1 171.96	2 372.98	2 613.09	2 189.04	2 250.78
预备费	1 040.00		3 700.97	3 670.55	1 719.24	1 729.31
国债付息支出	1 728.79	1 844.24	3 324.13	3 548.59	5 508.14	6 273.07
其他支出	2 648.69	2 700.38	34.79	54.66	85.14	59.72
预备费			1 450.00		500.00	
全国公共财政支出	84 530.00	89 874.16	171 500.00	175 877.77	194 863.00	203 085.49

资料来源：根据财政部 2010 年、2015 年、2017 年《全国一般公共预算决算表》整理编制。

注：自 2007 年起财政收支科目实施了较大改革，财政支出采用了新的分类指标。

第三节 财政支出途径

一、财政投资支出

（一）财政投资支出的含义

在任何一个国家或地区，社会总投资都可以分为政府投资和非政府投资两大部分，一般来说，财政投资即为政府投资。所谓政府投资是指政府为了实现其职能，满足社会公共需要，将筹集起来的财政资金用于社会经济活动的行为和过程。财政投资支出属于购买性支出的范畴。财政投资包括预算内投资和预算外投资，由于预算外投资一般都是分散和零星的，因而本节所说的财政投资是指预算内投资。财政投资主要包括基础设施投资支出、农业投资支出和国家物资储备支出等内容。

（二）财政投资的特点

财政投资与非政府部门投资相比，主要有以下几个特点：

1. 投资的目标不同

非政府投资者作为市场经济的微观主体，根据市场信号计算投资的微观成本，追求投资的微观经济效益，其考虑更多的是自身的成本和收益；财政投资是政府从社会效益和社会成本的角度安排的投资。就某个具体项目来说，财政投资可以不盈利或低盈利，但一定要保证有较高的社会效益，促进整个国民经济效益的提高。当然，这并不等于说财政投资不需要考虑经济效益，在充分考虑财政投资的社会效益的基础上确立的投资项目，在具体使用投资资金时，就要进行成本—收益分析，考虑其经济效益。

2. 投资的领域不同

由于投资目标的差别，两者在投资领域或范围上自然有所不同。经济利益目标使得非政府部门倾向于投资市场化程度较高、投资期短、收益快的项目；按照市场经济要求，财政投资的基本政策取向必须是有所为和有所不为，也就是要科学界定财政投资的范围，改变财政投资包揽过多的弊端，逐步减少直至最终退出竞争性领域的投资，以集中财力确保国家重点投资领域。财政重点投资主要是涉及市场失灵的领域，投资于基础性项目和公益性项目，如基础设施投资支出、农业投资支出、高科技产业支出、国家物资储备支出等。

3. 投资的资金来源不同

非政府部门的投资资金主要来自自有资金及各种社会筹资，由于筹资时会受到一系列因素的制约，从而使得投资规模十分有限；而财政投资则一般可以根据投资项目所需资金额度的多少，通过国家预算拨款进行投资，必要时还可以通过发行国债等多种渠道筹资。

（三）财政投资支出的内容

1. 基础设施投资支出

对什么是基础设施至今仍然没有一个统一的看法。1994 年世界银行发展报告对基础设施的定义是：基础设施是指永久性的成套工程建筑、设备、设施和它们所提供的为所有企业和居民生活共同需要的服务。我们则认为，基础设施就是指社会经济活动的公共设施，它有广义和狭义之分。狭义的基础设施主要包括交通、通信、水、电、气、废物处理、大坝、排灌渠道等，而广义的基础设施还包括向社会提供的科学、教育、文化、卫生、社会保障等产品或服务。

基础设施投资的提供方式：

（1）政府筹资建设提供方式

因为基础设施具有明显的“外部效应”和“社会效益”，即基础设施生产经营部门难以实现部门的内部效应，更难取得社会平均利润。而且属于投资规模大、周期长、满足“公共需要”的项目，因此，基础设施投资主要由政府采取多种渠道筹资来提供。

（2）私人出资或地方主管部门集资提供方式

典型的例子是地方性公路和桥梁等公共设施的建设，如“贷款修路，收费还贷”就是这种提供方式。

（3）政府与民间共同投资提供方式

对于具有一定的外部效应、盈利率较低或风险较大的项目，政府可以采用投资参股、提供借款担保、低价提供土地使用权、部分补贴或减免税收等方式，与民间共同投资。如高速公路或高新技术产业等基础设施，即可采取这种筹资方式。

（4）项目融资提供方式

一个国家基础设施投资供求矛盾的解决与国家的经济体制有关。在计划经济体制下，财政是基础设施唯一的投资主体；而在市场经济体制下，则可运用各种激励政策和措施，通过市场吸引民间投资，实现基础设施投资主体的多元化，缓解基础设施投资的供求矛盾。我国在建立健全社会主义市场经济体制的过程中，正是这样做的，对改善我国基础设施状况起到了很好的促进作用。

项目融资是利用本身的资产价值和现金流量安排有限追索贷款，这就为超过项目投资者自身投资能力的大型项目提供了融资便利。此外，由于在项目融资过程中，政府还可以通过特许经营等优惠条件来组织融资，从而保证了项目相对稳定的收益水平，降低了项目的投资风险，更有利于吸引民间资本的参与。其具体做法主要有：

① 建设-经营-转让融资方式，即 BOT。它是指政府把基础设施建设项目，通过合同转让给企业，经政府授权该企业在特许期内对该项目拥有所有权和经营权，并可以和国际性财团或跨国公司合资成立项目公司，在特许期内按合同规定具体负责项目的建设、经营、维修和管理等，所得收益用于偿还该项目债务和作为投资回报。当特许期满，所建基础设施项目的所有权和经营权将无偿移交给政府。

② 移交-经营-移交融资方式，即 TOT。它是指通过出售现有投资项目在一定期限内的产权，以此获得资金来建设新项目的一种融资方式。具体来说，就是政府把已经投产运营的项目在一定期限内的特许经营权移交给外资或民间企业经营，以项目在该期限内的产权或现金流量为标的，一次性地从外商或民营企业那里融得资金，用于建设新的项目，待特许经营期满时，政府再将其项目的所有权收回的一种融资方式。

③ 资产证券化融资方式，即 ABS。它是指以基础设施目标项目所拥有的资产为基础，以该项目资产未来的收益为保证，在国际资本市场上发行债券来筹集资金的一种证券融资方式。ABS 在证券市场发行债券，必须对债券发行人进行信用评级，信用等

级越高，表明债券安全性越好，债券利率越低。

2. 农业投资支出

由于农业是一个具有自然风险和市场风险的弱质产业，且是国民经济发展的基础产业。因此，国家无论从国民经济协调发展和国民经济可持续发展的角度，还是从改善农民弱势群体地位、构建和谐社会的角度，都应对农业实施倾斜性的支持保护政策，采取积极的财政投资政策促进农业的发展。

我国发展农业的资金来源主要有以下几个方面：

（1）农业内部积累。农业内部用于发展农业的资金，一是农民的投入，主要是用于种子、农药、化肥和小型农业机械设备等方面的投资；二是农村集体经济、国有农场等单位对农业的投入，这里既包括流动资金投资又包括固定资产投资，但其投资方向一般只限于集体与国有单位之内，因此只是本单位进行农业经营活动的资金来源。

（2）政府的投入，包括预算内资金投入和预算外资金投入两部分。前者是指列入国家预算内直接拨付的扶持和发展农业的资金，后者是指不列入国家预算内而由地方财政部门和农业有关主管单位用于扶持和发展农业的投入。

列入国家预算支出的支农资金，主要包括以下内容：①农林、水利等方面的基本建设投资支出。②农林企业挖潜改造资金支出。③农林部门科技三项费用。④农林、水利等部门的事业费支出。⑤支援农业生产支出。

（3）财政政策性支持。一是利用政策性的金融政策，通过国家政策性银行向农业发展项目提供低息、微息甚至贴息贷款来实现。二是国家通过税收支援和价格支援来增加对农业的投入。例如，2006年在全国取消了农业税；通过提高农副产品的收购价格，降低农药、薄膜等工业支农工业品的销售价格，从而间接地对农业进行资金支持。

（4）吸引外资投入。利用外资一方面可以引进外国的先进技术和先进设备，另一方面还可以启动集体、农户自筹的配套资金对农业的投入。农业利用外资的途径，一是争取国际金融组织对农业的优惠贷款。二是大力筹措国际商业资本，比如成立农业股份有限公司，通过在海外上市来吸引外资对农业的投资。

从发展农业的资金来源来看，加大政府对农业的资金投入应从增加政府的投入和财政政策性支持两个方面入手。

3. 国家物资储备支出

国家物资储备支出，是指国家为了应对自然灾害和意外情况，保证国民经济的顺利发展，在国家预算支出中用于建立国家物资储备的财政支出。

国家物资储备是一个国家的战略储备，是国家最主要的物资后备，是社会再生产得以正常进行的必要条件。

（1）国家物资储备支出的内容

国家物资储备支出，包括储备物资所需要的资金和管理费用。在我国，国家物资储备主要包括粮食、主要经济作物、重要原材料和设备等，主要是由国家储备部门负责储备，其中一部分物资是消费资料，由商业部门储备，不属于国家物资储备支出，但政府要给予支持，如进行专项拨款等。

国家物资储备支出按管理权限划分，可以分为中央物资储备支出和地方物资储备支出两种。前者是由中央预算专门的物资储备拨款建立的，是国家物资储备的重要部分，由国家物资储备局归口管理。其中委托地方代管的物资，其资金也由中央预算拨款，物资动用权属于中央主管部门，地方只有储备的职责，而无动用的权利。中央储备物资一般为长期的物资后备，平时只能以新换旧，不能随意动用；后者是由省、自治区、直辖市等地方预算专门拨款建立的，它的建立和支配权都属于地方。

（2）国家物资储备支出的规模

在确定国家物资储备支出规模时，既要考虑可能发生的意外事故、自然灾害对国家物资储备的需要，又要考虑国家财力的可能，分清主次和轻重缓急，对重要的战略物资和稀缺物资应适当多储备一些。同时，还应与当前生产的需要结合起来考虑，对短缺物资应优先安排。

二、社会消费支出

社会消费是指满足全社会共同需要的那部分社会产品。社会消费不构成社会再生产的直接物质条件，但它足以影响社会再生产的进行，它属于纯社会公共需要，其中的绝大部分产品是由国家承担。因此，国家为满足社会共同的消费需要而进行的财政资金支出，就构成社会消费性的财政支出。社会消费支出亦属于购买性支出的范畴，其内容主要包括行政管理支出（行政管理支出的内容，现分别列入“一般公共服务”等类中）、科学支出、文教支出、卫生支出、国防支出等。

社会消费性支出与投资支出虽同属于购买支出，但两者却存在着明显的差异，最大的区别是社会消费性支出属于非生产性的消耗支出，它的支出并不形成任何资产。因此，应考虑在最大化的满足社会消费的前提下，将该支出降低到最低限度，就此而论，政府社会消费支出与政府采购制度将有着紧密的联系。

（一）行政管理支出

行政管理支出是财政用于国家各级权力机关、行政管理机关和外事机构行使 其职能所需的费用支出。

行政管理支出并不直接用于任何实际的生产经营活动，也不会产生直接的经济效益，因此，行政管理支出就其本身而言，属于社会财富的一种净消耗。

自 2007 年实施政府收支分类改革后，将行政管理支出的内容分别列入“一般公共服务”等类中，不再单独汇总列示。

行政管理支出是一种社会财富的净消耗性质的公共管理支出，必须保持适当的规模，否则会挤占其他公共需要的资金，影响国民经济协调发展；但行政管理资金不足，也会导致社会经济秩序混乱。

在市场经济条件下，国民经济发展水平越高，对行政管理的要求越高，相应的费用支出也不断增加，但支出应当保持适当、合理的增长速度。

一般情况下，全国行政管理支出的增长幅度，不能超过财政收入的增长幅度。因为财政收入是行政管理支出的直接来源。如果行政管理支出的增速长期超过财政收入的增速，就会妨碍预算平衡目标的实现，同时也会影响财政收入在政府各项支出中的正常分配。

（二）国防支出

1. 国防支出的主要内容

国防支出，是指国家对所筹集的财政资金有计划地用于国防建设、国防科技事业、军队（包括海、陆、空）的正规化建设及民兵建设方面的费用支出。

我国国防费主要由人员生活费、训练维持费和装备费三部分组成，各部分大体各占 1/3。人员生活费用于军官、文职干部、士兵和聘用人员的工资津贴、住房保险、伙食被装等。训练维持费用于部队训练、院校教育、工程设施建设维护以及其他日常消耗性支出。装备费用于武器装备的研究、试验、采购、维修、运输和储存等。国防费的保障范围包括现役部队、预备役部队和民兵，同时也负担部分退役军人、军人配偶生活及子女教育、支援国家和地方经济建设等社会性支出。

2. 国防支出的作用

（1）国防支出是国家维护领土的完整和政治、经济、社会稳定的基本前提。“国无防不立，民无军不安”，强大的国防，对抵御外敌入侵，保卫国家独立、完整，保证社会安定，民族团结，促进国家政治、经济、社会的稳定发展具有不可低估的作用。

（2）促进科学技术的发展。一般说来，国防支出在军事需求的推动下，会产生两个结果：一是提高军队武器装备水平和军队战斗力；二是促进一国科技的发展，因为军事领域总是最多地把新的科学技术吸引进来，又最多地向科学技术研究提出新课题，许多高、精、尖技术就是在这种力量的推动下研发出来的。

3. 决定国防支出规模的因素

国防的纯公共产品性质，决定了它无法通过市场和企业提供，而只能由政府无偿提供，而国防的特殊性决定了这一支出只能由中央政府来承担。国防支出的非生产性，决定了国防支出在一般情况下，只能在财政支出中保持适当的比例。如果国防支出规模过小，难以保卫国家的独立和完整；过大又不利于国民经济的发展。必须正确确定国防支出的规模。

国防支出水平的高低，主要取决于以下几个因素：

（1）经济发展水平的高低。这是在国家对加强国防建设需求的一定条件下，从国家增加国防支出的可能性的角度提出的。一国的经济实力越强，能用于国防方面的支出就大，经济实力越弱，国防开支就会受到很大限制。

（2）国家管辖的范围大小。一国管辖范围越大，边境线越长、领空防御范围越宽，用于保卫领土、领空、领海和保卫国民安全的防护性开支就越大。

（3）国际政治形势的变化情况。在爆发军事战争或处于冷战期间，国防开支会大幅上升。而在和平时期，国防开支会相应减少。

（4）军事现代化的要求。现代战争随着科学技术的进步也相应提出了更高的要求，因此，国防支出中的相当部分被用于军事科学的研究和现代化武器的装备投入。

（5）国家在世界政治经济中的政治取向。力图在世界上扩大军事影响的国家，其国防开支更大。

4. 我国的国防支出及其变化

国防支出往往根据国际国内形势的变化而变化，和平时期趋减，战争时期骤增，中国也不例外。

我国坚持国防建设与经济建设协调发展的方针，根据国防需求和国民经济发展水平，合理确定国防经费的规模，随着国家经济社会发展，国防费保持适度合理增长。

近年来，我国年度国防费占国内生产总值的比重相对稳定，占国家财政支出的比重略有下降（见图 4-5）。

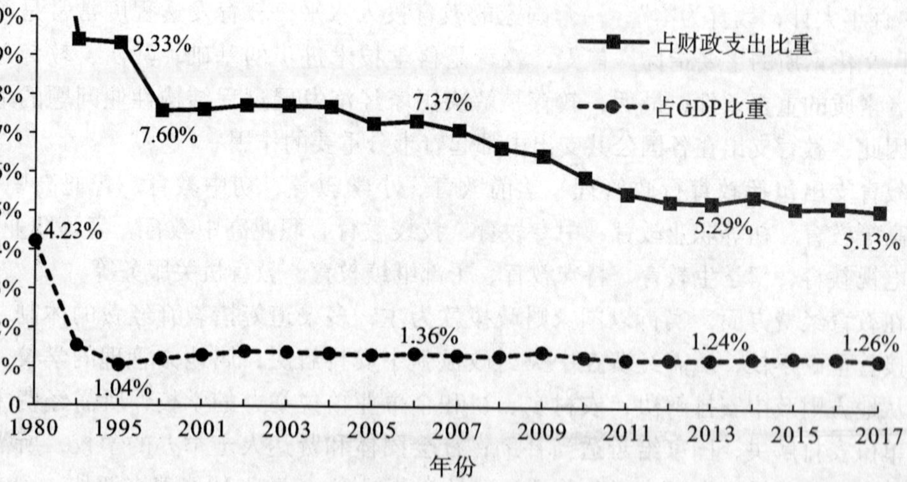

图 4-5　1980—2017 年国防费用

资料来源：根据国家统计局“年度数据”绘制。

从世界范围来看，中国的国防支出是比较低的，见本章附表 4-1。

（三）科学技术支出

我国在科学技术方面的支出包括科学技术管理事务、基础研究、应用研究、技术研究与开发、科技条件与服务、社会科学、科学技术普及、科技交流与合作等。

我国财政用于科学技术的支出从绝对量来看，是一直处于逐年的增长态势中。其支出占财政支出基本维持在 3%～5%，占 GDP 的比重基本维持在 0. 5%～1. 5%（见图 4-6）。

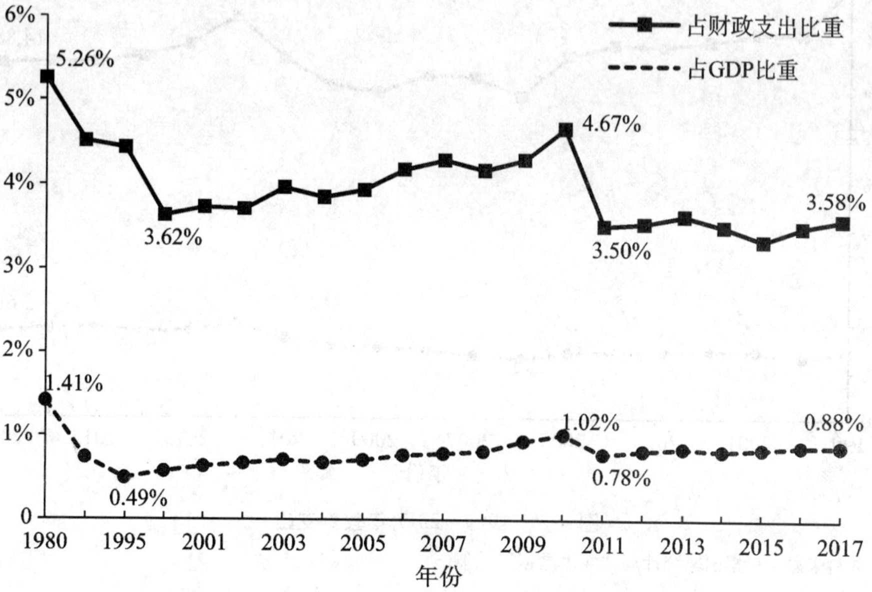

图 4-6　1980—2017 年科学研究支出

资料来源：根据国家统计局“年度数据”绘制。

部分国家研发支出占 GDP 的比例，见本章附表 4-2。

（四）教育支出

“百年大计，教育为本”，一个国家的教育投入水平，教育发达程度常常是衡量该国人民文化素质的主要指标。首先，教育是科学技术进步的基础；其次，教育是提高劳动者素质的重要条件；最后，教育是解决国家经济发展过程结构性业问题的最佳手段。因此，教育支出在各国公共支出中都起着十分重要的作用。

教育支出包括教育行政管理、学前教育、小学教育、初中教育、普通高中教育、普通高等教育、初等职业教育、中专教育、技校教育、职业高中教育、高等职业教育、广播电视教育、留学生教育、特殊教育、干部继续教育、教育机关服务等。

在教育经费方面，实行以国家财政拨款为主，多渠道筹措教育经费的体制。属中央直接管理的学校，所需经费在中央财政拨款中安排解决；属地方管理的学校，所需经费从地方财政中安排解决；农村乡、村和企事业单位举办的学校，所需经费主要由主办单位安排解决，国家给予适当补助；社会团体和贤达人士举办的学校，所需经费由主办者自行筹措（包括向学生收费，向社会募捐等）。除上述经费来源外，国家提倡各级各类学校开展勤工俭学，通过向社会提供服务增加一些经费收入，以改善办学条件。

国家财政性教育经费包括政府财政预算内教育经费、各级政府征收用于教育的税费、企业办学校中的企业拨款、校办产业和社会服务收入用于教育的经费。教育事业费是中央、地方各级财政或上级主管部门在预算年度内安排，并划拨到学校或单位，列入《政府收支分类支出科目》“教育支出”科目中的教育经费拨款，不含“教育附加及基金支出”。

我国财政公共支出用于教育支出的情况见图 4-7。

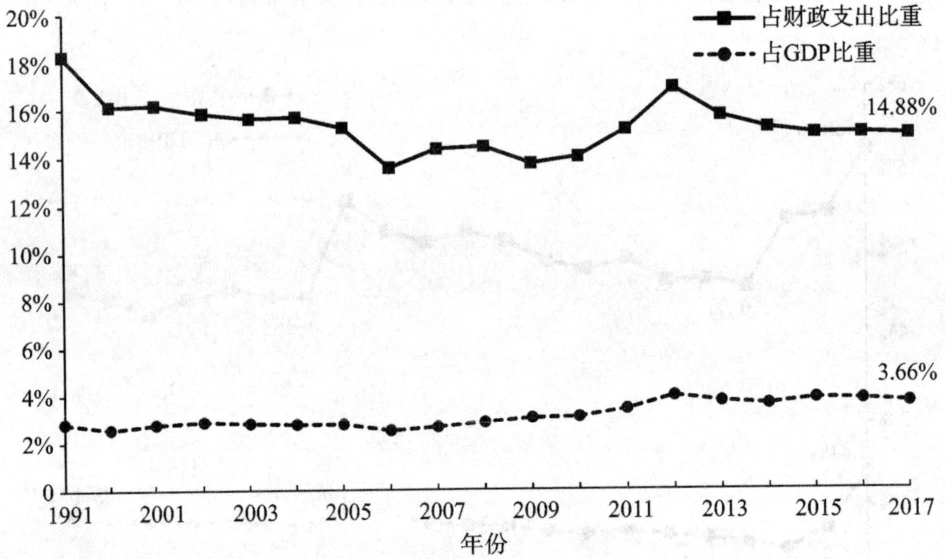

图 4-7　1980—2017 年教育支出

资料来源：根据国家统计局“年度数据”绘制。

近年来，按照《中华人民共和国教育法》的规定，结合实施科教兴国战略以及《国家中长期教育改革和发展规划纲要（2010—2020 年）》的要求，中央和各级地方政府把教育作为财政支出重点，积极采取有效措施，大幅增加教育投入，切实保障国民受教育的权利。

（五）卫生支出

人们的健康水平是影响一个国家经济发展和社会进步的重要因素。在现代社会中，由于工作与生活节奏的加快，这就要求劳动者必须具有强健的体魄、充沛的精力及良好的心理素质，而这一切都需要有相应的医疗设施与服务。

1. 医疗卫生产品的特点

医疗卫生产品投资，既具有内部效应，又具有外部效应。内部效应是指通过接受医疗卫生机构的治疗，能解除病人的身体疾患、延长生命、提高个体生活质量。外部效应是指通过医疗卫生的宣传、预防和治疗，提高整个社会人们的健康水平，从而有利于促进社会进步和经济的发展。

医疗卫生产品投资的内部效应是社会资金介入医疗卫生市场的理由，其外部效应则是政府参与医疗保健市场的理由。如果医疗卫生产品投资完全按照市场原则来提供，就会出现市场失灵，产生负的外部效应。

2. 我国医疗卫生的支出情况

近年来，我国医疗卫生总费用在持续增加，见表4-2。从医疗卫生结构来看，我国政府预算卫生支出占卫生总费用的比重并不高。

表4-2　1990—2017年医疗卫生支出

年份	卫生总费用（亿元）	政府卫生支出（亿元）	社会卫生支出（亿元）	个人卫生支出（亿元）	卫生总费用占GDP%
1990	747.39	187.28	293.10	267.01	65.37
1995	2 155.13	387.34	767.81	999.98	177.93
2000	4 586.63	709.52	1 171.94	2 705.17	361.88
2005	8 659.91	1 552.53	2 586.40	4 520.98	662.30
2006	9 843.34	1 778.86	3 210.92	4 853.56	748.84
2007	11 573.97	2 581.58	3 893.72	5 098.66	875.96
2008	14 535.40	3 593.94	5 065.6	5 875.86	1 094.52
2009	17 541.92	4 816.26	6 154.49	6 571.16	1 314.26
2010	19 980.39	5 732.49	7 196.61	7 051.29	1 490.06
2011	24 345.91	7 464.18	8 416.45	8 465.28	1 806.95
2012	28 119.00	8 431.98	10 030.7	9 656.32	2 076.67
2013	31 668.95	9 545.81	11 393.79	10 729.34	2 327.37
2014	35 312.40	10 579.23	13 437.75	11 295.41	2 581.66
2015	40 974.64	12 475.28	16 506.71	11 992.65	2 980.80
2016	46 344.88	13 910.31	19 096.68	13 337.90	3 351.74
2017	52 598.28	15 205.87	22 258.81	15 133.60	3 783.83

资料来源：根据国家统计局“年度数据”整理编制。

注：2001年起卫生总费用不含高等医学教育经费，2006年起包括城乡医疗救助经费。

近年来，各级财政积极调整财政支出结构，努力增加医疗卫生投入，并注重向需方倾斜、向公共卫生倾斜、向基层倾斜，推动深化医药卫生体制改革，着力支持医疗保障体系、公共卫生服务体系、医疗服务体系和药品供应保障体系建设，促进逐步解决群众看病难、看病贵问题。

三、转移支出

转移支出，是指政府通过一定的渠道或方式，把一部分财政资金单方面无偿转移给居民、企业或其他受益者的支出。它主要包括社会保障支出、财政补贴支出、捐赠及债务支出。主要探讨的内容是社会保障支出和财政补贴支出。

（一）社会保障支出

1. 社会保障的概念

社会保障有广义和狭义之分，广义的社会保障包括个人、家庭、单位、商业及政府通过不同方式，向社会成员提供的多层次保障体系。狭义的社会保障仅指由政府向全体社会成员提供的基本生存和发展保障。本书本节所指的社会保障均指的是狭义的社会保障。

因为社会保障是一个发展的、动态的概念，它要受到一个国家或同一国家在不同历史阶段的政治、经济、文化以及社会等诸多因素的影响，因此，不同国家或同一国家在不同历史阶段对社会保障将会有不同的界定。

根据国内外一些专家、学者对社会保障的定义，结合我国现阶段的具体情况，可以将社会保障定义为：社会保障是国家为了保持社会的稳定和经济的可持续发展，通过立法对国民收入进行再分配，并以社会消费基金的形式，向遇到年老、疾病、伤残、死亡、失业及其他不幸遭遇而发生困难时给予社会成员一定物质上的帮助，以保证其基本生活得以正常进行的一系列措施的总称。由于社会保障是依法进行的，所以从这个意义上讲，社会保障就是社会保障制度，本书本节的提法均是如此。

2. 世界各国社会保障制度的类型

目前，全世界已有160多个国家和地区实行了不同程度和不同形式的社会保障制度。主要有以下几种类型：

（1）社会保险型：起源于德国，后为西欧各国及美国和日本仿效。其特点为：资金来源渠道多元化，个人、雇主、政府以不同标准拨款资助。

（2）国家保险型：由苏联初创，东欧国家均仿效。其特点为：社会保障支出全部由政府和企业承担，个人不交费，但保障范围仅限于公有制的工薪者，对其他社会成员则实行社会救济。

（3）国家福利型：起源于英国，北欧国家迅速采用。其中以号称“福利国家橱窗”的瑞典为代表。其特点为：个人不缴纳或低标准缴纳社保费，服务对象是社会全体成员，保障项目“从摇篮到坟墓”。

以上保障制度各有优缺点。如国家福利型虽然极大地满足了社会成员的福利需求，但对经济运行可能产生严重的消极影响：高福利使过多的资源用于消费，必将延缓经济建设的进程；引发通胀，影响经济平稳运行；个人工作积极性不大，不愿就业、厌倦工作在少数高福利国家已成为一种普遍的现象。

我国在20世纪50年代参照国家保险型这一模式建造了一个“覆盖面小，保障范围窄”的社会保障制度。改革开放后，自20世纪80年代起，我国开始重新构建社会保障体系。

3. 社会保障制度的特征

社会保障是一项特殊的社会安全制度，具有以下特征：

（1）社会性。社会保障是由政府在社会范围内组织实施的，因此其保障对象包括社会的每一个成员，当他们在生活发生困难时，都有权利获得社会保障。

（2）强制性。这种强制性，是国家以立法和执法的形式体现的。《中华人民共和国宪法》（以下简称《宪法》）就明确规定：中华人民共和国公民在年老、疾病或丧失劳动能力的情况下，有从国家获得物质帮助的权利；法律规定范围内享受这些权利的单位及职工，都必须参加社会保障，按规定缴纳保险费，违反者须负法律责任。

（3）互济性。社会保障的受益人只能是社会成员中那些因老、病、伤、残、失业等原因，而急需获得物质帮助的人，而不是缴纳社会保障费的每一个成员。或者说对具体的社会成员而言，他为社会保障进行的缴纳，同他可能享受的保障并不完全对称。社会保障制度在一定程度上具有社会成员之间互济的性质。

（4）福利性。社会保障的目的，是让每一个社会成员的基本生活权利得到保证。从性质上说，它属于社会公益事业，其最终目的是造福于社会，而不是为了盈利，这是社会保障与商业保险相互区别的一个重要特征。

4. 社会保障的内容

由政府统一举办的社会保障，其主要内容包括社会保险、社会救济、社会福利和军人优抚四部分。

（1）社会保险，是国家通过立法，多渠道筹集资金，对劳动者在因年老、失业、患病、工伤、生育而减少劳动收入时给予经济补偿，使他们能够享有基本生活保障的一项社会保障制度。社会保险是社会保障制度的核心内容，主要包括养老保险、失业保险、医疗保险、工伤保险和生育保险等子项目，详见第九章第四节社会保险。

（2）社会救济，又称社会救助，是指国家和社会对因各种原因无法维持最低生活水平的公民给予无偿救助的一项社会保障制度。社会救济属于最基本、最低层次的保障，是社会保障的最后一道防线。社会救济的对象主要有三类：无依无靠、没有劳动能力、没有生活来源的人，主要包括孤儿、残疾人以及没有参加社会保险且无子女的老人；有收入来源，但生活水平低于法定最低标准的人；有劳动能力、有收入来源，但由于意外的自然灾害或社会灾害，而使生活一时无法维持的人。

（3）社会福利，属于层次最高的社会保障。社会福利的概念有广义和狭义之分。广义的社会福利是政府为全体社会成员创建有助于提高生活质量的物质和文化环境，提供各种社会性津贴、公共基础设施和社会服务，以不断增进国民整体福利水平，主要包括各种文化教育、公共卫生、公共娱乐、市政建设、家庭补充津贴、教育津贴、住宅津贴等等。狭义的社会福利是指政府和社会向老人、儿童、残疾人等生活中特别需要关怀的人群提供必要的社会援助，以提高他们的生活水准和自立能力，主要包括老人福利、妇女福利、儿童福利、青少年福利、残疾人福利等。

（4）军人优抚，是国家对现役和退役军人、为国为公牺牲的烈士和他们的亲属，以优待、抚恤和妥善安置的方式，为他们提供的以满足基本生活需求为目的的物质帮助和服务，并带有褒扬性的一种制度。主要包括军人社会保险、军人（死亡、伤残）抚恤、军人退役安置、军人退休安置、军人及其家属的社会优待、军人社会福利等内容。军人优抚按其特点来说，既有社会保险的性质，又有社会福利的性质，还包含社会救助的成分，是一种综合性的特殊的社会保障，其目的是安定军心、维护社会稳定。

5. 我国社会保障的支出情况

我国财政用于社会保障的经费支出基本处于增长态势中，见表 4-3。

表 4-3　2000—2017 社会保障与就业支出情况

年份	社会保障支出(亿元)	社会保障支出增速(%)	占财政支出比重(%)	占 GDP 比重(%)
2000	1 517. 57	26. 73	9. 55	1. 51
2005	3 698. 86	18. 70	10. 90	1. 97
2006	4 361. 78	17. 92	10. 79	1. 99
2007	5 447. 16	24. 88	10. 94	2. 02
2008	6 804. 29	24. 91	10. 87	2. 13
2009	7 606. 68	11. 79	9. 97	2. 18
2010	9 130. 62	20. 03	10. 16	2. 21
2011	11 109. 40	21. 67	10. 17	2. 27
2012	12 585. 52	13. 29	9. 99	2. 33
2013	14 490. 54	15. 14	10. 33	2. 43
2014	15 968. 90	10. 20	10. 52	2. 48
2015	19 018. 69	19. 10	10. 81	2. 76
2016	21 591. 50	13. 53	11. 50	2. 90
2017	24 812. 40	14. 92	12. 20	3. 00

资料来源：《中国统计年鉴 2008》；2007 年及其以后的数据来自国家统计局“年度数据”。

注：2007 年后原“抚恤和社会福利支出”改为“社会保障和就业”类列支。

从表 4-3 可见，自 2000 年以来，我国社会保障支出的增长速度并不稳定，社会保障支出占财政支出的比重基本保持在 10%左右，占 GDP 的比重则在 3%以下，属于较低水平。

近年来，按照中央有关决策部署，各级财政部门加大社会保障和就业方面的投入力度，支持建立和完善符合我国国情的社会保障安全网。

（二）财政补贴

财政补贴是国家为了某种特定的需要而向企业或居民个人提供的无偿补助。

财政补贴的起因直接或间接与价格有关，不是补贴引起价格变动，就是价格变动导致财政补贴。因为财政补贴的内容和数量一般变动性都较大，它随着物价的变化而变化，因此不需要建立相对规范的基金。

财政补贴的特征：①政策性。财政补贴是国家为实现一定的政策目标的手段。财政补贴的对象、补贴的标准、补贴的期限等都是按照国家在一定时期内的政策需要而制定的，因而，财政补贴具有很强的政策性。②灵活性。国家在进行财政补贴时，一般都会根据政治经济形势的变化和政策的需要，及时地修正或调整财政补贴。③时效性。财政政策是为实现国家政策服务的，当某项政策改变时，财政补贴也应作响应的调整；当某项政策实施完成或失去效力时，与之相应的财政补贴也应随之而终止。

自 2007 年实施政府收支分类改革后，原单独列支统计的“财政补贴”，分别归入各类支出中。

第四节　财政支出增长的理论模型

财政支出的不断扩张引起了政治家和经济学家的关注。经济学家们从各种角度寻找这种变化趋势的原因，形成了许多富有见地的实证理论解释。

一、政府活动扩张论（瓦格纳法则）

19 世纪 80 年代，德国经济学家阿道夫·瓦格纳（Adolf Wagner）最先提出财政支出扩张论。瓦格纳的结论是建立在经验分析基础上的，他对 19 世纪的许多欧洲国家加上日本和美国的各个部门的增长情况做了考察。他认为，一国工业化经济的发展与本国财政支出之间存在着一种函数关系，即现代工业的发展会引起社会进步的要求，社会进步必然导致国家活动的扩张。后人称之为“瓦格纳法则”（Wagner's law）：随着人均国民生产总值的提高，财政支出占 GDP 的比率相应提高。图 4-8 中的曲线阐述了财政支出与 GDP 之间的函数关系。

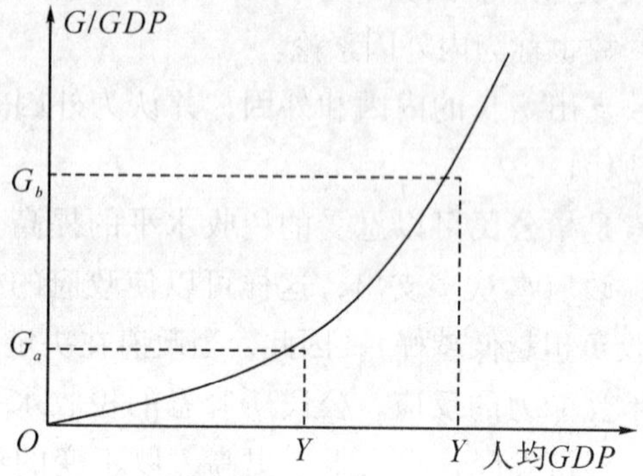

图 4-8　Wagner's law

瓦格纳认为，财政支出比率上升趋势最基本的原因是工业化，工业化→人均收入增加→政府活动扩张→财政支出比率提高。①市场失灵的存在需要政府活动增加。随着经济的工业化，不断扩张的市场与市场中的行为主体之间的关系更加复杂化。这些需要建立司法体系和管理制度，以规范行为主体的社会经济活动。②政府对经济活动的干预以及从事的生产性活动也会随着经济的工业化而不断扩大。因为随着工业化经济的发展，不完全竞争市场结构更加突出，市场机制不可能完全有效地配置整个社会资源，需要政府对资源进行再分配，实现资源配置的高效率。③城市化以及高居住密度会导致外部性和拥挤现象，这些都需要政府出面干预和管制。④教育、娱乐、文化、保健以及福利服务的需求收入弹性较大。也就是说，随着人均收入的提高，人们对上述服务的需求增加得更快，要求政府为此增加支出。

瓦格纳法则虽然没能从根本上回答财政支出的增长速度为何会快于 GDP 的增长速度，但确实正确地预测了财政支出不断增长的百年趋势，而且为后人研究财政支出增长规律奠定了理论基础。

瓦格纳的理论也存在许多明显的不足：①瓦格纳的模型是在特定的历史背景下建立的，这一背景就是工业化。工业化既是经济增长的动力，也是财政支出扩张的源泉。可是，一旦经济发展到成熟阶段或处于滞胀时期，又该如何解释财政支出的膨胀趋势呢？②该理论在解释财政支出的增长时，没有考虑政治制度、文化背景，特别是公共选择理论等因素。如果公共选择的结果是充分私有化，那么财政支出不论是在绝对规模上还是在相对比率上都有可能随着人均收入的提高而下降。③瓦格纳法则主要站在需求角度来解释财政支出的增长。也就是说，该法则只解释了公共物品需求的扩张压力，而没有从供给方面考察财政支出的增长。

二、梯度渐进增长论

梯度渐进增长论，又称内外因素论、非均衡增长理论、时间形态理论或替代—规模效应。

英国经济学家皮科克（Peacock）和怀斯曼（Wiseman）在 20 世纪 60 年代初对英国 1890 年以后的财政支出历史数据进行了经验分析后提出的理论解释。该理论认为：财政支出的增长并不是均衡的、同一速度向前发展的，而是在不断稳定增长的过程中不时出现一种跳跃式的发展过程。因其理论实质上揭示了财政支出增长的两类原因，即内在因素和外在因素，故也称为内外因素论。

他们提出了导致财政支出增长的内因和外因，并认为外因是说明财政支出增长超过 GDP 增长速度的主要原因。

财政支出的内在因素是指公民可以忍受的税收水平的提高。他们对内因的分析是建立在这样一种假设上：政府喜欢多支出，这样可以使政府的权力不断扩大；而公民不愿意多缴税（希望税收负担越低越好），因此，当政府在决定预算支出规模时，应该密切关注公民关于赋税承受能力的反应，公民所容忍的税收水平是财政支出规模的约束条件。在正常条件下，经济发展，收入水平提高，以不变的税率所征得的税收也会上升，于是，政府支出上升会与 GDP 上升呈线性关系。因此，GDP↑→人均收入↑→税收收入↑→财政支出↑这种逻辑过程，揭示出在正常情况下财政支出呈渐进增长趋势的内在原因。

财政支出增长的外在因素是指社会动荡对财政支出造成的压力。在发生了突发事件如战争、重大自然灾害等，政府被迫提高税率，而公众在危急时期也会接受即“租税容忍水平”将会提高。这就是所谓的“替代效应”，即在危急时期，公共支出会替代私人支出，财政支出的比重增加。但在危急时期过去以后，公共支出并不会退回到以前的水平。

他们认为，由于社会突发事件的影响，会造成三个方面的影响，这三个方面影响导致了财政支出的增长按照第二中情形的方式进行。

(1) 替代效应，或称置换效应，是指对以前财政支出的替换和对私人部门支出的替换。在危机时期，财政支出（公共支出）代替私人支出的现象称为替代效应。

(2) 检查效应，也称审视效应。社会突发事件的出现，往往会暴露社会存在的许多问题，这些问题使人们认识到解决这些问题的重要性，此时，社会成员就会同意增加税收，以满足为解决这些问题所需要的财政资金。财政支出规模的增长趋势就不可避免。

(3) 集中效应。在正常时期，中央政府和地方政府的职责分工相对固定，中央政府想提高自己在财政权力方面的控制，从而削弱地方政府自主权，集中更多的财政资金，会受到人们的普遍反对。但在社会动荡时期，中央政府的这种做法却易受到社会的认同，中央政府职能的扩大增大了财政收支的规模。这时，集中效应就会出现，是的政府的财政支出规模趋向于进一步增长。

图 4-9 以战争为例阐述该理论。

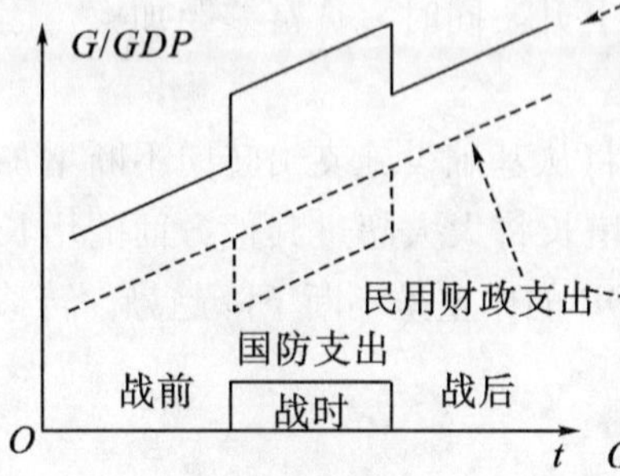

图 4-9 A

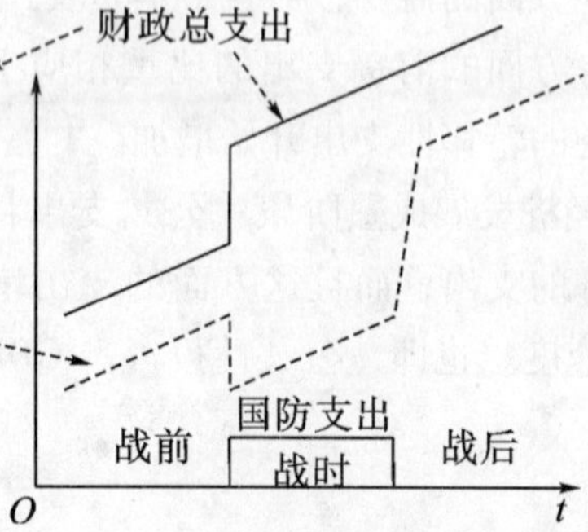

图 4-9 B

图 4-9A，描述了民用财政支出在战后又恢复到它原来的增长趋势的情况；图 4-9B，说明了战时财政总支出的增长趋势延续至战后，因为民用财政支出水平提高了；图 4-9C，表示民用财政支出在战后暂时增加，以后又逐渐恢复到其原来的增长路径。

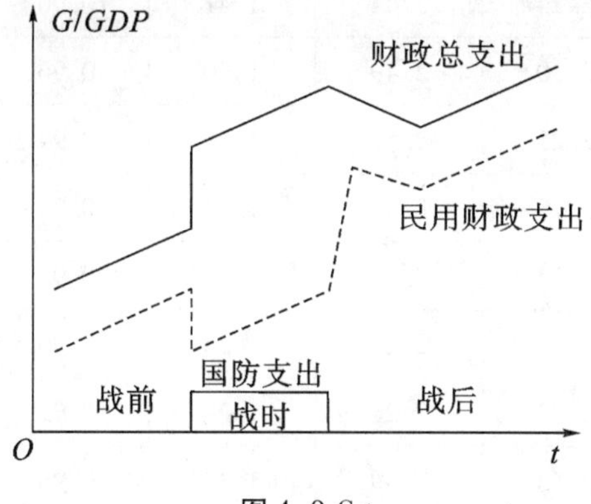

图 4-9 C

三、经济发展阶段论

经济发展的财政支出增长理论主要是由 R. A. 马斯格雷夫和 W. W. 罗斯托两人提出。他们利用经济发展阶段论来解释公共支出增长的原因。

他们把经济发展阶段分为三个部分：经济发展的早期阶段；经济发展的中期阶段；经济发展的成熟阶段。他们认为：

（1）在经济发展的早期阶段：政府投资在社会总投资中占有较高的比重，公共部门为经济发展提供社会基础设施，如道路、运输系统、环境卫生系统、法律与秩序、健康与教育以及其他用于人力资本的投资等。这些投资，对处于经济发展早期阶段的国家“起飞”，乃至进入发展的中期阶段是必不可少的。该阶段，财政支出中用于公共投资部分比重较大，增长的速度也很快。

（2）在经济发展中期阶段：政府投资还应继续进行，但这时政府投资将逐步转换为对私人投资的补充。随着生活水平的不断提高，人们在满足基本生存需要的同时，开始关注其他方面的需要，对公共消费支出的需求增加了，相应政府用于教育、卫生、环保和安全等方面的消费支出的比重相应上升。同时，贫富差距加大，因而用于解决收入分配问题的转移性支出开始增加。

（3）在经济发展成熟阶段：公共支出将从基础设施支出转向不断增加的教育、保健与福利服务的支出，而且这方面的支出增长将大大超过其他方面的增长，也会快于 GDP 的增长速度。也即，公共性投资占 GDP 的比重呈不断下降趋势，转移性支出将会大幅度增加。

附表 4-1　部分国家军费支出占 GDP 百分比（%）

年度	美国	英国	法国	德国	日本	俄罗斯	印度
2000	2.93	2.14	2.48	1.44	0.93	3.55	3.04
2001	2.94	2.18	2.42	1.41	0.95	3.81	3.02
2002	3.25	2.24	2.44	1.41	0.96	4.04	2.92
2003	3.61	2.30	2.49	1.40	0.96	3.94	2.76
2004	3.79	2.25	2.51	1.35	0.94	3.55	2.92
2005	3.84	2.19	2.41	1.33	0.93	3.58	2.84
2006	3.81	2.13	2.35	1.27	0.92	3.49	2.61
2007	3.85	2.15	2.28	1.24	0.90	3.35	2.42
2008	4.22	2.27	2.26	1.28	0.92	3.38	2.63
2009	4.64	2.43	2.49	1.39	0.98	4.21	2.98
2010	4.67	2.38	2.34	1.35	0.96	3.85	2.79

附表4-1(续)

年度	美国	英国	法国	德国	日本	俄罗斯	印度
2011	4.58	2.30	2.26	1.28	0.99	3.42	2.65
2012	4.24	2.20	2.24	1.31	0.97	3.69	2.54
2013	3.83	2.08	2.22	1.22	0.95	3.85	2.47
2014	3.50	1.96	2.23	1.18	0.97	4.10	2.49
2015	3.29	1.87	2.27	1.18	0.96	4.85	2.39
2016	3.22	1.82	2.33	1.20	0.94	5.39	2.49
2017	3.14	1.81	2.25	1.21	0.93	4.20	2.49

资料来源：世界银行（http://data.worldbank.org.cn）。

附表 4-2　部分国家研发支出占 GDP 的比例（%）

年度	美国	英国	法国	德国	日本	俄罗斯	巴西	印度	南非	中国
2000	2.62	1.79	2.15	2.47	3	1.05	1.02	0.74	—	0.90
2001	2.64	1.77	2.2	2.47	3.07	1.18	1.04	0.72	0.73	0.94
2002	2.55	1.78	2.24	2.5	3.12	1.25	0.98	0.71	—	1.06
2003	2.55	1.73	2.18	2.54	3.14	1.29	0.96	0.71	0.79	1.12
2004	2.49	1.67	2.16	2.5	3.13	1.15	0.9	0.74	0.85	1.21
2005	2.51	1.7	2.11	2.51	3.31	1.07	0.97	0.81	0.9	1.31
2006	2.55	1.72	2.11	2.54	3.41	1.07	1.01	0.8	0.93	1.37
2007	2.63	1.75	2.08	2.53	3.46	1.12	1.1	0.79	0.92	1.37
2008	2.77	1.75	2.12	2.69	3.47	1.04	1.11	0.84	0.93	1.44
2009	2.82	1.82	2.27	2.82	3.36	1.25	1.17	0.82	0.87	1.66
2010	2.74	1.77	2.24	2.8	3.25	1.13	1.16	0.8	0.76	1.71
2011	2.76	1.78	2.25	2.89	3.39	1.09	1.21	0.81	—	1.78
2012	2.79	1.72	2.26	2.92	—	1.12	—	—	—	1.91
2013	2.74	1.66	2.23	2.82	3.32	1.06	1.20		0.72	1.99
2014	2.75	1.68	2.24	2.89	3.40	1.09	1.17			2.02
2015	2.79	1.70	2.23	2.88	3.28	1.13		0.63		2.07

资料来源：世界银行（http://data.worldbank.org.cn）。

本章小结

1. 无论是发达国家还是发展中国家，从长期和整体来看，政府财政支出的不断增长是基本的发展趋势。

2. 在财政支出规模不断变化的过程中，财政支出的结构也发生了相应的变动，且发达国家和发展中国家在财政支出的结构上存在明显的差异。我国财政支出有自身的显著特点。

3. 自 2007 年 1 月 1 日正式实施政府收支分类改革后，我国现行支出分类采用了国际通行做法，即同时使用支出功能分类和支出经济分类两种方法对财政支出进行分类。

4. 社会总投资包括政府投资和非政府投资两大部分，一般来说，财政投资即为政府投资。政府投资具有投资的目标不同、投资的领域不同和投资的资金来源不同三个特点。政府投资主要包括基础设施投资支出、农业投资支出和国家物资储备支出等内容。

5. 国家为满足社会共同的消费需要而进行的财政资金支出，从而构成社会消费性的财政支出。其内容主要包括一般公共服务支出、科学支出、文教支出、卫生支出、国防支出，等等。

6. 转移支出，是指政府通过一定的渠道或方式，把一部分财政资金单方面无偿转移给居民、企业或其他受益者的支出。它主要包括社会保障支出、财政补贴支出、捐赠及债务支出等。

7. 解释财政支出增长的经济模型有：瓦格纳法则、时间形态理论、经济发展阶段论。

复习与思考

1. 识记：财政支出、购买性支出、转移性支出、财政支出规模

2. 领会

(1) 我国财政支出的主要项目。

(2) 我国财政支出的变动趋势。

(3) 解释财政支出的理论学说。

(4) 了解我国“政府收支分类体系”的改革。

第五章　国家预算与预算管理体制

第一节　国家预算

一、国家预算的含义及原则

（一）国家预算的含义

国家预算，又称财政预算，是指经过法定程序编制、审查、批准的，以收支一览表形式表现的国家年度财政收支计划。从形式上看，国家预算就是按一定标准将财政收入和支出分门别类地列入特定的表格，从而使人们清楚地了解政府的财政活动；从内容上看，政府预算的编制是政府对财政收支的计划安排，预算的执行是财政收支的筹措和使用过程；从本质上看，国家预算要经过国家权力机构的审查和批准才能生效，是国家的重要立法文件（属于年度立法）。在预算批准后所必须进行的预算调整也要按照法定程序，经由立法机关审查批准。在预算执行过程中，政府必须接受国家权力机构对其做出的授权和委托，整个活动过程要体现国家权力机构和全体公民对政府活动的制约和监督。

任何一个国家的国家预算，一般都包括三个方面的内容：①收入和支出的种类和数量以及这些种类和数量所表现出来的收支的性质和作用；②各类国家机关和部门在处理这些收支问题上的关系及其所处的地位和所承担的责任；③在收入和支出的实现上所必须经过的编制、批准、执行、管理、监督等财政过程。

（二）国家预算的原则

国家预算的原则是指国家确定预算形式和编制预算的指导思想和准则。目前，为世界大多数国家所接受的基本原则主要包括：

1. 公开性

国家预算反映政府的活动范围、方向和政策，政府只是代表人民来履行相应的职能，因此，国家预算及其执行情况必须采取一定的形式向社会公布，使之置于人民的监督之下。

2. 完整性

国家预算必须是完整的，包括全部法定收支项目，不准少列收支，或造假账、预算外另列预算，使收支计划能完整地反映实际收支内容，国家允许的预算外收支也应该在预算中有所反映。

3. 统一性

国家预算的统一性是指由中央预算和地方预算组成，各级政府的收支都要列入各级预算中，下级预算都要包括在上级预算中，各级地方预算都要统一在国家预算中。

4. 可靠性

国家预算的每一个收支项目的数字指标必须准确可靠，按照科学的方法进行计算，不可估定和任意编造，使之脱离现实。

5. 年度性

年度性是指国家预算的编制是按年度进行的，要列清全年的财政收支，不允许将不属于本年度财政收支的内容列入本年度的国家预算之中。

预算年度也称为财政年度，即国家预算收支起止的有效期限，通常为一年。预算年度分为历年制和跨年制两种。历年制是指预算年度从每年的1月1日起至12月31日止。世界上大多数国家的预算年度采用历年制，如中国、法国、德国、西班牙等。跨年制是指预算年度的起止时间是跨年度的，目前，世界上也有一些国家采用跨年制，如英国、日本等国家的预算年度是从当年的4月1日起至次年的3月31日止，美国、泰国等国家的预算年度是从当年的10月1日起至次年的9月30日止。

6. 法律性

法律性指编制的国家预算一旦经过一个国家的最高权力机关批准之后，就具有法律效力，必须严格贯彻执行。

二、国家预算的组成

国家预算的组成，即国家预算的分级管理问题。一般来说，有一级政府就有一级财政收支活动的主体，也就有一级预算，以使各级政府在履行其职能时，有相应的财权、财力作保证。目前，世界上大多数国家都实行多级预算。

我国国家预算的级次是按照一级政权设立一级预算的原则建立的。我国《宪法》规定，国家政权机构有全国人民代表大会、国务院、地方各级人民代表大会和地方各级人民政府组成。与此相适应，我国的国家预算由中央预算和地方预算组成，预算管理实行分级分税制，结合我国行政区域的划分，《中华人民共和国预算法》（2014年修正），也即新预算法规定，国家实行一级政府一级预算，设立中央，省、自治区、直辖市，设区的市、自治州，县、自治县、不设区的市、市辖区，乡、民族乡、镇五级预算。政府的全部收入和支出都应当纳入预算。我国国家预算的组成如表5-1所示。

表 5-1 国家预算组成表

- 国家预算
  - 中央预算
  - 地方预算
    - 省预算
      - 设区的市预算
        - 市辖区预算——乡（镇）预算
        - 市属县预算——乡（镇）预算
      - 自治州
        - 市预算——乡（镇）预算
        - 自治县预算——乡（民族乡、镇）预算
    - 自治区预算
      - 设区的预算
        - 市辖区预算——乡（镇）预算
        - 市属县预算——乡（镇）预算
    - 自治州预算
      - 市预算——乡（民族乡、镇）预算
      - 自治县预算——乡（民族乡、镇）预算
    - 直辖市预算
      - 市辖区预算——乡（镇）预算
      - 市属县预算——乡（镇）预算

中央预算是中央政府的预算，是经法定程序批准的中央政府的财政收支计划，它由中央各部门（含直属单位）的预算组成，包括地方向中央上缴的收入数额和中央对地方返还或者给予补助的数额。中央各部门预算由本部门所属各单位预算组成。单位预算是指列入部门预算的国家机关、社会团体和其他单位的收支预算。

地方预算是经法定程序批准的地方各级政府的财政收支计划的统称。它由各省、自治区、直辖市总预算组成。地方各级总预算由本级政府预算和汇总的下一级总预算组成。地方各级政府预算由本级各部门（含直属单位，下同）的预算组成。地方政府各部门预算，由地方政府各部门所属单位预算组成。

三、国家预算的分类

最初的国家预算是十分简单的，政府把财政收支数字按一定程序填入特定的表格，就形成了国家预算，因此，将国家预算称为政府收支一览表。随着社会经济生活和财政活动的发展，各国预算也由最初简单的政府收支一览表，逐步发展为包括多种预算结构和形式的复杂系统。为了正确认识和深入研究国家预算，有必要对国家预算进行科学、合理地分类。

（一）单式预算和复式预算

按编制的形式分类，国家预算可以分为单式预算和复式预算。

1. 单式预算

单式预算是将国家的全部财政收支汇集编入一个总预算之内，形成一个收支项目安排对照表。因此，单式预算可以统一反映政府未来年度可以筹集和使用的社会产品数量，便于政府统筹安排财政资金。同时，它简单明了，能够清晰地反映国家财政的全貌，便于公众监督预算收支的实施状况。但是，单式预算没有区分各项财政收支的经济性质，不利于政府对复杂的财政活动进行深入的分析和管理。

2. 复式预算

国家预算自产生以来，世界各国在很长时间内都实行单式预算，直到20世纪30年代，北欧的丹麦和瑞典才率先将预算收支按经济性质分编为两个收支表格，从而产生了复式预算。

复式预算是将国家的全部财政收支按其经济性质汇集编入两个或两个以上的预算，从而形成两个或两个以上的收支对照表，即按经济性质把财政收支分别编入经常预算和资本预算。经常预算包括政府进行日常政务活动所需的财政支出，其收入来源包括各项税收、专项收入、教育附加和其他收入，其中主要为各项税收；资本预算主要包括对国有企业和公共基础设施的投资，其收入来源主要为经常预算的结余及债务收入等。复式预算与单式预算相比，由于它将财政收支分别按其性质编入不同的预算之中，各项收支之间建立起了明确的对应关系，可以清晰地反映预算平衡状况和预算赤字的原因，以便采取有效手段进行调节，但复式预算编制比较复杂，因而工作量较大。

中华人民共和国成立以来，我国的国家预算一直采用单式预算，从1994年起，我国预算法规定，各级政府预算均采取复式预算形式进行编制。

（二）基数预算和零基预算

按预算的编制方法分类，可以将国家预算分为基数预算和零基预算。

1. 基数预算

基数预算是指以上年财政收支执行数为基数，再根据新的财政年度国家经济发展情况，对基数加以调整，确定预算年度的财政收支计划指标而编制的国家预算。因此，基数预算与以前财政年度财政收支的执行情况及新的财政年度国家经济发展趋势密切相关。从其总的收支走势来看，是逐年上升的。

2. 零基预算

零基预算是指在确定新的预算年度财政收支计划指标时，不考虑以前年度的收支执行情况，而是以“零”为基础，结合经济发展情况及财力可能，从根本上重新评估各项收支的必要性及其所需金额的一种预算形式。零基预算不受现行财政收支执行情况的约束，使政府可以根据需要，确定优先安排的项目，有利于提高支出的经济效益，减轻国家为满足不断增加的财政支出而增税和扩大债务所带来的压力。

（三）中央预算和地方预算

按预算分级管理的要求划分，可以将预算分为中央预算和地方预算。

1. 中央预算

中央预算是中央政府预算，由中央各部门（含直属单位）的预算及地方向中央的上解收入、中央对地方的返还或补助组成。

2. 地方预算

地方预算是由地方各级政府预算组成，包括本级各部门（含直属单位）的预算、下级政府向上级政府上交的收入、上级对下级政府的返还或给予补助。

（四）总预算和分预算

按收支管理范围和编制程序划分，可以将预算分为总预算和分预算。

1. 总预算

总预算是指政府的财政汇总预算。按照国家行政区域划分和政权结构，可相应划分为各级次的总预算，如我国的中央总预算、省（自治区、直辖市）总预算、市总预算、县总预算等。各级总预算由本级政府预算和所属下级政府的总预算汇编而成，它一般由财政部门负责编制。

2. 分预算

分预算是指部门、单位或项目的收支预算。各部门预算由本部门所属单位预算组成，单位预算是指列入部门预算的国家机关、社会团体和其他单位的收支预算。分预算是总预算的基础，其预算收支项目比较详细和具体，它由各部门、各单位编制。

（五）平衡预算和差额预算

按预算收支的平衡状况划分，可以将预算分为平衡预算和差额预算。

（1）平衡预算。它是预算收入等于预算支出的预算形式。

（2）差额预算。它是预算收入大于或小于预算支出的预算形式。

预算收支之间的对比关系，不外乎有三种情况，即收支相等、收大于支、支大于收。人们习惯上将收支相等称为平衡，将收大于支称为结余，将支大于收称为赤字。这三种情况在编制国家预算计划时均有可能出现，但在预算执行及决算中，可能出现的只能是两种情况：要么是结余，要么是赤字。因此，在实际工作中，略有结余或略有赤字的预算也被视为平衡预算。这里所说的差额预算，是指收支差额较大，并且这种差额被作为编制国家预算的一种政策加以执行的预算形式。

差额预算按其收支对比的具体情况可以分为两种：①盈余预算，即收入大于支出的预算；②赤字预算，即支出大于收入的预算。

（六）普通预算和特别预算

按列支的财政收支项目的不同，国家预算可以分为普通预算和特别预算。

普通预算又称为经费预算，是政府编制的一般财政经常性收支项目（科目）的预算。

特别预算又称为投资预算，是指政府对某些具有特别意义的项目（特别事业、特殊用途的收支）另行安排的预算，如，国有企业投资预算、公共工程投资预算、社会保障预算及各类特种基金预算。

（七）正式预算、临时预算和追加预算

按预算的编制程序分类，可将国家预算分为正式预算、临时预算和追加预算。

正式预算是指政府依法就各预算年度的预算收支编成预算草案，并经立法机关审核通过宣告正式成立，取得法律地位的预算。

临时预算是指预算年度开始时，由于某种特殊原因使得政府编制的预算草案未能完成法律程序，因而不能依法成立。在这种情况下，为了保证正式预算成立前政府活动的正常进行，必须编制临时性的预算。这种临时性的预算不具备法律效力，只是作为政府在正式预算出台前进行必要的财政收支活动的依据。

追加预算或修正预算，是指在正式预算实行过程中，由于情况的变化需要增减正式预算收支时，必须再编制一种作为正式预算补充的预算。把出台后的追加预算或修正预算与正式预算汇总执行，称之为追加（修正）后的预算。

（八）收入预算和支出预算

预算由预算收入和预算支出组成。其包括一般公共预算、政府性基金预算、国有资本经营预算、社会保险基金预算。

一般公共预算收入包括各项税收收入、行政事业性收费收入、国有资源（资产）有偿使用收入、转移性收入和其他收入。

一般公共预算支出按照其功能分类，包括一般公共服务支出，外交、公共安全、国防支出，农业、环境保护支出，教育、科技、文化、卫生、体育支出，社会保障及就业支出和其他支出。

一般公共预算支出按照其经济性质分类，包括工资福利支出、商品和服务支出、资本性支出和其他支出。

一般公共预算是对以税收为主体的财政收入，安排用于保障和改善民生、推动经济社会发展、维护国家安全、维持国家机构正常运转等方面的收支预算。

中央一般公共预算包括中央各部门（含直属单位，下同）的预算和中央对地方的税收返还、转移支付预算。中央一般公共预算收入包括中央本级收入和地方向中央的上解收入。中央一般公共预算支出包括中央本级支出、中央对地方的税收返还和转移支付。

地方各级一般公共预算包括本级各部门的预算和税收返还、转移支付预算。地方各级一般公共预算收入包括地方本级收入、上级政府对本级政府的税收返还和转移支付、下级政府的上解收入。地方各级一般公共预算支出包括地方本级支出、对上级政府的上解支出、对下级政府的税收返还和转移支付。

政府性基金预算是对依照法律、行政法规的规定在一定期限内向特定对象征收、收取或者以其他方式筹集的资金，专项用于特定公共事业发展的收支预算。应当根据基金项目收入情况和实际支出需要，按基金项目编制，做到以收定支。

国有资本经营预算是对国有资本收益做出支出安排的收支预算。应当按照收支平衡的原则编制，不列赤字，并安排资金调入一般公共预算。

社会保险基金预算是对社会保险缴款、一般公共预算安排和其他方式筹集的资金，专项用于社会保险的收支预算。应当按照统筹层次和社会保险项目分别编制，做到收支平衡。

四、国家预算的编制、审批、执行和监督

（一）国家预算的编制

国家预算的编制是整个预算工作程序的开始。在这一阶段的主要任务有两个，即预算草案的编制和概算的核定。

预算的编制一般是由政府机关负责的，因而预算的编制与政府行政机构体制有着十分密切的关系。根据世界各国主持具体编制工作机构的不同，可以将预算草案的编制分为两种类型：一是由财政部主持预算编制工作，而后将预算草案交给有法定预算提案权或国会审议权的个人或机构核定。属于这种类型的国家主要有英国、德国、意大利、日本和中国等；二是由政府特设的专门预算机关主持预算编制工作，而财政只负责编制收入预算。属于这种类型的国家有美国和法国等。

在没有经过国家最高权力机关审批之前的预算草案，通常称为概算，概算首先要交给具有法定预算提案权或国会审议权的个人或机构核定。概算的核定与国家政体的联系十分紧密，一般可以分为三种类型：一是由总统核定预算草案，如美国；二是由内阁或国务院核定预算草案，如英国、法国、中国；三是由委员会核定预算草案，如瑞士。

我国国家预算草案的具体编制程序如下：

首先，由有关公共部门和地方政府提供预算建议数，以确保各级编制的预算计划的协调性。其中包括：中央政府各个部门，即主管预算单位（或部门）和地方省级总预算两个方面的预算计划建议数。时间一般是在每年的11月份进行。提供预算收支建议数指标的依据主要来自三个方面：一是当年预算计划执行情况的估算；二是预算年度的社会和经济发展目标、财政税收政策以及基础性核算指标；三是按预算计划年度的经济状况和变动进行的收支数字调整。

其次，财政部对上报的预算建议数进行概算，概算平衡后经国务院批准再下达预算编制的控制指标。概算是在建议数汇总的基础上，对国家预算进行的综合，它形成初步的预算计划框架。在概算过程中，需要协调不同部门之间，中央、地方之间的职责和各种预算关系，进行收支指标的调整和平衡。

概算结果作为国家预算计划编制的控制指标，由财政部下达给中央各个主管预算单位和各个省财政部门，作为编制预算计划的依据。中央各个主管部门将对其二级预算单位和基层预算单位逐级下达预算控制指标。各个省政府总预算在接到控制指标后，一方面向省直属主管预算单位下达预算控制指标；另一方面向所属下一级政府总预算下达控制指标，直至各级基层预算单位。

最后，各级政府自下而上地编制国家预算计划（草案）。在所下达的预算控制指标的基础上，各级预算单位按照控制指标编制单位预算，然后逐级上报和汇总，由各级财政部门汇集成各级政府预算计划草案，最后汇总到财政部，财政部将汇编的中央预算和地方预算计划草案报送国务院审核。

（二）国家预算的审批

国家预算的审批是国家预算程序的第二个阶段。国家预算草案形成后，必须经过法律程序审核批准后，才能成为正式的国家预算。国家预算的审批权限属于各级权力机构。在西方国家，预算的审批权力属于议会，大部分国家的议会实行两院制，在实行一院制的国家中，国家预算直接由其审批，如瑞典、荷兰、西班牙等就是这种类型。在实行两院制的国家中，大部分国家议会的两院都有审批国家预算的权力。一般来说，两院中的下院在预算审批上拥有比上院更大的权力，往往拥有预算先议权和最后审批权，美国、法国、德国、日本等就属于这种类型。我国国家预算的审批权力机构是各级人民代表大会。经过审批后的国家预算才具有法律效力。

（三）国家预算的执行

国家预算的执行是国家预算程序的第三个阶段，是整个预算工作程序中最重要的环节。经审批后的国家预算，由财政部门按照级次逐级下达，由各级政府机构和预算执行的义务机构遵照执行。各级预算由本级政府组织执行，具体工作则由本级财政部门负责。中国人民银行的职责是代理国家金库业务，国家金库简称国库，是政府财政资金的出纳和保管机构，国家预算执行中，一切收入都必须集中缴入国库，一切支出都由国库划拨。

预算调整是预算执行中的一项重要程序。预算调整是指经批准的各级预算，在执行中因特殊情况需要增加支出或者减少收入，使原批准的收支平衡预算的总支出超过总收入，或者使原批准预算中举借债务的数额变更等。预算调整，应当编制预算调整方案，并提交各级人民代表大会常务委员会审查和批准，未经批准不得调整预算。

在预算调整过程中，经常采用的方式主要有两种：

（1）全面调整。政府预算在执行过程中，如遇特大自然灾害、战争等特殊情况，或遇国民经济发展过于高涨或过于低落以及对原有国民经济和社会发展计划进行较大调整时，就有必要对政府预算进行全面调整。但这种情况并非是经常发生的，只有在出现上述情况时才会进行全面调整。

（2）局部调整，具体包括：①动用预备费。各级政府的预备费是为了解决某些临时性急需和事先难以预料到的开支而设置的后备资金。在预算执行过程中，如果发生较大的自然灾害和经济上的重大变革以及政府预算没有列入而当前又必须解决的临时性开支等情况，可以动用预备费。一般情况下，各级财政可以按照本级预算支出额的1%~3%设置预备费，其中，民族地区的预备费可按5%设置，用于当年预算执行中的自然灾害开支及其他临时急需的资金开支，预备费的动用应控制在下半年。②预算的追加追减。它是指在原核定预算的基础上增加收入或增加支出数额的过程。减少收入或减少支出数额的过程称为追减预算。由于追加预算和追减预算会引起预算收支总额的调整和平衡，因此，在正常情况下，追加支出，必须有相应的资金来源。追减收入，必须相应地追减支出。③经费流用，也称“科目流用”。它是指在不变动预算支出总额的条件下，局部地改变资金的用途，通过预算支出科目之间经费的相互调剂来进行。在预算执行过程中，各预算支出科目之间往往发生有的资金多余，有的资金不足的情况。为充分发挥资金的使用效果，在不超过原定预算支出总额的前提下，可按规定在一些预算收支科目之间进行必要的调整，但必须遵守国家规定的流用范围，并经过一定的批准程序。④预算划转。它是指由于行政区划或企业、事业单位隶属关系的改变，必须相应改变其预算的隶属关系，及时地将其全部预算划归新的主管部门或接管单位。

（四）国家预算的监督

全国人民代表大会及其常务委员会对中央和地方预算、决算进行监督。县级以上地方各级人民代表大会及其常务委员会对本级和下级预算、决算进行监督。乡、民族乡、镇人民代表大会对本级预算、决算进行监督。

国务院和县级以上地方各级政府应当在每年六月至九月期间向本级人民代表大会常务委员会报告预算执行情况。各级政府监督下级政府的预算执行；下级政府应当定期向上一级政府报告预算执行情况。各级政府财政部门负责监督检查本级各部门及其所属各单位预算的编制、执行，并向本级政府和上一级政府财政部门报告预算执行情况。县级以上政府审计部门依法对预算执行、决算实行审计监督。对预算执行和其他财政收支的审计工作报告应当向社会公开。

各级政府财政部门应当按年度编制以权责发生制为基础的政府综合财务报告，报告政府整体财务状况、运行情况和财政中长期可持续性，报本级人民代表大会常务委员会备案。

五、国家决算

国家决算是整个预算工作程序的终结。国家决算是国家预算执行的总结，它反映了年度国家预算收支的最终结果。国家决算草案由各级政府、各部门、各单位在每一预算年度终了后按照国务院规定的时间编制，具体事项由国务院财政部门部署。决算草案的上报和审批与预算草案的上报和审批程序相同。各级地方决算草案逐级审批上报后，由财政部汇编形成国家决算。

第二节 国家预算管理体制

一、国家预算管理体制的含义

国家预算管理体制是在中央与地方政府以及地方各级政府之间规定预算收支范围和预算管理职权的一项根本制度，它是国家财政管理体制的重要组成部分。由于财政管理体制有广义和狭义之分。广义的财政管理体制是规定各级政府之间以及国家同企业、事业单位之间在财政资金分配和管理职权方面的制度。它包括国家预算管理体制、税收管理体制、国有企业财务管理体制、文教行政事业财务管理体制等，其中，国家预算管理体制是财政管理体制的核心。狭义的财政管理体制即国家预算管理体制。

国家预算管理体制的实质，是正确处理中央与地方、地方各级政府之间在国家预算管理和资金分配上的集权与分权、集中与分散的关系问题。

二、国家预算管理体制的内容

国家预算管理体制的内容主要包括：

（一）预算管理主体和级次的规定

国家预算管理级次的规定与一国的政权结构和行政区划存在着密切的联系。为实现财权与事权的统一，国家预算级次的设立要与政权体系的层次基本相对应，一般是一级政权构成一级预算管理主体。由于各国的政权结构和行政区划的特点不同，预算管理主体和级次的划分也不尽相同。我国的政权机构分为五级，因而预算管理主体也相应地划分为五级。

（二）国家预算管理权限的划分

国家预算管理权限的划分是指国家预算方针政策、预算管理法律法规的制定权、解释权和修订权、预算执行、调整和监督权等权限的划分。

（三）预算收支范围的划分

预算收支范围的划分实际上是确定中央与地方、地方各级政府以及国家与企事业单位之间各自的事权和财权，收支范围划分是否合理关系到国家预算管理体制的运行是否有效率，各层次的公共需要能否有效满足的问题，因而是预算管理体制的核心内容。

（四）预算调节制度和方法

在预算执行中，当社会经济情况发生变化，特别是不可预料的情况发生时，往往需要对已批准的预算或是对已经确定的各级政府的收支范围进行必要的调整。为避免这些调整的随意性或主观性，需要规定相应的制度或调整、批准程序。一般由财政部门提出并编制预算调整方案，经同级人大常委会审查批准后方可执行，并报上一级政府备案。

三、国家预算体制的改革路径

中华人民共和国成立以来，我国一直实行统收统支、高度集中的国家预算体制。改革开放后，国家预算体制作为分配领域的关键环节，率先成为改革的突破口，到目前为止，共历经了以下几次大的改革。

（一）1980—1984 年："划分收支，分级包干"体制

这一体制也称为"分灶吃饭"体制，主要内容是：

（1）按照经济体制规定的隶属关系，明确划分中央和地方的收支范围。在收入方面，分为固定收入、固定比例分成收入和调剂收入。属于中央的固定收入包括中央所属企事业单位的收入、关税收入和中央的其他收入。属于地方的固定收入包括地方所属企事业单位的收入、盐税、农业税、工商所得税、地方税和地方的其他收入。工商税作为中央和地方的调剂收入。在支出方面，属于中央的支出包括：中央级的基本建设投资拨款，中央企业的流动资金，挖潜改造资金和新产品试制费，地质勘探，国防战备费，对外援助支出，国家物资储备支出，中央级的文教科学卫生事业费，农林、水利、气象等事业费，行政管理费，国外借款和国库券的还本付息支出以及中央级的其他支出。属于地方的支出包括：地方的基本建设投资拨款，地方企业的流动资金，挖潜改造资金和新产品试制费，支援农村人民公社支出，农林、水利、气象等部门的事业费，工业、交通、商业部门的事业费，城市维护费，文教科学卫生事业费，抚恤和社会救济费，行政管理费以及地方的其他支出。少数专项支出，如特大自然灾害救济费、特大抗旱防汛补助费、支援经济不发达地区的发展资金等，由中央专案拨款，不列入地方包干范围。

（2）地方预算收支的包干基数，按照上述划分收支的范围，以 1979 年预算收支执行数为基础，经过适当调整后计算确定。基数确定以后，地方的预算支出，首先用地方的固定收入和固定比例分成收入抵补，如有多余就上交中央，如有不足则用调剂收入弥补。如果固定收入、固定比例分成收入、调剂收入全部留给地方，仍不足弥补地方支出的，则由中央按差额给予定额补助。

（3）地方的上缴比例、调剂收入分成比例和定额补助数核定以后，原则上五年不变。地方在划定的收支范围内，多收多支，少收少支，自求收支平衡。

（4）地方预算支出的安排，均由地方根据国民经济计划的要求和自己的财力情况统筹安排，中央各部门不再下达支出指标。

（二）1985—1987 年："划分税种，核定收支，分级包干"体制

该体制是在总结"划分收支，分级包干"体制经验的基础上，适应经济发展和经济体制改革的需要以及第二步"利改税"的新变化而制定的。其主要内容是：

（1）收入划分，原则上按税种划分各级预算收入。收入分为三大类：中央预算固定收入，地方预算固定收入，中央和地方预算共享收入。在固定收入中，石油部、电力部、石化总公司、有色金属总公司所属企业的产品税、营业税、增值税，以其 70%作为中央预算固定收入，30%作为地方预算的固定收入。

（2）支出划分，仍按企事业单位隶属关系划分中央与地方的预算支出，包括的范

围和“划分收支，分级包干”体制的范围基本相同，只做个别调整。

（3）各省、自治区、直辖市在按照规定划分收支范围以后，凡地方固定收入大于地方支出的，定额上解中央；地方固定收入小于地方支出的，从中央地方共享收入中确定一个分成比例，留给地方；地方固定收入和中央地方共享收入全部留给地方，还不足以抵补其支出的，由中央定额补助。收入的分成比例或上解、补助的数额确定以后，一定“五年不变”。地方多收入可以多支出，少收入就要少支出，自求收支平衡。

（4）考虑到经济体制改革中变化因素较多，为了更好地处理中央与地方之间的财政分配关系，在1985年和1986年，暂时实行“总额分成”的过渡办法，即除了中央的固定收入不参加分成之外，把地方的固定收入和中央地方共享收入加在一起，同地方预算支出挂钩，确定一个分成比例，实行总额分成。

（5）广东、福建两省继续实行大包干办法，民族自治区和视同民族自治区待遇的省，仍实行原体制。

（三）1988—1993年：实行包干财政体制

为调动地方组织收入特别是收入上解地区的积极性，解决部分地区收入下滑的问题，更好地处理中央与地方之间的关系，1988年对地方实行财政包干的办法进行了改进，规定全国39个省、自治区、直辖市和计划单列市，除广州、西安两市财政关系仍分别与广东、陕西两省联系外，对其余37个地区分别实行不同形式的包干办法，包括收入递增包干、总额分成、总额分成加增长分成、上解递增包干、定额上解、定额补助等。

（四）1994年至今：实行分税制预算管理体制

1980—1993年，政府间预算管理体制实际上实行的就是包干体制。虽然改变了财权高度集中的状况，逐步扩大了地方财政的自主权，但由于体制形式不统一，如“分灶吃饭”体制下有“固定收入比例分成”“调剂收入比例分成”“民族地区财政体制”“大包干体制”“定额补助体制”等体制形式；包干体制下对不同的地区分别实行“收入递增包干”“总额分成”“总额分成加增长分成”“上解递增包干”“定额上解”和“定额补助”的体制形式。体制形式的多样化，本身就意味着政府间财政分配关系的不规范，从而难免会出现财力分配不合理的现象。此外，由于包干体制大多是包死上交中央数或低弹性增长，因此，中央财政在新增长率收入中的份额逐步下降，导致中央财力拮据，宏观调控能力弱化。因此，国务院于1993年12月15日决定，从1994年1月1日起，改革当时的地方财政包干体制，对各省、自治区、直辖市和计划单列市实行分税制预算管理体制。

四、分税制预算管理体制

（一）分税制预算管理体制的含义

分税制预算管理体制是分级分税预算管理体制的简称，它是指在合理划分中央与地方事权的基础上，通过划分税种的方式来确立中央和地方财权的一种财政管理体制。分税制是西方国家实行分级财政体制中所普遍采用的预算管理体制。分税制包括“分事、分税、分管”三层含义。分事，就是确定中央和地方各级政府的预算支出范围。分税，就是确定中央与地方之间的收入范围。其具体做法是将税种分为中央税、地方税、共享税三类，以此确定各自的收入范围。分管，就是实行分级财政管理，建立中央与地方各自的征收管理体系和金库体系。

（二）分税制预算管理体制改革的主要内容

1. 中央与地方事权的划分

根据现行中央政府与地方政府事权的划分，中央财政只要承担国家安全、外交和中央国家机关运转所需经费，调整国民经济结构、协调地区发展、实施宏观调控所必需的支出以及由中央直接管理的事业发展支出。中央主要承担国防、武警、重点建设、中央单位事业经费和中央单位职工工资五大类支出，包括国防费、武警经费、外交及援外支出、中央直属企业的技术改造和新产品研制费、地质勘探费、由中央财政安排的支农支出、由中央负担的国内外债务的还本付息支出，以及中央本级负担的公检法支出和文化、教育、卫生、科学等各项事业费支出等。地方财政主要承担本地区政权机关运转所需支出以及本地区经济、事业发展所需支出，包括地方行政管理费、公检法支出、部分武警经费、民兵事业费、地方统筹的基本建设投资、地方企业的技术改造和新产品研制经费、支农支出、城市维护和建设经费、地方文化、教育、卫生等各项事业费、价格补贴支出等。

2. 中央与地方收入的划分

根据事权与财权相结合的原则，按税种划分中央与地方的收入。

（1）中央固定收入。1994 年原方案包括：关税及海关代征消费税和增值税、消费税、中央企业所得税 、地方银行和外资银行及非银行金融企业所得税、铁道部门、各银行总行、各保险总公司等集中缴纳的收入（包括所得税、利润和城市维护建设税）、中央企业上缴利润等。从 2016 年 1 月 1 日起，将证券交易印花税全部调整为中央收入。

（2）地方固定收入。1994 年原方案包括：地方企业所得税（不含上述地方银行和外资银行及非银行金融企业所得税）、个人所得税、城镇土地使用税、城市维护建设税（不含各银行总行、铁道部门、各保险总公司集中缴纳的部分）、房产税、车船使用税、印花税、耕地占用税、契税、土地增值税等。

（3）中央与地方共享收入。增值税，（不含进口环节由海关代征的部分）中央政府分享 50%，地方政府分享 50%；资源税，海洋石油企业所缴归中央其余归地方；企业所得税，中国铁路总公司（原铁道部）、各银行总行及海洋石油企业缴纳的部分归中央政府，其余部分归中央与地方政府按 60%和 40%的比例分享；个人所得税，除储蓄存款利息所得的个人所得税外，其余部分的分享比例与企业所得税相同；城市维护建设税，除铁道部、各银行总行、各保险总公司集中缴纳的部分归中央政府外，其余部分归地方政府。

3. 中央财政对地方税收返还数额的确定

为了保持现有地方既得利益格局，逐步达到改革的目标，中央财政对地方税收返还数额以 1993 年为基期年核定。按照 1993 年地方实际收入以及税制改革和中央与地方收入划分情况，核定 1993 年中央从地方净上划的收入数额（即消费税+75%的增值税-中央下划收入）。1993 年中央净上划收入全额返还地方，保证现有地方既得财力，并以此作为以后中央对地方税收返还基数。1994 年以后，税收返还额在 1993 年基数上逐年递增，递增率按全国增值税和消费税的平均增长率的 1∶0.3 系数确定，即全国增值税和消费税每增长1%，中央财政对地方的税收返还增长0.3%。1994年上划中央收入达不到1993年基数的，相应扣减税收返还基数。

4. 原体制中央补助、地方上解以及有关结算事项的处理

为顺利推进分税制改革，实行分税制以后，原体制的分配格局暂时不变，过渡一段时间以后，再逐步规范化。原体制中央对地方的补助继续按规定补助。原体制地方上解仍按不同体制类型执行：实行递增上解的地区，按原规定继续递增上解；实行定额上解的地区，按原确定的上解额，继续定额上解；实行总额分成的地区和原分税制试点地区，暂按递增上解办法，即按1993年实际上解数及核定递增率，每年递增上解。

原来中央拨给地方的各项专款，该下拨的继续下拨。地方1993年承担的20%部分出口退税以及其他年度结算的上解和补助项目相抵后，确定一个数额，作为一般上解或一般补助处理，以后年度按此定额结算。

（三）转移支付制度

我国自1994年1月1日实行分税制改革以来，中央和地方的事权与财权的分配便出现了事权重心的下移和财权重心的上移。纵观实行分税制体系的市场经济国家，中央政府和地方政府间收入与支出结构的安排一般是不对称的，在中央与地方政府的财政收入结构安排上，中央财政收入占全国财政收入的比重大都在55%~65%，地方政府的财政收入占全国财政收入的比重大都在35%~45%。而中央政府与地方政府在财政支出结构上的安排却正好相反，这与上级政府所处的宏观调控地位分不开，下级政府的支出缺口需上级政府的转移支付来弥补，地方政府财政支出的资金中约1/4~1/3来自中央财政的转移支付。可见，转移支付制度是分税制财政管理体制的一个重要组成部分。所谓转移支付制度，是指为中央政府与地方政府、地方政府或地方各级政府之间进行无偿的财政资金转移所制定的制度。

中央政府向地方政府进行转移支付的方式有许多种。按照是否指定该项支付转移资金的用途，分为无条件转移支付（或称一般性转移支付）和有条件转移支付。无条件转移支付是指中央对地方进行转移支付时，不规定该项资金的用途，地方政府可以自主决定如何使用这些资金；有条件转移支付是指中央向地方进行转移支付时，附加一定的限制条件，或者要求地方政府提供配套资金，或者指定了这笔资金的用途，或者两者同时指定，地方政府只有满足这些条件，才能够获得这笔转移支付资金。因此有条件的转移支付又分为有条件配套性转移支付和有条件非配套性转移支付。有条件配套性转移支付是指中央向地方进行转移支付时，不但指定资金用途，还要求地方必须提供相应比例或数额的配套资金；有条件非配套性的转移支付是指中央向地方进行转移支付时，只指定资金用途，不需要地方政府出资。另外根据中央向地方进行配套转移支付时，是否具有最高限额又分为有限额配套性转移支付和无限额配套性转移支付。有限额配套性转移支付指中央对配套性转移支付资金规定一个最高限额，该项目开支超出该限额，中央将不再拨付资金；无限额配套性转移支付是指中央对配套性转移支付资金没有规定一个最高限额，该项目实际开支多少，中央将按照实际比例或规定拨款。中央对地方转移支付类型不同，对地方财政的约束力不一样，所产生的效应也不相同。

为适应分税制改革的需要，1995 年财政部开始制定和实施过渡期转移支付办法，该办法是在借鉴国外经验的基础上，充分考虑中国国情制定的。过渡期转移支付制度包括一般性转移支付和民族优惠政策转移支付两部分。一般性转移支付是根据各地区标准支出、财力以及一般性转移支付系数计算确定；民族政策优惠转移支付是对民族地区在享受一般性转移支付后额外实施的照顾性转移支付。1996 年以后，每年财政部都要对这个过渡期转移支付制度做一些修改和补充，使其不断完善。2002 年过渡期转移支付办法改为一般性转移支付；此外，为了配合工资政策调整、农村税费制度改革、西部大开发战略以及生态保护，中央财政安排了对部分地方政府的转移支付，这些转移支付与一般性转移支付一起被称为中央财政对地方财政的财力转移支付，国际上通常称为均衡性转移支付；为配合中央宏观政策的实施，设立了专项转移支付，用于对地方基础设施建设、天然林保护工程、贫困地区义务教育工程等专项拨款。

新预算法规定，国家实行财政转移支付制度。财政转移支付应当规范、公平、公开，以推进地区间基本公共服务均等化为主要目标。

财政转移支付包括中央对地方的转移支付和地方上级政府对下级政府的转移支付，以为均衡地区间基本财力、由下级政府统筹安排使用的一般性转移支付为主体。按照法律、行政法规和国务院的规定可以设立专项转移支付，用于办理特定事项。建立健全专项转移支付定期评估和退出机制。市场竞争机制能够有效调节的事项不得设立专项转移支付。上级政府在安排专项转移支付时，不得要求下级政府承担配套资金。但是，按照国务院的规定应当由上下级政府共同承担的事项除外。

五、我国国家预算管理体制的改革

（一）国家预算管理体制渐进改革

1994 年 1 月 1 日我国实行分税制预算管理体制，进一步规范了中央和地方政府之间的分配关系。

1994 年 3 月，第八届全国人民代表大会常务委员会（简称“全国人大常委会”）第二次会议制定了预算法，形成了预算制度的基本框架。预算法的颁布实施，对规范政府预算管理、加强国家宏观调控，促进经济社会发展发挥了积极作用。随着分税制财政管理体制的逐步确立，财税体制改革的重点在 2000 年前后转向预算管理制度，预算管理机制的不断改革完善明显强化了预算在政府管理中的作用。

1996 年，国务院制定《关于加强预算外资金管理的决定》，开始逐步将各类预算外资金纳入预算进行管理。2002 年财政部等部门发布了《关于将部分行政事业型收费纳入预算管理的通知》，逐步将有关部门收取的行政事业性收费纳入预算管理。2004 年，财政部发布《关于加强政府非税收入管理的通知》，逐步将政府非税收入纳入预算管理，2006 年，国务院制定了《关于规范国有土地使用权出让收支管理的通知》，逐步将土地出让收入纳入地方预算管理。到 2011 年，我国实现了将预算外收入全部纳入预算管理的目标。在预算执行领域，2001 年启动了财政国库集中收付制度改革，通过国库单一账户进行集中的资金收缴和支付。

在支出管理上，1999 年启动了政府采购改革，将分散式的政府采购模式改为政府采购机构集中采购。

在绩效评价上，2005 年在试点基础上启动了中央部门绩效评价工作，由财政部统一领导，部门负责组织实施。

在预算管理科目上，2007 年起启动政府收支分类改革，建立了收入分类和支出分别按功能分类、经济分类的收支分类科目。随着各类预算外资金纳入预算管理，各级政府财政部门开始编制公共预算、政府性基金预算、国有资本经营预算、社会保险基金预算等“四本预算”。其中，政府性基金预算从 2010 年起正式报送全国人民代表大会；国有资本经营预算于 2007 年开始试点，从 2010 年起开始正式报送全国人民代表大会；社会保险基金预算从 2010 年起开始试编，2014 年起首次编入预算草案并报全国人民代表大会。

1999 年全国人大常委会制定了《关于加强中央预算审查监督的决定》，对加强中央预算的初步审查、预算调整等做了明确规定。2006 年全国人大常委会制定的监督法对各级人大常委会审查预算执行情况和决算的审查重点等做了具体规定。

（二）国家预算管理体制的进一步改革

2014 年十二届全国人大常委会第十次会议通过了《全国人民代表大会常务委员会关于修改〈中华人民共和国预算法〉的决定》，重新颁布修订后的预算法，自 2015 年 1 月 1 日起施行。《中华人民共和国预算法》的修改和实施，是国家预算管理体制改革的新标志。

新预算法的实施是财政制度建设具有里程碑意义的一件大事，标志着我国加快建立全面规范、公开透明的现代预算制度迈出了坚实的一步。新预算法反映了现代预算管理的基本要素，是现代财政制度的重要组成部分，在五个方面有重大突破：

（1）完善政府预算体系，健全透明预算制度。新预算法删除了有关预算外资金的有关内容，并明确规定：政府的全部收入和支出都应当纳入预算。预算包括一般公共预算、政府性基金预算、国有资本经营预算、社会保险基金预算。

（2）改进预算控制方式，建立跨年度预算平衡机制。

（3）规范地方政府债务管理，严控债务风险。新预算法增加了经国务院批准的省级政府可以举借债务的规定，同时从限制主体、限制用途、限制规模、限制方式、控制风险五个方面做了限制性规定。

（4）完善转移支付制度，推进基本公共服务均等化。新预算法增加规定：财政转移支付应当规范、公平、公开，以均衡地区间基本财力、由下级政府统筹安排使用的一般性转移支付为主体。

（5）坚持厉行节约，硬化预算支出约束。新预算法确定了统筹兼顾、勤俭节约、量力而行、讲求绩效和收支平衡的原则。其同时强调，各级预算支出的编制，应当贯彻勤俭节约的原则，严格控制各部门、各单位的机关运行经费和楼堂馆所等基本建设支出。

2018 年 9 月 1 日，中共中央国务院在《关于全面实施预算绩效管理的意见》中强调，将各级政府收支预算全面纳入绩效管理，严格落实各项减税降费政策，严禁脱离实际制定增长目标，严禁虚收空转、收取过头税费，严禁超出限额举借政府债务。同时将部门和单位预算收支全面纳入绩效管理，赋予部门和资金使用单位更多的管理自主权。各部门各单位要结合预算评审、项目审批等，对新出台重大政策、项目开展事前绩效评估，必要时可以组织第三方机构独立开展绩效评估，各级财政部门要将绩效目标设置作为预算安排的前置条件，加强绩效目标审核，将绩效目标与预算同步批复下达。

本章小结

1. 国家预算，又称财政预算，是指经过法定程序编制、审查、批准的，以收支一览表形式表现的国家年度财政收支计划。国家预算具有公开性、完整性、统一性、可靠性和年度性原则。按照一级政权设立一级预算的原则，我国的国家预算由中央预算和地方预算组成。

2. 国家预算的编制是整个预算工作程序的开始，国家预算的审批是国家预算程序的第二个阶段。我国国家预算的审批权力机构是各级人民代表大会，经过审批后的国家预算才具有法律效力。国家预算的执行是国家预算程序的第三个阶段，是整个预算工作程序中最重要的环节，各级预算由本级政府组织执行，具体工作则由本级财政部门负责。

3. 国家决算是整个预算工作程序的终结，它是国家预算执行情况的总结，反映了年度国家预算收支的最终结果。

4. 国家预算管理体制是在中央与地方政府以及地方各级政府之间规定预算收支范围和预算管理职权的一项根本制度，是财政管理体制的核心内容，狭义的财政管理体制即国家预算管理体制。我国现行的国家预算管理体制是分税制预算管理体制。

5. 转移支付制度，是指为中央政府与地方政府、地方政府或地方各级政府之间进行无偿的财政资金转移所制定的制度。转移支付制度是分税制预算管理体制的一个重要组成部分。目前我国的转移支付制度还存在着一些问题，需要进行进一步的改进和完善。

复习与思考

1. 识记：国家预算、国家预算管理体制、转移支付制度

2. 领会

（1）国家预算的原则。

（2）国家预算的构成。

（3）转移支付制度的意义。

（4）了解我国的“预算法”。

第六章 金融概论

第一节 货币与货币流通

一、货币

（一）货币的起源

现代经济实质上就是货币经济，人们的经济活动和日常生活都离不开货币，然而，货币却并非开天辟地就已存在。货币是商品经济发展的产物，是商品生产和商品交换发展的结果，可见，货币的根源在于商品。商品是为了交换而生产的产品，商品交换必须以等价交换为前提，那么，商品的价值又如何进行衡量呢？通常是用一种商品的价值来表现另一种商品的价值，这就是价值的表现形式，简称价值形式。货币就是价值形式的演变结果，具体来说，它经历了以下四个阶段：

1. 简单或偶然的价值形式

人类最初的商品交换是在原始部落之间进行的，那时还未出现社会分工，生产力低下，剩余产品很少，交换具有偶然性。然而，正是在这种偶然的交换中，商品的价值已有了外在的表现形式，即一种商品的价值简单地、偶然地以另一种商品反映出来，如 1 只绵羊 = 2 把石斧。在这个等式中，绵羊主动要求表现自己的价值，通过与石斧的交换，绵羊让自己的价值获得了相对的表现。这种在交换中一种商品的价值通过另一种商品的使用价值偶然地表现出来的形式，称为简单或偶然的价值形式。

2. 扩大或总和的价值形式

第一次社会大分工后，参加交换的商品逐渐增多。这时，交换已不再是偶然发生，而是逐步经常化。绵羊不仅与石斧交换，还与粮、布、烟、酒等进行交换，形成了扩大或总和的价值形式，即一种商品的价值能够经常地表现在一系列其他商品上的形式。在这一阶段，虽然仍是一种物物交换行为，但等价物则可以由一系列的商品来充当。当然，在扩大或总和的价值形式中，商品价值并未获得统一的表现形式。

3. 一般价值形式

当商品交换更为广泛和频繁时，必然会有某种商品交换的次数较多，也最容易被交换者接受，因而，人们即用它来作为商品交换的媒介。在这种交换中，所有商品的价值都由该种商品来表现，该商品即成了一般等价物。当然，这种一般等价物在不同地区，或同一地区的不同历史时期是不一样的。在这一阶段，直接的物物交换就让位于以一般等价物为媒介的间接交换，它是价值形式的飞跃，为货币的诞生奠定了基础。

4. 货币价值形式

在货币真正出现之前，一般等价物虽然已成了商品交换的媒介，但它却是不固定的。一般等价物在不同时期、不同地区是不相同的，例如，欧洲最早的一般等价物是绵羊，而中国最早的一般等价物是贝壳。同时，许多充当一般等价物的商品本身又存在着难以克服的缺点，如难以分割、不便携带、难以保存等，这些缺点都是和作为社会财富象征的一般等价物的要求不相符的。人们要选择一种价值含量高、便于分割、便于携带和便于保存的商品用来固定地充当一般等价物。在第二次社会大分工后，人们终于找到了这种最适宜充当一般等价物的商品——金银。当金银这种商品用来固定地充当一般等价物的形式时，货币也就产生了，这就是货币价值形式。

自从货币产生以后，整个商品世界即被分成了两极：一极是商品，它们都具有特殊的使用价值；另一极是货币，它是一切商品价值的代表。这样，商品的使用价值和价值的矛盾，就发展为商品与货币的外部对立。一切商品只有换成货币，商品生产者的私人劳动才能实现为社会劳动，使用价值与价值的矛盾才能获得解决。

（二）货币的本质

从货币的起源和发展历程可以看出，货币是起一般等价物作用的特殊商品。

货币是商品可从两个方面体现出来：一方面货币是从商品演化而来的，在历史上，许多商品充当过交换媒介，只是最后才固定在金银上而已；一方面货币仍然保持着商品的属性，具有价值和使用价值。正是由于货币具有商品的这些普遍共性，从而才具有与其他商品相交换的基础，因而才能在商品交换的发展过程中被分离出来成为货币。

货币是商品，但它却不是普通商品，而是一种特殊商品。这种特殊性集中体现在货币是一般等价物上。货币作为一般等价物，包含两层含义：一是货币充当一切商品价值的表现材料，是固定的、唯一的一般等价物；二是货币具有同其他一切商品直接进行交换的能力，成为一切使用价值的代表。一切商品只有与货币相交换，其价值才能表现出来，才能为社会所承认。因此，货币是从商品中分离出来的，固定地充当一般等价物的特殊商品。

（三）货币的形式

货币的形式又称为货币的类型，主要是指货币所呈现在人们面前的形态。随着商品经济的发展和人们认识的不断深化，货币形式也经历了种种变化，从牲畜、盐、茶叶、皮革、酒、铜、铁、贝壳、银、金、纸币、辅币和存款账户上的数字符号。因此，我们可将货币划分为四种不同的类型，即实物货币、代用货币、信用货币和电子货币。

1. 实物货币

实物货币是以自然界存在的某种物品或人们生产的某种物品来充当货币。在人类经济史上，许多商品都充当过货币，如谷物、农具、贝壳、布帛、牛羊等，但由于许多实物货币都有缺点，例如，许多实物笨重不易携带，不能或不容易分割为较小的单位，易腐烂、不易储存等，因而，人们逐渐将实物货币固定在金银身上。以贵金属作为实物货币，最初是以条块形状流通的，称为称量货币，这给交易带来很多不便，因为每次交易都要称量货币的重量和鉴定成色。为了克服这些缺陷，国家将金属条块铸成一定形状并烙上印记，这就是铸币。历史上曾先后出现过青铜铸币、铁铸币和金银铸币。但铸币在流通中必定会磨损，而磨损了的不足值的铸币却可以和足值的铸币一样流通，因而政府就有意识地用贱金属铸币代替贵金属铸币或用不足值的铸币代替足值的铸币，进而发行本身没有价值的银行券来代替金属铸币充当流通手段。

2. 代用货币

代用货币通常是政府或银行发行的代替金属货币流通的纸币或银行券。代用货币是贵金属货币流通阶段，为了降低贵金属货币的流通成本而产生的一种货币代用品。代用货币自身基本上没有价值，它能够作为交易媒介流通是因为有充足的金银货币或等值的金银条块作保证。代用货币的持有人有权随时向发行人按规定的兑换比率兑换成金银铸币或在一定条件下兑换成金银条块。因此，代用货币本身的价值虽然大大低于其面值，但公众持有代用货币等于拥有对金属货币的要求权。代用货币具有发行成本低、易于携带和运输等优点，但由于需要等量的金银作保证，所以代用货币并不能从根本上节约金银。

3. 信用货币

信用货币是在政府或中央银行的信用基础上发行的，并在流通中发挥货币职能的信用凭证。信用货币同代用货币一样都是以纸作为币材，但信用货币又和代用货币不同，它不再代表任何贵金属，不能兑换贵金属。信用货币是货币进一步发展的产物，但同时还必须具备一定的条件。一般说来，信用货币作为一般的交换媒介必须具备两个条件：一是人们对此货币的信心；二是货币发行的立法保障，两条缺一不可。如在一国的恶性通货膨胀时期，人们往往拒绝接受纸币。但如果只有信心，没有立法作保障，这种货币也会由于缺乏有效的监督管理，造成流通中的混乱。

信用货币是目前世界各国广泛采用的货币形态，其具体形态有以下几种：

（1）辅币。多用贱金属制造，如铜、镍、铝等，一般由政府独占发行，由专门的铸币厂铸造，其主要功能是充当小额或零星交易中的媒介。

（2）纸币。多数是由一国中央银行发行，其主要功能是为人们日常生活用品充当交易媒介。

（3）银行存款。银行制度产生了多种多样的存款，但作为货币执行一般媒介手段的，主要是以银行活期存款形式存在。这些银行活期存款实质上是存款人提出要求即可支付的银行债券，是存款人对银行的债权，所以，这种货币又可称为债务货币，存款人可借助支票等方式，将本人的存款支付给他人作为商品交换的媒介。在整个交易中，用银行存款作为支付手段的比重几乎占绝大部分，目前在小额交易中也开始广泛使用这种货币，比如，顾客对零售商的支付以及工人的工资或薪水等。

4. 电子货币

随着科学技术的不断进步，电子计算机得到了广泛的应用。电子货币通常是指利用计算机系统和贮值卡进行储存和处理的货币。持有这种贮值卡就像持有现金一样，每次消费支出可以从卡片的存储金额里予以扣除。金融机构发行的金融卡，不仅可以在自动提款机上提取现金、完成转账，而且还能从银行账户内的存款金额中拨出部分金额转入随身携带的卡片上储存。当金融卡中的现金余额全部用完时，可以随时从上网的电脑、自动柜员机或用电话操作来对货币存储额进行补充。

（四）货币的职能

在商品交换中，货币作为一般等价物的作用是通过货币的职能表现出来的。货币的职能是货币作为一种商品的一般等价物所固有的功能。中西方学者对于货币职能有不同的描述，包括：五职能说（马克思：价值尺度、流通手段、支付手段、货币贮藏、世界货币）、三职能说（西方学者：交易媒介、计算单位、价值贮藏；黄达教授：价格形态、购买和支付手段、积累和保存价值）和二职能说（李健教授：交易媒介、价值贮藏）等。我们认为，二职能说具有较高的概括性。

1. 交易媒介职能

货币的交易媒介职能，是指当货币作为商品交换的媒介物时所发挥出的职能。

货币在商品交换中充当交易媒介，需要货币将商品的价格表现出来，此时货币是计价单位；商品有了价格，货币便可以充当交易媒介，实现商品交换；在商品交换中若出现了延迟付款即商品买卖与货款支付相分离，货币便不再是交易媒介，此时货币发挥的是支付手段的功能。随着商品经济的发展，货币作为支付手段的功能也扩展到了商品流通之外。货币的交易媒介职能实际上包含着货币三个相辅相成的功能，即计价单位、交易媒介和支付手段。

（1）计价单位。其指的是用货币去计量商品和劳务的价值，赋予商品、劳务以价格形态。马克思将其称为价值尺度。货币要发挥计价单位功能，为商品和劳务标价，其自身也需要一个可以比较不同货币数量的单位。以货币作为计价单位使得商品和劳务的价值表现简单明了，容易进行不同商品和劳务间的价值比较。

（2）交易媒介。在商品流通中，起媒介作用的货币，方便商品的交换。马克思称为流通手段。

（3）支付手段。货币作为价值单方面转移时，执行支付手段的职能。商品买卖与货款支付相分离，货币不再是交易媒介，是补足交换的一个独立环节，其特点是没有商品在同时、同地与之相向运动。支付手段可以扩展到商品流通之外，如借贷、债券发行与偿还、财政收支、工资发放、租金收取等。

2. 价值贮藏职能

货币的价值贮藏职能是指货币退出流通领域被人们当作社会财富的一般代表贮藏起来的职能。货币之所以具有财富贮藏职能是因为货币具有积累财富、保存财富的功能。

货币是充当一般等价物的特殊商品。当货币成为能够与其他一切商品相交换的媒介时，它便成了社会财富的一般代表，人们愿意将货币作为贮藏财富的一种形式。

贮藏金银是积累和储存价值的古典形态。虽然现代货币制度已经割断了货币与黄金的任何直接的法定联系，但私人和政府仍然将黄金作为贮藏的对象。随着信用货币逐渐代替金属货币，人们更多地以持有现金、银行存款的形式贮藏财富。虽然信用货币（各种形式）本身不是实在的财富，但是它表明了持有者具有从社会中取得相应数量的商品和服务的权利，持有者仅仅是推迟了他们对这种权利的利用。贮藏货币的最大优势在于它的高安全性，但其最大不足就是收益较低。人们是以货币形式贮藏财富，还是以其他形式贮藏财富，取决于人们对不同财富贮藏形式的风险和收益的态度。

（五）货币制度

自从产生了货币，货币便在人类经济生活中起着十分重要的作用，为了更好地发挥货币的作用，就需要对货币流通进行规范，于是便产生了货币制度。

1. 货币制度的概念

货币制度是指一国以法律确定的货币流通的组织形式与流通结构，简称“币制”。货币制度最早是伴随着国家统一铸造货币而产生的，根据货币制度存在的具体形式，可分为金属货币制度和不兑现的信用货币制度两大类。货币制度的确定使本国货币的制造与正常流通得到了相应的保证。

2. 货币制度的主要内容

从资本主义国家建立统一的货币制度以来已有几百年时间。尽管货币制度几经变迁，各国货币制度也各有不同，但其构成的基本内容是一致的。一般来说，货币制度主要包括以下四个方面的内容：

（1）规定本位币的货币材料。货币制度的核心内容是确定本位币的币材。本位币又称为主币，它是一国货币制度法定作为价格标准的基本货币，具有无限法偿的效力。无限法偿是指由国家法律赋予的无限偿付能力，任何人不得拒绝接受。当然，使用哪种材料制作本位币不是任意规定的，而是由客观经济条件所决定的。在资本主义初期，商品经济还不发达，商品交易规模也不大，用白银作为货币材料已能满足流通的需要；而当商品经济发展到一定阶段，商品交易规模也随之扩大，此时白银因其价值含量较低并且价值不够稳定而不能适应流通需要了，黄金开始成为本位币材料；到 20 世纪初，由于商品经济的进一步发展，商品交易的规模已远远超过了黄金存量规模，如果再坚持用黄金作为货币材料，必然会阻碍商品经济的发展，取而代之的必然是以纸作为本位币材料。

我们可以根据不同的本位货币材料来区分不同的货币制度。与各个历史阶段商品经济发展相适应，先后出现过银本位制、金银复本位制、金本位制和纸币本位制。

① 银本位制。银本位制是以白银作为本位币币材的货币制度。银币自由铸造，无限法偿，并且可以自由输出、输入，它是历史上最早出现的，也是实施时间最长的一种货币制度。由于白银贮藏量相对丰富，随着白银开采技术的提高，白银的产量逐渐增多，导致白银价值不断下降，因此，一些国家开始采用黄金作为货币材料。到 20 世纪初，除了中国、印度、墨西哥等少数经济落后的国家仍实行银本位制外，主要的资本主义国家都放弃了银本位制。

② 金银复本位制。金银复本位制是指金和银同为一国本位货币币材的制度。金和银这两种铸币可同时流通，都可以自由铸造和熔化，具有无限法偿能力，均可以自由输出、输入。金银复本位制前后经历过三种形态：

第一种形态：平行本位制。平行本位制就是金银两种本位币均按其所含金属的实际价值流通。国家对两种货币的交换比率不加规定，而是由市场上金和银的实际比价自由确定金币和银币的比价。这种货币制度的缺点是显而易见的，因为在金银复本位制下，商品具有金币和银币表示的双重价格。金银市场比价波动必然引起商品双重价格比例波动，给商品交易带来许多麻烦。

第二种形态：双本位制。双本位制就是国家用法律形式规定金银之间的比价，金银按法定比价流通的本位制。在这种制度下，如果市场金银比价大幅度波动，就会出现金币或银币的实际价值与名义价值相背离的现象。这时实际价值高于名义价值的铸币即良币就会被人熔化，退出流通领域，而实际价值低于名义价值的货币即劣币则会充斥市场，这就是"劣币驱逐良币"规律，又称为"格雷欣法则"。

第三种形态：跛行本位制。在由金银复本位制向金本位制过渡时期，还出现过一种跛行本位制。跛行本位制与双本位制的区别仅仅在于金币可以自由铸造而银币不能自由铸造，已发行的银币照样流通，但停止自由铸造。这样经过一段时间后，流通中的金币逐渐增多，而银币则逐渐减少，直至最后银币完全停止流通，成为金本位制。

③ 金本位制。金本位制是以黄金作为本位货币币材的制度，分别有三种形式：

第一种形式：金币本位制。金币本位制是典型的金本位制，在这种制度下，金币可以自由铸造，具有无限法偿能力，黄金可以自由输出输入。辅币和银行券可以自由兑换成金币。

第二种形式：金块本位制。金块本位制又称生金本位制，是没有金币流通的金本位制。它废除了金币可以自由铸造，自由流通的规定。在这种本位制下，银行券代替金币流通，规定银行券的含金量，用银行券可以兑换为金块，但这种兑换的起点很高。如英国在 1925 年实行金块本位制时规定，居民用银行券兑换黄金的最低起点是 1 700 英镑以上；法国 1928 年规定在 215 000 法郎以上方可兑换。

第三种形式：金汇兑本位制。金汇兑本位制又称虚金本位制。它是指国家规定金为本位币，但国家并不铸造和使用，只发行具有含金量的银行券，并且银行券在国内不能兑换黄金，只能兑换成外汇，然后用外汇到国外才能兑换黄金的制度。

④ 纸币本位制。纸币本位制是以不兑现的纸币为主币的货币制度。曾在世界上广泛实行的金本位制崩溃后，世界各国转而实行这种货币制度。这种制度的主要特征是：货币不再与黄金挂钩，既不规定含金量，也不能兑换黄金；货币发行不再需要黄金准备；货币的成本费用微不足道，并且受政府不同程度的控制。

(2) 规定货币单位。货币单位包括两个方面的内容：一是规定货币单位的名称。货币单位的名称最早与货币商品的自然单位和重量单位相一致，后来由于种种原因，有的保持原名，有的重新取名。一国货币单位名称往往就是该国货币的名称，如几个国家同用一个单位名称，则在前面加上国家名。我国则较为特殊，货币名称是"人民币"，货币单位是"元"；二是规定货币单位的"值"。在 1973 年之前是通过规定单位货币含金量来表示该货币的价值，如美国 1934 年 1 月法令规定，1 美元等于纯金 0. 888 671 克。1973 年美元与黄金脱钩，以后各国都相继取消了货币含金量规定。

(3) 规定通货的铸造、发行和流通。通货包括金属货币、银行券或纸币。货币制度要对这些通货的铸造、发行和流通做出具体的规定。

在金属货币流通条件下，本位币是足值货币，即本位币的名义价值与实际价值是一致的，有法定的重量和成色，具有无限法偿能力，即法律规定不论每次支付数额多少，商品出售者和债权人都不得拒绝接受；辅币是本位币以下的小额货币，供日常交易与找零用。辅币通常用铜、镍、铝等贱金属铸造，因而辅币是不足值的铸币，限制铸造，有限法偿。

在纸币流通条件下，本位货币都是不兑现的信用货币或是作为价值符号的纸币，通常情况下由一国的中央银行垄断发行，中央银行发行的银行券或纸币是以国家信用作担保的法定支付手段。

（4）确定准备金制度。这一制度就是国家规定把贵金属集中到中央银行或国库。在金本位制度条件下，黄金准备的主要作用表现为：充当国际支付的准备金，充当国内金属货币流通的准备金，充当支付存款和兑换银行券的准备金。在纸币流通条件下，后两项作用已失去存在的意义，只有第一项作用得以保留下来，但黄金准备对稳定货币流通、平衡国际收支的意义仍然十分重要。

二、货币流通

（一）货币流通的概念和形式

1. 货币流通的概念

在物物交换阶段，商品交换不改变自身的形态，只改变所有者所掌握的使用价值，其形式是 *W-W*；当货币出现并加入商品交换过程后，商品流通的形式变为 *W-G-W*。因此，货币流通是指以货币作为流通手段和支付手段在商品交换过程中所形成的连续不断的运动。要全面地理解货币流通的概念，还应把握商品流通与货币流通的关系。从货币的产生可见，货币流通是由商品流通引起并为商品流通服务，是商品流通借以实现的形式或商品流通的外在表现形式。但货币流通不是完全被动地反映商品流通，而是具有一定的独立性，其特点是：① 货币流通以货币形态出现，且不论媒介于多少次商品流通，其形态都始终不变；而商品流通反映的是不同使用价值间的商品交换，商品形态在流通中不断变化；② 货币流通与商品流通的流通方向不同，而且恰好相反；③货币流通与商品流通的流通次数不同，商品流通一般是一次性的，而货币流通是多次的；④货币流通与商品流通的流通范围不同，因为货币作为支付手段可以超越商品流通范围。

2. 货币流通的形式

目前，货币流通主要包括现金流通和非现金流通即现金和存款货币流通两种形式。

现金流通的特点是涉及面广，支付次数多，每次支付额较小。我国现金流通主要服务于与居民生活相关的货币收支。现金投放的渠道主要有：向个人发放的工资、奖金和救济金等，收购农副产品，企事业单位的日常办公经费，个人消费贷款等。现金回笼的渠道主要有：居民购买生活资料的商品回笼、居民享受各种服务的服务回笼、以现金形式缴纳税费和购买国债的财政回笼、储蓄存款的信用回笼等。

非现金流通主要服务于国家机关、企事业单位之间发生的货币收支。非现金流通可以节省大量的现金流通费用，减少现金流通风险，加速资金周转，也能为金融机构对国民经济的反映、监督和调节提供条件。非现金流通的形式主要有：商品交易结算、服务结算、财政收支和信贷收支等。

随着市场经济的深入发展和信用制度的不断完善，非现金流通在国民经济活动中将占据更重要的位置。

（二）货币流通规律

货币流通规律，是指流通中货币必要量（又称货币需要量）的规律。它表明流通中货币必要量的决定因素以及它们之间量的变化关系。

在货币流通领域存在着货币流通量和货币必要量两个概念。货币总是在不停地运动，因此，流通领域始终保持着一定数量的货币，这种流通领域实际存在的货币数量就是货币流通量；而货币必要量或货币需要量是指在一定时期内、一定规模的商品生产和流通情况下，国民经济发展所需要的货币数量，它是流通中货币数量的客观界限。货币流通量与货币必要量往往不一致，货币必要量是由货币流通规律决定的。

1. 金属货币流通规律

金属货币流通规律，是指在金属货币流通条件下，商品流通决定货币必要量的规律。马克思分析金属货币的流通规律是在劳动价值论的基础上进行的。如果货币价值不变，流通中的货币需要量就由流通中的商品价格总额来决定，但由于同一货币可在一定时间内流通多次，货币流通速度可以补充它的数量。因此，决定货币必要量的因素有：①商品数量；②商品价格总额；③货币流通速度。则货币流通规律的基本公式为：

$$\text{货币需要量}=\frac{\text{商品价格总额}}{\text{货币流通速度}}$$

从公式可见，流通中的货币必要量与商品价格总额成正比，与货币流通速度成反比，这就是金属货币流通规律的实质内容。

2. 纸币流通规律

纸币流通规律是指在纸币流通条件下，金属货币必要量决定纸币发行量的规律。由于纸币取代金属货币成为流通中的货币形式，使得商品流通对货币的需要量变得复杂了。因为纸币是价值符号，本身没有价值，不具有自动调节货币流通的功能。因此，流通中无论发行了多少纸币量，它都只能代表流通中的金属货币必要量。用公式表示为：流通中全部纸币所代表的价值量=流通中货币必要量。则纸币流通规律的基本公式为：

$$\text{单位纸币所代表的价值量}=\frac{\text{流通中货币必要量}}{\text{纸币发行总量}}$$

上述公式表明，纸币数量越多，单位纸币所代表的金属货币量就越少；纸币量越少，单位纸币所代表的金属货币量就越多。过多地发行纸币，就会引起单位纸币实际代表的货币金属量低于它名义上所代表的量，这就是所谓的“纸币贬值”。由此可见，纸币流通规律是在金属货币流通规律基础上产生的，并受金属货币流通规律的制约。

第二节　信用

在商品经济不断发展的过程中，货币及商品在各经济主体之间的分布是不均衡的，需要通过资金融通的方式调剂余缺，以便更充分地配置资源，信用关系便是最早形成的一种资金融通方式。

一、信用的产生

（一）信用的概念

信用（credit）一词是我们在学习西方文明的过程中引进的。在非经济学的应用中，信用表示恪守诺言，具有“信誉”和“信任”等含义。在经济学的应用中，通常表示为因使用现在的财产或货币，承诺将来偿付的一种行为。在金融学中，简单讲，信用就是一种借贷行为，它是以偿还和付息为条件的一种特殊的价值运动形式。

信用关系是由借贷双方构成的债权债务关系。在商品经济中，商品和货币在各个所有者之间的分布是不均衡的：商品所有者急于出售商品换回货币，商品需求者则可能因缺少货币而无法购买商品，与此同时可能还有一些人持有闲置货币。在这种情况下要使买卖成交，就要由需要购买商品者向持有闲置货币者借入货币，或者由商品所有者用延期付款的方式出售商品。这就产生了借者和贷者之间的债权债务关系，即信用关系。

信用是一种特殊的价值运动形式。一般的价值运动形式是所有权的对等转移，在时间上紧密结合。如买卖行为是商品与货币的对等转移，即钱出去，货回来；或货出去，钱回来。而借贷引起的价值运动却是价值单方面的转移：或者是先让渡商品，一段时间后收回商品或货币；或者是先贷出货币，一段时间后再收回货币。这种时间上的分离实质上是货币或商品的所有权和使用权的分离。贷者让渡的是货币或商品的使用权，保留所有权，即债权；借者得到的只是使用权，即债务，日后要按期归还。债权债务关系要用书面凭证或契约方式确认并受法律保护。

信用以偿还和付息为条件，偿还是信用活动的基本条件。因为贷者保留了所有权，让渡的只是使用权，这就要求借者在一定时期内要归还所借的本金；付息是信用活动的重要条件，是与让渡使用权相伴随的必要回报，体现着等价交换的原则。贷者之所以贷出，是因为有权取得利息；借者之所以可能借入，是因为承担了付息的义务。

（二）信用的构成要素

1. 债权债务关系

信用关系一经确立，必然存在授信者和受信者双方。授信者是信用的提供者，即债权人，拥有到期要求债务人归还本金和获得利息的权利；而受信者是信用的接受者，即债务人，应承担到期履约还款和付息的义务。债权债务关系构成信用的基本要素。

2. 信用工具

信用工具是债权债务关系的载体。早期信用多用口头约定确定债权债务关系，但往往会因为口说无凭而引起争执，因此后来发展为账簿信用，由双方当事人记账为凭据，该种方式简便易行，而且比口头约定可靠，但由于没有任何证件往来，一旦出现错记、漏记或债务人赖账，便无从查证。因此，现代信用以授受信用的双方通过书面文件来确定债权债务关系。这种用于证明债权债务关系并具有法律效力的书面文件，我们称之为信用工具。信用工具是证明信用关系存在的载体，在未到期前还可转让，适用性强，是信用的必备要素。

信用工具一般具有偿还性、流动性、风险性和收益性等特点。偿还性是指信用工具按不同偿还期偿还的要求；流动性是指信用工具在不受或少受损失的情况下随时或迅速变为现金的能力；风险性是指购买信用工具的本金和预期收益遭受损失的可能性；收益性是指信用工具能给持有者带来一定的收益。信用工具这几个特征之间存在着密切的关系，如风险性越低，则收益性越差；偿还期越短，则流动越好；流动性越差，则收益性越好。

3. 时间间隔

时间间隔也即借贷期限。无论何种信用形式都有一定的时间间隔，其期限长短主要取决于借贷双方的需要与可能。在现代信用中，借者要利用这段时间运用所借资本实现保值增值，以保证还本付息，并实现自身的经济目的。对贷者来说，期限越长，机会成本越大，风险也越大，因此所要求得到的回报（即利息）也越多。

4. 利率

利率是一定时期的利息与本金之比，是信用回报高低的表现，也是信用的必备要素之一。

（三）信用的产生

信用是人类社会发展到一定历史阶段的产物。

第一，商品经济的发展是信用产生的基础。最早的商品交换是纯粹的物物交换，当货币产生之后，又借助货币进行“一手交钱，一手交货”，这种钱货两清的交换并不是一种信用行为。随着商品交易的不断扩大，在商品交换过程中，商品或货币有着在时间和空间上分布不均衡的现象，即商品或货币时多时少、时余时缺、此多彼少、此余彼缺，于是商品买卖采取了延期支付的形式，卖者因赊销商品成为债权人，而买者因赊购商品成为债务人，这种债权债务关系的存在即是信用关系的产生。

第二，私有制是信用产生的前提。如果没有私有制，付出不必考虑收回，取得也无须顾虑将来能否归还，更不可能提出利息的问题，即是说，没有私有制，就不存在让渡使用权的问题，因此就不可能存在信用问题。在原始社会末期，随着原始公社开始解体，产生了私有制，出现了贫富差距。贫困者为了生存，必须向富有者借债，这就是最初的信用。

信用产生以后，经历了一个长期的发展变化过程。早期的信用是实物借贷，货币出现以后，逐渐发展为货币借贷。人类历史上最早的信用形式是高利贷，其产生于原始公社瓦解时期，在奴隶社会和封建社会得到了广泛的发展。

二、现代信用形式

现代信用形式是现代信用活动的具体表现形式。现代信用形式多种多样，从研究的角度和研究的目的的不同，可以对现代信用进行不同的分类。如按借贷时间的不同，可分为短期信用、中期信用和长期信用；按信用发展的不同阶段，可分为高利贷信用、资本主义信用和社会主义信用；按信用的不同参与者，可分为直接信用和间接信用。下面就以信用主体为标准来介绍现代经济活动中的信用形式。

（一）商业信用

1. 商业信用的概念

商业信用是指企业之间相互提供的、与商品交易直接联系的信用，其主要形式有赊购赊销，即预付货款和延期付款。

2. 商业信用的特点

（1）商业信用是以商品形态提供的信用，是买卖和借贷两种不同经济行为的统一。当一个企业把商品赊销给另一个企业时，商品的所有权发生了转移，即由卖者手中转移到买者手中。虽然从这个意义上说，此时商品买卖行为已经完成了，但由于商品的货款并没有立即支付，买者成了债务人，而卖者成了债权人，买卖双方即形成了一种债权债务关系。可见，商业信用本身就包含着两种不同的经济行为——买卖和借贷，在借贷的同时实现了商品的买卖。

（2）商业信用是一种直接信用，有利于加强企业之间的联系。商业信用的债权人和债务人都是企业，只要企业双方同意即可签订延期付款或预付货款的合同或协议。其方式灵活，手续简便，无须信用中介机构的介入，就可以自发地实现商品形态向货币形态的转化。

3. 商业信用的局限性

商业信用本身的特点，决定了它的存在和发展有一定的局限性，主要表现在：

（1）规模和数量上的限制。由于商业信用属于直接信用，其授信的规模要受提供信用的企业所拥有的资金数额的限制，企业能赊销的商品只能是商品资金的一部分。

（2）方向和使用范围上的限制。商业信用具有严格的方向性，企业只能向需要该种商品的企业提供信用，而不能向任何企业提供；此外，由于商业信用是直接信用，借贷双方只有在相互了解对方的信誉和偿债能力的基础上才可能建立商业信用关系，因而商业信用在使用范围上将受到限制。

（二）银行信用

（1）银行信用的概念。银行信用是指银行等金融机构通过吸收存款、发放贷款的方式提供的信用。

（2）银行信用的特点。银行信用具有以下两大特点：① 银行信用是一种间接信用。在银行信用中，银行一方面以债务人的身份从社会上广泛吸收暂时闲置的货币资金，另一方面又以债权人的身份向企业或个人提供货币资金，成为社会的信用中介。② 银行信用可以不受企业资金规模、使用方向及使用范围的限制。银行信用是以货币形态集中社会暂时闲置的货币资金，因为其资金来源广，不受个别企业资金规模的限制，也不受商品流向的限制，能向任何生产部门提供。

由于银行信用克服了商业信用的局限性，大大扩充了信用的范围、数量和期限，可以在更大程度上满足社会经济发展的需要，所以银行信用成了现代信用的主要形式。

（三）国家信用

国家信用又称为国家财政信用或财政信用，它是以国家或政府为债务人的一种信用形式。广义的国家信用还应包括国家以债权人身份发放的财政贷款或政府贷款，这里主要指狭义的国家信用，也即国债。

国家信用既属于信用体系范畴，也属于财政体系范畴，其基本形式是国家公债。按发行范围划分，国债分为国内国债和国外国债。国内国债（内债）是国家向国内的居民、企业、社会团体等发行债券筹集资金的信用形式；国外国债（外债）是国家以债务人身份向国外的居民、企业、社会团体、国际金融机构、外国政府等发行债券或取得借款的信用形式。

国家信用与商业信用及银行信用不同，它与生产和流通过程没有直接关系。用这种信用筹集的资金，由国家统一掌握和使用，在经济生活中发挥着不可忽视的特殊作用，如调节财政收支的不平衡、调节货币流通等。

利用国家信用必须注意防止以下两个问题：一是防止出现赤字货币化。所谓赤字货币化是指政府发行国债弥补赤字，如果向中央银行推销国债，而中央银行又无足够的资金承购，中央银行就有可能通过发行货币来认购国债，从而导致货币投放过度，从而引发通货膨胀；二是防止国债发行规模不当，造成财政更加困难，陷入发新债还旧债的不利局面。

（四）消费信用

消费信用是工商部门或金融机构对消费者个人所提供的信用，主要是为消费者购买房屋、汽车等耐用消费品服务。在前资本主义社会，商人向消费者个人采用赊销方式出售商品时，已产生了消费信用。但一直到20世纪40年代后半期，消费信用才开始得到发展，20世纪60年代是消费信用快速发展的时期，其原因有两个：一是凯恩斯需求理论得到认同，各国大力鼓励消费信用，以消费带动生产；二是战后经济增长快而稳定，人们收入有较大幅度的提高，对消费信用的需求有了大幅度的提高。厂商和金融机构也因人们收入水平的提高而减少了对消费信用风险的顾虑，敢于积极提供消费信用，从而使消费信用得到了快速发展。

消费信用主要有赊销、分期付款、消费贷款三种方式。前两种做法类似于商业信用，后一种做法类似于银行信用。与上述信用不同的是，在消费信用中，受信者是消费者个人。

（五）租赁信用

租赁信用一般由专业租赁公司或各类信托公司办理。租赁信用是出租者将物品使用权出租给承租人，在租赁期间收取租金的信用形式，主要有经营性租赁和融资性租赁两种形式。

经营性租赁以设备的使用为目的，指出租人将自己经营的设备和用品出租的租赁形式，租赁期满后，出租人收回租赁物；融资性租赁是以融通资金为主要目的，指出租人应承租人的要求购买租赁物，然后出租给承租人使用的租赁形式。这种业务的主要做法是：先由客户自行向制造厂或供货商选好所需设备，并谈妥规格、价格和交货条件等，然后由租赁公司用自己的资金买下设备，并同时与客户签订租赁合约，使其取得设备使用权，客户则按期缴纳租金。这种融资性租赁的合约期限应基本上与设备的预计使用寿命相同，因为它是以承租人对设备的长期使用为前提的。在合约有效期内，任何一方均不得单方面撕毁合约。只有当设备毁坏或被证明已丧失使用效能的情况下才能终止合约的执行。租赁合约到期后，客户可以按优惠利率继续租用，也可以按市价购买该设备，或者将设备退还给租赁公司。在承租期间，租赁公司由客户收取的租金包括购买设备的成本、贷款资金利息和公司应获得的利润三部分。

（六）民间信用

民间信用是指居民个人之间以货币或实物形式所提供的信用，主要是适应居民之间为解决生活和生产等方面的费用需要而产生的一种信用形式。

在我国农村，民间信用由来已久，中华人民共和国成立前，它普遍带有高利贷性质。中华人民共和国成立后，我国的民间信用规模和范围都很小，主要是用于解决生活方面的困难。改革开放以来，随着经济的发展尤其是个体经济和私营经济的发展，民间信用得到了长足的发展。民间信用是银行信用和国家信用的重要补充，但国家必须给予正确引导，并加强管理。

第三节　利息及利息率

一、利息

利息（interest）究竟来自何处、本质是什么？这是一个争论已久的问题，如利息报酬说、流动性偏好说、节欲论等。

那么，到底什么是利息呢？我们认为，利息是资金所有者出借资金所取得的报酬。或者说，利息是借款人因使用资金而支付给贷款人的代价。实际上，利息就是借贷资金的“价格”，它是资金借款人适当地运用该笔资金而形成的利润中的一部分。

二、利息率

（一）利息率的概念及一般表示方法

利息率即利率（interest rate），它是指一定时期内所形成的利息额与本金额的比率。利率通常分为年利率（用百分数表示）、月利率（用千分数表示）和日利率（用万分数表示）。年利率是以年为单位计算利息；月利率是以月为单位计算利息；日利率，又叫“拆息”或“日拆”，是以日为单位计算利息。月利率=年利率/12，日利率=年利率/360，日利率=月利率/30。利率单位包括“分”“厘”“毫”。在我国，不论年息、月息和拆息都习惯采用“厘”做单位，但它们之间的实际差别却很大。

（二）利率的种类

按照不同的标准，利率可以划分为各种不同的类别。

1. 基准利率和非基准利率

按利率在利率体系中的地位和作用，可以将利率分为基准利率和非基准利率。

基准利率，是指在整个利率体系中处于关键地位、起决定作用的利率。它是带动和影响其他利率的利率，即基准利率发生变动，其他利率相应也会发生变动，基准利率的变动预示着利率体系的变动趋势，甚至在某种程度上影响着人们的预期，具有所谓的告示效应。

西方国家传统上把中央银行的再贴现率作为基准利率，现已有所变化，各国不尽相同。如，美国主要是联邦储备系统确定“联邦基金利率”，该系统也同时发布贴现率；欧洲中央银行则发布三个指导利率，即有价证券回购利率、中央银行对商业银行的隔夜贷款利率以及商业银行在中央银行的隔夜存款利率；我国则把中国人民银行对商业银行等金融机构的存、贷利率当做基准利率，随着货币政策工具的转换，中央银行的再贴现率将逐步成为我国利率体系中的基准利率。

非基准利率，是指基准利率以外的所有其他利率，它在利率体系中处于次要地位，起非决定性作用。不过，在所有的非基准利率中，它们各自的地位和作用也是有一定区别的。

2. 名义利率和实际利率

按是否考虑通货膨胀的影响，利率可分为名义利率和实际利率。

名义利率是指以现实货币为标准计算的利率，即金融市场上的利率，它包含了物价变动率等通货膨胀因素；实际利率是指名义利率扣除了物价变动率等因素后的真实利率，即相当于物价水平不变、货币购买力不变条件下的名义利率。两者之间的关系是：

名义利率=实际利率+通货膨胀率

3. 市场利率和官定利率

按利率管理体制，可以将利率分为市场利率和官定利率。

市场利率是由市场资金的供求关系所决定的，是通过市场自由竞争所形成的利率。官定利率是由政府金融管理部门或中央银行确定的利率，也称为法定利率，它是国家实现宏观调控目标的一种政策手段。市场利率和官定利率会相互影响、相互制约。官定利率在一定程度上对市场利率起导向作用，但官定利率的制定也要参照当时的市场利率。一般来说，市场经济越发达的国家，市场利率所占的比重就越大。我国目前的利率市场化程度很低，基本上属于官定利率，因而官定利率在我国的利率体系占绝大部分。

还有一种介于市场利率与官定利率之间的利率，叫公定利率，是指由非政府部门的金融民间组织所确定的利率，如银行公会确定的利率，它在一定程度上反映了非市场的强制力量对利率形成的干预。

4. 固定利率和浮动利率

按借贷期内利率是否调整，可分为固定利率和浮动利率。

固定利率是指在整个借贷期内利率固定不变，不随市场利率的变化进行调整的利率。实行固定利率，有利于借贷双方准确计算成本与收益，但在通货膨胀条件下，对债权人尤其是对长期放款的债权人会造成较大的损失。

浮动利率是指在借贷期内可随市场利率的变化而定期调整的利率。根据借贷协议，在规定时间内可依据市场利率对其进行调整，一般调整期为半年。浮动利率虽可减少债权人的损失，但因手续繁杂，因而多用于三年以上的借贷及国际金融市场。

此外，还可按期限长短的不同，将利率分为长期利率和短期利率；按是否具有优惠性质，将利率分为一般利率和优惠利率；按银行存贷款业务的不同，分为存款利率和贷款利率等。

（三）决定和影响利率的主要因素

利率水平的高低是由许多因素共同作用形成的。一般来说，决定和影响利率水平主要有以下因素：

1. 社会平均利润率

按照马克思的利率决定论，利率与平均利润率是同方向运动的。即是说，利率是随着平均利润率的提高而提高、随着平均利润率的降低而降低。但利率的波动要受上下限制约，利率的上限必须低于平均利润率，否则工商企业将因借款经营无利可图而不愿意取得贷款；利率的下限则必须大于零，否则银行及其他金融机构也会因无利可图而不愿意发放贷款，因而利率只能在平均利润率和零之间进行变动。

2. 借贷资金供求状况

这是影响市场利率最直接最明显的因素。在市场经济条件下，市场上借贷资金的供求状况决定着利率水平的高低。市场上借贷资金供不应求时，利率就会上升；反之，利率下降。这一规律与市场经济条件下价格的形成与决定理论相似。

3. 通货膨胀率

利率与通货膨胀率紧密相关，当流通领域出现通货膨胀率时，利率水平也要相应提高。因为在通货膨胀条件下，如果名义利率不提高，实际利率必然下降，这会影响信贷资金的来源和贷款人的经济利益。若实际利率出现负数，则会对经济生活产生消极和负面影响。

4. 国家经济政策

在市场经济条件下，利率是国家进行宏观调控的重要经济手段之一，如国家实行扩张性的货币政策，利率总水平就要下降；相反，国家实行紧缩性的货币政策，利率总水平就会提高。

5. 国际利率水平

在世界经济逐渐走向一体化的今天，国际金融市场的利率水平及其变动趋势必然对某国的利率水平具有很强的引导作用。如2008年，受国际金融局势的影响，我国及时改变金融政策，多次调低存贷款利率和法定存款准备金率。

当然，影响利率变动的因素还很多，如借贷风险、借贷期限、利率管制等。任何一个时期的利率，都是由多种因素综合决定的。

（四）我国利率市场化改革进程

1. 利率市场化的提出

1993年党的十四大《关于金融体制改革的决定》提出，我国利率改革的长远目标是：建立以市场资金供求为基础，以中央银行基准利率为调控核心，由市场资金供求决定各种利率水平的市场利率体系的市场利率管理体系。党的十四届三中全会《中共中央关于建立社会主义市场经济体制若干问题的决定》中提出，中央银行按照资金供求状况及时调整基准利率，并允许商业银行存贷款利率在规定幅度内自由浮动；2003年，党的十六大报告提出：稳步推进利率市场化改革，优化金融资源配置。党的第十六届三中全会《中共中央关于完善社会主义市场经济体制若干问题的决定》中进一步明确：稳步推进利率市场化，建立健全由市场供求决定的利率形成机制，中央银行通过运用货币政策工具引导市场利率。

2. 利率市场化改革的基本思路

根据十六届三中全会精神，结合我国经济金融发展和加入世贸组织后开放金融市场的需要，中国人民银行将按照先外币、后本币，先贷款、后存款，存款先大额长期、后小额短期的基本步骤，逐步建立由市场供求决定金融机构存、贷款利率水平的利率形成机制，中央银行调控和引导市场利率，使市场机制在金融资源配置中发挥主导作用。

3. 利率市场化改革的详细进程

（1）1986年1月7日，国务院《中华人民共和国银行管理暂行条例》规定：专业银行资金可以相互拆借，资金拆借期限和利率由借贷双方协商议定。

（2）1987 年 1 月，《关于下放贷款利率浮动权的通知》规定：商业银行可根据国家的经济政策，以国家规定的流动资金贷款利率为基准上浮贷款利率，浮动幅度最高不超过 20%。

（3）1990 年 3 月，中国人民银行《同业拆借管理试行办法》规定：同业拆借市场运行规则，拆借利率实行上限管理的原则。

（4）1991 年，国债发行采用承购包销，是国债发行转向市场化的一种形式。

（5）1996 年 1 月 1 日，同业拆借业务全部通过全国统一的同业拆借市场网络办理，生成了中国银行间拆借市场利率（Chibor）。

（6）1996 年 5 月，贷款利率的上浮幅度由 20%缩小为 10%，下浮 10%不变，浮动范围仅限于流动资金贷款。

（7）1996 年 6 月 1 日，中国人民银行《关于取消同业拆借利率上限管理的通知》明确了银行间同业拆借市场利率由拆借双方根据市场资金供求自主确定，实现了银行间同业拆借市场利率市场化。这标志着我国利率市场化已迈出了具有开创意义的一步，为此后的利率市场化改革奠定了基础。

（8）1996 年 6 月，中国人民银行颁布《贷款通则》，1996 年 8 月 1 日起施行，《贷款通则》对规范金融机构信贷行为，防范和化解金融风险，依法保障金融债权，起到了重要作用。但随着我国经济体制改革的深入和金融市场的发展，《贷款通则》中的部分内容和条款已不适应当前客观经济发展和信贷管理的需要，并对金融机构信贷投放，特别是对小微企业、“三农”的信贷投放产生了制约影响。对此，建议对《贷款通则》进行必要的修改、补充，以更好地发挥其对小微企业、“三农”的融资支持作用。

（9）1996 年，通过证券交易所市场平台实现了国债的市场化发行。

（10）1997 年 6 月，银行间债券市场正式启动，同时放开了债券市场债券回购和现券交易利率。中国人民银行《关于银行间债券回购业务有关问题的通知》中明确规定：利用全国统一的同业拆借市场开办银行间债券回购业务；银行间债券回购利率和现券交易价格同步放开。

（11）1998 年 3 月，改革再贴现利率及贴现利率的生成机制，放开了贴现和转贴现利率。贴现利率和转贴现利率在再贴现利率的基础上加点生成，在不超过同期贷款利率（含浮动）的前提下由商业银行自定。再贴现利率成为中央银行一项独立的货币政策工具，服务于货币政策需要。

（12）1998 年 9 月，放开了政策性银行金融债券市场化发行利率，国家开发银行通过中国人民银行债券发行系统公开招标发行了金融债券。中国进出口银行以市场化方式发行金融债券。

（13）1998 年 10 月，金融机构（不含农村信用社）对小企业的贷款利率最高上浮幅度由 10%扩大到 20%；农村信用社贷款利率最高上浮幅度由 40%扩大到 50%。

（14）1999 年 4 月 1 日，县以下金融机构发放贷款的利率最高可上浮 30%。

（15）1999 年 9 月 1 日，商业银行对中小企业的贷款利率最高上浮幅度扩大为 30%，对大型企业的贷款利率最高上浮幅度为 10%，贷款利率下浮幅度为 10%。农村信用社浮动利率政策保持不变。

（16）1999 年 10 月，中国人民银行成功实现了国债在银行间债券市场利率招标发行，国债发行也开始采用市场招标形式，从而实现了银行间市场利率、国债和政策性金融债发行利率的市场化。

（17）1999 年，中国人民银行转发了建设银行、上海银行的贷款浮动利率管理办法，要求商业银行以此为模板，制定各行的贷款浮动利率管理办法、编制有关模型和测算软件、建立利率定价授权制度。人民币贷款利率浮动范围逐渐扩大。

（18）1999 年 10 月，中国人民银行批准中资商业银行法人对中资保险公司法人试办由双方协商确定利率的大额定期存款（最低起存金额 3 000 万元，期限在 5 年以上不含 5 年），进行了存款利率改革的初步尝试。人民币存款利率市场化从大额存款入手，过渡到利率上限管理。

（19）2000 年 9 月 21 日，实行外汇利率管理体制改革，放开了外币贷款利率；300 万美元以上的大额外币存款利率由金融机构与客户协商确定；300 万美元以下的小额外币存款利率仍由中国人民银行统一管理。

（20）2002 年 1 月，扩大农村信用社利率改革试点范围，进一步扩大农信社利率浮动幅度；统一中外资外币利率管理政策。逐步扩大金融机构贷款利率浮动权，简化贷款利率种类，取消了大部分优惠贷款利率，完善了个人住房贷款的利率体系。

（21）2002 年 2 月，全国社会保障基金理事会试点协议存款。

（22）2002 年 3 月，中国人民银行统一了中、外资金融机构外币利率管理政策，将境内外资金融机构对中国居民的小额外币存款，纳入中国人民银行现行小额外币存款利率管理范围，实现中外资金融机构在外币利率政策上的公平待遇。

（23）2002 年，《中国人民银行关于取缔地下钱庄及打击高利贷行为的通知》中规定：民间个人借贷利率由借贷双方协商确定，但双方协商的利率不得超过中国人民银行公布的金融机构同期、同档次贷款利率（不含浮动）的 4 倍。超过上述标准的，应界定为高利借贷行为。

（24）2002 年 12 月，已完成养老保险个人账户基金改革试点的省级社会保险经办机构试点协议存款。

（25）2003 年 7 月，放开了英镑、瑞士法郎和加拿大元的外币小额存款利率管理，由商业银行自主确定。小额外币存款利率由国家制定并公布，币种由 7 种减少到境内美元、欧元、港币和日元 4 种。

（26）2003 年 8 月，允许试点地区农村信用社的贷款利率上浮不超过贷款基准利率的 2 倍。

（27）2003 年 11 月，小额外币存款利率下限放开，对美元、日元、港币、欧元小额存款利率实行上限管理，商业银行可根据国际金融市场利率变化，在不超过上限的前提下自主确定。

（28）2003 年 11 月，国家邮政局邮政储汇局获准与商业银行和农村信用社开办邮政储蓄协议存款（最低起存金额 3 000 万元，期限降为 3 年以上不含 3 年）。

（29）2003 年，再次强调各商业银行和城乡信用社应进一步制定完善的贷款利率定价管理制度和贷款利率浮动的管理办法。

（30）2004 年 1 月 1 日，中国人民银行再次扩大金融机构贷款利率浮动区间。商业银行、城市信用社贷款利率浮动区间扩大到［0.9，1.7］，农村信用社贷款利率浮动区间扩大到［0.9，2］，贷款利率浮动区间不再根据企业所有制性质、规模大小分别制定。扩大商业银行自主定价权，提高贷款利率市场化程度，企业贷款利率最高上浮幅度扩大到70%，下浮幅度保持10%不变。在扩大金融机构人民币贷款利率浮动区间的同时，推出放开人民币各项贷款的计、结息方式和5年期以上贷款利率的上限等其他配套措施。

（31）2004年3月25日，实行再贷款浮息制度，在再贷款基准利率基础上适时加点。

（32）2004年10月28日，中国人民银行对利率进行调整，金融机构一年期存款基准利率上调了0.27个百分点，一年期的基准贷款利率由5.31%提高到5.58%，同时取消除城乡信用社之外的贷款利率上限；2004年10月29日起，放开商业银行贷款利率上限，城乡信用社贷款利率浮动上限扩大到基准利率的2.3倍，建立人民币存款利率下浮制度，同时中国人民银行决定放开人民币存款利率的下限。

（33）2004年11月，放开1年期以上小额外币存款利率。2004年11月18日，放开小额外币存款2年期的利率档次，由商业银行自行确定并公布。

（34）2005年3月17日，放开金融机构同业存款利率，修改和完善人民币存、贷款计息和结息规则，允许金融机构自行确定除活期和定期整存整取存款外的其他存款种类的计息和结息规则。

（35）2005年5月，中国人民银行宣布全国银行间债券市场债券远期交易管理规定。

（36）2005年5月16日，债券远期交易正式登陆全国银行间债券市场。

（37）2005年7月21日，国家实行以“市场供求为基础的、参考一篮子货币进行调节、有管理浮动汇率制度”以后，我国利率市场化改革又注入了新的内容。

（38）2006年9月6日，中国人民银行决定建立报价制的中国货币市场基准利率Shibor。

（39）2006年2月，中国人民银行发布了《中国人民银行关于开展人民币利率互换交易试点有关事宜的通知》，明确了开展人民币利率互换交易试点的有关事项。

（40）2006年2月9日，国家开发银行与中国光大银行完成首笔人民币利率互换交易。人民币利率衍生工具在中国金融市场正式登场。

（41）2007年1月4日，中国货币市场基准利率Shibor开始正式投入运行。

（42）2008年5月8日，银监会、中国人民银行发布关于小额贷款公司试点的指导意见，意见规定，小额贷款公司按照市场化原则进行经营，贷款利率上限放开，但不得超过司法部门规定的上限，下限为中国人民银行公布的贷款基准利率的0.9倍，具体浮动幅度按照市场原则自主确定。

（43）2008年10月，商业性个人住房贷款利率下限扩大到基准利率的0.7倍。

（44）2012年6月8日，中国人民银行宣布，从8日起，将金融机构存款利率浮动区间的上限调整为基准利率的1.1倍，将金融机构贷款利率浮动区间的下限调整为基准利率的0.8倍。此前，按照中国人民银行有关规定，中国一般金融机构存款利率不允许有浮动区间，而贷款利率浮动区间的下限为基准利率的0.9倍。

（45）自 2012 年 7 月 6 日，中国人民银行发布通知称，即日起下调金融机构人民币存贷款基准利率，同时将金融机构贷款利率浮动区间的下限调整为基准利率的 0.7 倍。

（46）2013 年 7 月 19 日，央行宣布，经国务院批准，中国人民银行决定自 7 月 20 日起全面放开金融机构贷款利率管制，取消金融机构贷款利率 0.7 倍的下限，由金融机构根据商业原则自主确定贷款利率水平；取消票据贴现利率管制，改变贴现利率在再贴现利率基础上加点确定的方式，由金融机构自主确定；对农村信用社贷款利率不再设立上限；为继续严格执行差别化的住房信贷政策，促进房地产市场健康发展，个人住房贷款利率浮动区间暂不做调整。

（47）2014 年 11 月 22 日，中国人民银行决定，自 2014 年 11 月 22 日起下调金融机构人民币贷款和存款基准利率，并允许商业银行将存款利率上限由存款基准利率的 1.1 倍调整为 1.2 倍，从而开启了存款利率市场化的大门。2015 年 3 月 1 日起，下调金融机构一年期存贷款基准利率各 0.25 个百分点，同时将存款利率浮动区间上限扩大至 1.3 倍。5 月 10 日起，下调金融机构一年期存贷款基准利率各 0.25 个百分点，将存款利率浮动区间上限扩大至 1.5 倍。2015 年 10 月 23 日中国人民银行宣布，对商业银行和农村合作金融机构等不再设置存款利率浮动上限。至此，在我国已基本取消利率管制，实现利率市场化了。

中国利率市场化改革的进程主要分为三个阶段：银行间同业拆借利率和债券利率的市场化，贷款利率、贴现利率的市场化，存款利率的市场化。存款利率市场化的放开标志着利率市场化改革终于基本完成。当然，这并不意味着利率市场化改革的终结。

三、单利和复利

单利和复利是计算利息的两种基本方法。

（一）单利

单利（simple interest）是指在计算利息时，不论期限长短，仅按本金计算利息，所生利息不再加入本金重复计算利息，其计算公式为：

$$I = P \times r \times n$$

$$S = P + I = P \times (1 + r \times n)$$

式中，I 代表利息额，P 代表本金，r 代表利率，n 代表期限，S 代表本利和。

例 6-1：甲借款 10 000 元，月利率 6‰，借款期限 1 年，到期本利和应为：

$S = P + I = P \times (1 + r \times n) = 10\,000 \times (1 + 6‰ \times 12) = 10\,720$（元）

（二）复利

复利（compound interest）是指计算利息时，要按一定期限（如一年）将所得利息加入本金再计算利息，俗称“利滚利”。其计算公式为：

$$S = P(1 + r)^n$$

例 6-2：甲存款 10 000 元，年利率 4%，期限 2 年，每年计算利息一次，按复利计算的本利和为：

$S = P(1 + r)^n = 10\,000 \times (1 + 4\%)^2 = 10\,816$（元）

由于贷出货币可以获得利息收益，因此，现在获得一定量的货币比未来获得的等量货币具有更高的价值，这就是货币的时间价值（time value of money）。货币的时间价值可以通过现值（present value）或终值（future value）来反映。任何一笔货币资金，都可以根据利率计算出未来在某一时点的值，即“终值”，也就是我们前面所提到的本利和；反之，把这个过程倒转过来，只要我们知道在未来某一时点上有一定金额的货币，我们将其看成那时的本利和，即可按现行利率计算出要能取得这一金额所必需的本金额，即“现值”。

“现值”是一个较“终值”应用更为广泛的概念，它不仅用于银行票据贴现业务，在选择投资方案时也是一项重要的参考依据，运用“现值”这一概念，可以把不同时间、不同金额的投资额换算成统一时点的值，使之具有可比性，从而便于我们从中选择最佳方案。

第四节　外汇及汇率

一、外汇

（一）外汇的含义

外汇（foreign exchange）有动态和静态之分。动态的外汇概念是指把一国货币兑换成另一国的货币，借以清偿国际债权债务关系的行为活动。从这一意义上来说，外汇的概念等同于国际结算，静态的外汇概念还有狭义和广义之分。

1. 狭义的静态外汇概念

狭义的静态外汇概念是指以外币表示的用于国际结算的支付手段。人们通常使用的就是这个狭义的外汇概念。但在现实经济生活中，并不是所有的外币资产都属于外汇，外汇必须是以外币表示的，能在国际上得到偿付并为各国普遍接受和自由兑换的资产或支付手段。即是说，一种外币资产要成为外汇必须具备三个前提条件：①偿付性，即这种外币资产是可以保证得到偿付的。②普遍性，即这种外币资产在国际经济往来中能被各国普遍地接受。③自由兑换性，即这种外币资产能自由地兑换成本币资产。具体来说，外汇主要包括以外币表示的银行汇票、支票和银行存款等，银行存款是狭义静态外汇概念的主体。

2. 广义的静态外汇概念

广义的静态外汇概念是泛指一切以外国货币表示的作为国际清偿的支付手段和资产。根据我国 2008 年修订通过的《中华人民共和国外汇管理条例》第三条，外汇是指下列以外币表示的可以用作国际清偿的支付手段和资产，包括：①外币现钞，包括纸币、铸币；②外币支付凭证或支付工具，包括票据、银行存款凭证、银行卡等；③外币有价证券，包括债券、股票等；④特别提款权；⑤其他外汇资产。从这一意义上来说，外汇的概念等同于外币资产。

（二）外汇的种类

根据不同的标准，可以将外汇进行不同的分类。

1. 自由兑换外汇和记账外汇

按外汇可否自由兑换，外汇分为自由外汇和记账外汇。①自由外汇，又称自由兑换外汇，是指不经货币当局批准就可以自由兑换成他国货币，或可以向第三国办理支付的外国货币、支付凭证和有价证券。自由外汇的一个根本特征是可兑换货币。自由外汇主要是以美元、英镑、瑞士法郎、日元、法国法郎等国家货币表示的外汇，并且也是世界各国普遍接受的主要支付手段。②记账外汇，又称双边外汇或清算外汇，是指未经货币发行国批准，不能自由地兑换成他国货币或对第三国进行支付的外国货币和支付凭证。这种外汇的产生以两国政府间签订的清算协定为前提。根据清算协定，两国间所有的进出口的货款，都只在双方银行开立的专门账户记账，不需支付自由外汇，计价货币由双方决定。记账外汇只能冲销两国间的债权债务，不能转给第三国使用。

2. 贸易外汇和非贸易外汇

按外汇的来源和用途，外汇可分为贸易外汇和非贸易外汇。①贸易外汇，是指由一国对外贸易中进出口及其从属费用所收付的外汇。如商品出口，可以赚取外汇，商品进口则支付外汇以及由此引起的运输费、保险费等。②非贸易外汇，是指由非贸易往来而引起收付的外汇。非贸易外汇主要是由劳务外汇、旅游外汇和侨汇等组成。这种外汇，随着国际经济贸易和其他事务往来的发展，对某些国家已日显其重要性。

3. 即期外汇和远期外汇

按外汇买卖交割期限，外汇可分为即期外汇和远期外汇。①即期外汇，又称现汇，是指外汇买卖成交后即日收付或在两个营业日内办理交割的外汇。②远期外汇，又称期汇，是指导买卖双方先按商定的汇价签订合同，并预约在未来某一天办理实际交割的外汇。

二、汇率

（一）汇率的概念

既然存在着两种不同的货币，那么它们之间就必然存在着进行兑换的比例问题。汇率（exchange rate）就是一国货币折算为另一国货币的比率或比价，或者说是以一国货币表示的另一国货币的价格。

（二）汇率的标价方法

汇率有两种基本标价方法：直接标价法和间接标价法。

1. 直接标价法（direct quotation）

直接标价法是以一定单位的外国货币作为标准，折算为一定数量的本国货币的标价法。在直接标价法下，外国货币的数额固定不变，本国货币的数额随着外国货币或本国货币币值的变化而改变。汇率越高，表示单位外币所能换取的本国货币越多，说明本国货币的价值越低。目前，大多数国家都采用直接标价法。

2. 间接标价法（indirect quotation）

间接标价法是以一定单位的本国货币作为标准，折算为一定数量的外国货币的标价法。在间接标价法下，本国货币的数额固定不变，外国货币的数额则随着本国货币或外国货币币值的变化而变化。汇率越高，表示单位本币所能换取的外国货币越多，说明本国货币的币值越高。目前，世界上只有英国和美国等少数国家使用间接标价法。

（三）汇率的种类

1. 固定汇率和浮动汇率

这两种汇率是按汇率制度来划分的。固定汇率是指基本固定的、波动幅度限制在一定范围内的两国货币之间的汇率。在金本位制度下和第二次世界大战后的布雷顿森林体系下，世界各国基本上都采用这种汇率；浮动汇率指不是由货币当局规定的，而是由外汇市场的供求决定的两国货币之间的汇率。1973 年布雷顿森林体系崩溃后，世界主要工业国家都采用这种汇率。

2. 买入汇率、卖出汇率和现钞汇率

这几种汇率是从银行买卖外汇角度进行划分的。买入汇率又称外汇“买入价”或“买价”，是指银行从同业或其他客户（企业、单位、个人等）买入外汇时所依据的汇率；卖出汇率又称外汇“卖出价”或“卖价”，是指银行向同业或其他客户卖出外汇时所依据的汇率。买入汇率与卖出汇率的平均价称为中间汇率，即（买入汇率+卖出汇率）÷2＝中间汇率。中间汇率主要用于新闻报道和对汇率进行一般性考察时使用；一般情况下，国家是不允许外国货币在本国进行流通的，只有将外币兑换成本国货币，才能购买本国的商品和劳务，从而产生了买卖外币现钞的兑换率。由于需要把外币现钞运到各发行国去，在运送外币现钞时要花费一定的运费和保险费，因此，银行在收兑外币现钞时的汇率要稍低于外汇买入汇率，但卖出外币现钞时的汇价和外汇卖出价则相同。

3. 基本汇率和套算汇率

这两种汇率是从汇率制定的方法来划分的。基本汇率，又称为“基准汇率”或“基础汇率”，是指本国货币与关键货币的汇率。由于外国货币种类繁多，要制定出本国货币与每一种外国货币之间的汇率会有许多不便，因而一般就选定一种在与本国经济交往中最常用的主要货币，制定出本国货币与它之间的汇率，这一汇率就是基本汇率；套算汇率又称为“交叉汇率”，是指在制定出基本汇率以后，再根据其他货币对关键货币的汇率，套算出本币对其他货币的汇率。例如，人民币对美元的基本汇率为 1 美元＝6. 827 2 元人民币，瑞士法郎对美元的汇率为 1 美元＝1. 185 1 瑞士法郎，则 1 瑞士法郎＝6. 837 2÷1. 185 1＝5. 760 8 元人民币。

4. 即期汇率和远期汇率

这两种汇率是按交易期限进行划分的。即期汇率又称为“现汇汇率”，是指外汇交易达成后，买卖双方在两个营业日内进行交割的外汇交易所使用的汇率。银行公布的外汇牌价，如无特别说明均系即期汇率；远期汇率又称为“期汇汇率”，是银行进行远期外汇交易时所使用的汇率。

（四）影响汇率变动的主要因素

1. 国际收支

一国国际收支发生顺差，外汇收入大于支出，这在外汇市场表现为外汇供过于求，外汇汇率就会下跌。若为逆差，则该国对外国货币需求增加，外汇供不应求，外汇汇率随之上升。可见，国际收支差额及其大小对汇率有很大的影响。但是，由于国际收支差额对汇率的影响必须通过外汇市场上供求状况的变化才能逐步体现出来，这就需要一段时间。因此，国际收支对汇率具有中期的影响作用。

2. 相对的通货膨胀率

由于国家之间存在着通货膨胀程度的差异，它必然会影响该国货币的汇率。一般来说，相对通货膨胀率持续较高的国家，本国货币的汇率也会随之下降。这主要有两个方面的原因：① 高的通货膨胀率会提高本国出口商品的价格，从而削弱本国出口商品在国际市场上的竞争力，造成出口下降。与此同时，他国商品的价格却更有吸引力，有利于进口，这将直接影响国际收支状况。②如果一国通货膨胀率一直较高且持续时间较长，人们预期该国货币汇率将趋于疲软，促使本币资金的持有者进行货币兑换，以求货币保值，这会增大外汇的需求，从而进一步促使该国货币汇率下降。由此可见，通货膨胀较严重的国家的货币汇率会下跌，而通货膨胀较缓和的国家的货币汇率会上升。但这个机制发生作用是个长期的过程，因而货币汇率相对于通货膨胀存在着滞后性。

3. 相对的利率

由于国家之间的利率水平存在着差异，会促使资本从利率较低国家流向利率较高国家，这自然会影响货币之间的供求关系，影响到有关国家的外汇供求状况，进而影响货币的汇率。一般来说，在其他因素没有明显变化的情况下，一国利率水平相对提高，会吸引外国资本流入该国，从而增加对该国货币的需求，促使该国货币汇率上升，反之则下降。

4. 中央银行的直接干预

各国中央银行为了避免汇率变动对经济造成不利影响，尤其是短期内的剧烈起伏对国内经济造成不利影响时，往往会在外汇市场上买卖外汇使之达到调节汇率的目的。具体操作是：当外汇汇率过高时卖出外汇，回笼本币；而在外汇汇率过低时则买进外汇，抛售本币。

5. 经济增长

一国货币的强弱，从长期来看，取决于该国的经济实力。即使在某个时期，汇率受特殊因素影响偏离了正常的波动范围，但最终仍然受到经济实力的制约。因此，经济实力对汇率变动的影响是长期性的。一国经济增长对本国货币汇率的影响主要表现在：①经济增长意味着国民收入增加，贸易支出与非贸易支出都会增加，进而影响国际收支。②经济增长意味着劳动生产率的提高，而劳动生产率又关系着产品的成本和出口商品的竞争能力，从而影响国际收支。③经济增长意味着投资势头较好。投资势头较好又意味着对资金的需求增加，对资金的需求直接影响着利率水平，而利率水平的高低直接影响外汇供求状况，进而影响货币的汇率。

6. 国际储备

如果一国有充实的国际储备，这表明政府干预外汇市场、稳定本国货币汇率的能力强，从而有利于加强外汇市场对本国货币的信心，有助于本币汇率的上升。反之，国际储备的减少则会诱使本币汇率下降。

除上述主要影响汇率的因素外，政治因素、社会因素、人们的心理预期因素等都会影响到汇率的波动，而且这些因素对汇率的影响并不是孤立的，他们往往相互交叉地影响着一国的汇率。因此，分析影响汇率变动的因素时，要进行具体和全面的综合分析，才能得出较为正确的结论。

（五）汇率变动对经济的主要影响

1. 汇率对商品进出口的影响

一般来说，如本国货币汇率下跌，即本币对外的币值下降则有利于商品出口，不利于商品进口。因为出口商品所得的外汇收入将比贬值前换得更多的本币，如果本币对内不相应贬值，这必然就增加了出口商品的利润。而进口商却要付出较多的本币以支付外国货款，增加了进口商品的成本。相反，如本国货币汇率上升，即本币对外币的币值上升，则有利于商品进口，而不利于商品出口。

然而，以上所述汇率变化对商品进出口的影响，还受到进出口商品的需求弹性、供给弹性及国内物价等因素的影响。

2. 汇率对资本流出入的影响

汇率对资本流出入的影响包括：①汇率对长期资本流动的影响。一国货币贬值，有利于长期资本的流入。这是因为，同汇率变动前相比，长期资本的持有者可以用较少的外币进行较多贬值国货币的投资。假如一国货币贬值是持续性的，也不会有利于长期资本的流入，因为外资持有者会持观望态度，等待该国货币贬值到最低点，才会将资本输入该国。一国货币如果升值，其影响则与上述情形相反。②汇率对短期资本流动的影响。当一国货币将要贬值时，在该国的本国及外国短期资本持有者为防止汇率的这种变动所造成的风险损失，会将贬值国货币兑换成外汇，进行资本外逃，形成资本外流，从而使国际收支恶化；如果一国货币即将升值，对短期资本流动的影响则与上述情形相反。

3. 汇率对物价的影响

本币汇率下跌，一方面由于大量商品出口，进口商品却大量减少，在出口商品供给弹性较小的情况下，使得国内商品供应相对减少；另一方面，出口商品所获得的外汇以及资本的流入兑换成本币，使国内货币供给量相对增加，因而会促进国内物价上涨。反之，在其他条件不变的情况下，本币汇率上升，将促使国内物价下降。

4. 汇率对产出和就业的影响

汇率的变动能够影响商品进出口、国内物价和资本流出入，就一定会对一国的产出和就业产生影响。当汇率有利于出口增加和进口减少时，就会带动总的生产规模扩大和就业水平的提高，甚至会引起一国生产结构的改变；相应地，不利的汇率会给生产和就业带来负面影响。

（六）我国汇率制度的改革

自中华人民共和国成立以来，我国的汇率制度主要经历了以下几个阶段：

1. 1949—1952 年中华人民共和国成立初期的汇率制度

该时期的汇率制度的特点是实行外汇集中管理制度，通过扶持出口、沟通侨汇、以收定支等方式积聚外汇，支持国家经济恢复和发展。

2. 1953—1980 年计划经济体制的外汇管理体制

该时期的汇率制度的特点是对外贸易由国营对外贸易公司专管，外汇业务由中国银行统一经营，逐步形成了高度集中、计划控制的外汇管理体制。1953 年后，我国进入高度集中的计划经济建设时期，这一时期西方实行固定汇率制度，人民币对美元的汇率在 20 年内始终未动。1972 年以后，布雷顿森林体系崩溃，西方主要国家普遍实行浮动汇率制，我国在1973年也修改了人民币汇率的制定方法，采用“一篮子货币”的定价方法，但原则上仍然是维持人民币汇率的基本稳定。

3. 1981—1993年经济转型时期外汇管理体制

该时期的汇率制度的主要特点是由买卖双方根据外汇供求状况议定，中国人民银行适度进行市场干预。其中，从1981年1月起，人民币贸易汇价与金融汇价并存，即人民币的公开牌价用于非贸易收支，另行制定内部贸易结算价，后来迫于国际舆论的压力，于1984年底宣布停止使用双重汇率制。1989—1993年，我国又实行了官方汇率和外汇调剂价并存的新双重汇率制。

4. 1994年建立社会主义市场经济体制以来的外汇管理体制

该时期的汇率制度的特点是人民币官方汇率与市场汇率并轨，实行以市场供求为基础的、单一的、有管理的浮动汇率制。在1996年年底，我国基本实现了人民币在经常项目下的可兑换，但仍然对资本项目外汇收支实行一定的管制。

长期以来，我国虽然在名义上实行的是浮动汇率制度，但其实质却近似固定汇率制度。由于汇率形成机制、金融体制改革等方面存在的种种不足，使得汇率水平反映出来的是一种扭曲的外汇供求关系，无法形成均衡、合理的汇率水平。2005年7月21日19时，中国人民银行发布公告：经国务院批准，我国开始实行以市场供求为基础、参考一篮子货币进行调节、有管理的浮动汇率制度，从此，人民币汇率不再盯住单一的美元货币，根据对汇率合理均衡水平进行测算。

本章小结

1. 货币是从商品中分离出来的，固定地充当一般等价物的特殊商品。但货币并非开天辟地就已存在，货币的产生经历了简单或偶然的价值形式、扩大或总和的价值形式、一般价值形式和货币价值形式；货币经历了实物货币、代用货币、信用货币和电子货币几种主要形式。

2. 在商品交换中，货币作为一般等价物的作用，是通过货币的职能表现出来的。货币在现代经济中一般被认为具有价值尺度、流通手段、支付手段、贮藏手段和世界货币五大职能，其中，价值尺度和流通手段两大职能是货币最基本的职能。

3. 自从产生了货币，货币便在人类经济生活中起着十分重要的作用，为了更好地发挥货币的作用，就需要对货币流通进行规范，于是便产生了货币制度。货币制度的主要内容包括规定本位币的货币材料、规定货币单位、规定通货的铸造、发行和流通和确定准备金制度。目前，货币流通主要包括现金流通和非现金流通，即现金和存款货币流通两种形式。

4. 货币流通规律，是指流通中货币必要量（又称货币需要量）的规律，包括金属货币流通规律和纸币流通规律。

5. 信用简单讲就是一种借贷行为，它是以偿还和付息为条件的一种特殊的价值运动形式。现代信用形式包括商业信用、银行信用、国家信用、消费信用、租赁信用和民间信用，其中银行信用是现代信用的主要形式。

6. 利息是资金所有者出借资金所取得的报酬，或者说，利息是借款人因使用资金而支付给贷款人的代价。利息率即利率，它是指一定时期内所形成的利息额与本金额的比率。

7. 单利和复利是计算利息的两种基本方法。单利是指在计算利息时，不论期限长短，仅按本金计算利息，所生利息不再加入本金重复计算利息；复利是指计算利息时，要按一定期限（如一年）将所得利息加入本金再计算利息，俗称“利滚利”。

8. 外汇有动态和静态之分。动态的外汇概念是指把一国货币兑换成另一个国家的货币，借以清偿国际债权债务关系的行为活动。静态的外汇概念还有狭义和广义之分。狭义的静态外汇是指以外币表示的用于国际结算的支付手段，人们通常使用的就是这个狭义的外汇概念。广义的静态外汇则泛指一切以外国货币表示的作为国际清偿的支付手段和资产。

9. 汇率就是一国货币折算为另一国货币的比率或比价，或者说是以一国货币表示另一国货币的价格。汇率有两种基本标价方法：直接标价法和间接标价法。目前，大多数国家都采用直接标价法。

复习与思考

1. 识记：货币、信用、利率、利息、外汇、汇率

2. 领会

（1）货币产生所经历的阶段。

（2）货币制度的构成内容。

（3）信用的构成要素。

（4）现代信用的主要形式。

（5）利率的种类及其影响因素。

（6）了解我国利率市场化的历程。

（7）了解我国汇率体制改革的历程与现状。

第七章 金融机构与金融市场

第一节 中央银行

一、中央银行的产生和发展

中央银行的产生晚于商业银行。距今 300 多年前，中央银行才出现。在此之前，所有的银行都有发行银行券的权利，银行券的分散发行产生了错综复杂的债权债务关系，造成了风险的积累，对金融业的发展非常不利，客观上需要集中银行券的发行权。政府为弥补财政亏空，要求成立一家银行作为其融资者和国库代理人。一些银行由于经常发生资金周转不灵，也要求有一个能提供有效支付手段的机构，充当其最后支持者。这在客观上就需要一个代表国家的、资金雄厚的权威性金融机构来充当以上角色。在这种情况下，许多国家为了稳定金融、解决政府资金需要以及通过银行来控制干预经济生活，相继成立了中央银行。

中央银行的产生一般通过两条途径，其一是由商业银行逐步演变为中央银行，其二是组建新的中央银行。中央银行的发展历史大体可分为三个阶段：

第一阶段是从 17 世纪末到 19 世纪 70 年代，这是中央银行的初创时期。其典型代表是世界上第一家执行中央银行职能的英格兰银行。

英格兰银行成立于 1694 年，最初的任务是充当英格兰政府的银行。成立之初即取得不超过资本总额的钞票发行权，主要目的是为政府垫款。1833 年英格兰银行取得了钞票无限法偿的资格。1844 年，英国国会通过《银行特许条例》，使得英格兰银行在发行钞票方面享有许多特权。此后，英格兰银行逐渐垄断了全国的货币发行权（至 1928 年成为英国唯一的发行银行）。1872 年，英格兰银行开始为其他银行在困难时提供资金支持，使英国避免了 1890 年的金融危机，从而维护了英国经济的稳定。此后，英格兰银行逐渐转化为“发行的银行、银行的银行、政府的银行”，最终成为英国的中央银行。

这个时期成立的中央银行还有：法兰西银行（1800年）、芬兰银行（1809年）、俄罗斯银行（1860年）、德国国家银行（1875年）等。

第二阶段是从19世纪70年代到20世纪30年代。在这一时期，各国的中央银行都得到迅速发展。

第一次世界大战（1914年8月—1918年11月）后，主要资本主义国家先后放弃了金币本位，由于金融恐慌、货币制度混乱，各国面临着重建货币制度的问题。这时，大多数国家开始意识到建立中央银行制度对稳定金融和促进经济增长的重要性，特别是1920年在比利时召开的一次国际经济会议——布鲁塞尔会议，与会者提出如下建议：凡未设立中央银行的国家应该建立中央银行；已经建立中央银行的国家要进一步发挥中央银行的作用，以利于国际经济和贸易往来以及金融合作，恢复和稳定国际金融的混乱局面。此后，各国纷纷建立起自己的中央银行，并采取多种措施，加强了中央银行的地位。

在这时期建立的中央银行有：日本银行（1882年）、意大利银行（1893年）、美国联邦储备体系（1913年）、苏联国家银行（1918年）、加拿大银行（1935年）等。

20世纪30年代，尤其是第二次世界大战（1939年9月—1945年9月）以后，中央银行迎来了它的第三个发展阶段——西方中央银行的国有化和发展中国家中央银行制度的兴起。

西方发达国家大多数通过国有化政策，从资本所有制上保证了中央银行作为国家机构的特殊地位，使国家对中央银行的控制不断强化，许多国家的中央银行已成为政府宏观调节经济的一个重要机构，如法国、德国、荷兰、美国等都是如此。但目前仍有少数国家的私人还持有部分中央银行的股份。但是，股东的所有权和投票权已失去了实际意义，并且受到严格的控制。

发展中国家在这一时期纷纷建立了自己的中央银行制度，大部分以国家资本为主要形式，并把"贯彻执行货币政策，维持货币稳定"当做中央银行的主要职责。这一时期成立的中央银行有：多米尼加中央银行（1947年）、巴基斯坦中央银行（1948年）、印尼联邦发行银行（1952年）等。

二、中央银行的组织形式

中央银行的组织形式是指中央银行的存在状态。中央银行的组织形式可以归纳为以下几种类型：

（一）单一的中央银行制

单一的中央银行制是指在这个国家中行使中央银行职能的机构只有唯一的一家。国家认可并授权由它统一掌管货币发行，为政府服务，制定和推行货币政策，检查和监督各金融机构的业务活动。这类中央银行制度的特点是：权力集中，职能齐全，根据需要在全国各地建立数量有限的分支机构（分支机构的多少，一般取决于国土面积、地理状况和经济结构等）。

目前，世界各国的中央银行的80%以上都实行的是单一制的中央银行制度，包括绝大多数发达国家、发展中国家。

（二）复合式的中央银行制

复合式中央银行制是指一国没有单独设立中央银行，而是把中央银行的业务和职能与商业银行的业务和职能集中于一家银行来执行。我国在 1983 年以前也一直实行这种制度。

（三）联邦中央银行制

联邦中央银行制是指在实行联邦制的国家中，中央银行的组成形式也采用联邦制，中央银行作为一个体系存在，它由若干相对独立的地区中央银行组成。货币的发行、为政府服务、制定和推行货币政策，以及对金融机构实行监督管理等中央银行的职能，由这个体系中的全体成员共同完成。这种制度的特点是：权力和职能相对分散，分支机构不多。采用这种制度的国家有美国、德国等。

（四）准中央银行制

准中央银行制是指在国内还没有建立中央银行制，或者由政府授权某个或几个商业银行行使部分中央银行的权力，或者建立了中央银行，但只是它的初级形式，缺少基本的中央银行职能。其特点是：一般只有发行货币、为政府服务、提供最后贷款援助和资金清算职能。新加坡是其典型代表。

（五）跨国的中央银行制

跨国的中央银行制，是指两个以上的主权国家共有的中央银行。其职能主要有发行货币，为成员政府服务，执行共同的货币政策及成员政府一致决定授权的事项。这种中央银行组织形式的特点是：跨越国界行使中央银行的职能。目前，欧洲中央银行、西非货币联盟、中非货币联盟的国家中央银行都是跨国中央银行的典型代表。

三、中央银行的性质与职能

（一）中央银行的性质

中央银行的性质是由它在国民经济中所处的地位决定的，并随中央银行制度的发展而不断变化。现代中央银行已成为代表国家管理金融的特殊机关，处于一国金融业的首脑和领导地位。因此，现代中央银行具有区别于其他金融机构的独特性质。

1. 中央银行的基本特征

（1）是一国金融体系的核心。中央银行是金融机构但它是一国金融体系的核心，处于监督、管理整个金融系的地位，具有“发行的银行”“政府的银行”“银行的银行”的特殊职能，是具有排他性、唯一性的特殊金融机构。

（2）不以营利为目的。在任何制度下，商业银行都是以追逐利润最大化为目标。中央银行由于负有特殊使命，则不能以营利为目的。这是因为：一方面，货币发行权的独家垄断，决定了任何商业银行在利润追逐中都无法与中央银行相匹敌；另一方面，中央银行负有调节经济金融的特殊使命，而其调节机能大多要以雄厚的资金力量作为后盾。如果中央银行以营利为目的，则可能过分膨胀其资产业务而削弱对金融市场的控制能力，不能有效地执行对经济金融的控制。同时，追逐利润还会与货币政策的实施相冲突。所以，中央银行只要能有效地执行各种金融政策，促进经济增长，实现既定的宏观经济目标，则其经营获利与否无关紧要。

（3）对存款一般不支付利息。中央银行既掌握着全部商业银行的存款准备金，又由于代理国库而保持有相当数量的政府存款。但是中央银行对其存款一般都不支付利息。这是因为：第一，中央银行本身并不以营利为目的，所有的存款都属于存款准备的集中，具有保管性质，不计付利息。第二，对于政府的各种财政性存款，由于中央银行经常性地无偿为财政提供短期贷款和代理国库等各种收付事务，则也不计付利息。

（4）业务对象是政府和金融机构。中央银行在业务对象上与一般金融机构不同，它不直接对工商企业和个人提供服务，而只为政府和金融机构服务。在对政府的业务方面，主要充当政府的经济顾问，为政府经济决策提供咨询、代理国库、向政府发放贷款等；在对金融机构业务方面，主要有再贷款、再贴现和为商业银行清算资金等。

（5）资产应具有最大的清偿性。中央银行负有调节全国金融的职责，其资金必须有极强的变现力，具有最大的清偿性。因为中央银行对金融的调节，主要通过货币政策工具来进行，无论使用哪种政策工具，其最终结果必然是由中央银行资产的变动而引起社会货币供给量的变动，以达到所要求的政策效果。如果中央银行资产变现力差，货币政策工具就不能及时顺利地发挥作用。所以，在中央银行的资产中，不能含有长期投资，除保持适量现金外，应保持一定可靠的有价证券，以便随时变卖，应付金融需求。

（6）不在国外设立分支机构。国际法规定：他国的中央银行，在派驻地不能发行钞票，不得经营商业银行业务，不能与各地的不同国家的商业银行发生任何联系，仅能有因为进口贸易而发生的外汇联系。这是因为中央银行作为一国政府在金融方面的代表，无权在他国境内干涉他国金融业务，所以中央银行在国外不能设立分支行，而只能设置代理处或分理处。这一点与其他一般的金融机构不同。

2. 中央银行是国家管理金融的机关

中央银行的基本特征表明，它不是一种经营货币买卖的企业，而是国家管理金融的机关，是制定和执行金融政策的部门，是国家控制和调节货币使用的金融机构。

（1）中央银行是政府的职能部门。纵观各国的中央银行制度，虽然各有差异，但实质上中央银行都是政府的一部分。从法律上来看，不论是西方国家还是我国，中央银行都被明确为政府在金融领域的代理人，是一国金融业的最高管理机构；从中央银行的资产所有权来看，中央银行的绝大部分资产为国家所掌握，从而确保了国家对中央银行的控制权；从组织隶属关系来看，大多数的中央银行都从属于政府和国家的权力机关。

（2）中央银行是信用活动的组织者和调节者。银行信用是构成一国信用的基础，中央银行则是一国信用活动的最后贷款人。中央银行处于整个银行体系的核心，它根据经济发展的客观需要，运用货币政策工具如存款准备金和再贴现率来影响商业银行的信用行为，达到控制社会使用规模、调节信用结构的目的。此外，中央银行还参与和管理金融市场。一方面，它通过公开市场业务，直接参与金融市场活动，调节社会的货币供给总量，影响社会信用规模；另一方面，它通过对金融市场的必要行政干涉，以及社会公众对中央银行操纵下的利率、贴现率涨跌的反应，引导信用活动按中央银行的政策意向来进行。

中央银行除运用货币政策工具组织和调节一国的信用外，还履行国家对全国金融活动进行管理的职能，制定和执行各种金融政策及金融法规，为金融业务活动建立统一的行为准则，从而对整个金融业实行有效的管理。

（二）中央银行的职能

职能是性质的具体体现，中央银行的职能就是中央银行性质的具体反映。按中央银行的性质和功能划分，一般可将中央银行的职能分为“发行的银行”“政府的银行”“银行的银行”和“调控宏观经济的银行”等职能。

1. 中央银行是发行的银行

所谓发行的银行是指有权发行纸币或银行券的银行，垄断货币发行特权，成为全国唯一的货币发行机构，是中央银行不同于商业银行及其他金融机构的独特之处。

中央银行独占货币发行权的原因具体有以下几点：

（1）统一国内的货币形式，避免多头发行货币造成货币流通的混乱。良好的金融环境是促进经济稳定增长的重要条件，而要造就和维持良好的货币流通秩序，就必须统一国内的通货形式，避免多头发行。其原因有：第一，在多头发行下，各发行银行从自身利益出发很容易造成货币发行失控；第二，众多的银行发行货币，使流通中的货币种类繁多，信誉不一，极易给社会公众造成损失，给经济带来危害。

（2）根据经济的变动，灵活地调节流通中的货币量。在货币供求总量的调节上，如果货币实行多头分散发行，则中央银行无法驾驭各银行的货币发行，难以控制银根松紧。即使各银行的货币发行接受中央银行的指令，但中央银行的指令一旦与各行的利益相冲突时，各银行就很难按中央银行的意图来发行货币，这样就使中央银行对货币供求的调节难以准确及时地奏效。在货币供求的结构调节上，如果实行多头发行，中央银行只能对货币供求的结构做某些定性的规定，而不能对各银行的货币供给结构进行直接的调整，不能改变货币在部门间、地区间的分布状况，不利于中央银行职能的实现。

（3）制定和执行货币政策的基础。首先，只有统一货币发行，中央银行创造的现金货币才能成为支撑流通中各种通货的基础，才能控制商业银行的派生存款能力；其次，只有统一货币发行，中央银行货币供给量的变动，才能带动全社会的货币存量做相应的变动，才能从金融渠道确保社会总供给与总需求的平衡，防止通货膨胀，从而达到国民经济的稳定增长；最后，只有统一货币发行，才能保证全国货币市场的统一。如果多头分散发行种类繁多、信誉和币值不同的货币，势必只能形成区域性货币市场，不可能形成全国范围内统一的货币市场。

中央银行掌管货币发行的基本职责主要有三个方面：①根据国民经济发展的客观需要，掌握货币发行，调节货币流通。使中央银行的货币供给与流通中的货币需求相互吻合，为经济的稳定持续增长提供一个适宜的金融环境。②确保货币的适度发行，从宏观经济角度控制信用规模，调节货币供给量。发行货币要正确处理好币值（物价）稳定和经济增长的关系，不能以牺牲币值稳定来满足经济增长需求而滥发货币，也不能为了币值稳定长期压低货币发行，应以稳定币值为前提，适度增加货币供给。之所以要讲适度是因为货币是国民经济的血液，过少的货币发行会使经济不景气，过多的货币发行则使经济过热，同时易使经济遭受通货膨胀的危害。③根据流通的需要，印刷、铸造或销毁票币，进行库款调拨，调剂地区间的货币分布和面额比例，满足社会对货币提取和支付的不同要求。

2. 中央银行是政府的银行

中央银行是政府的银行是指中央银行既是政府管理金融的机关，又为政府服务。中央银行作为政府的银行具有以下基本职责：

（1）代理国库。办理政府预算收入的缴纳、划拨和留用，办理预算支出的拨付，向财政反映预算收支的情况；协助财政、税收部门收缴库款，办理其他有关国库事务等。

（2）对政府融通资金。中央银行作为政府的银行，负有对政府融通资金，解决政府临时资金需要的义务。其融资方式主要有：①当政府财政收支出现暂时不平衡或财政长期赤字时，中央银行要向财政直接提供贷款以弥补财政收支不等。②中央银行在初级市场上直接购买政府债券，间接向政府提供信贷。

（3）代理政府金融事务。代财政办理公债、国库券的发行及还本付息，代政府保管国家的黄金和外汇储备，而且为国家代理黄金外汇买卖业务。

（4）代表政府参加国际金融活动，进行金融事务的协调和磋商等。在国际金融事务中，中央银行往往代表政府参加国际金融组织，包括世界性金融组织（如国际货币基金组织、世界银行等）和区域性金融组织（如亚洲开发银行），积极促进国际金融领域里的合作与发展，参与国际金融重大决策。代表本国政府与外国中央银行进行两国金融、贸易办理的谈判、协调和磋商等，进行政府间的金融事务往来，管理与本国有关的国际资本流动以及办理外汇收支的清算、拨付等国际金融事务。

（5）充当政府的金融政策顾问，为国家经济政策的制定提供资料、数据和方案。

3. 中央银行是银行的银行

中央银行是银行的银行是指它是其他商业银行和其他金融机构的最后贷款人。基本职责有如下四点：

（1）集中保管银行的存款准备金。中央银行要根据法律所赋予的特权，为保障存款的资金安全和各银行自身的稳定以及增强中央银行对货币供给总量的控制，要求各商业银行按法定存款准备金率提取存款准备金，并将其中的一部分存款准备金上缴中央银行集中保管。

（2）充当银行业的最后贷款人。最后贷款人是指当发生金融危机且其他银行无力或不愿意对一些面临倒闭的银行贷款时，中央银行有能力且愿意提供贷款，以解救这些即将倒闭的银行。中央银行作为最后的贷款人，通常是通过再贴现和再抵押两条渠道实现的。

（3）主持全国各银行间的资金清算业务。商业银行间的债权债务关系是由其客户间的债权债务关系引起的，由于商业银行要将其准备金存入中央银行，因而它们在中央银行均开有存款账户，故它们彼此之间的债权债务的清算可以通过中央银行用非现金结算的办法进行。每一家商业银行的清算差额都可以用它来增减其商业银行在中央银行的存款。此时，中央银行成了全国银行的清算中心。

（4）主持外汇头寸抛补，即向商业银行买进外汇或抛售外汇。当商业银行外汇头寸多余时，可以卖给中央银行；如果头寸不足，则向中央银行买进外汇。这项业务，一方面向商业银行提供了外汇资金的融通便利，另一方面，也为中央银行提供了借以监督国际收支、谋求外汇收支均衡的一条重要通道。

4. 中央银行是调控宏观经济的银行

中央银行依法独立制定和执行货币政策，防范和化解系统性金融风险，维护金融稳定。其充分运用货币政策和各种政策工具，配合财政政策，对国民经济实施适时有效的宏观调控，以实现币值稳定、经济发展、充分就业和国际收支平衡等宏观经济目标。

四、中央银行与政府的关系

中央银行是"政府的银行"，在中央银行与政府的关系中，最基本的关系之一就是中央银行的相对独立性，即中央银行在多大程度上受制于政府。这不仅关系到中央银行宏观调控职能的发挥，也关系到一国的货币稳定。

（一）相对独立性的含义

现代中央银行的独立性，不是指中央银完全独立于政府之外，不受政府约束或凌驾于政府之上的独立性，而是中央银行在政府或国家权力机构的控制和影响下的独立性，根据国家的总体社会经济发展目标，独立地制定和执行货币金融政策，这也就是所谓的相对独立性。

（二）保持相对独立性应遵循的原则

中央银行要保持其相对独立性，必须遵循两条基本原则：一是中央银行金融政策的制定及业务操作必须以国家的宏观经济目标为出发点，既要考虑自身所承担的任务及责任，但也不能独立于国家的宏观经济目标之外；二是中央银行金融政策的制定和业务操作，不能完全受制于政府的短期行为，而应遵循金融活动的特有规律，并对政策的短期行为起到一定的抑制作用，从而防止中央银行决策的短期化，促进社会经济的稳定协调发展。

（三）中央银行独立性的主要内容

由于各国历史背景、经济运行模式、政治体制等的不同，中央银行的独立性程度也有很大的差异，一般说来，中央银行的独立性主要体现在以下几个方面：

1. 建立独立的货币发行制度，维持货币的稳定

货币发行权高度集中于中央银行，由中央银行根据国家的宏观经济政策及经济发展的客观需要自行决定货币发行的数量、时间、地区分布及面额比例等，不在政府的干预和影响下搞财政发行。

2. 独立地制定和执行货币金融政策

中央银行应在尽量与国家的宏观经济政策保持一致的基础上，独立掌握货币政策的制定权和操作执行权。在中央银行制定和执行货币政策的过程中，政府应当充分尊重中央银行在这方面的经验和意见，并积极予以配合，以便中央银行的货币政策能更有效地发挥作用。

3. 独立地管理和控制整个金融体系和金融市场

中央银行应在国家法律的授权和保障下，独立地行使对金融体系和金融市场的管理、控制和制裁，使整个金融活动按货币政策的需要正常运行。

五、中央银行的业务

中央银行必须通过从事一些业务活动来调节宏观经济，完成与实现自己的任务与

目标。由于其不同于一般商业银行，所以中央银行并不能从事所有的金融业务，而且其业务活动也具有一定的特殊性。我们将中央银行的资产与负债业务简单介绍如下：

（一）中央银行的资产业务

中央银行的资产业务是指中央银行运用其资金的业务。中央银行通过其资金的运用，执行货币政策，调节货币供求，从而起到宏观调控机制作用。中央银行的资产业务，主要包括再贷款、再贴现、贷款、黄金与外汇储备以及证券买卖。

1. 再贷款业务

对金融机构的再贷款是中央银行的一项资产业务。金融机构在各种金融活动中，往往会出现资金周转困难的状况，最需要资金支持。中央银行根据其资金需求的状况和宏观经济调控需要，对其发放贷款，一方面支持了生产发展和商品的流通，另一方面则可通过控制贷款规模和贷款流向来调节宏观经济。

2. 再贴现业务

再贴现是指中央银行买进商业银行和非银行金融机构所持有的未到期票据的一种业务。再贴现实质上是中央银行的一种授信活动。中央银行通过再贴现业务向商业银行和非银行金融机构提供资金，从而支持商品的生产和流通。同时，中央银行还可以根据宏观经济调控的需要决定是否再贴现，可以通过提高或降低再贴现利率，控制贷款规模，引导资金流向。

3. 贷款业务

中央银行一般不向企业办理贷款业务。中央银行的贷款业务是指中央银行向国内各级政府和某些特殊行业的贷款。

4. 黄金、外汇储备业务

黄金和外汇是国际储备的重要组成部分，各国中央银行都负有掌管黄金和外汇储备的职责。中央银行将买卖黄金、外汇作为一项业务，是中央银行稳定币值、调控汇率和平衡国际收支的重要手段。

5. 证券买卖业务

中央银行将买卖证券业务作为宏观经济调控的一种手段。中央银行持有和买卖证券的目的，不是为了盈利，而是为了调节资金供求，保证金融市场的稳定。因此，中央银行持有的证券，一般应是优等且有利息的证券。

（二）中央银行的负债业务

中央银行的负债业务是指以负债形式形成资金来源的业务。主要包括：

1. 货币发行业务

当前世界各国的中央银行都具有垄断货币发行的特权，货币发行是中央银行最重要的负债业务。中央银行发行的货币，通过再贴现、再贷款、贷款、购买证券、收购金银、购买外汇等方式投入市场，形成流通中的货币。其作用是满足国民经济发展对流通和支付的需要，从而促进商品生产和发展以及商品流通的扩大。这是中央银行对社会公众的负债。

2. 经理国库业务

中央银行是政府的银行。一般来说，政府赋予中央银行经理国库的职责，政府财政的一切收入与支出都由中央银行办理。国库收入主要的两大来源：一是税收收入；

二是发行国债所得。国库支出主要是政府的各项费用支出，如一般公共服务支出、社会保障和就业支出等。

3. 集中存款准备金业务

各国中央银行法都规定，各商业银行都必须将一部分存款准备金存储于中央银行。这种集中准备金制度，对于商业银行来说可以节省各家商业银行存在本行的准备金数额，使其充分发挥资金的作用。对于中央银行来说，可以通过法定存款准备金制度，按照宏观调控的需要提高或降低法定存款准备金比率，达到调控商业银行信用创造的能力，进而调控全社会的信贷规模。

4. 资金清算业务

资金清算是指以转账方式了结债权债务关系的一种银行业务活动。中央银行一般都执行清算银行的职能，办理金融机构间的转账结算，以了结金融机构间的债权债务关系。由于各金融机构要办理结算就必须在中央银行开立存款账户，这就使这项业务成为中央银行的负债业务。

六、我国中央银行的概况

（一）中国人民银行的成立与发展

1948 年 12 月 1 日，以华北银行为基础，合并北海银行、西北农民银行，在河北省石家庄市组建了中国人民银行，并于 1949 年 2 月迁入“北平”。

1983 年 9 月，国务院决定中国人民银行专门行使国家中央银行职能。1995 年 3 月 18 日，第八届全国人民代表大会第三次会议通过了《中华人民共和国中国人民银行法》（以下简称《中国人民银行法》），至此，中国人民银行作为中央银行以法律形式被确定下来。

中国人民银行成立至今，特别是改革开放以来，在体制、职能、地位、作用等方面，都发生了巨大而深刻的变革。其发展和改革历程大致经历了如下阶段：中国人民银行的创建与国家银行体系的建立（1948—1952 年）；计划经济体制时期的国家银行（1953—1978 年）；从国家银行过渡到中央银行体制（1979—1992 年）；逐步强化和完善现代中央银行制度（1993 年以后）。

随着社会主义市场经济体制的不断完善，中国人民银行作为中央银行在宏观调控体系中的作用将更加突出。为此 2003 年 12 月 27 日第十届全国人民代表大会常务委员会第六次会议对《中国人民银行法》进行了修正。

2003 年 4 月，中国银行业监督管理委员会成立，中国人民银行把对银行业金融机构的监管独立出来，并最终形成了“一行三会”的金融监管框架。2005 年 7 月 21 日，中国人民银行发布公告宣布实施人民币汇率形成机制改革，实行“以市场供求为基础、参考一篮子货币进行调节、有管理的浮动汇率制度”。2005 年 8 月，中国人民银行上海总部成立。上海总部的成立，是完善中央银行决策与操作体系、更好地发挥中央银行的宏观调控职能的一项重要制度安排，同时也是推进上海国际金融中心建设的一项重要举措。

（二）中国人民银行的性质和宗旨

根据《中国人民银行法》第一章总则第二条的规定，中国人民银行的性质为：

①中国人民银行是中华人民共和国的中央银行。②中国人民银行在国务院领导下，制定和实施货币政策，对金融业实施监督管理。

根据《中国人民银行法》第一章总则第三条和第五章第三十条的规定，中国人民银行的宗旨为：①保持货币币值的稳定，并以此促进经济的增长。②依法对金融机构及其业务实施监督管理，维护金融业的合法稳健运行。

根据《中国人民银行法》第一章总则第四条的规定，中国人民银行的职能为：①依法制定和执行货币政策。②发行人民币，管理人民币流通。③按照规定审批，监督管理金融机构。④按照规定监督管理金融市场。⑤发布有关金融监督管理和业务的命令和规章。⑥持有、管理、经营国家外汇储备和黄金储备。⑦经理国库。⑧维护支付、清算系统的正常运行。⑨负责金融业的统计、调查、分析和预测。⑩作为国家的中央银行，从事有关的国际金融活动。⑪国务院规定的其他职责。中国人民银行为执行货币政策，可以依照本法第四章的有关规定从事金融业业务活动。

七、我国现行的金融机构体系

（一）我国金融机构体系的形成与发展

1. 初步形成阶段（1948—1953 年）

其主要标志是 1948 年 12 月 1 日“中国人民银行”的建立，发行人民币为法定的本位货币。

2. 计划经济时期（1953—1978 年）

为配合高度集中统一“计划经济”体制的运行，采用了“大一统”金融体系。在组织体系上全国仅有唯一的一家国家银行（中国人民银行）；在经营管理上一切业务必须按计划办事，计划管理是最高原则；在信用制度上，实行单一的银行信用体制，禁止商业信用，国家信用和向外借款基本不运用；在结算制度上，全国实行统一的转账结算办法，同时实行集中统一的联行清算制度；在利率管理上，实行管制利率和严格的外汇管制。

3. 初步改革阶段（1979—1983 年 8 月）

1979 年 2 月、3 月、4 月，“人保”“农行”“中行”及“外管局”从中国人民银行独立出来；1983 年 1 月“建行”独立。

4. 多样化的金融体系（1983 年 9 月—1993 年）

中国人民银行开始履行央行职能；1984 年 1 月中国工商银行正式成立；组建地方、股份制商业银行及其他金融机构；形成以中国人民银行为核心，以工农中建专业银行为主体，其他金融机构并存和分工协作的金融机构体系。

5. 建设适应市场经济的金融体系（1993 年至今）

将政策性业务从国有专业银行中剥离出来，组建“政策性银行”；国有专业银行向国有商业银行转化；鼓励民营商业银行发展；整顿、改革城市信用合作社，组建地方商业银行；大力发展非银行金融机构；逐步加强金融监管。

（二）我国现行的金融机构体系

我国现行的是以金融管理机构为主导、商业银行为主体、多种非银行金融机构为辅助，层次和种类较为丰富齐全、服务功能比较完备的金融机构体系。

金融管理机构即中国人民银行（中央银行）、中国证券监督管理委员会和中国银行保险监督管理委员会。商业银行体系包括国有控股大型商业银行、股份制商业银行、城市商业银行、农村商业银行和村镇银行、外资商业银行。政策性银行体系包括国家开发银行、中国农业发展银行和中国进出口银行。信用合作机构有城市信用合作社和农村信用合作社。非银行金融机构体系包括金融资产管理公司、信托投资公司、财务公司、金融租赁公司、汽车金融公司、证券机构、保险公司等以及外资金融机构。

第二节　商业银行

在金融机构体系中，商业银行是金融业的主体。商业银行是以吸收存款及发放贷款为主要业务，以盈利为目标，提供综合性全面服务的金融企业。其业务日益朝着多样化、综合化、国际化方向发展，在经济活动中起着举足轻重的作用。

一、商业银行的性质

（一）商业银行是企业

商业银行属于企业范畴，是依法设立的企业法人，有独立的法人财产，并以其全部财产对其负债承担责任。商业银行以盈利为目的，自主经营，自担风险，自负盈亏，自我约束。商业银行的设立不仅要依据《中华人民共和国商业银行法》（以下简称《商业银行法》）而且还要符合《中华人民共和国公司法》（以下简称《公司法》）的要求和规定。

《商业银行法》第二条规定，“本法所称的商业银行是指依照本法和《公司法》设立的吸收存款、发放贷款、办理结算等业务的企业法人”。

（二）商业银行是金融企业

商业银行是以金融资产和金融负债为经营对象，其实质就是货币这种特殊商品及其相关的金融服务。在商业银行的资产中自有资本的占比较低而负债的占比一般较大，这使得商业银行在获得很高的财务杠杆效应的同时也面临着更大的经营风险。因此，商业银行的经营原则是：①安全性原则，是指商业银行资产免除损失的可靠程度。②盈利性原则，是指商业银行通过从事业务活动，获取利润的能力。③流动性原则，是指银行能够随时满足客户提取存款及申请贷款要求的能力或清偿力。

（三）商业银行是特殊的金融企业

商业银行是唯一吸收活期存款并开立支票账户办理转账业务的金融企业。借助于支票流通的非现金结算制度和部分准备金制度，商业银行可以创造存款货币。也就是说，商业银行具有创造信用的功能。

商业银行除了办理传统存贷款业务外，还经营证券投资、代理咨询、财务顾问、投资银行等业务，成为无所不包的金融百货公司，客观上给企业及个人经济生活带来了极大的便利，这是其他金融企业所无法替代的。

二、商业银行的职能

在经济活动中，现代商业银行既区别于一般工商企业，也区别于原始银行。对于前者来讲，其区别之处在于现代银行有它的特定经营活动内容与特殊的职能作用；而对于后者来讲，其区别之处在于现代银行是信用媒介与信用创造的统一体，能否创造信用是现代银行区别原始银行的根本标志。概括起来讲，商业银行具有以下职能作用。

1. 信用中介

商业银行通过吸收存款，动员和集中社会的一切闲置的货币资金，通过贷款和投资方式将这些货币资金提供给资本需求者使用。商业银行则成为货币资本贷出者与借入者之间的中介人，成为调剂货币资本余缺的中介机构。

2. 支付中介

商业银行通过为客户开立账户，充当客户之间债权债务结算与货币收付的中间人。在这里，商业银行是以客户的会计和出纳的资格出现的。这可加速资本周转，促进商品生产和流通顺利进行。

3. 资本转换

商业银行运用负债业务可以将盈余单位（法人、自然人等）的资金，由零星变成巨额、由闲置变为有用、由短期变为长期；然后通过资产业务把这些货币资金汇集起来，提供给资金需求者使用。这种资本转换功能，有利于扩大社会资本总额，协调资本合理流动、准确匹配资本期限和结构，使得资源配置的效率得到提高。

4. 信用创造

信用创造功能是现代商业银行所拥有的，区别于原始银行的一条最根本的标志。现代商业银行，不仅保留了原始银行的信用中介功能，而且发展了信用创造功能。现代商业银行是信用中介与信用创造的统一体。

现代商业银行的这一功能使银行在整个国民经济中的地位有了根本性改变。由于银行信用与货币供给已成为密不可分的同一过程，银行信用的增减意味着货币供给量的增减，从而使银行信用渗透到国民经济的各个领域，使现代经济日益演变为信用经济。

三、商业银行的类型

按分类标准的不同，商业银行可以分为不同的类型：

（一）从资本所属角度划分

从资本所属角度考查，商业银行的组织形式有私人银行、合伙组织的银行、国家商业银行与股份制银行等四种。

1. 私人银行

这是一种独资的私营银行。目前，世界上商业银行采取私人银行组织形式的情形已比较少。例如，有100多年历史的英国私人银行——商业银行，在20世纪70年代初，也从私人独资的家庭企业转变为股份公司。

2. 合伙组织的银行

这类银行是由两个以上的自然人合伙组成的，目前采取这种组织形式的商业银行为数极少。

3. 国家商业银行

这是由国家所有并委派高层管理人员进行经营管理的商业银行。这类商业银行，不但在发展中国家出现，而且在西方发达国家也存在。例如法国的里昂信贷银行、巴黎国民银行和兴业银行，都是经过国有化后成为国家所有的商业银行。另外，商业银行国有化程度仅次于法国的意大利，其几家最大的商业银行亦由政府经营，或国营控股公司控制。

4. 股份制银行

这是通过股份制方式筹集银行资本并通过股份公司形式进行经营管理的商业银行。目前，这是西方经济发达国家商业银行主要的组织形式。美国、英国、德国、日本、加拿大等主要西方发达国家和许多发展中国家的商业银行都以股份公司的形式存在，许多国家和地区的银行法规定，除法律另有规定外，商业银行须采取股份有限公司形式，如我国香港地区规定银行必须是股份有限公司，否则只能称银号。

（二）从组织制度角度考查

1. 单一银行制

单一银行制又称单元银行制、独家银行制，指银行业务只由一个独立的银行机构经营，不设或不准设立分支机构的银行组织制度。目前只有美国还部分存在这种模式。1927 年美国通过了《麦克法登法案》，其主旨是使国民银行和州银行得到平等待遇，有效阻止银行跨州经营和分设机构，甚至在州内也不准设分支机构。这一制度的实施在防止银行垄断、促进银行与地方经济的协调等方面起到了经济的作用，但同时也带来了许多弊端，不利于银行的发展。1994 年美国国会通过《里格-尼尔银行跨州经营及其分支机构效率法》，取消了对银行跨州经营和设立分支机构的管制。

2. 分支行制

分支行制又称总分行制。这是目前世界各国一般都采用的商业银行体制，指法律允许商业银行在大城市设立总行，并在该市及国内或国外各地设立分支机构的制度。在这种体制下，分支行的业务和内部事务统一遵照总行的规章和指示办理。例如，我国的《商业银行法》第十九条中规定，“商业银行根据业务需要可以在中华人民共和国和境外设立分支机构”。

3. 代理行制度

代理行制度又称往来银行制度，指银行相互间签有代理协议，委托对方银行代办指定业务的制度。被委托的银行为委托行的代理行，相互间的关系则为代理关系。一般来说，银行代理关系是相互的，因此互为对方代理行。在国际之间，代理关系非常普遍。代理制最发达的是美国，这种代理制度解决了不准设立分支机构的矛盾。在实行分支行制度的国家中，银行之间也存在着代理关系。

4. 银行控股公司制度

银行控股公司又称银行持股公司，指由一个集团设立股权公司，再由该公司控制和收购两家或两家以上的商业银行的这种形式。从立法角度来看，控股公司拥有银行，但实际上控股公司往往是由银行建立并受银行操纵的组织。大银行通过控股公司把许多小银行甚至一些企业置于自己的控制之下。

银行控股公司形式从 20 世纪初开始发展，第二次世界大战后急剧增长起来。银行控股公司具有的优势：①能够对数家银行拥有控股权，可以使银行规避限制设立分支机构的规定；②能够从事与银行相关的其他活动，如提供咨询、提供加工和传递信息的服务、租赁、信用卡服务和在其他地区发放贷款；③能发行商业票据，使得银行能获得存款之外的资金来源。正是由于具备了这些显著优势，银行控股公司制得以成为当今国际银行界最流行的组织形式。

5. 连锁银行制度

连锁银行制度又称联合制，指两家以上商业银行受控于同一个人或同一集团但又不以股权公司的形式出现的制度。连锁银行的成员大多是形式上保持独立的小银行，通常围绕在一家主要银行的周围。其中的主要银行为集团确立银行业务模式，并以它为中心形成集团内部的各种联合。连锁银行制与控股公司制的异同在于是否设立股权公司；各个独立银行（在法律上仍是独立的）是否受控于某一人或某一集团；其业务和经营是否完全由某一人或某一集团操纵。因此，连锁银行制明显的缺点是不易获得银行所需要的大量资本。

（三）从业务覆盖的地域考查

1. 地方性商业银行

地方性商业银行也可以称为区域性商业银行。这类商业银行以所在地区的客户为服务对象，业务经营活动范围具有明显的地域特征。例如，我国改革开放后发展起来的城市商业银行和农村商业银行。

2. 全国性商业银行

全国性商业银行主要以境内客户为服务对象，业务范围覆盖全国。全国性商业银行的准入条件比地方性商业银行更高。

3. 国际性商业银行

国际性商业银行主要指那些以国际性大企业客户为服务对象，在国际金融中心占据重要地位、国际影响力较大的商业银行。例如，花旗银行、渣打银行、美联银行、东京三菱银行等国际性跨国银行。

（四）从业务经营制度和业务经营范围考查

1. 职能分离型

职能分离型，指银行业务和证券分离，商业银行主要从事经营短期工商信贷业务。

这种银行业务制度的形成以20世纪30年代资本主义经济大危机的爆发为契机。大危机中，银行成批破产倒闭，酿成历史上最大的一次货币银行信用危机。不少西方经济学家归咎于银行的综合性业务经营，尤其是长期贷款和证券业务的经营。以美国为例，美国国会在1933年通过了《格拉斯-斯蒂格尔法》，允许商业银行承销新发行的政府证券，但禁止商业银行承销公司证券或从事经纪商的活动。同时，该法还禁止投资银行从事商业银行的业务。附加的规定还禁止银行从事保险及其他被认为是有风险的非银行业务。

2. 全面职能型银行

全面职能型又称综合化银行制度，指银行可以经营一切银行业务，提供全面的银行和金融服务，包括各种期限和种类的存、贷款及全面的证券业务。德国是实行全能银行制度国家的典型代表，此外奥地利、瑞士等国家也实行这种制度。德国最大的商业银行——德意志银行就是一家典型的全能银行。

自20世纪70年代以来，商业银行的传统特征和分工界限已被打破，并趋向全能化、综合化经营。原来实施分业经营最为突出的美国和日本已走上这样的道路。1999

年11月4日，美国参众两院通过了《金融服务现代化法案》，宣布取消了大半个世纪的限制商业银行、证券公司和保险公司跨界经营的法律，从而将美国金融业带进一个新时代。

四、商业银行的负债业务

（一）商业银行的负债

负债业务是商业银行形成资金来源的主要业务，商业银行的资金来源主要包括自有资本和吸收的外来资金两部分。自有资本是商业银行经营各项业务活动的前提，包括其成立时发行股票所筹集的股份资本、公积金以及未分配的利润。国有独资商业银行的资本金有国家拨付的，也有国家准许从利润中积累的部分等。一般说来，自有资本能显示银行的实力，它是吸收外来资金的基础，但在银行资金来源中只占小部分比重。在巴塞尔协议中，对银行资本做了严格的划分，并制定了资本充足率的统一衡量标准。该协议认为，银行资本分为两级，第一级是核心资本，由股本及税后保留利润中提取的公开储备形成；第二级资本为附属资本，包括未公开的储备、重估储备、普通准备金以及带有债务性质的资本工具、长期次级债务。在这里银行资本既有表示所有权的部分，又有表示债务性的部分。

除了资本外，商业银行的资金来源就是通过各种负债业务筹集到的外来资金。外来资金的形成渠道主要是吸收存款、向中央银行借款、向其他银行和货币市场拆借及从国际货币市场借款等，其中又以吸收存款为主。

（二）负债业务的主要形式

吸收存款业务是指银行接受客户存入的货币款项，存款人可随时或按约定时间支取款项的一种信用业务。这是银行的传统业务，在负债业务中占有最主要的地位，可以说，吸收存款是商业银行与生俱来的基本特征。商业银行吸收的存款主要有活期存款、定期存款和储蓄存款三大类。

（1）活期存款。活期存款指那些不受时间限制，客户可以随时存入和提取并经常保持一定周转金额的存款。这种存款的最大特点是使用支票提款，能满足客户随时支取的需要，达到便利结算的目的。企业、个人、政府机关、金融机构都能在银行开立活期存款账户。开立活期存款账户的目的是为了通过银行进行各种支付结算。由于活期存款支付频繁，银行提供服务要付出较高费用，所以一般不对存户支付利息或仅支付极低的利息。活期存款的流动性虽然较强，但存取错综交替中总会在银行形成一笔相对稳定、数量可观的余额，因此成为银行贷款的重要资金来源。

随着金融业竞争的加剧，为满足存款者对资金安全性、流动性和盈利性的要求，商业银行相继推出了许多新型的需要支付利息的活期存款，如：可转让支付命令账户（NOW）、超级可转让支付账户（super NOW）、电话转账服务账户（TTS）、自动转账服务账户（ATS）、股金提款单账户（SDA）、货币市场存款户（MMDA）、货币市场互助基金（MMMF）、协定账户（NA）等。

（2）定期存款。定期存款指那些具有确定的到期期限才准予提取的存款，是近期暂不支用和作为价值贮藏的款项。这种存款具有“不能随时支取”和“期限确定”的特征，即只能在到期日及到期日后提取。定期存款存入时，银行一般是向存户出具存单，也有采用存折形式的。定期存款期限较长，到期前一般不能提取，其流动性较低，是银行重要的稳定性资金来源，银行会给予较高的利息。

定期存款有记名式、不记名式，可转让与不可转让之分。随着银行业务的发展，定期存款开始出现了许多特殊形式，如：可转让大额定期存单（CDs）、货币市场存单（MMC）、定活两便存款账户（TDA）等。

（3）储蓄存款。储蓄存款指个人为积蓄价值和取得利息收入而存入的零星款项。储蓄存款是主要针对居民个人存储闲散货币的需要而设置的一项金融服务。

储蓄存款往往分为活期储蓄存款和定期储蓄存款两种，无论对活期储蓄存款还是定期储蓄存款都支付利息，只是利率高低有别。随着储蓄业务竞争的日益激烈，20 世纪 70 年代以来商业银行还推出了一些新型的储蓄存款业务，如：电话转账服务账户、自动转账服务账户、个人退休金账户、清单储蓄存款等。

商业银行的资金来源，除了银行自有资本和吸收存款之外，当营运资金不足时，还可以其他渠道作为银行的资金来源。

（1）从中央银行借入资金。中央银行对商业银行一般不轻易贷款，尤其是不轻易进行信用放款。商业银行从中央银行借入资金有两种形式：一是再贴现，即把自己办理贴现业务所买进的未到期票据，如商业票据、短期国库券等，再转卖给中央银行；二是直接借款，即把自己持有的合格票据、银行承兑汇票、政府公债等有价证券作为抵押品向中央银行取得抵押贷款。

在我国，国有商业银行一直把向中央银行借款作为解决临时性资金不足矛盾的主要渠道，从中央银行借入资金的金额在国有商业银行全部负债中比重较大，而在西方国家这个比重却较小。从商业银行发展的总体趋势来看，向中央银行借款在商业银行全部负债中所占的比重呈现一种下降的趋势。

（2）从同业拆借资金。同业拆借是指金融机构之间为调剂短期资金的不足而进行的相互借贷。同业拆借是银行的一项传统业务，具有短期性、同业性、大额性的特点。当商业银行短期营运资金不足时，同业拆借资金是一条十分便捷的途径。同业拆借主要为解决银行头寸不足，故通常的做法是银行间通过它们在中央银行的存款账户进行相互贷款。

（3）从国际货币市场上借入资金。近二三十年来，各国商业银行在国际市场上广泛通过办理定期存款、发行大额定期存单、出售商业票据、银行承兑票据及发行债券等方式筹集资金。发展迅速的一些国家，其银行系统对这方面的依赖性往往很大。从国际货币市场上借入资金这种渠道既有利于获得资金，同时又是容易受到冲击的脆弱环节，商业银行在从事这种负债业务时必须注意防范金融风险。

（4）结算过程中的短期资金占用。商业银行在办理各种结算业务过程中可以短期占用客户的资金，这是商业银行的一项资金来源。比如汇兑业务，虽然商业银行占用每笔汇款的时间很短，但由于周转金额巨大，所以占用的资金数量也相当可观。因此，从任一时点上看，总会有那么一些处于结算过程中的资金构成商业银行的资金来源。

但商业银行也必须注意到，结算过程中的资金不能随意占用，否则将违反法律法规的规定。在我国，中国人民银行发布的《票据管理实施办法》及《支付结算办法》中规定：延压、挪用、截留结算资金，影响客户和他行资金使用的，按延压结算金额每天万分之五计付赔偿金；任意压票、退票、截留、挪用结算资金的，由中国人民银行按结算金额对其处以每天万分之七的罚款。

（5）发行金融债券。发行金融债券也是商业银行的一项负债业务。比如自 1985 年以来，我国商业银行按照国家有关规定，经过中国人民银行批准，面向社会发行金融债券，为指定用途筹集资金。

五、商业银行的资产业务

（一）资产业务与资金运用

商业银行的资产业务是指商业银行运用资金并取得收益的基本业务，主要包括贷款、贴现、证券投资等业务。除了贷款、贴现与证券投资这几项资金运用业务外，商业银行的资金运用项目还有库存现金、购置营业用房地产、缴存法定准备金等，这些是非盈利性资产，但它们却是银行从事经营、获取盈利所必不可少的。一般来讲，商业银行在保持安全性的前提下，应尽可能减少这部分资产，而尽力扩大盈利性资产，以提高银行资产的盈利性。

（二）贷款业务

贷款又称放款，是银行将其所吸收的资金，按一定的利率贷放给客户并约期归还的业务。

贷款在银行资产业务中的比重一般占首位。这是因为，与贴现、证券投资等资金运用方式相比，贷款的风险虽然较大，但它的利率较高，同时通过贷款的发放和回收，可密切与工商企业的往来关系，从而有利于稳定吸收存款和拓宽业务领域。

1. 商业银行的贷款分类

（1）按贷款有否抵押品划分，有抵押贷款与信用贷款。抵押贷款是指以特定的抵押品作担保的贷款。抵押品可以是不动产、应收账款、机器设备、提单、栈单、股票和债券等资产。作为抵押的资产必须是能够在市场上出售的，如果贷款到期时借款人不愿或不能偿还时，银行则可以取消抵押品的赎回权并处理抵押品。抵押品资产的价值一般要求大于贷款金额。当银行处理抵押品收入的金额超过贷款的本息和时，超过部分应返还给借款人，反之，银行可通过法律程序追索不足的款项。信用贷款，是指无抵押品作担保的贷款。通常仅由借款人出具签字的文书，信用贷款一般贷给那些有良好资信的人。对这种贷款，银行通常收取的利息较高，并往往附加一定条件，如提供资产负债表、个人收支计划和报告借款用途等。

（2）按贷款对象划分，有工商业贷款、农业贷款和消费贷款。工商业贷款主要是工业企业固定资产投资和购入流动资产的资金需要和商业企业商品流转的资金需要，一般在商业银行贷款中这部分贷款的比重最大。农业贷款，短期的主要用于购买种子、肥料、农药等，长期的主要用于购买土地、改良土壤或水利设施以至造林等。消费贷款是指贷放给个人用来购买消费品或支付劳务费用的贷款，其中又主要是用于购买高档耐用消费品，如汽车、房屋等。

（3）按贷款期限划分，有短期贷款、中期贷款和长期贷款。短期贷款的期限不超过一年，西方这种贷款的流行做法是对贷款的偿还不规定具体期限，随时由银行通知（至少三五日前）收回，所以称“通知贷款”。中期贷款期限一般为一年以上到七八年，长期贷款期限更长，商业银行发放中长期贷款可以获取较多的利息收入，但由于资金被长期占压，流动性较差，风险较大。

（4）按还款方式划分，有一次偿还的贷款和分期偿还的贷款。一次偿还的贷款，是在贷款到期时一次偿还本金。但利息根据约定，或在整个贷款期间分期支付，或在贷款到期时一次支付。分期偿还的贷款，是按年、按季、按月以相等的金额偿还本息。

（5）按贷款质量（或风险程度）划分为正常贷款、关注贷款、次级贷款、可疑贷款和损失贷款。正常贷款是指借款人能够履行合同，不存在任何影响贷款本息及时全额偿还的消极因素，银行对借款人按时足额偿还贷款本息有充分把握，贷款发生损失的概率为零。关注贷款其实质是尽管借款人目前有能力偿还贷款本息，但存在一些可能对偿还产生不利影响的因素，如这些因素继续下去，则有可能影响贷款的偿还，因此需要对其进行关注或监控。通常情况下，这类贷款损失的概率不会超过5%。次级贷款是指借款人的还款能力出现明显问题，完全依靠其正常营业收入已无法足额偿还贷款本息，需要通过处置资产或对外融资乃至执行抵押担保来还款付息，这类贷款损失的概率在30%~50%。可疑贷款是指借款人无法足额偿还贷款本息，即使执行抵押或担保，也肯定要造成一部分损失，只是因为存在借款人重组、兼并、合并、抵押物处理或未决诉讼等待定因素，诉讼金额的多少还不能确定，贷款损失的概率在50%~70%。损失贷款是指贷款人已无偿还本息的可能，无论采取何种措施和履行何种程序，贷款都注定要损失，或者虽能收回极少部分，但其价值甚微，从银行角度看，也没有意义和必要再将其作为银行资产在账目上保留下来，对这类贷款在履行了必要的法律程序后应立即予以注销，其贷款损失的概率为95%~100%。

2. 商业银行进行贷款业务所遵循的原则

（1）合法性原则。合法性是指商业银行发放的贷款，要符合国家的法规和金融政策。各国对商业银行发放贷款都有一定的限制，有的限制时限较长如对大笔贷款额度的限制，对证券投资的贷款限制等属于法律规定的限制；有的限制时限短些，如根据金融和经济形势而确定的金融政策对贷款发放的某些限制。商业银行无论是在贷款对象、贷款数量、贷款地区等方面，都要遵守本国的政策法规。合法性原则是商业银行进行贷款时首先要遵循的原则。

（2）安全性原则。安全性是指放出去的款项，随时或到期能如数收回本息。由于银行的资金多来自存款，如果银行到期不能收回贷款，不但银行本息将蒙受损失，且将累及存户，影响整个经济生活。所以银行放款在遵守合法性原则前提下，应以安全稳妥为第一。通常须注意：①借款人的信用状况，即借款人到期是否愿意而且有能力清偿本息；②担保品的选择，即担保品必须价值稳定且要易于出售；③放款的数额大小，即不要对某一企业或个人予以过多的放款。

（3）流动性原则。流动性是指放出去的款项，要易于转变为现金。由于银行向社会吸收的存款负有要求即付的义务，如果银行贷款流动性过低、长期贷款过多，周转不灵，未能应付客户兑现或新增贷款的要求，则会引起挤兑风潮，丧失信誉，甚至陷于破产境地。因此保持放款具有一定的流动性对银行至关重要。要求取得放款的流动性，须注意：①放款期限的长短应与存款的性质相配合，尽力避免短借长贷的现象；②尽量减少信用放款的比重，增加贴现放款和抵押贷款的比重，以备急需时，可向中央银行取得资金。

（4）盈利性原则。盈利是商业银行经营的目的，因此放款应选择有利于盈利的项目。在流动性原则、安全性原则与盈利性原则相背时，银行作为信用机构，则应舍其盈利的诱惑而求安全。

在西方，为了保证贷款的安全性与盈利性，商业银行非常重视对借款人信用情况的调查与审查，并于多年的实际操作中逐渐形成了一整套的衡量标准。如通常所说的贷款审查的“6C”原则，即品德（character）、才能（capacity）、资本（capital）、担保品（collateral）、经营环境（condition）、事业的连续性（continuity）等。“6C”原则是贷款与评估的依据，它从内容上规定了银行审查贷款、评估贷款的范围和条件。要了解借款人各方面的情况，仅靠日常调查和材料汇总是不够的，还必须借助于企业各类财务报表，分析企业财务状况，从总体上把握企业的经营状况和偿债能力，进而为银行确定贷款与否提供科学依据。

（三）贴现业务

所谓贴现，是票据持有人，将其未到期的票据转让给银行，由银行扣除自贴现日起至到期日止的利息后，以其余额支付给持票人的一种融资行为。从银行的角度来看，贴现是以现款买进未到期票据以获取利息收入的一种业务。办理贴现业务时，银行会向客户收取一定的利息，称为贴息或折扣。具体程序是银行根据票面金额及既定贴现率，计算出从贴现日起到票据到期日止这段时间的贴现利息，并从票面金额中扣除，余额部分支付给客户。票据到期时，银行持票据向票据载明的支付人索取票面金额的款项。

其计算公式如下：

$$\text{贴现利息}=\text{票面金额}\times\text{贴现率}\times\frac{\text{贴现天数}}{360}$$

$$\text{票据贴现价格}=\text{票面金额}-\text{贴现利息}$$

其中，票据贴现天数是指办理票据贴现日起至票据到期日止的时间，贴现率是指商业银行办理贴现时预扣的利息与票面金额的比率。

一般来讲，商业银行常进行贴现的票据有以下几种：

（1）商业承兑汇票，即因商品买卖行为，由卖主向买主发出，而经买主签名承兑的票据。贴现中这种票据最为普遍。

（2）银行承兑汇票，即因交易行为，由卖主向买主发出，而经买主请其往来银行代为承兑的票据。这种票据既有银行担保，又有商品货物买卖为基础，其信用程度较高。

（3）商业本票，即因交易行为，由买主向卖主签发，允诺在一定时期后，支付一定金额给卖主的票据。这种票据不如商业承兑汇票普遍，因为一般认为这种票据的信用程度不如商业承兑汇票。

（4）银行本票，即由银行签发，允诺在一定日期支付一定金额给持票人的票据。银行本票的出票人及付款人皆为银行，信用程度远较商业本票高，持票人向银行贴现，银行乐意接受。

（5）国库券、债券。现代银行的贴现业务，除票据外，其范围已扩及政府的国库券、公债券等，因为政府债券信用可靠，风险较小，且易转让出售，商业银行对此办理贴现，既能获利，又能在需要时随时收回资金。

（四）证券投资业务

商业银行的证券投资是指商业银行在金融市场上购买各种有价证券的业务活动。商业银行从事证券投资的目的主要有：为银行提供资金安全；实现资金运用多样化；谋取收入；减少税金支出。各国商业银行一般的资金安排，第一是准备金的提取，第二是贷款的发放，第三便是证券投资。

商业银行证券投资的对象和内容随着金融工具的不断创新而发展变化，也因相关法规的限制而有所不同。从西方特别是美国商业银行的业务范围来看，适于商业银行投资的证券分为以下几种：

（1）政府债券。政府债券是政府机构发行的债券凭证，证明持券人有权按约定条件从政府机构到期收回本金并取得利息的依据。一般又分为财政部发行的国债、地方政府债券和政府代理机构发行的债券等。

（2）公司债券。公司债券按照有无抵押品分为抵押债券和信用债券，它们都是企业为筹措资本发行的中长期债券。抵押债券是以公司的房产、政府债券、机器设备作抵押而发行的债券，其发行须在主管机关办理抵押登记，并由代表全部债券持有人的信托受托人取得不动产抵押权或动产质权。信用债券则纯粹以公司自身信用发行，没有任何信用品。

（3）公司股票。在西方国家中，对商业银行和投资银行不实行行业分业管理的国家允许商业银行投资于公司股票，对企业进行直接的控制。而实行分业管理的国家则一般禁止商业银行持有企业股票。

六、商业银行的表外业务

表外业务是指商业银行从事的不列入资产负债表，但能影响银行当期损益的业务。狭义的表外业务是指那些虽未列入资产负债表，但同表内的资产业务或负债业务关系密切的业务。广义的表外业务除包括上述狭义的表外业务外，还包括结算、代理、咨询等业务。在我国，表外业务被称为“中间业务”。

商业银行的表外业务包括支付结算业务、银行卡业务、代理业务、信托业务、租赁业务、投资银行业务、担保承诺业务、金融衍生业务等。

1. 支付结算业务。支付结算业务是商业银行为客户办理因债权债务关系所引起的与货币支付、资金划拨有关的收费业务，其方式主要有汇兑结算、托收结算和信用证结算。

2. 银行卡业务。银行卡业务是商业银行向社会发行的各种具有消费信用、转账结算、存取现金等全部或部分功能的信用支付工具。由于银行卡具有方便、快捷、安全可靠的功能，并融存款、贷款、结算于一体，因此银行卡业务已成为当今各商业银行发展最快、普及面最广的一项业务。商业银行从事银行卡业务的收入来源于商户结算手续费、银行卡年费、利息收入和其他收入等。

3. 代理业务。代理业务是指商业银行接受客户的委托，代为办理客户指定的经济事务、提供金融服务并收取一定费用的业务。代理业务是典型的表外业务，包括代理证券业务、代理保险业务、代理商业银行业务、代理中央银行业务、代理政策性银行业务和其他代理业务。代理业务具有为客户服务的性质，是代理人和被代理人之间产生的一种契约关系和法律行为，商业银行在办理代理业务过程中，不使用自己的资产，主要发挥财务管理职能和信用服务职能。

4. 信托业务。信托业务是指商业银行信托部门接受客户的委托，代替委托单位或个人经营、管理或处理货币资金或其他财产，并从中收取手续费的业务。商业银行开展信托业务不仅开辟了新的利润渠道，有利于增加收益，而且扩大了服务范围，丰富了业务种类，从而分散了银行的经营风险。信托业务主要包括资金信托、动产信托、不动产信托和其他财产信托等四大类信托业务。

5. 租赁业务。商业银行的租赁是一种信用形式。租赁是指在约定的期间内，出租人将资产使用权让与承租人，以获取租金的协议。租赁经历了古代租赁、传统租赁到现代租赁的发展阶段，现代租赁也称为金融租赁或融资租赁。与传统租赁不同，现代租赁是融资与融物相结合，以融资为主要目的。与传统租赁本质的区别在于，传统租赁以承租人租赁使用物件的时间计算租金，而融资租赁以承租人占用融资成本的时间计算租金。

租赁业务的开展，有益于承租人，同时也使经办的银行得到好处，因此得以迅速发展。目前除商业银行可办理租赁业务外，我国还有为数众多的租赁公司和信托投资公司可办理租赁业务。

6. 投资银行业务。投资银行是主要从事证券发行、承销、交易、企业重组、兼并与收购、投资分析、风险投资、项目融资等业务的金融机构，是资本市场上的主要金融中介机构。

商业银行开展投资银行业务是基于混业经营的趋势。尽管在名称上都冠有“银行”字样，但投资银行与商业银行之间存在着明显差异：从市场定位上看，商业银行是货币市场的核心，而投资银行是资本市场的核心；从服务功能上看，商业银行服务于间接融资，而投资银行服务于直接融资；从业务内容上看，商业银行的业务重心是吸收存款和发放贷款，而投资银行既不吸收各种存款，也不向企业发放贷款，业务重心是证券承销、公司并购与资产重组；从收益来源上看，商业银行的收益主要来源于存贷利差，而投资银行的收益主要来源于证券承销、公司并购与资产重组业务中的手续费或佣金。

中国工商银行是国内首家在商业银行架构内开展投资银行业务的金融机构。

7. 担保承诺业务。担保业务是指商业银行接受客户委托对第三方承担责任的业务。主要包括银行承兑汇票、备用信用证、各类保函等。担保使用的金融工具有：保函、备用信用证，跟单信用证等。

承诺业务是指商业银行在未来某一日期按照事先约定的条件向客户提供约定的信用业务，主要包括贷款承诺和票据发行便利。贷款承诺是法律上的一种约束，即银行按商定利率在未来一定时期内对客户履行贷款的承诺。根据贷款承诺协议，银行只向客户收取佣金。贷款承诺包括可撤销贷款承诺和不可撤销贷款承诺两种形式。票据发行便利是一种具有法律约束力的约定，银行允诺在一定时间内，为其客户票据融资提供各种便利条件。其形式主要有循环包销票据发行便利和非包销票据发行便利。

8. 金融衍生业务。这是指商业银行为满足客户保值增值或自身头寸管理等需要进行的货币、利率、股票和商品的远期、期货、期权、互换等衍生交易业务。金融衍生品交易具有高风险高收益的特点。

第三节 其他金融机构

现代中央银行已成为代表国家管理金融的特殊机关，处于一国金融业的首脑和领导地位，商业银行是金融业的主体。此外，还有许多非银行的金融机构，它们的存在与发展，构成了一国（地区）完整的金融机构体系。以下将以我国为例进行简要介绍。

一、保险公司

保险既是一种经济制度也是一种法律关系。作为一种社会经济制度，保险是一种社会化的安排。保险具有分散风险和补偿损失的职能。但必须注意的是，保险没有减少损失的功能。风险分散（即分摊损失）是实施补偿的前提和手段，实施补偿是分摊损失的目的。

1979 年 4 月，为适应经济体制改革和对外开放的需要，国务院批转的《中国人民银行分行行长会议纪要》明确提出要开展保险业务。同年 11 月，全国保险工作会议决定从 1980 年起恢复已停办 20 多年的国内保险业务。从此，我国保险市场开始迈进一个新的历史时期。自 1979 年以来，经过改革和发展，我国保险市场已成为世界上最大的保险新兴市场（见表 7-1）。

表 7-1 保险机构数量变化对比表 单位：个

项目	2000 年	2005 年	2010 年	2015 年	2016 年	2017 年
保险系统机构	33	93	142	194	203	222
保险集团公司机构	—	6	8	11	11	12
中资保险公司机构	13	42	81	126	135	145
中资保险公司总公司机构	4	42	81	126	135	145
中资保险公司省级分公司机构数	63	572	1 126	1 558	1 605	1 701
中资保险公司中心支分公司机构	—	2 740	5 812	8 585	8 880	9 322
中资保险公司支公司机构	—	6 899	13 176	23 877	25 788	26 824
中资保险公司营业部机构	—	2 674	2 535	2 380	2 370	2 407
中资保险公司营销服务部机构	—	29 041	45 519	40 911	40 760	40 741
中外合资保险公司机构	21	40	53	57	57	57
中外合资保险公司总公司机构	—	40	53	57	57	57
中外合资保险公司省级分公司机构	—	47	168	304	327	354

资料来源：根据国家统计局“年度数据”整理编制。

注：机构数总计中包括慈溪市龙山镇伏龙农村保险互助社，未在保险集团、中资保险公司、中外合资公司中列示。其他总计项目为保险集团公司、中资保险公司及中外合资保险公司各项指标的简单合计。

二、信托投资公司

信托是一种以资产为核心，以信用为基础，以权利主体与利益主体相分离为特点的，具有长期性和稳定性的财产管理制度。“受人之托，代人理财”是信托的基本特征。它是一种财产转移及管理的巧妙设计，具有风险隔离、权益重置的功能以及高度灵活的运作空间，适应性很强，并由此可以派生出多样化的社会功能，可以创造出多种多样的管理方式和信托产品。诸如在民事方面的运用，有财产托管、遗嘱执行、遗嘱照顾等；在商务活动方面的运用，有代办证券投资、中长期融资服务、财务咨询等；在社会公益活动方面的运用，有慈善、科技、学术、宗教、环保等。尤其是在目前的法律框架下，仅有信托制度成为诸多财产制度中唯一可以连接和沟通资本市场、货币市场和产业市场的制度。正是由于信托制度在财产管理、资金融通、投资理财和社会公益等诸多方面所反映出的独特的便利功能和作用空间，其已被当今不少发达国家多方面采用，并在市场经济条件下得到快速的发展。信托投资公司是以受托人身份专门从事信托业务的金融机构。信托业已成为现代金融业的重要支柱之一。

1979 年以中国国际信托投资公司的成立为标志，中国的信托业得到恢复。早期的信托投资公司由于缺乏法律规范和相应的制度约束等原因，没有实现“受人之托，代人理财”的基本职能，反而成为以吸收存款、发放贷款为主要业务的准银行机构。同时，信托投资公司在发展过程中由于缺乏相应的监控措施，盲目竞争、扩张机构、资本金不实、管理混乱等问题非常严重，隐藏着巨大的金融风险，国家曾于 1982 年、1985 年、1988 年、1993 年和 1999 年多次对信托投资公司进行清理整顿，以规范信托投资公司的经营与发展。

2001 年，《中华人民共和国信托法》颁布；2007 年，银监会公布了《信托公司管理办法》，我国的信托投资公司开始了新的发展，向“受人之托，代人理财”的基本功能回归。

三、金融租赁公司

金融租赁公司是以经营融资租赁业务为主的非银行金融机构。金融租赁公司开展业务的过程是：租赁公司根据企业的要求，筹措资金，提供以“融物”代替“融资”的设备租赁；在租期内，作为承租人的企业只有使用租赁物件的权利，没有所有权，并要按租赁合同规定，定期向租赁公司交付租金。租期届满时，承租人向租赁公司交付少量的租赁物件的名义货价（即象征性的租赁物件残值），双方即可办理租赁物件的产权转移手续。

自担风险的融资租赁业务包括典型的融资租赁业务（简称“直租”）、转租式融资租赁业务（简称“转租赁”）和售后回租式融资租赁业务（简称“回租”）三个类别。同其他机构分担风险的融资租赁业务有联合租赁和杠杆租赁两类。

我国的融资租赁业起源于 1981 年 4 月，最早的租赁公司以中外合资企业的形式出现，其原始动机是引进外资。1981 年 7 月首家金融租赁公司——“中国租赁有限公司”成立。1997 年后，海南国际租赁有限公司、广东国际租赁有限公司、武汉国际租赁公司和中国华阳金融租赁有限公司（2000 年关闭）先后退出市场。

2007 年 1 月，银监会颁布《金融租赁公司管理办法》，并于 2007 年 3 月 1 日起施行。

四、政策性银行

政策性银行是指由政府创立、参股或保证的，不以营利为目的，专门为贯彻、配合政府社会经济政策或意图，在特定的业务领域内，直接或间接地从事政策性融资活动，充当政府发展经济、促进社会进步、进行宏观经济管理工具的金融机构。政策性银行的产生和发展是国家干预、协调经济的产物，当今世界上许多国家都建立有政策性银行，其种类较为全面，并构成较为完整的政策性银行体系。1994 年，我国组建了三家政策性银行，即国家开发银行、中国进出口银行和中国农业发展银行，均直属国务院领导。

经国务院批准，国家开发银行于 2008 年 12 月整体改制为国家开发银行股份有限公司，标志着国家开发银行改革进入了新阶段，我国政策性银行改革取得重大进展。中国进出口银行和中国农业发展银行的改革方案正在反复研究论证和修改中。

五、财务公司

财务公司是为企业集团提供存、贷、结算等金融业务的非银行金融机构。成立财务公司是国家根据经济市场化要求，顺应金融深化和金融多元化的趋势，配合“大企业、大集团”战略而推出的一项重要举措，揭开了产业资本和金融资本相融合的探索道路。

我国目前的企业集团财务公司主要由企业集团内部各成员单位入股成立，并向社会募集中长期资金。其特点有：①宗旨和任务是为本企业集团内部各成员单位提供融资服务，以支持企业的技术进步与发展。②财务公司一般不得在企业集团外部吸收存款，业务上受中国人民银行领导和管理，行政上则隶属于各企业集团。③其主要业务有人民币存贷款投资业务、信托和融资性租赁业务、发行和代理发行有价证券。

1987 年我国批准设立了第一家企业集团财务公司——“东风汽车工业财务公司”，之后又有许多财务公司相继批准成立，并出现了一批巨型财务公司。随着财务公司的发展，财务公司对经济发展的作用越来越大。

2006 年，银监会颁布了修订后的《企业集团财务公司管理办法》。

六、金融资产管理公司

我国的金融资产管理公司是经国务院决定设立的收购国有独资商业银行不良贷款，管理和处置因收购国有独资商业银行不良贷款形成的资产的国有独资非银行金融机构。金融资产管理公司以最大限度保全资产、减少损失为主要经营目标，依法独立承担民事责任。我国有 4 家资产管理公司，即中国华融资产管理公司、中国长城资产管理公司、中国东方资产管理公司、中国信达资产管理公司，分别接收从中国工商银行、中国农业银行、中国银行、中国建设银行剥离出来的不良资产。中国信达资产管理公司于 1999 年 4 月成立，其他三家于 1999 年 10 月分别成立。

20 世纪 90 年代以来，特别是东南亚金融危机以后，国际社会对金融机构的不良资产问题普遍给予了极大关注。1999年，我国相继组建了四大金融资产管理公司（简称AMC），负责接收、管理和处置国有银行不良金融资产，这是我国金融体制改革的一项重要创新。国家赋予金融资产管理公司较宽泛的业务范围和相应的手段与功能，从而使资产管理公司在不良资产处置中探索出一些值得推广的业务经验。自2001年以后，不良资产的处置速度和回收率都有了较大的进步。同时，AMC通过自身工作，还有力地促进了金融市场的发育和效率的提高，促进了社会信用秩序的健全和完善。

随着金融资产管理公司历史使命的完成，其转型改制工作也在积极进行中。

七、信用合作组织机构

我国的城市和农村信用合作社是群众性合作制金融组织，是对国家银行体系的必要补充和完善。其本质特征是：由社员入股组成，实行民主管理，主要为社员提供信用服务。

城市信用社是我国经济和金融体制改革的产物，是我国金融机构体系的一个组成部分。自1995年起，遵照国务院指示，部分地级城市在城市信用社基础上组建城市商业银行。同年3月，中国人民银行下发《关于进一步加强城市信用社管理的通知》明确："在全国的城市合作银行组建工作过程中，不再批准设立新的城市信用社"。这个通知下发以后，全国基本上完全停止了城市信用社的审批工作。

农村信用社是由农民自愿入股组成，由入股社员民主管理，主要为入股社员服务的具有法人资格的合作金融机构。农村信用社实行自主经营、独立核算、自负盈亏。农村信用社入股组成农村信用合作联社，主要为入股的农村信用社提供服务，同时对农村信用社实行管理、监督和协调。

1996年，根据《国务院关于农村金融体制改革的决定》，全国农村信用社与中国农业银行脱离行政隶属关系（俗称"脱钩"），农村信用社的业务管理和金融监管分别由县联社和中国人民银行承担。

新形势下的农村信用社是我国金融体系的重要组成部分，是农村金融的主力军。其主要为广大农户、个体工商户，为农产品产前产后经营的各个环节提供金融服务，处于农村金融的最基层，是联系农民的金融纽带，是支持农业和农村经济发展的重要力量。随着金融改革的不断深化，农村信用社也在进一步完善法人结构和公司治理；村镇银行和农村商业银行的设立和发展也成为服务"三农"的金融机构。

八、汽车金融公司

汽车金融公司是为汽车购买者及销售者提供金融服务的非银行金融机构。与商业银行开办的汽车消费信贷相比，汽车金融公司的专业化程度更高，更具有专业优势。汽车金融公司的设立，有利于促进我国汽车市场的培育，提升我国汽车业的整体竞争力。

上汽通用汽车金融（GMAC-SAIC）成立于2004年，由通用汽车金融、上汽通用、上汽财务三方合资组建，是中国第一家专业汽车金融公司。

汽车金融公司车的业务主要有：标准信贷（包括首付款与等额月付两大部分）；弹性信贷（包括首付款、等额月付与最后一个月的弹性尾款；期末尾款为贷款额的

25%）；33 弹性贷（首付 30%，贷款期限为 36 个月，在最后一个月支付车价 35% 的弹性尾款）；半价弹性贷（首付 50%，贷款期限为 12 个月，在最后一个月支付车价 50% 的尾款）；二手车贷款（首付比例最低为车价的 50%，贷款期限最长可达 3 年）。

2008 年 1 月，银监会开始实施《汽车金融公司管理办法》。

九、证券机构

证券机构主要是指在资本市场上为证券投资活动服务的金融机构，包括证券交易所、证券登记结算公司、证券公司、证券投资咨询公司、投资基金管理公司等。

证券交易所是集中进行证券交易的有形场所。国际著名的证券交易所如伦敦证券交易所、纽约证券交易所、东京证券交易所、香港交易及结算所有限公司（简称港交所或香港交易所）等。目前中国大陆有两家证券交易所，即上海证券交易所（1990 年 11 月 26 日成立，1990 年 12 月 19 日开业）和深圳证券交易所（1990 年 12 月 1 日成立，于 1991 年 7 月 3 日正式营业）。

证券登记结算公司是为证券交易提供集中登记、存管与结算服务，不以营利为目的的法人。2001 年 3 月 30 日，中国证券登记结算有限责任公司成立。这标志着中国建立全国集中、统一的证券登记结算体制的组织构架已经基本形成。

证券公司是专门从事有价证券买卖的法人企业，分为证券经营公司和证券登记公司。狭义的证券公司是指证券经营公司，它具有证券交易所的会员资格，可以承销发行、自营买卖或自营兼代理买卖证券。普通投资人的证券投资都要通过证券商来进行。在不同的国家，证券公司有着不同的称谓。在美国，证券公司被称作投资银行或者证券经纪商；在英国，证券公司被称作商人银行；在欧洲大陆（以德国为代表），由于一直沿用混业经营制度，投资银行仅是全能银行的一个部门；在我国和日本则称为证券公司。

证券投资咨询公司又称证券投资顾问公司，是指对证券投资者和客户的投融资、证券交易活动和资本营运提供咨询服务的专业机构。目前，我国证券投资咨询公司主要有两种类型：一是专门从事证券咨询业务的专营咨询机构，另一类是兼作证券投资咨询业务的兼营咨询机构。

投资基金管理公司简称基金公司，是对基金的募集、基金份额的申购和赎回、基金财产的投资、收益分配等基金运作活动进行管理的公司。证券投资基金的依法募集由基金管理人承担。基金管理人由依法设立的基金管理公司担任。基金按设立方式划分有封闭型基金、开放型基金；契约型基金、公司型基金；按设立方式划分有封闭型基金、开放型基金；按投资对象划分有股票基金、货币市场基金、期权基金、房地产基金等。2012 年 9 月 20 日，中国证券监督管理委员会公布了《证券投资基金管理公司管理办法》。

十、投资银行

投资银行的称谓主要在美国盛行，是与商业银行相对应的一个概念。国际著名的投资银行有“高盛”“JP 摩根”“美林”等。投资银行是现代金融体系的重要组成部分，是资本市场的核心，是资本市场上联系筹资者与投资者的主要金融中介。美国著名的金融投资家罗伯特·库恩对投资银行的定义是“只有经营部分或全部资本市场业务的金融机构，才能被称为投资银行”，该定义被认为是目前对投资银行的最佳定义。投资银行主要从事证券发行、承销、交易、企业重组、兼并与收购、投资分析、风险投资、项目融资等业务。在中国，投资银行的主要代表有中国国际金融有限公司、中信证券等。

第四节　金融市场

金融市场是买卖金融工具以融通资金的场所或机制。按融资期限，金融市场可分为短期市场与长期市场。短期市场亦被称为“货币市场”，长期市场亦被称为“资本市场”。按融资方式划分，金融市场可分为直接金融市场与间接金融市场。前者是指不需要借助金融中介而进行的融资市场，后者是指需要借助金融中介来进行融资的市场。按交易层次划分，金融市场可分为一级市场与二级市场、初级市场与次级市场、发行市场与流通市场。按交易对象划分，金融市场可分为资金市场、外汇市场、黄金市场、证券市场和保险市场。按交易方式划分，金融市场可分为现货市场与期货市场。按交易场所划分，金融市场可分为有形市场与无形市场。本节主要介绍按融资期限划分的货币市场和资本市场。

一、货币市场

货币市场（money market）通常是指期限在一年以内的短期融资场所。其作用主要是调节临时性、季节性、周转性资金的供求，它主要由短期借贷市场、拆借市场、票据市场、国库券市场、回购市场、可转让大额定期存单市场等构成。

（一）短期借贷市场

就银行而言，短期信贷主要是流动资金贷款，它占了银行贷款的大部分。近年来，我国将流动资金贷款分为三类：3 个月以内为临时贷款；3 个月以上至 1 年以内，为季节性贷款；1 年以上到 3 年以内，为周转贷款。这样就扩大了流动资金期限范围，而将货币市场交易对象限定为前两类流动资金贷款。此外，《中华人民共和国贷款通则》规定，票据贴现期限最长为 6 个月，当属货币市场的范围；1999 年以来大力倡导的消费信贷，其中有一部分也属 1 年期以内的贷款或短期透支。

短期借贷的风险虽然低于长期借贷，但也不可忽视其风险。从 1998 年起，我国银行贷款按照国际惯例进行贷款 5 级分类，将全部贷款按照风险程度分为正常、关注、次级、怀疑、损失 5 类，以利于区别对待，分类管理，并依此为据，提取相应比例的风险保证金。

（二）同业拆借市场

1. 同业拆借市场的形成

同业拆借市场的形成与中央银行实行的存款准备金制度有关。1913 年美国《联邦储备法》规定：作为联邦储备体系的会员银行，必须按规定的比率向联邦储备银行提交存款准备金，而不能将全部存款都用于放款、投资及其他盈利性业务。会员银行在联储银行账户上的存款，超过法定存款准备金后的部分，为会员银行的超额存款准备金。如果会员银行的库存现金和在联邦储备银行的存款没有达到法定存款准备金比例或数额要求，联邦储备银行将采取较严厉的措施予以惩罚或制裁。为此，会员银行都在中央银行保持一部分超额存款准备金，以随时弥补法定存款准备金的不足。由于会员银行的负债结构及余额每日都在发生变化，在同业资金清算过程中，会经常出现资金头寸的盈余（应收款大于应付款），或者出现资金头寸的不足（应收款小于应付款），其表现为：会员银行在中央银行的存款，有时不足以弥补法定存款准备金的不足，形成缺口；有时则大大超过法定存款准备金的要求，形成过多的超额储备存款。因此，各商业银行都非常需要有一个能够进行短期临时性资金融通的市场。同业拆借市场也就由此应运而生。1921 年，纽约首先出现了会员银行之间的储备头寸拆借市场，以后逐渐发展为较规范的联邦基金市场（federal fund market），成为美国最主要的同业拆借市场。随着存款准备金制度逐步被其他国家所采用，以及这些国家的金融监管当局对商业银行流动性管理的加强，使同业拆借市场在越来越多的国家得以形成和迅速发展。

2. 同业拆借市场的特点

（1）进入市场的主体有严格的限制，即必须都是金融机构或指定的某类金融机构，非金融机构（包括工商企业、政府部门及个人）和非指定的金融机构，均不能进入此市场。

（2）融资期限较短，有隔夜、7 天、14 天、20 天、1 个月、2 个月、3 个月、4 个月、6 个月、9 个月、1 年等，其中最普遍的是隔夜拆借。

（3）交易手段比较先进。同业拆借市场的交易由电话洽谈等发展到了以网络的方式进行，主体上是一种无形的市场。达成协议后，就可以通过各自在中央银行的存款账户自动划账清算，或向资金交易中心提出供求和进行报价，由资金交易中心进行撮合成交，并进行资金交割划账。因而，同业拆借交易手续简便，交易成交的时间较短。

（4）交易额较大。在同业拆借市场上进行资金借贷或融通没有单位交易额限制，一般也不需要以担保或抵押品作为借贷条件，完全是一种协议和信用交易关系，双方都以自己的信用担保，都严格遵守交易协议。

（5）利率由供求双方议定。同业拆借市场上的利率可由双方协商，讨价还价，最后议价成交。因此可以说，同业拆借市场上的利率，是一种市场利率，或者说是市场化程度较高的利率。

3. 同业拆借市场的参与者

一般来讲，能够进入市场的必须是金融机构，但各个国家以及各个国家在不同的历史时期，对参与同业拆借市场的金融机构也有不同的限定。我国同业拆借市场的参与者包括了所有金融机构，但是金融机构进入同业拆借市场必须经中国人民银行批准。

4. 同业拆借市场利率

同业拆借市场利率是货币市场的核心利率，其确定和变化，要受制于银根松紧、中央银行的货币政策意图、货币市场其他金融工具的收益率水平、拆借期限、拆入方的资信程度等多方面因素。在一般情况下，同业拆借利率低于中央银行的再贴现利率或再贷款利率。否则，资金需求者可向中央银行申请贷款。当然也有例外，当中央银行实行从紧的货币政策，金融机构向中央银行申请贷款较为困难，只能从同业拆借资金以应急需时，会出现同业拆借利率高于再贴现率或再贷款利率的现象。

在国际货币市场上，比较典型的、有代表性的同业拆借利率有三种：即伦敦银行同业拆借利率（Libor）、新加坡银行同业拆借利率（Sibor）和香港银行同业拆借利率（Hibor）。其中，伦敦银行同业拆借利率是国际金融市场上的关键利率。目前，世界上一些重要的金融市场及许多国家均以该利率为基础，确定自己的资金借贷利率。

5. 我国同业拆借市场

1984 年，我国的同业拆借市场开始起步，1986 年 1 月，国务院颁布《中华人民共和国银行管理条例》，对银行间资金的拆借做出了具体规定，从此，同业拆借在全国各地迅速发展起来。1990 年，中国人民银行下发了《同业拆借管理试行办法》，第一次用法规形式对同业拆借市场做了比较系统的规定。1993 年 7 月，中国人民银行根据国务院整顿拆借市场的要求，把规范拆借市场作为整顿金融秩序的一个突破口，出台了一系列措施，对拆借市场进行整顿，撤销了各商业银行及其他金融机构办理同业拆借业务的中介机构，规定了同业拆借的最高利率，拆借市场秩序开始好转。

1995 年中国人民银行开始建立一个全国联网的拆借网络系统。1996 年 1 月全国统一的同业拆借市场网络开始运行，这标志着我国同业拆借市场进入了一个新的规范发展时期。1996 年 6 月，中国人民银行开放了对同业拆借利率的管制，拆借利率由拆借双方根据市场资金状况自行决定，由此形成了全国统一的同业拆借市场利率 Chibor。1988 年以后，中国人民银行努力增加全国银行间同业拆借市场的交易成员，使得市场交易量不断增加，拆借期限不断缩短。

2007 年 1 月 4 日，上海银行间同业拆放利率（Shibor）正式运行，标志着中国货币市场基准利率培育工作的全面启动。

（三）商业票据市场

1. 商业票据承兑市场

汇票本身分为即期汇票和远期汇票。只有远期汇票才有承兑问题。票据承兑是指汇票到期前，汇票付款人或指定银行确认票据证明事项，在票据上做出承诺付款的文字记载、签章的行为。承兑后的汇票才是市场上合法的金融票据。票据承兑一般由商业银行办理，也有专门办理承兑的金融机构。承兑方式有全部承兑、部分承兑、延期承兑和拒绝承兑四种。拒绝承兑者要签署拒绝承兑书，说明理由，持票人据此向出票人追索票款。

2. 商业票据贴现市场

商业票据贴现包括三种方式：①贴现，即企业以未到期的商业票据向贴现银行融资，贴现银行按市场利率扣取自贴现日至到期日的利息，将票面余额给持票人的一种行为。②转贴现，即贴现银行在需要资金时，将已贴现的票据再向同业其他银行办理贴现的票据行为，它是银行之间的资金融通，涉及的双方当事人都是银行。这种资金融通方式安全性高、期限短，为银行的流动性管理提供了便利，因而被商业银行普遍接受。③再贴现，又称为重贴现，是指商业银行将已贴现的未到期汇票再转让给中央银行的票据转让行为。与贴现和转贴现相比，再贴现具有更为重要的宏观经济意义。

3. 我国的票据市场

（1）我国票据市场的发展历程

我国的票据市场主要体现为银行承兑汇票市场和票据贴现市场，最早起步于20世纪80年代初期。中国人民银行上海分行于1981年在分行辖区内进行初步试点，尝试了同城商业承兑汇票的贴现业务。1985年，中国人民银行颁布了《商业汇票承兑贴现暂行管理办法》。1986年，中国人民银行颁布了《再贴现试行办法》，正式开办了对商业银行的再贴现业务。1994年7月7日，中国人民银行颁发《关于在煤炭、电力、冶金、化工和铁道行业推行商业汇票结算的通知》，附发《商业票据办法》和《再贴现办法》，并于10月安排100亿元的专项再贴现资金，用于通知中规定的五个行业及农副产品已贴现票据的再贴现。1995年5月10日，第八届全国人民代表大会第十三次会议通过了《中华人民共和国票据法》，并于1996年1月1日起正式施行。该法的颁布和施行，对规范票据行为、促进票据承兑和贴现市场的健康发展，具有重要意义。1996年，各商业银行分别制定了《商业票据承兑、贴现办法》及实施细则，中国人民银行一级分行结合本地实际，制定了《再贴现业务管理办法》及业务操作规程，中国人民银行的一级分行和总行分别在1996年和1997年开设了再贴现窗口。

（2）我国票据市场的特点

我国票据市场的特点有：市场规模迅速扩大；票据种类增加；票据经营机构大量增加；初步建立起了以中心城市为依托的区域性票据市场；在办理票据业务中，各商业银行将控制风险放在首位，制定了一系列票据业务的操作规程，加强了票据承兑和贴现的经营管理和制度建设，各商业银行通过系统内票据业务专营方式加强对票据业务的集约化经营和集中管理；票据市场交易主体职能进一步分化，承兑环节主要以股份制商业银行等中小金融机构为主体，贴现环节主要以国有独资商业银行为主体；票据市场利率日益成为传导金融宏观调控和货币市场资金供求的重要载体；再贴现余额逐月下降，再贴现工具基本淡出票据市场。

（四）短期债券市场

1. 国库券市场

（1）国库券的概念与特点

世界上最早的国库券市场于1877年诞生在英国，美国国库券市场诞生于1929年，而我国真正意义上的国库券市场直到1995年才开始出现。国库券市场是国债市场中一个不可或缺的组成部分。

国债是国家公债的简称，公债有国债和地方公债之别。在一国之内，无论中央政府还是地方政府，都有可能以发行公债作为取得财政收入的形式。凡由中央政府发行的公债，称为国家公债，简称“国债”，它是中央政府凭借政府信誉，按照信用原则发行债券所形成的国家债务。地方政府发行的公债，称为地方公债。

只有中央政府发行的期限在1年（含1年）以内的债券才能称为国库券。在我国改革开放初期，曾将所有政府发行的债券均称为“国库券”，随着对国债认识的提高和深入，目前对国库券的界定也与国际社会相一致了。

国库券具有以下特点：①安全性高。国库券是由财政部发行的，一般不存在违约风险。因而，国库券利率往往被称为无风险利率，成为其他利率确定的依据。②流动性强。极高的安全性以及组织完善、运行高效的市场赋予国库券极强的流动性，使持有者可随时在市场上转让变现。③税收优惠。政府为增强国库券的吸引力，通常给予购买者税收方面的优惠，如豁免地方所得税、交易税等。

国库券市场具有其他货币市场无法替代的作用：①有助于协调商业银行经营“三性”的矛盾。②有助于弥补财政临时性、季节性收支短缺。③有助于中央银行宏观调控基础的建立。

（2）国库券的发行市场

①发行动机。财政部发售国库券主要是为政府筹措短期资金以弥补季节性、临时性财政赤字或应付其他短期资金需求，如偿还到期国库券。

②发行方式。国库券的发行一般采用招投标方式进行。国库券的投标分为竞争性和非竞争性两种。在发行市场中，主要由一级交易商通过整买，然后分销、零售，使国库券顺利到达最终的投资者手中。

国库券通常采取贴现发行方式，即以低于国库券面值的价格向投资者发售。国库券到期后按面值支付，面值与购买价之间的差额即为投资者的收益。其收益率计算公式为：

$$r = \frac{F - P}{P} \times \frac{360}{n}$$

上式中，r 为国库券投资的年平均收益率，F 为国库券面值，P 为国库券购买价格，n 为距到期日的天数。

（3）国库券的流通市场

在国库券流通市场上，中央银行、商业银行、非银行金融机构、企业、个人以及国外投资者均是参与者。一级交易商在其中发挥做市商的职能，通过不断买入和卖出国库券活跃市场。

中央银行由于其特殊地位，法律规定其不能参与国库券的发行市场。中央银行只能在国库券的流通市场参与国库券的交易，其买卖行为被称为“公开市场操作”或“公开市场业务”。因此，国库券流通市场是中央银行进行货币政策操作的场所。

商业银行等金融机构参与投资国库券的目的在于实现安全性、收益性和流动性向统一的投资组合管理。非金融企业和个人参与国库券市场的交易活动大都通过金融中介机构进行。

2. 企业短期融资债券市场

（1）企业短期融资债券的概念与特点

企业短期融资债券发源于商品交易，是买方因一时资金短缺而开给卖方的付款凭证。但是，现代企业短期融资债券大多已和商品交易脱离关系，而成为出票人（债务人）融资、筹资的手段。其特点有：①获取资金的成本较低。其融资成本通常低于银行的短期借款成本。一些信誉卓著的大企业发行企业短期融资债券的利率，有时甚至可以低至同等银行同业拆借利率。②筹集资金的灵活性较强。发行者可在约定的某段时期内，不限次数及不定期地发行企业短期融资债券。③对利率变动反应灵敏。在西方金融市场上，企业短期融资债券利率可随资金供需情况变化而随时变动。④有利于提高发行公司的信誉。企业短期融资债券在货币市场上是一种标志信誉的工具，公司发行短期融资券实际上达到了免费宣传和提高公司信用和形象的效果。⑤一级市场发行量大而二级市场交易量很小。这主要是由于大多数短期融资券的偿还期都很短，一旦买入一般不会再卖出。

（2）企业短期融资债券市场的主体

名义上，各类金融公司、非金融公司（如大企业、公用事业单位等）及银行控股公司等，都是企业短期融资债券的发行者，但实际上，只有资力雄厚、信誉卓著，经过评级被称作主要公司的一些企业才能享有经常大量发行短期融资券筹集资金的条件。近十几年的发展中，商业银行已成为企业短期融资债券发行市场上的重要角色。他们通过提供信贷额度支持、代理发行短期融资债券等形式，促进了企业短期融资债券市场的发展。企业短期融资债券的主要投资者是大型商业银行、非金融公司、保险公司、养老金、互助基金会、地方政府和投资公司等。通常个人投资者很少，这主要是由于企业短期融资债券面值较大或购买单位较大，个人一般无力购买。不过近年来企业短期融资债券的最小面值已经降低，个人投资已开始活跃。

（3）我国的企业短期融资债券市场

我国企业短期融资债券市场始于 1987 年，并于 1989 年出台了《企业短期融资债券管理办法》，但发行量十分有限，1987—1998 年的年平均发行量只有 100 亿元左右。1999 年后甚至一度停止了企业短期融资债券的发行。

2005 年随着《短期融资债券管理办法》以及《短期融资券承销规程》《短期融资券信息披露规程》等两个配套文件的颁布，企业短期融资债券市场呈现出快速升温的迹象。仅 2005 年 5 月—2005 年 11 月，我国企业短期融资债券发行总额就达到 1 009 亿元，发债企业达 41 家，发行频率达 54 期。

目前，我国短期融资债券在市场准入方面，坚持弱化行政干预，强化市场约束；在发行方式上，采用代销、包销、招标等市场化发行方式，发行利率通过市场竞争形成；在市场发展进程方面，坚持市场发展必须遵循客观规律，注意循序渐进；在风险防范方面，坚持强化信息披露、信用评级等市场约束手段，投资人自主判断、自行承担风险的基本原则。我国短期融资债券分为 3 个月、6 个月、9 个月、1 年等 4 个期限品种。发行人除大型国有企业及优质上市公司外，也有部分民营企业（如万向钱潮、横店集团等）。短期融资债券主承销商除有工、农、中、建、交、华夏、民生、浦东发展、国家开发银行等 13 家商业银行以外，浙江商业银行、创新类试点证券公司等也已获承销商资格。所有企业短期融资债券均无担保，全部由中介评级机构进行信用评级。

以企业短期融资债券为代表的直接融资方式的出现，一是可以打通货币市场和资本市场之间的隔离，支持企业面向信用市场融资。二是可以降低企业融资成本。三是可以为金融机构构建起一个庞大的中间业务市场，推动商业银行加快经营模式的转型。四是可以使货币市场利率更趋于市场化，进而带动长期债券定价的市场化，推动我国利率市场化的改革。

（五）回购市场

1. 回购的概念与期限

所谓回购是指按照交易双方的协议，由卖方将一定数额的证券卖给买方，同时承诺若干日后按约定价格将该种证券如数买回的一种交易方式。如果从买方的角度来看同一笔回购协议，则是买方按协议买入证券，并承诺在日后按约定价格将该证券卖回给卖方，即买入证券借出资金的过程，这一过程一般称为逆回购。回购实质上是一种以证券为质押品的短期融资形式。无论在我国还是在西方，国债都是主要的回购对象。

回购的期限分隔夜、定期、连续性三种，其中以隔夜为多。隔夜是指卖出和买回证券相隔一天，相当于日拆。定期是指卖出和买进的时间规定为若干天，一般不超过30天。连续性合约是指每天按不同利率连续几天的交易。由于回购交易的期限很短，且有证券作质押，所以风险小，但利率一般低于同业拆借利率，故收益较低。

2. 回购市场的参与者

回购市场的参与者比较广泛，包括中央银行、商业银行、证券交易商、非金融机构（主要是企业）。中央银行参与回购市场是为了实行公开市场业务操作，调节货币供应量，贯彻货币政策。由于回购交易具有抵押担保性质，其资金利率一般低于同业拆借利率，因此，商业银行也是回购市场的重要参与者。证券交易商参与回购的目的除了短期融资以外，还可以利用回购交易获得证券，满足自己或顾客的需要。对于投资者而言，证券回购能够灵活修正证券，尤其是债券的实际到期日，以满足不同投资者的到期日需要。

3. 回购市场的运行层次

（1）证券交易商与投资者之间的回购交易

证券交易商在证券回购市场中既可以直接充当回购交易的买卖方，又可以充当买卖双方的中介，前者称为自主回购，后者称为委托回购。证券商作为证券交易的组织者，为顺利实现经销功能，经常在自己的账户中保持一定数量的证券。在投资者买卖证券时，账户中有时会出现差额，使证券经纪人出现暂时性的保有证券，证券商就将这些库存证券以附回购协议的方式出售给投资者，从而融进短期资金。委托回购则是证券商之外的卖方将持有的证券通过证券商以附回购协议的方式转让给买方，证券商介于买方（资金运用者）和卖方（资金筹措者）之间，成为双方回购协议的中介。通常，证券商与投资者之间的回购交易是通过证券商柜台市场进行的，投资者通过柜台信息网络，可以查询不同券商提供的不同期限、不同利率的报价，并从中选择合适的交易对象。

（2）银行同业之间的回购交易

这种回购交易一般通过同业拆借市场进行，买卖双方以直接联系报价，或者通过市场中介询价方式进行协商成交。与同业拆借相比，它具有更安全、更灵活等特点。

（3）中央银行公开市场业务中的回购交易

中央银行开展公开市场业务时，会根据不同情况选择操作方式。如果中央银行希望影响银行准备的长期变化时，则会倾向于运用证券回购。证券回购是中央银行向银行体系输入更多货币的途径；逆回购则相当于公开市场中交易商向中央银行发放质押贷款，是中央银行抽紧银根的表现，但其操作前提是中央银行持有一定数量的证券资产。

4. 我国回购市场的发展

1991年在STAQ系统完成了第一笔国债回购交易。1992年武汉证券交易中心推出了国债回购业务。1993年12月19日，上海证券交易所开办了国债回购交易，规定当时在该交易所上市的五个国债品种均作为回购交易的基础债券。1994年是回购市场迅猛发展的一年，交易量急剧增大，当年参加回购交易的单位有3 000多家，回购交易总量在3 000亿元以上。1995年，全国集中性国债二级市场即交易所和证券交易中心的回购交易量已突破4 000亿元。由于管理滞后，回购市场迅速发展的同时也出现了许多问题，交易主体、形式、资金用途都很不规范。1995年8月8日，中国人民银行、财政部和中国证监会联合下发了规范回购业务的通知，开始整顿回购市场。同年9月，三部门又开始对金融机构使用回购资金的情况进行专项稽核。10月27日，又联合下发了清偿回购到期债务的通知，并派出工作组到各地督查回购清偿工作。为了规范和合理引导银行资金流向，切断银行资金流向股市的渠道，防范金融风险，1997年6月16日，银行间的回购交易从交易所退出，正式纳入全国同业拆借市场。2010年及以后，银行间回购、拆借市场成交量大幅增加。

（六）CDs市场

可转让大额定期存单（CDs，certificates of deposit）是商业银行发行的具有固定面额、固定期限、可以流通转让的大额存款凭据，由美国花旗银行首先推出。CDs市场，即发行与流通转让大额定期存单的市场。它是商业银行改善负债结构的融资工具，其流动性为它的发行和流通提供了有力的保证。

CDs与普通定期存款不同：一是不记名，可转让流通；二是金额固定，起点较高（如10万美元、100万美元等）；三是必须到期方可提取本息；四是期限短，一般在一年之内；五是利率有固定，也有浮动。

CDs的出现，为商业银行资产负债管理注入了新的内容。从传统的资产管理向负债管理转变，银行可通过负债结构的重新组合增强其流动性，提高资金周转活力。同时，银行在资金来源中可变被动为主动，不是坐等客户上门存款，而是主动发行存单，让客户购买。

中国人民银行1989年发布了《大额可转让定期存单的管理办法》和《关于大额可转让定期存单转让的通知》，对我国CDs的有关事项做了明确规定。大额可转让定期存单的发行和转让，为我国金融市场增添了新的内容。但是，我国的CDs面额小、购买者以居民为主，企业和事业单位较少问津、利率比同期定期存款利率高（5%~10%）、流动性差，因此始终未能形成二级市场。中国人民银行在1998年取消了这项业务，其市场也随之消失。但随着商业银行运用CDs改善负债结构需求的增加和证券市场的逐步扩展和完善，CDs市场在我国仍有其生存和发展的空间。预计近期我国商业银行将推出CDs。

二、资本市场

资本市场（capital market）是指期限在一年以上各种资金借贷和证券交易的场所，亦称“长期金融市场”“长期资金市场”。资本市场上的交易对象是一年以上的长期证券。因为在长期金融活动中，涉及资金期限长、风险大，具有长期较稳定收入，类似于资本投入，故称之为资本市场。资本市场有广义和狭义之分，狭义资本市场专指发行和流通股票、债券、基金等证券的市场。广义资本市场除包括证券市场外，还包括中长期借贷市场。多数情况下，证券市场即是（狭义）资本市场的代名词。

（一）股票市场

1. 股票的含义、特征与分类

股票是股份公司发给股东证明其所入股份的一种有价证券，它可以作为买卖对象和抵押品，是资本市场主要的长期信用工具之一。股票持有者即股东，是公司的所有者之一。股东不仅有权按公司章程从公司领取股息和分享公司的经营红利，还有权出席股东大会，选举董事会，参与企业经营管理的决策。从而，股东的投资意愿通过其行使股东参与权而得到实现。同时股东也要承担相应的责任和风险。

股票的特点有：①不可偿还性。股票是一种无偿还期限的有价证券，投资者认购了股票后，就不能再要求退股，只能到二级市场卖给第三者。股票的转让只意味着公司股东的改变，并不减少公司资本。从期限上看，只要公司存在，它所发行的股票就存在，股票的期限等于公司存续的期限。②参与性。股东有权出席股东大会，选举公司董事会，参与公司重大决策。股票持有者的投资意志和享有的经济利益，通常是通过行使股东参与权来实现的。股东参与公司决策的权利大小，取决于其所持有的股份的多少。从实践中看，只要股东持有的股票数量达到左右决策结果所需的实际多数时，就能掌握公司的决策控制权。③收益性。股东凭其持有的股票，有权从公司领取股息或红利，获取投资的收益。股息或红利的大小，主要取决于公司的盈利水平和公司的盈利分配政策。股票的收益性，还表现在股票投资者可以获得价差收入或实现资产保值增值。通过低价买入和高价卖出股票，投资者可以赚取价差利润。④流通性。股票的流通性是指股票在不同投资者之间的可交易性。流通性通常以可流通的股票数量、股票成交量以及股价对交易量的敏感程度来衡量。⑤价格波动性和风险性。股票在交易市场上作为交易对象，同商品一样，有自己的市场行情和市场价格。由于股票价格要受到诸如公司经营状况、供求关系、银行利率、大众心理等多种因素的影响，其波动有很大的不确定性。

按照不同的标准，股票有不同的分类：

按股东权利划分：①普通股：有表决权，收益取决于公司的效益。②优先股：事先确定股息，保本保息，不能上市流通。③混合股：享有普通股和优先股的权益，既可向优先股的转化，又能向普通股转化。

按持股主体划分：①国家股：公司成立时由国有资产转化成的股份额度。②法人股：由企业、社会团体法人认购的股份额度。③个人股：由社会个人（包括内部职工股认购的股份额度）。

按交易场所划分：① A 股：用人民币标价，国内自然人认购的股票。② B 股：用人民币标价，用外币认购交易，只供海外自然人买卖的股票。③ H 股：用人民币标价，专供海外交易所上市交易的股票。

2. 股票发行市场

（1）股票发行审核制度

从世界范围考查，股票发行审核制度主要有两种模式：一是注册制，即发行人在准备发行证券时，必须将依法公开的各种资料完全、准确地向证券主管机关呈报并申请注册。证券主管机关的权力仅在于要求发行人提供的资料不包含任何不真实的陈述和事项，如果发行人未违反上述原则，证券主管机关应准予注册。二是核准制，即发行人在发行证券时，不仅要以真实状况的充分公开为条件，而且必须符合有关法律和证券管理机关规定的必备条件，证券主管机关有权否决不符合规定条件的证券发行申请。

（2）股票发行方式

在成熟市场上，股票发行大多采用竞价的方式，而在我国，则经历了一个不断探索的过程，1991 年和 1992 年采用限量发售认购证方式，1993 年开始采用无限量发售认购证方式及与储蓄存款挂钩方式，此后又采用过“全额预缴款”“上网竞价”“上网定价”等方式。

（3）股票发行价格

股票发行价格有三种确定方式：一是平价发行，也称为等额发行或面额发行，是指发行人以票面金额作为发行价格。由于股票上市后的交易价格通常要高于面额，面额发行能使投资者得到交易价格高于发行价格所产生的额外收益，因此绝大多数投资者都乐于认购。二是溢价发行，即发行人按高于面额的价格发行股票。它可使公司用较少的股份筹集到较多的资金，并可降低筹资成本。溢价发行又可分为时价发行和中间价发行两种方式。时价发行也称市价发行，是指以同种或同类股票的流通价格为基准来确定股票发行价格。中间价发行是指以介于面额和时价之间的价格来发行股票。我国股份公司对老股东配股时，基本上都采用中间价发行。三是折价发行。即以低于面额的价格出售新股，即按面额打一定折扣后发行股票。折扣的大小主要取决于发行公司的业绩和承销商的能力。目前，西方国家的股份公司很少有按折价发行股票的。在我国，《公司法》明确规定：股票发行价格可以按票面金额，也可以超过票面金额，但不得低于票面金额。

3. 股票流通市场

（1）场外市场

场外交易是指在股票交易所交易大厅以外进行的各种股票交易活动的总称。场外交易的英文原词是“over the counter”（OTC），直译为“店头交易”或“柜台交易”等，场外交易是其意译。

它包括：①店头市场。店头市场亦称柜台交易。这是场外交易最主要的和最典型的形式。它在证券商的营业点内，由购销双方当面议价进行交易。店头市场上的交易对象，既有小公司的股票，也有大公司的股票；既有上市股票，也有非上市股票。店头市场交易的参与者主要是证券商和客户。②第三市场。它是在股票交易所外专门买卖上市股票的一种场外交易形式。③第四市场。它是指买卖双方绕开证券经纪商，彼此间利用电信手段直接进行大宗股票交易的市场。参与该市场股票交易的都是一些大公司、大企业。

近年来，随着现代通信技术与电子计算机在证券交易机构的广泛运用，柜台市场、第三市场与第四市场已逐渐合并为一个全国统一的场外交易体系，因而上述划分方法已逐渐失去了原有的意义。

（2）场内市场

场内市场专指股票交易所。在证券交易所，可设立“二板”，旨在为那些一时不符合“第一板”上市要求而具有高成长性的中小型企业和高科技企业等开辟直接融资渠道。其营业期限、股本大小、盈利能力、股权分散程度等上市条件与“一板”不同。一般来说，“第二板”的上市要求比“第一板”宽一些。场内交易的直接参与者必须是交易所的会员，他们既可以是经纪人或专业经纪人，也可以是证券商。但股票的买卖双方不能进入交易所，只能委托证券商或经纪人代为买卖。

股票在场内交易主要采用的方式有：①现货交易。它是指交易双方在成交后立即交割，或在极短的期限内交割的交易方式。现货交易是实物交易，买方交割时须支付现款，是买方的投资行为。②期货交易。它是指交易双方在成交后按照期货协议规定条件远期交割的交易方式，其交易过程分为预约成交和定期交割两个步骤。③股指期货交易。它是在股票期货交易的基础上派生出来的一种交易方式，其做法与股票期货交易相似，所不同的是它不是以单个股票价格作为交易的对象，而是以股票价格指数作为交易的对象。④期权交易。它又称选择权交易，是投资者在给付一定的期权费后，取得一种可按约定价格在规定期限内买进或卖出一定数量的金融资产或商品的权利，买卖这一权利的交易即为期权交易。期权交易中对期权划分为买进期权（看涨期权）和卖出期权（看跌期权）两种。⑤信用交易。它又称垫头交易，是指交易人凭自己的信誉，通过缴纳一定数额的保证金取得经纪人信任，进行证券买卖的交易方式。信用交易可分为保证金买长和保证金卖短两种。保证金买长是指当某种证券行市看涨时交易人通过缴纳一定数额的保证金，由经纪人垫款代其购入证券的交易方式。保证金卖短是指当某种证券行市看跌时，交易人通过缴纳一定数额的保证金，由经纪人贷券向市场抛售的交易方式。

（二）长期债券市场

1. 长期债券市场的品种结构

（1）长期政府债券

它是中央政府和地方政府发行的长期债券的总称。因其具有安全性高、税赋优惠及流动性强等优点，使之赢得了“金边债券”的美誉，并被社会各阶层广泛持有。因发行主体的不同，它具体分为：

第一，长期中央政府债券。其发行主体是中央政府，也正因为其发行主体是中央政府，所以它也被称为国债。1987 年以来，我国中央政府发行过名目繁多的国债，如国家重点建设债券、国家建设债券、财政债券、特种债券、保值债券、基本建设债券、转换债券等。国债的名称虽多，但都可以把它们归纳为凭证式国债和记账式国债两大类。

第二，长期地方政府债券。其也称市政债券。它是地方政府根据本地区经济发展和资金需要状况，以承担还本付息责任为前提，向社会筹集资金的债务凭证，简称地方债券。按用途来看，它通常分为一般债券（一般责任债券）和专项债券（收益债券）。前者是指地方政府为缓解其资金紧张或解决临时经营资金不足而发行的长期债券，后者是指为筹集资金建设某项具体工程而发行的长期债券。对于一般债券的偿还，地方政府通常以本地区的财政收入作担保，而对于专项债券，地方政府往往以项目建成后取得的收入作保证。

（2）长期公司债券

它是非金融企业对外借债而发行的期限在一年以上的债务凭证。由发行债券的公司对债券持有人做出承诺，在一定时间按票面载明的本金、利息予以偿还。因其具有较高的收益性，且风险程度适中，因而成为以资金稳定增值为目标的各类长期性金融机构，如保险公司和各类基金的重要投资对象之一。

（3）长期金融债券

它是金融机构为筹集期限在一年以上的资金而向社会发行的一种债务凭证。由于这类债券资信程度高于普通公司债券，具有较高的安全性和流动性，因而成为个人和机构投资的重要投资品种。我国目前的长期金融债券主要由政策性金融债券和金融次级债券组成，并主要通过全国银行间债券市场发行。2005 年 6 月 1 日起施行的《全国银行间债券市场金融债券发行管理办法》，就政策性银行、商业银行、企业集团财务公司及其他金融机构等金融机构法人在全国银行间债券市场发行金融债券的申请与核准、发行、登记、托管与兑付、信息披露、法律责任等方面做出了明确规定。

2. 长期债券的交易

（1）长期债券的交易方式

长期债券既可以在证券交易所内交易，也可以在场外市场交易。如果在证券交易所交易，可采用现货交易、期货交易、期权交易和信用交易四种方式。另外，还有一种交易方式是在卖出（或买入）债券的时候，事先约定到一定期间后按规定的价格再买回（或卖出）同一名称的债券，在美国称回购协议交易，在日本称现先交易，其实质与同业拆借一样是一种短期资金的借贷交易，债券在此充当担保。如果在场外交易，除可采用前述的现货交易、回购交易等方式以外，还可采用远期交易方式。债券远期交易是指交易双方约定在未来某一日期，以约定价格和数量买卖标的债券的行为。2005 年 6 月 15 日，《全国银行间债券市场债券远期交易管理规定》开始生效，标志着债券远期交易正式在我国债券市场推出。

（2）长期债券转让价格的确定

长期债券的转让价格与股票一样，是长期债券未来收益的现值，受持有期、计息方式等条件的影响。长期债券的未来收益是它的本息之和，由于一般情况下长期债券的面值、票面利率和期限都是发行时确定的，因此，长期债券的期值是一个确定的量。长期债券的价格就是将其期值按一定条件折算成的现值，也就是投资者为得到未来收益而在今天愿意付出的代价。长期债券的理论价格由三个主要变量决定：①长期债券的价值，可根据票面金额、票面利率和期限计算。②债券的待偿期限，即从债券发行日或交易日至债券到期日的期限。③市场收益率或称市场利率。

3. 长期债券的偿还

（1）定期偿还

它是在经过一定限期后，每过半年或一年偿还一定金额的本金，到期时还清余额的偿还方式。这一般适用于发行数量巨大、偿还期限长的债券。其具体方法有两种，一种是以抽签方式确定并按票面价格偿还，另一种是从二级市场上以市场价格购回债券。为增加债券的信用和吸引力，有的公司还专门建立了偿还基金，用于债券的定期偿还。

（2）任意偿还

它是债券发行一段时间（称为保护期）以后，发行人可以任意偿还债券的一部分或全部的偿还方式。其具体操作可根据提前赎回或以新偿旧条款，也可在二级市场上购回予以注销（买入注销）。投资银行往往是具体偿还方式的设计者和操作者，在债券偿还的过程中，投资银行有时也为发行者代理本金的偿还。

第五节　其他金融市场

其他金融市场主要包括黄金市场、外汇市场、保险市场、证券投资基金市场以及衍生金融工具市场。本节仅简要介绍证券投资基金市场以及衍生金融工具市场。

一、证券投资基金市场

（一）证券投资基金市场的参与者

投资基金（investment funds）是一种利益共享、风险共担的集合投资制度。投资基金集中投资者的资金，由基金托管人委托职业经理人员管理，专门从事投资活动。平常所说的基金主要是指证券投资基金。

证券投资基金（securities investment fund）是一种间接的证券投资方式。基金管理公司通过发行基金单位，集中投资者的资金，由基金托管人（一般是具有资格的商业银行）托管，由基金管理人管理和运用资金，从事股票、债券等金融工具投资，然后共担投资风险、分享收益。

证券投资基金在美国称为“共同基金”，英国和中国香港特别行政区称为“单位信托基金”，日本和中国台湾地区则称“证券投资信托基金”等。中国的基金暂时都是契约型基金，是一种信托投资方式。

1. 证券投资基金发起人

基金发起人是指按照共同投资、共享收益、共担风险的基本原则和股份公司的某些原则，运用现代信托关系的机制，以基金方式将投资者分散的资金集中起来以实现预先规定的投资目的的投资组织机构。依据我国现行的《中华人民共和国证券投资基金法》(以下简称《证券投资基金法》）规定，证券投资基金的主要发起人为按照国家规定成立的证券公司、信托投资公司、基金管理公司。

2. 证券投资基金管理人

基金管理人是指负责基金的具体投资操作和日常管理的基金管理机构，即依法募集基金，办理或者委托经证券监督管理机构认定的其他机构代为办理基金份额的发售、申购、赎回和登记事宜；办理基金备案手续；对所管理的不同基金财产分别管理、分别记账，进行证券投资；进行基金会计核算并编制基金财务会计报告；编制中期和年度基金报告等事项。《证券投资基金法》规定，证券投资基金管理人由依法设立的基金管理公司担任。担任基金管理人，应当经国务院证券监督管理机构核准。

3. 证券投资基金托管人

证券投资基金托管人，又称证券投资基金保管人，是证券投资基金的名义持有人与保管人。其职责是安全保管基金财产；按照规定开设基金财产的资金账户和证券账户；对所托管的不同基金财产分别设置账户，确保基金财产的完整与独立；保存基金托管业务活动的记录、账册、报表和其他相关资料；按照基金合同的约定，根据基金管理人的投资指令，及时办理清算、交割事宜；办理与基金托管业务活动有关的信息披露事项等事项。根据我国现行的《证券投资基金法》规定，证券投资基金托管人由依法设立并取得基金托管资格的商业银行担任。基金托管人与基金管理人不得为同一人，不得相互出资或者持有股份。

4. 证券投资基金投资人

证券投资基金投资人也就是证券投资基金的实际持有人，它是指投资购买并实际持有基金证券的自然人和法人。在权益关系上，基金持有人是基金资产的所有者，对基金资产享有资产所有权、收益分配权和剩余资产分配权等法定权益。证券投资基金的一切投资活动都是为了提高投资人的投资收益率，并降低投资风险，所以，保护投资人的利益并使其获得理想的投资报酬是基金管理人所要追求的目标。

5. 证券投资基金市场的服务机构

其主要分为三类：①代销业务机构；②代办注册登记业务机构；③其他服务机构，即为基金投资提供咨询服务的基金投资咨询公司；为基金出具会计、审计和验资报告的会计师事务所、审计师事务所和基金验资机构；为基金出具律师意见的律师事务所；为封闭式基金提供交易场所和登记服务的证券交易所、登记公司等。

（二）证券投资基金的特点

1. 投资简便、流动性强

证券投资起点要求较低，可以满足小额投资者对于证券投资的需求，投资者可根据自身财力决定对基金的投资量。证券投资基金一般具有较强的变现能力，使得投资者收回投资时非常便利。

2. 组合投资、风险分散

证券投资基金通过汇集众多中小投资者的资金，形成雄厚的实力，可以同时分散投资于很多种金融工具或金融资产，通过有效和最佳的组合以分散“集中投资”的风险。

3. 集中管理、专业（专家）理财

基金管理公司均聘用具有深厚投资分析理论功底和丰富实践经验的专业人才，以科学的方法研究股票、债券等金融产品，进行组合投资，规避风险。

4. 利益共享、风险共担

证券投资基金是一种利益共享、风险共担的集合投资理财方式。基金投资人享受证券投资的收益，也承担因投资亏损而产生的风险。基金管理公司会从基金资产中提取管理费，用于支付公司的运营成本。另外，基金托管人也会从基金资产中提取托管费。

（三）债券投资基金的种类（见表 7-2）

表 7-2　证券投资基金的种类

<table>
<tr><th>划分标准</th><th colspan="2">种类（名称）</th></tr>
<tr><td rowspan="2">组织形态和法律地位</td><td>契约型基金
contractual type funds</td><td>又称为单位信托基金（unit trust fund），由基金投资者、基金管理人、基金托管人之间所签署的基金合同而设立。契约型基金在英国较为普遍，我国目前设立的基金均为契约型基金</td></tr>
<tr><td>公司型基金
corporate type funds</td><td>通过发行基金股份成立投资基金公司的形式设立的基金。公司型基金在美国最为常见</td></tr>
</table>

表7-2(续)

划分标准	种类（名称）	
募集方式	公募基金 public offering of fund	是向不特定投资者公开发行受益凭证的基金，且在法律的严格监管下，有着信息披露、利润分配、运行限制等行业规范
	私募基金 privately offered fund	仅针对少数投资者非公开地募集资金并成立运作的投资基金
交易机制	封闭式基金 close-end	基金单位总数是确定的，在封闭期间不得要求赎回，但是可以在证券交易所买卖
	开放式基金 open-end	也称共同基金，指基金发起人在设立基金时，基金单位或股份总规模不固定，可视投资者的需求，随时向投资者出售基金单位或股份，并可应投资者要求赎回发行在外的基金单位或股份的一种基金运作方式
	ETF	“交易型开放式指数证券投资基金”（exchange traded fund），简称“交易型开放式指数基金”，又称“交易所交易基金”。ETF是一种跟踪“标的指数”变化且在证券交易所上市交易的基金。ETF属于开放式基金的一种特殊类型，它综合了封闭式基金和开放式基金的优点，但申购、赎回必须采用组合证券的形式
	LOF	“上市型开放式基金”（listed open-ended fund），既可以在指定网点申购与赎回基金份额，也可以在交易所买卖该基金
投资风险与收益	成长型基金 growth fund	以资本长期增值为投资目标，其投资对象主要是市场中有较大升值潜力的小公司股票和一些新兴行业的股票
	收入型基金 fixed-income funds	以追求当期收入为投资目标的基金，其投资对象主要是绩优股、债券、可转让大额存单等收入比较稳定的有价证券
	平衡型基金 balanced fund	介于成长型和收入型中间，把资金分散投资于股票和债券
投资对象与目的	股票基金 equity fund	基金资产主要投资于股票的基金
	债券基金 bond fund	基金资产主要投资于债券的基金
	期货基金	以期货为主要投资对象的投资基金
	货币市场基金 MMMFs	仅投资于货币市场金融工具的基金
	对冲基金 hedge fund	也称避险基金或套利基金，是一种基于避险保值的保守投资策略的基金管理形式。但经过演变，对冲基金已失去其初始的风险对冲的内涵，已成为一种新的投资模式的代名词即基于最新的投资理论和极其复杂的金融市场操作技巧，充分利用各种金融衍生产品的杠杆效用，承担高风险、追求高收益的投资模式
	指数基金 index funds	按证券价格指数编制原理构建投资组合进行证券投资的基金
	混合基金 commingled funds	投资于股票、债券和货币市场工具，并且股票投资和债券投资的比例不符合债券、股票基金规定的基金
	FOF基金	亦称“基金中的基金(fund of funds)”，专门投资基金的基金
	配置基金	既投资股票又投资于债券，其风险收益特征既不同于股票型基金，也不同于债券型基金。其特点在于它可以根据市场情况更加灵活地改变资产配置比例

表7-2(续)

划分标准	种类（名称）	
投资地域	国内基金 domestic fund	资本来源于国内并投资于国内市场的投资基金
	国家基金 country fund	资本来源于国外并投资于某一特定国家的投资基金
	区域基金 regional fund	投资于某个特定地区的投资基金
	国际基金 global fund	资本来源于国内并投资于国外市场的投资基金
	海外基金 offshore fund	也称离岸基金。资本来源于国外，并投资于国外市场的投资基金

（四）基金业绩与评价

1. 基金收益与费用

基金的收益是基金资产在运作过程中所产生的超过本金部分的价值。基金收益包括基金投资所得红利、股息、债券利息、买卖证券价差、银行存款利息以及其他收入。

基金的费用主要由管理费、托管费等组成。基金管理费是支付给基金管理人的管理报酬，其数额一般按基金资产净值的一定比例从基金资产中提取，其比例的高低与基金规模、类别有关；基金托管费是指基金托管人托管基金资产所收取的费用，通常按基金资产净值的一定比例逐日计提，按月支付，其高低仍然与基金规模、类别有关。

基金净收益即为基金的收益减去基金费用后的净额。

2. 基金净值、单位净值和累积单位净值

基金资产净值，简称基金净值，是指在某一基金估值时点上，按照公允价格计算的基金资产的总市值扣除负债后的余额，该余额是基金单位持有人的权益。按照公允价格计算基金资产的过程就是基金的估值。

单位基金净值又称基金份额净值，即每一基金单位（份额）代表的基金资产的净值。单位基金资产净值计算的公式为：

单位基金净值=（总资产-总负债）/基金单位总数

其中，总资产是指基金拥有的所有资产（包括股票、债券、银行存款和其他有价证券等）按照公允价格计算的资产总额。总负债是指基金运作及融资时所形成的负债，包括应付给他人的各项费用、应付资金利息等。基金单位总数是指当时发行在外的基金单位的总量。

基金累积单位净值=基金单位净值+基金成立后累计单位派息金额

基金估值是计算单位基金资产净值的关键。基金往往分散投资于证券市场的各种投资工具，如股票、债券等，由于这些资产的市场价格是不断变动的，因此，只有每日对单位基金资产净值重新计算，才能及时反映基金的投资价值。

基金单位净值表示了单位基金内含的价值，但基金单位净值的大小并不能代表基金业绩的高低。因为基金净值是在某一估值时点上的基金价值，是一个“时点值”，并不能代表该基金自成立以来的全部或趋势价值表现。要评价基金的业绩必须看基金的趋势表现，也就是要看基金净值的发展趋势即基金净值的“时期值”。因此，基金净值增长能力才是判断基金业绩的关键。基金净值增长能力主要体现在“基金累积单位净值”上。

（五）基金的购买和赎回

1. 基金的购买

上市的封闭式基金，买进方法与一般股票相同。开放式基金的认购和申购是购买基金在两个不同阶段的投资行为。

认购是指投资者在基金募集期中购买基金份额的行为。每单位基金份额净值一般为人民币1元。

认购份数=认购金额×（1-认购费率）/基金单位面值

申购是指基金募集期结束并成立后，投资者根据基金销售网点规定的手续购买基金份额的行为。此时由于基金净值已经反映了其投资组合的价值，因此每单位基金份额净值不一定为1元，可能高于也可能低于1元，故同一笔资产认购和申购同一基金所得到的基金份额数将有可能不同。

申购份数=净申购金额/申购当日的基金单位净值

其中：

净申购金额=申购金额-申购费用

申购费用=申购金额×（适用的）申购费率

2. 基金的赎回

上市的封闭式基金，卖出方法与一般股票相同。

赎回又称买回，它是针对开放式基金而言。投资者以自己的名义直接或透过代理机构向基金管理公司要求部分或全部退出基金的投资，并将买回款汇至该投资者的账户内。基金的赎回是与基金购买（认购、申购）相对应的反向操作过程。

赎回金额=赎回总额-赎回费用

其中：

赎回总额=赎回份额×赎回当日基金份额净值

赎回费用=赎回总额×赎回费率

二、衍生金融工具市场

（一）金融远期合约市场

1. 金融远期合约的含义与特点

金融远期合约是交易双方约定在未来特定日期按既定的价格购买或者出售一定数量某项金融资产的书面协议。金融远期合约又称为金融远期、金融远期合约、金融远期交易。在金融远期合约中，交易双方约定的交易价格称为“协议价格”或“交割价格”，约定买卖的资产称为“标的资产”，以约定价格在未来卖出标的资产的一方称为“空方”或“空头”，而买进标的资产的一方称为“多方”或“多头”。

金融远期合约是最基础的金融衍生产品。由于采用了一对一交易的方式，交易事项可以协商确定，较为灵活，金融机构或大型工商企业通常利用远期交易作为风险管理手段。

远期合约的主要特点是：①合约的非标准化。合约的所有内容均由交易双方协商确定，具有很强的灵活性。②场外交易。无固定交易场所，一般是在银行同业之间、客户之间或在银行柜台交易。③风险较大。在合约到期之前并无现金流，从合约签订到交割期间不能直接看出履约情况，买卖双方易发生违约问题。④流动性差。非标准化合约制约了远期合约的流通，流动性较差。⑤合约到期必须交割，不可实行反向对冲操作来平仓。

2. 金融远期合约的种类

金融远期合约主要有远期利率协议、远期外汇协议、股权类资产的远期合约（包括单个股票的远期合约、一篮子股票的远期合约和股票价格指数的远期合约等）、债券类资产的远期合约（包括定期存款单、短期债券、长期债券、商业票据等固定收益证券的远期合约）等。以远期利率协议为例。

远期利率协议是指交易双方约定在未来某一特定日、交换协议期间内一定名义本金基础上分别以合同利率和参考利率计算的利息的金融合约。远期利率协议的功能：（固定将来实际支付的利率）避免利率变动风险；为商业银行提供管理利率风险的有效工具。

（二）金融期货市场

1. 金融期货市场的特征与功能

金融期货市场主要由外汇期货市场、利率期货市场和股票期货市场组成。金融期货市场的特征是：交易场所限于交易所；交易很少以实物交割；交易合约系标准化合约；交易每天进行结算。

金融期货市场主要有两大功能：①转移价格风险的功能。在日常金融市场活动中，市场主体常面临着利率、汇率和证券价格波动等风险。有了期货交易后，就可以利用期货多头或空头把价格风险转移出去，从而实现避险目的。应该注意的是，对单个主体而言，利用期货交易可以达到消除价格风险的目的，但对整个社会而言，期货交易通常并不能消除价格风险，期货交易发挥的只是价格风险的再分配，即价格风险的转移作用。并且，在有些条件下，期货交易还具有增大或减少整个社会价格风险总量的作用。②价格发现功能。期货价格是所有参与期货交易的人对未来某一特定时间的现货价格的期望或预期。不论期货合约的多头还是空头，都会依其个人所持立场或所掌握的市场资讯，并对过去的价格表现加以研究后，做出买卖委托。而交易所通过电脑撮合公开竞价出来的价格，即为此瞬间市场对未来某一特定时间现货价格的平均看法。这就是期货市场的价格发现功能。

金融期货交易是由投资人通过期货经纪商以各种委托单指示场内经纪人代为买卖期货合约的行为。

2. 金融期货保证金

它可分为结算保证金和客户保证金两个层次。结算保证金是结算所向结算会员收取的，以确保履约的能力与诚意。客户保证金是结算会员或期货经纪商收取的，以充当履约的保证。结算保证金又分为两种：原始保证金（original margin）和变动保证金（variation margin）。原始保证金通常是以期货合约价格的一定比例缴纳，变动保证金是指因期货契约结算价格的变动而每天需相应调整的保证金。

3. 金融期货的种类

外汇期货，又称货币期货，指以汇率为标的物的期货合约。它是交易双方约定在未来某一时间，依据现在约定的比例，以一种货币交换另一种货币的标准化合约的交易。

利率期货，是指以债券类证券为标的物的期货合约，它可以回避银行利率波动所引起的证券价格变动的风险。通常，按照合约标的的期限，利率期货可分为短期利率期货和长期利率期货两大类。利率期货合约最早于 1975 年 10 月由芝加哥期货交易所推出，在此之后利率期货交易得到迅速发展。

股票价格指数期货（SPIF）也可称为股价指数期货、期指，是指以股价指数为标的物的标准化期货合约。双方约定在未来的某个特定日期，可以按照事先确定的股价指数的大小，进行标的指数的买卖。双方交易的是一定期限后的股票指数价格水平，通过现金结算差价来进行交割。作为期货交易的一种类型，股指期货交易与普通商品期货交易具有基本相同的特征和流程。股指期货主要用途有：①对股票投资组合进行风险管理，即防范系统性风险（我们平常所说的大盘风险）。②利用股指期货进行套利。所谓套利，就是利用股指期货定价偏差，通过买入股指期货标的指数成分股并同时卖出股指期货，或者卖空股指期货标的指数成分股并同时买入股指期货，来获得无风险收益。③作为一个杠杆性的投资工具。由于股指期货实行保证金交易，只要判断方向正确，就可能获得很高的收益。例如如果保证金为 10%，买入 1 张沪深 300 指数期货，那么只要股指期货涨了 5%，相对于保证金来说，就可获利 50%，当然如果判断方向失误，也会发生同样的亏损。

2005 年 4 月 8 日，沪深两交易所正式向市场发布沪深 300 指数。它以 2004 年 12 月 31 日为基期，基点为 1 000 点。同年 8 月 25 日由沪深两交易所共同出资的中证指数有限公司成立，沪深 300 指数由中证指数有限公司管理。

中国证监会 2010 年 2 月 20 日宣布，已正式批复中国金融期货交易所沪深 300 股指期货合约和业务规则，至此股指期货市场的主要制度已全部发布。2010 年 2 月 22 日 9 时起，正式接受投资者开户申请。公布沪深 300 股指期货合约自 2010 年 4 月 16 日起正式上市交易。

（三）金融期权市场

1. 金融期权合约的定义与种类

金融期权是指赋予其购买者在规定期限内按双方约定的价格购买或出售一定数量某种金融资产权利的合约。对于期权的买者来说，期权合约所赋予其的只有权利，而没有任何义务。其可以在规定期限以内的任何时间（美式期权）或期满日（欧式期权）行使其购买或出售标的资产的权利，也可以不行使这个权利。对期权的出售者来说，他只有履行合约的义务，而没有任何权利。

按期权买者的权利，期权可分为看涨期权和看跌期权。凡是赋予期权买者购买标的资产权利的合约，就是看涨期权；而赋予期权买者出售标的资产权利的合约就是看跌期权。按期权买者执行期权的时限，期权可分为欧式期权和美式期权。欧式期权的买者只能在期权到期日才能执行期权。而美式期权允许买者在期权到期前的任何时间执行期权。按照期权合约的标的资产，金融期权合约可分为利率期权、货币期权（或称外汇期权）、股价指数期权、股票期权以及金融期货期权等，而期货期权又可分为利率期货期权、外汇期货期权和股价指数期货期权三种。

2. 金融期权的交易

与期货交易不同的是，期权交易场所不仅有正规的交易所，还有一个规模庞大的场外交易市场。交易所交易是标准化的期权合约，场外交易的则是非标准化的期权合约。对于场内交易期权来说，其合约有效期一般不超过9个月，以3个月和6个月最为常见。与期货交易一样，由于有效期（交割月份）不同，同一种标的资产可以有好几个期权品种。此外，同一标的资产还可以规定不同的协议价格而使期权有更多的品种，同一标的资产、相同期限、相同协议价格的期权还分为看涨期权和看跌期权两大类，因此，期权品种远比期货品种多。为了保证期权交易的高效、有序，交易所对期权合约的规模、期权价格的最小变动单位、期权价格的每日最高波动幅度、最后交易日、交割方式、标的资产的品质等做出明确规定。

3. 金融期权合约的主要内容

期权合约的买方，也称期权持有者或多头，即付出期权费的投资者。在支付期权费后，买方就拥有了在合约规定时间内行使其购买或卖出标的资产的权利。如果行使权利对其不利，买方也可以放弃行使这个权利。

期权合约的卖方，即是卖出期权，收取期权费的投资者。在收取期权费后，卖方就承担了在规定时间内根据买方要求履行合约的义务，而没有任何权利。即是说，当期权合约的买方按合约规定行使其买进或卖出标的资产的权利时，期权合约的卖方必须依约相应地卖出或买进该标的资产。

期权费，又称权利金、期权价格或保险费，是指期权买方为获得期权合约所赋予的权利而向卖方支付的费用。

标的资产数量。每份期权合约都规定了相应地标的资产的交易数量，其数量的多数，可由交易双方协商确定也可由交易所规定。

执行价格，是指期权合约中确定的、期权买方在形式权利时实际执行的价格（标的资产的买价或卖价）。执行价格一经确定，交易双方就必须根据执行价格和标的资产实际市场价格的相对高低来决定是否形式期权合约。

到期日，指期权合约的最终有效日期。截止到期日如果期权合约的买方不行权，则意味着其“权利”的自愿放弃。

（四）金融互换市场

1. 互换交易的概念

互换（swap），或称掉期，具有双重含义。在外汇市场上它是指掉期，即双方同时进行两笔金额相等、期限不同、方向相反的外汇交易。在资金市场上它是指互换，即双方按事先预定的条件进行一定时期的债务交换。互换交易涉及利息支付，这是它与掉期的基本区别。

金融互换是约定两个或两个以上的当事人按照商定条件，在约定的时间内，交换一系列现金流的合约。其目的是为了降低双方的筹资成本。

（大卫·李嘉图的）比较优势理论是金融互换合约产生的理论基础。根据比较优势理论，由于筹资双方信用等级、筹资渠道、地理位置以及信息掌握程度等方面的不同，在各自的领域存在着比较优势。因此，双方愿意达成协议，发挥各自优势，然后再互相交换债务，使两者的总成本降低，进而因利益共享而最终使得互换双方的筹资成本都能够得到一定程度的降低。

2. 互换交易的种类

从交换利息支付的角度分类，它包括同种货币浮动利率对固定利率的互换、同种货币浮动利率对浮动利率的互换、不同货币固定利率对固定利率的互换、不同货币固定利率对浮动利率的互换、不同货币浮动利率对浮动利率的互换五种形式。从是否发生货币交换的角度分类，它包括货币互换和利率互换两种形式。

3. 金融互换市场结构

利率互换市场。利率互换（interest rate swaps）是指双方同意在未来的一定期限内根据同种货币的同样的名义本金交换现金流，其中一方的现金流根据浮动利率来计算，而另一方的现金流根据固定利率来计算。互换的期限通常在 2 年以上，有时甚至在 15 年以上。双方进行利率互换的主要原因是双方在固定利率和浮动利率市场上分别具有比较优势。最基本的利率互换形式也是最常用的利率互换形式是固定利率对浮动利率互换。由于利率互换只交换利息差额，因此信用风险很小。

货币互换市场。货币互换（currency swap）是一种货币的本金和固定利息与另一货币的等价本金和固定利息进行交换。货币互换的主要原因是双方在各自国家中的金融市场上具有比较优势。由于货币互换涉及本金互换，因此当汇率变动很大时，双方就将面临一定的信用风险。当然这种风险仍比单纯的贷款风险小得多。

本章小结

1. 本章内容主要包括各种金融机构和金融市场。

2. 我国已形成以金融管理机构为主导、商业银行为主体、多种非银行金融机构为辅助，层次和种类较为丰富齐全、服务功能比较完备的金融机构体系。

3. 中央银行是金融机构体系的核心，负有制定和执行国家的金融政策，调节货币供求，并对整个金融体系实施监督管理的职责。中央银行有发行货币的特权，能通过运用多种货币政策工具，对经济运行中信贷活动的数量和方向进行调节和控制，从而对整个国民经济发挥宏观调控作用。当今世界各国，都已普遍建立了中央银行制度。

4. 商业银行是金融业的主体。能否创造信用是现代银行区别于原始银行的根本标志。商业银行是企业，是金融企业，是特殊的金融企业。其业务包括资产业务、负债业务和表外业务。

5. 保险既是一种经济制度也是一种法律关系。政策性银行的产生和发展是国家干预、协调经济的产物。“受人之托，代人理财”是信托的基本特征。我国目前企业集团财务公司，主要由企业集团内部各成员单位入股成立，并向社会募集中长期资金。1999 年，四大金融资产管理公司相继组建，这是金融体制改革的一项重要创新。城市和农村信用合作社是对银行体系的必要补充和完善。融资租赁业起源于1981年，最早的租赁公司以中外合资企业的形式出现。汽车金融公司的设立，有利于促进我国汽车市场的培育，提升我国汽车业的整体竞争力。

6. 货币市场主要包括短期借贷市场、同业拆借市场、商业票据市场、短期债券市场、回购市场和CDs。

7. 股票交易的方式主要有现货交易、期货交易、期权交易和信用交易。

8. 债券的面值、票面利率、市场利率、偿还期限是决定债券交易价格的主要因素。

9. 投资基金是一种利益共享、风险共担的集合投资制度。证券投资基金是指通过公开发售基金份额募集资金，有基金托管人托管，由基金管理人管理和运作资金，为基金份额持有人的利益，以资产组合方式进行证券投资的一种集合投资方式。

10. 衍生金融工具市场包括金融远期合约市场、金融期货市场、金融期权市场和金融互换市场。

复习与思考

1. 识记：中央银行、商业银行、回购协议、货币市场、资本市场

2. 领会

（1）中央银行的基本特征与职能。

（2）商业银行的职能。

（3）商业银行的负债业务、资产业务和表外业务。

（4）货币市场的构成内容。

（5）股票的特点与交易方式。

（6）影响债券交易价格的因素。

（7）证券投资基金的特点。

（8）了解我国资本市场（股市）的发展历程与现状。

第八章 货币需求与供给

第一节 货币需求

货币需求（demand for money）是在一定时期内，社会各部门（个人、企业、政府）在既定的社会经济条件下需要的货币数量的总和。货币需求是对实际货币量的需求，或者说是对实际余额（real balance）的需求。

货币需求的本质之一就是人们关心自己所持有的货币量的购买力，并不关心其拥有的名义货币量（nominal balance）。在研究货币需求时，假设人们已摆脱了“货币幻觉”，从而货币需求即为实际货币需求或实际余额需求，名义货币（nominal money）需求与价格水平同比例变动。

货币需求理论是研究社会对货币需求的动机、货币需求影响因素和数量决定的一种理论。货币需求理论可以简单地划分为传统的货币数量论和现代货币需求理论。传统的货币数量论对货币需求的影响和数量关系的解释是货币需求理论最基础的思想和理论渊源。20 世纪 30 年代以来的现代货币需求理论，是对传统的货币数量论的批判、继承和发展。

一、古典的货币数量说

早期的货币数量论并不把货币需求作为直接的研究对象，而是研究名义国民收入和物价是如何决定的。但由于它建立了名义国民收入与货币数量之间的关系，因此也被看作一种货币需求理论。

16 世纪的法国重商主义者让·博丹被认为是货币数量论的最早“发现者”之一。17 世纪英国古典政治经济学的创始人威廉·配第也曾讨论过一国商品流通中所需要的货币量问题，他认为，推动一国贸易所需的货币有一个限度或比例，也就是说客观上存在一个决定货币流通量的规律。约翰·洛克提出了商品价格决定于货币的学说。法国重农学派的创始人和古典经济学的奠基人弗朗索瓦·魁奈关于商品财富、货币财富的分析中，把商品流通看成货币流通的基础，并指出了货币数量、货币流通速度和实物财富量之间的基本关系。18 世纪的英国哲学家、历史学家和经济学家大卫·休谟在经济学说史上的一个重要作用，就是论证了货币数量论。英国著名古典经济学家大卫·李嘉图认为，当流通中的货币数量与商品流通所需货币数量一致时，货币价值是由生产货币的劳动来决定的。如果货币数量多于商品流通所需的量，货币价值就要低于原来的金属价值，商品价格就上升；如果货币数量少于所需的量，货币价值就要高于原来的价值，商品价格就下跌。货币价值与其流通量成反比，与商品流通量成正比；商品价格与货币流通量成正比，与商品流通量成反比。

早期货币数量论其核心内容认为，货币数量的变动与物价或货币价值的变动之间存在因果关系，即在其他条件不变的情况下，物价水平或货币价值由货币数量决定。

二、马克思的货币理论

马克思认为：一种商品变成货币，首先是因为它是价值尺度和流通手段的统一，换句话说，价值尺度和流通手段的统一是货币。作为流通手段的货币不停地在流通中运动，流通中所需要的或流通中能吸纳多少货币量取决于流通商品的价格总额和货币流通的平均速度。因此，马克思在《资本论》中，对货币流通规律做出的一个基本概括是：

$$\text{执行流通手段的货币量} = \frac{\text{商品价格总额}}{\text{同名货币流通次数}}$$

即

$$M_d = \frac{PQ}{V} \tag{8-1}$$

式（8-1）表明在一定时期内流通中需要的货币量取决于价格水平、进入流通的商品数量和货币流通速度三个基本要素。

三、费雪方程和剑桥方程

（一）费雪方程

美国经济学家欧文·费雪，在他 1911 年的《货币购买力》中提出了著名的现金交易方程式（equation of change）即费雪交易方程。

$$MV = PT \tag{8-2}$$

该方程式是一个恒等式。式（8-2）中：M 为一定时期的货币量；V 为货币流通速度；P 为各类商品（和劳务）的加权平均价格（一般物价水平）；T 为一定时期内商品或劳务的总交易量。

为了使得这一恒等式（8-2）具有应用价值，费雪假设：①V 由于制度因素（社会习惯、技术发展、产业结构等），中短期内不变，可视为常数；②交易量 T，对产出水平常常保持固定比例，也可看成常数。因此，货币量 M 的任何变动，只会（正比例的）反映在物价上，通过物价水平 P 的调整所吸收和释放，即价格水平是货币量的函数。由式（8-2）可得：

$$M = \frac{PT}{V} \tag{8-3}$$

式（8-3）中，可以用（实际）国民收入 Y 代替（商品和劳务）交易量 T，一般物价水平 P 用价格指数来表示，则 PY 即为名义国民收入。则可得：

$$M = \frac{PT}{V} = k\mathrm{PY}, \quad k = \frac{1}{V} \tag{8-4}$$

式（8-4）表明，货币需求（量）取决于货币流通速度和名义国民收入。根据费雪假设，V 为常数。所以名义国民收入决定货币需求。

费雪认为，货币只有交易媒介的功能，它为商品交易提供便利，人们不会长期持留货币，如果人们有多余的货币，就会将它使用出去。即是说，交易方程所考察的是交易所需的货币量。

（二）剑桥方程

以马歇尔和庇古为代表的剑桥学派，认为人们之所以以货币形式保有部分财富，是因为货币不但可以充当交换媒介，且具有储存价值。他们在研究货币需求时提出了货币数量论的另一个形式——剑桥方程式。

$$\begin{aligned} \frac{M_d}{P} &= kY \\ M_s &= M_0 \\ M_d &= M_s \end{aligned} \tag{8-5}$$

式（8-5）中：第一式是货币需求函数；第二式是货币供给函数（货币供给量 Ms 是由中央银行决定的固定量 M_0）；第三式是货币市场均衡条件。k 是货币量与国民收入（GNP 或 GDP）的比率，$k=1/V$，因 V 为常数，则 k 也是一常数。

从形式上看，费雪方程式和剑桥方程式是一致的，但两者的观点存在较大的差异：①费雪方程式强调的是货币交易媒介功能，而剑桥方程式则强调货币的财富贮藏即资产的功能；②费雪方程式强调货币流通速度对货币需求量的决定作用，而剑桥方程式侧重人们保有货币量占收入的比例，且必须考虑持币待机会成本即利息。因此，利率已成为决定货币需求的不可忽视的因素。

四、凯恩斯的货币需求理论

凯恩斯（John Maynard Keynes，1883—1946）的货币需求理论也称为流动性偏好理论或灵活性偏好理论。凯恩斯货币需求理论的重要论断是人们持有货币的三大动机即交易动机（transaction motive）、预防动机（precautionary motive）和投机动机（speculative motive）。

（一）凯恩斯关于货币需求的动机分析

在《就业、利息和货币通论》的第十五章“流动性偏好的动机”中，凯恩斯分析了货币需求的三个动机。

1. 交易动机

为了应付日常交易而持有货币，交易动机又可再分为所得动机和业务动机。从个人角度来看，持有货币的目的是为了度过从获得收入到费用支出的这段时间间隔，即为所得动机。其持币愿望的强度视收入大小和收入支出间的时间长短而定。从企业角度来看，持有货币是为了度过成本支出到获得销售收入的这段时间，即为业务动机。该动机由产品价值（产出）和产出转手的次数（销售环节）两个因素决定。

2. 预防动机

预防动机也称谨慎动机。是为了应付未来的不确定性而持有货币。就个人而言，以谨慎动机持有货币是为了防备突发事件（疾病、车祸、失业等）所导致的货币支付需要；对企业而言，是为了防范一些紧急支付和丧失临时进货的机会。

3. 投机动机

人们根据各自对市场利率的预期，以便投资获利而持有货币。对于投机动机，凯恩斯认为："需要较详细考察。其理由是：第一，人们对此动机的了解不如其他动机深；第二，在传播货币数量改变所产生的种种影响上，这个因素特别重要。"①

在一般情况下，满足交易动机和谨慎动机的货币需求量，主要取决于经济形势和货币收入水平，基本不受其他因素的影响。而由于存在投机动机，货币量的变动可以影响整个经济体系。满足投机动机的货币需求是随市场利率变化而变化，并可以用一条连续曲线来表示两者的关系。利率的变化又可以用短期债券的价格变动来表示。凯恩斯认为，除了货币之外，只有债券可作为价值的储蓄，债券是一种每年可给保有者提供一定货币所得的金融资产。当有人保有债券而市场利率发生变动时，债券的市场价值也随着利率的变动发生变化，它随利率的上升而下跌，随利率的下降而上升。因此保有债券资产既有产生资本收益的可能性，也有发生资本损失的可能性。经济主体保有债券将获得两种收入：其一，利率所得；其二，是资本所得或资本损失（资本负所得）。经济主体就会在持有货币与持有债券之间进行资产保有方式的选择。

（二）凯恩斯的货币需求分析

凯恩斯建立的货币需求函数是：

$$M = M_1 + M_2 = L_1(Y) + L_2(r) = L(Y,\ r) \tag{8-6}$$

式（8-6）中：M_1 代表由交易动机和谨慎动机决定的货币需求，是收入 Y 的函数；M_2 代表投机动机货币需求，是利率 r 的函数。可用图 8-1 来描述。

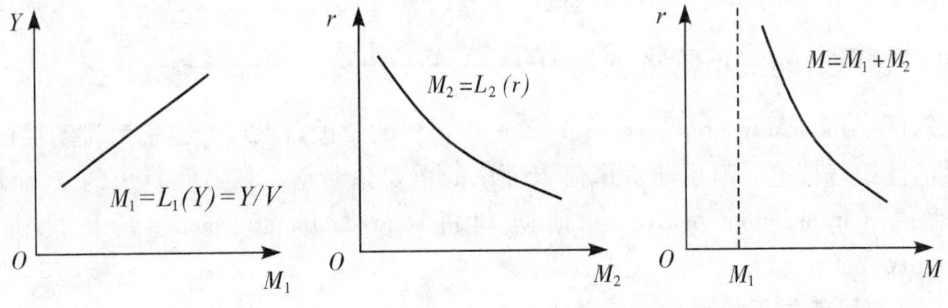

图 8-1　凯恩斯货币需求函数图

凯恩斯货币需求理论的另一个独到之处是，他认为，当利率已降到某一个不可再降的低点之后，货币需求弹性就会变得无限大，货币需求也会变得无限大，即没有人再愿意持有债券，只愿意持有货币，无论增加多少货币，都会被人们储存起来。这就是所谓的"流动性陷阱"（liquidity trap），如图 8-2 所示。

---

① 凯恩斯．就业、利息和货币通论［M］．徐毓丹，译．北京：商务印书馆，1997.

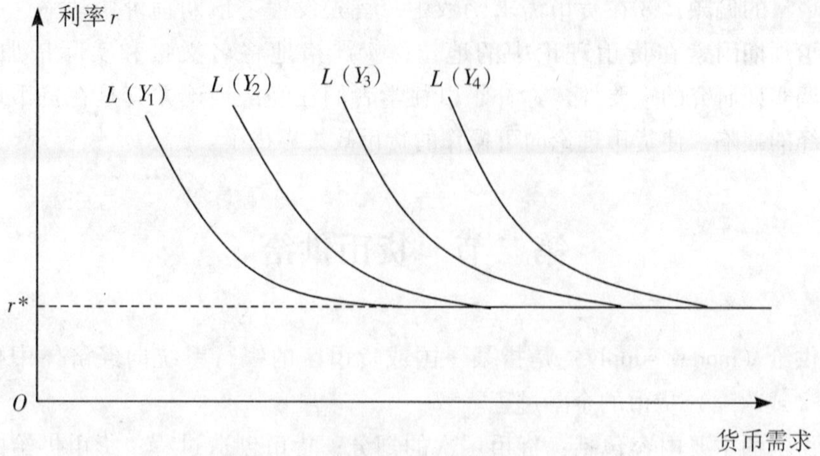

图 8-2 凯恩斯的"流动性陷阱"图

利率降至 $r*$ 后，货币需求曲线就变为与横轴平行的直线，该直线部分即为"流动性陷阱"。凯恩斯认为，在该直线部分，货币需求的利率弹性为无限大。但这只是一种可能，在实际经济中并不常见。

五、凯恩斯货币需求理论的发展

根据凯恩斯的货币需求理论，影响交易性货币需求的是收入水平和若干制度因素，而利率对交易性货币需求则没有影响。凯恩斯的后继者们认为这是个缺陷，为此做了许多补充工作。

以 20 世纪 50 年代威廉·鲍莫尔（Wilhelm Baumol）和詹姆斯·托宾（James Tobin）各自的贡献作为基础的"存货法"的货币需求理论，如今被广泛地称为鲍莫尔-托宾模型。

1966 年惠伦及米勒和奥尔先后发表文章，论证了谨慎动机（预防动机）的货币需求也同样为利率的（减）函数。最有代表性的是惠伦模型。

托宾对凯恩斯的投机动机货币需求理论进行了发展，在维持投机动机的货币需求与利率呈反向关系的基本结论的前提下，分析了人们在同一时间持有包括货币在内的多种不同收益率的金融资产这一客观情况，这就是托宾模型。托宾模型主要研究在未来预期不确定度情况下，人们怎样选择最优的金融资产组合，所以又称为"资产组合理论"。

米尔顿·弗里德曼（Milton Friedman）是美国经济学家、货币主义大师，以研究宏观经济学、微观经济学、经济史、统计学及主张自由放任的资本主义而闻名。1976 年获得诺贝尔经济学奖，以表扬他在消费分析、货币供应理论及历史和稳定政策复杂性等范畴的贡献。弗里德曼对剑桥方程式做了新的解释，被称为新货币数量论（modern quantity theory of money）。

弗里德曼对货币需求理论的贡献：①将货币视为一种资产，从而将货币理论纳入了资产组合选择理论的框架，摒弃了古典学派视货币为纯交易工具的狭隘理念；②在一般均衡的资产组合理论中，特别强调货币量在经济中的枢纽作用，纠正了凯恩斯学派忽视货币量的偏颇；③在货币需求函数中，首先设置了预期物价变动率这一独立变量，确定了预期因素在货币理论中的地位；④严格地将名义量和实际量加以区分；⑤特别强调实证研究的重要性，弥补了以往学者们在经济理论尤其是在货币理论中只顾抽象演绎的缺陷，使货币理论向可操作的货币政策靠拢了。

第二节　货币供给

货币供给（money supply）是指某一国或货币区的银行系统向经济体中投入、创造、扩张（或收缩）货币的金融过程。

货币供给的主要内容包括：货币层次的划分；货币创造过程；货币供给的决定因素等。在现代市场经济中，货币流通的范围和形式不断扩大，现金和活期存款被普遍认为是货币，定期存款和某些可以随时转化为现金的信用工具（如公债、人寿保险单、信用卡）也被广泛认为具有货币性质。

一、货币层次的划分

货币供给包括按口径依次加大的 $M1$、$M2$、$M3$……系列划分的若干层次。在各国的货币口径中，只有“通货”和 $M1$ 这两项大体一致。

通货（currency）指不兑现的银行券和辅币，在我国习惯称为现金；$M1$ 都是指通货与支票存款之和，在我国称为狭义货币。

狭义货币（narrow money）是一个宏观经济学概念，在经济学中以 $M1$ 表示，其计算方法是社会流通货币总量加上商业银行的所有活期存款。广义货币（broad money）是（与和狭义货币相对应的概念）货币供给的一种形式或口径，以 $M2$ 来表示，其计算方法是交易货币（$M1$）以及定期存款与储蓄存款等。

一般认为，货币层次可以划分如下：

$$M1 = 现金 + 活期存款 \tag{8-7}$$

$$M2 = M1 + 定期存款 \tag{8-8}$$

$$M3 = M2 + 其他金融资产 \tag{8-9}$$

国际货币基金组织（IMF）将货币供给划分为三个层次：通货（currency）、货币（money）和准货币（quasi money）。通货，采用一般定义；货币，等于存款货币银行以外的通货加私人部门的活期存款之和，相当于各国通常采用的 $M1$；“准货币”，相当于定期存款与外币存款之和，即包括除 $M1$ 之外可以称为货币的各种形态。“准货币”加“货币”，相当于各国通常采用的 $M2$。IMF 要求它的各成员按照这样的口径报告数字。

我国从 1984 年开始探讨对货币供给层次的划分，并于 1994 年第三季度开始按季度公布货币供给量的统计数据。按照 IMF 的要求，现阶段我国货币供给量划分为如下三个层次：

$$M0 = （流通中）现金 \tag{8-10}$$

$$M1 = M0 + 活期存款 \tag{8-11}$$

$M2 = M1 + 定期存款 + 储蓄存款 + 其他存款 + 证券公司客户保证金$ (8-12)

式（8-12）中：$M1$ 称为狭义货币量；$M2$ 称为广义货币量；$M2-M1$ 为准货币。

将 $M1/M2$ 表示狭义货币相对于广义货币的比重称为货币供给流动性。当 $M1/M2$ 的值趋于增大时，表明代表现实流通的也即是现实将用于购买和支付的货币在广义货币供给量中的比值上升，货币供给的流动性增强，货币流通速度加快；反之，$M1/M2$ 的值趋于减小，则表明广义货币供给量中的准货币比重上升，货币供给的流动性减弱，货币流通速度下降。

在货币需求中有名义货币需求和实际货币需求的区别，同样货币供给也有名义货币供给和实际货币供给之分。名义货币供给（nominal money supply）是指以货币单位来表示的货币供给（量），即是一定时点上不考虑物价因素影响的货币存量（money stock）。实际货币供给（real money supply）是指以流通中货币所能购买的商品和服务表示的货币供给（量），即是剔除了物价影响后的一定时点上的货币存量。名义货币供给记作 M_S，则实际货币供给记作 M_S/P。

在日常生活中所使用的货币供给概念一般都是指名义货币供给。而在经济分析和决策论证中，经常需要剔除了通货膨胀因素的货币供给，即实际货币供给的数据。

二、货币创造过程

货币创造（供给）过程是指银行主体通过其货币经营活动创造出货币的过程，它包括商业银行通过派生存款机制向流通供给货币的过程和中央银行通过调节基础货币量而影响货币供给的过程。

由于货币供应量包括通货与存款货币，货币供给的过程也分解为通货供给和存款货币供给两个环节。

通货供给通常包括三个步骤：①由一国货币当局下属的印制部门（隶属于中央银行或隶属于财政部）印刷和铸造通货。②商业银行因其业务经营活动而需要通货进行支付时，便按规定程序通知中央银行，由中央银行运出通货，并相应贷给商业银行账户。③商业银行通过存款兑现方式对客户进行支付，将通货注入流通，供给到非银行部门手中。

通货供给的特点：①通货虽然由中央银行供给，但中央银行并不直接把通货送到非银行部门手中，而是以商业银行为中介，借助于存款兑现途径间接将通货送到非银行部门手中。②由于通货供给在程序上是经由商业银行的客户兑现存款的途径实现的，因此通货的供给数量完全取决于非银行部门的通货持有意愿。非银行部门有权随时将所持存款兑现为通货，商业银行有义务随时满足非银行部门的存款兑现需求。如果非银行部门的通货持有意愿得不到满足，商业银行就会因其不能履行保证清偿的法定义务，而被迫停业或破产。上述通货供给是就扩张过程而言的，从收缩过程说明通货供给，其程序正好相反。

（一）中央银行基础货币的供给

基础货币（base money），也称货币基础、货币基数、高能货币和强力货币（high-powered money），从来源上看它是金融当局（中央银行）的货币供应量，从运用上看它由商业银行的准备金（R）和流通中的通货（C）构成。

基础货币的构成公式为：

$$B = C + R \tag{8-13}$$

货币供给量与基础货币的比值称为货币乘数（Money Multiplier）。则有：

$$M_S = m \times B \tag{8-14}$$

式（8-14）中：M_S 为货币供给量；B 为基础货币；m 为货币乘数。

货币供给量也等于流通中的通货即现金（C）与存款货币（D）之和。

因此，货币乘数可以表示为：

$$m = \frac{C + D}{C + R} = \frac{\frac{C}{D} + 1}{\frac{C}{D} + \frac{R}{D}} \tag{8-15}$$

其中：$\frac{C}{D}$ 为现金-存款比率；$\frac{R}{D}$ 为准备-存款比率。

中央银行可以运用法定存款准备金率、再贴现（率）和公开市场业务等三大货币政策工具来调控对基础货币的供给。

1. 法定存款准备金率（legal reserve ration）

存款准备金是指金融机构为保证客户提取存款和资金清算需要而准备的资金，金融机构按规定向中央银行缴纳的存款准备金占其存款总额的比例就是存款准备金率。

存款准备金制度是在中央银行体制下建立起来的，世界上美国最早以法律形式规定商业银行向中央银行缴存存款准备金。存款准备金制度的初始作用是保证存款的支付和清算，之后才逐渐演变成为货币政策工具，中央银行通过调整存款准备金率，影响金融机构的信贷资金供应能力，从而间接调控货币供应量。

2. 贴现政策（discount policy）

贴现政策是指货币当局通过变动自己对商业银行所持票据再贴现率（rediscount rate）来影响贷款数量和基础货币的政策。

利率政策是我国货币政策的重要组成部分，也是货币政策实施的主要手段之一。利率提高，商业银行从中央银行借款的资金成本随之提高，它们会减少相应贷款数量；利率下降，意味着商业银行从中央银行的借款成本降低，则会产生鼓励商业银行扩大信贷规模的作用。

3. 公开市场业务（open-market operation）

公开市场业务是指货币当局在金融市场上出售或购入财政部和政府机构的证券，特别是国库券，用以影响基础货币的行为。

在多数发达国家，公开市场操作是中央银行吞吐基础货币，调节市场流动性的主要货币政策工具，通过中央银行与指定交易商进行有价证券和外汇交易，实现货币政策调控目标。中国公开市场操作包括人民币操作和外汇操作两部分。外汇公开市场操作 1994 年 3 月启动，人民币公开市场操作 1998 年 5 月 26 日恢复交易，规模逐步扩大。1999 年以来，公开市场操作已成为中国人民银行货币政策日常操作的重要工具，对于调控货币供应量、调节商业银行流动性水平、引导货币市场利率走势发挥了积极的作用。

（二）商业银行存款货币供给

商业银行的存款负债有多种类型，其中究竟哪些属于存款货币而应当归入货币供应量之中尚无定论，但公认活期存款属于存款货币。

商业银行的存款创造的前提条件是：部分准备金制度和非现金结算制度。准备金的多少与派生存款量直接相关。银行提取的准备金占全部存款的比例称作存款准备金率。存款准备金率越高，提取的准备金越多，银行可用的资金就越少，派生存款量也相应减少；反之，存款准备金率越低，提取的准备金越少，银行可用资金就越多，派生存款量也相应增加。在现代信用制度下，银行向客户贷款是通过增加客户在银行存款账户的余额进行的，客户则是通过签发支票来完成他的支付行为。因此，银行在增加贷款或投资的同时，也增加了存款额，即创造出了派生存款。如果客户以提取现金方式向银行取得贷款，就不会形成派生存款。

商业银行存款创造过程：甲银行吸收存款→提取部分比例准备金后向 A 客户发放贷款→形成客户在甲银行的存款→A 客户用存款进行转账支付→形成乙银行 B 客户的存款增加→乙银行继续前面过程→银行体系可以派生出数倍的存款货币。存款派生过程如表 8-1 所示。

表 8-1　商业银行系统创造存款过程表

银行	存款/元	法定准备/元	贷款/元
甲银行	1 000.00	100.00	900.00
乙银行	900.00	90.00	810
丙银行	810	81	729.00
……	……	……	……
$\sum$	10 000.00	1 000.00	9 000.00

表中假定：法定存款准备金率为 10%。

在不兑现的信用货币制度下，商业银行的活期存款与通货一样，充当完全的流通手段和支付手段，存款者可据以签发支票进行购买、支付和清偿债务。因此，客户在得到商业银行的贷款和投资以后，一般并不立即提现，而是把所得到的款项作为活期存款存入同自己有业务往来的商业银行之中，以便随时据以签发支票。这样，商业银行在对客户放款和投资时，就可以直接贷入客户的活期存款。所以，商业银行一旦获得相应的准备金，就可以通过账户的分录使自己的资产（放款与投资）和负债（活期存款）同时增加。从整个商业银行体系看，即使每家商业银行只能贷出它所收受的存款的一部分，全部商业银行却能把它们的贷款与投资扩大为其所收受的存款的许多倍。换言之，从整个商业银行体系看，一旦中央银行供给的基础货币被注入商业银行内，为某一商业银行收受为活期存款，在扣除相应的存款准备金之后，就会在各家商业银行之间辗转使用，从而最终被放大为多倍的活期存款。

则表 8-1 所示的商业银行体系所能创造出的货币量，用公式表示为：

$$\Delta D = K\Delta R \quad (8-16)$$

其中：K 为派生存款乘数；ΔD 为包括原始存款在内的经过派生的存款增加总额；

ΔR 为原始存款的增加额。

商业银行创造存款的能力即派生存款乘数，可以表示为：

$$K = \frac{\Delta D}{\Delta R} = \frac{1}{r} = \frac{1}{r_d} \tag{8-17}$$

其中：r_d 为法定存款准备金率。

如果再考虑超额存款准备金、现金漏损等因素，则上式可以修正为：

$$K = \frac{\Delta D}{\Delta R} = \frac{1}{r} = \frac{1}{r_d + r_e + r_c} \tag{8-18}$$

其中：r_d 为法定存款准备金率；r_e 为超额存款准备金率；r_c 为现金漏损率。

仍以表 8-1 的数据为例，则商业银行系统存款创造的变化如表 8-2 所示。

表 8-2　商业银行系统创造存款过程表

银行	存款/元	法定准备/元	超额准备/元	现金漏损/元	贷款/元
甲银行	1 000.00	100.00	50.00	50.00	800.00
乙银行	800.00	80.00	40.00	40.00	640.00
丙银行	640.00	64.00	32.00	32.00	512.00
……	……	……	……	……	……
$\sum$	5 000.00	500.00	250.00	250.00	4 000.00

表中假定：法定存款准备金率 10%；超额准备金率 5%；现金漏损率 5%。

经济中的货币供给量是由银行体系利用最初增加的货币创造的，在货币乘数充分发挥作用情况下，银行体系最初增加的货币最终转化为准备金存款和流通中的现金。货币供给总量等于基础货币乘以货币乘数。反之，如果中央银行运用货币政策，向商业银行发行央行票据或提高法定存款准备金率等使得商业银行体系中的货币存量减少，再由于货币乘数的作用，银行体系的存款就会以递减几何级数减少，流通中的货币量就会缩减。因此，中央银行可以通过控制基础货币数量和货币乘数的高低来调节经济体系中的货币供给总量。

三、财政收支与货币供给

一般而言，财政收支活动都表现为货币运动，财政收支本身就是货币流通的组成部分。政府财政机关的货币收支活动经由中央银行进行。财政的收入过程表现为，微观经济主体将自己所拥有的资金交给政府支配，就意味着货币要由商业银行账户流入中央银行账户；财政支出过程表现为，政府将自己所拥有的资金交给微观经济主体支配，就意味着货币要由中央银行账户流入商业银行账户。

财政收入的取得过程，也就是纳税人用现金和银行存款纳税的过程。这实际上是基础货币的缩减过程。即是说，财政收入过程，会导致基础货币收缩。

财政支出过程，也就是货币由中央银行账户流入商业银行账户的过程，它通过减少财政在中央银行的存款，相应地增大了商业银行准备金和流通中现金，从而增大了基础货币。因此，财政支出过程会导致基础货币扩张。

本章小结

1. 本章主要介绍了有关货币需求与货币供给和通货膨胀方面的内容。

2. 货币需求理论是研究社会对货币需求的动机、货币需求影响因素和数量决定的一种理论。货币需求理论可以简单地划分为传统的货币数量论和现代货币需求理论。

3. 传统货币数量论中最著名的费雪方程和剑桥方程，从不同角度说明了货币需求数量决定论。费雪方程是现金交易数量说，剑桥方程是现金余额数量说。

4. 凯恩斯的货币需求理论也称为流通性偏好理论或灵活性偏好理论。凯恩斯货币需求理论的重要论断是人们持有货币的三大动机即交易动机、预防动机和投机动机。

5. 货币供给包括：货币层次的划分；货币创造过程；货币供给的决定因素等。基础货币从来源上看它是金融当局（中央银行）的货币供应量。货币供给量与基础货币的比值称为货币乘数。中央银行可以运用法定存款准备金率、再贴现（率）和公开市场业务等三大货币政策工具来调控对基础货币的供给。银行是货币供给的主体，商业银行（体系）具有存款创造的能力。货币供给量是由银行体系利用最初增加的货币创造的，在货币乘数充分发挥作用情况下，银行体系最初增加的货币最终转化为准备金存款和流通中的现金。货币供给总量等于基础货币乘以货币乘数。货币乘数与法定准备金率、超额准备金率、现金漏损率等成反方向变化。

复习与思考

1. 识记：货币需求、货币供给、基础货币、货币乘数、派生存款

2. 领会

（1）传统货币理论和现代货币理论的主要内容。

（2）凯恩斯货币需求动机的主要内容。

（3）中央银行三大货币政策工具的主要内容。

（4）商业银行存款货币创造的前提与过程。

（5）影响商业银行存款货币创造能力的因素。

第九章 保险概论

风险是人类生存过程中不可避免的现象，我们生活在一个充满风险的世界中，无论是从空间还是从时间上讲，风险都是不以人的意志为转移的，是始终存在的，它是发生不幸事件的不确定性和可能性。风险的存在是保险产生的基础，没有风险也就不可能产生保险。中国自古就有“天有不测风云，人有旦夕祸福”和“未雨绸缪”“积谷防饥”的说法。生活在市场经济中的人们已经越来越懂得进行风险管理的重要性，为了防范自然灾害、意外事故及疾病风险的来袭，人们对保险的需求将越来越迫切，保险将成为人们生活中不可或缺的重要组成部分。

第一节 保险概述

一、保险的含义

保险本意是稳妥可靠，目前所提保险，是一种保障机制，是人们用来防范风险和规划人生财务所必需的工具。保险有广义和狭义之分。广义的保险，一般包括由国家政府部门经办的社会保险，由专门的保险公司按商业原则经营的商业保险和由被保险人集资合办、体现自保互助精神的合作保险等。

狭义的保险一般指商业保险，这也是本章所阐述的主要内容。按照《中华人民共和国保险法》（以下简称《保险法》）第二条规定，保险是指投保人根据合同约定，向保险人支付保险费，保险人对于合同约定的可能发生的事故因其发生所造成的财产损失承担赔偿保险金责任，或者当被保险人死亡、伤残、疾病或者达到合同约定的年龄、期限等条件时承担给付保险金责任的商业保险行为。保险的含义可从以下两个层面去理解：

从法律层面理解：保险是一种合同行为，体现的是一种民事法律关系，是两个平等主体以签订保险合同的方式，以此明确保险双方当事人的权利与义务。根据保险合同的约定，投保人有缴纳保险费的义务，保险人有收取保险费的权利，被保险人有在合同约定事故发生时获得经济补偿或给付的权利，而保险人有提供合同约定的经济补偿或给付的义务。

从经济层面理解：保险是分摊意外事故损失的一种财务安排。保险体现了保险双方当事人之间的一种经济关系，投保人把损害风险以交付保险费的方式转移给保险人，由于保险人集中了大量同质的风险，因而能借助大数法则来预测损失发生的概率，并据此制定保险费率，通过向大量投保人收取保险费形成的保险基金来补偿其中少数被保险人的意外损害。

二、保险的要素

（一）可保风险

风险的客观存在使人们产生了对保险的需求。尽管保险是人们处理风险的一种方式，它能为人们在遭受损失时提供经济补偿，但并不是所有破坏物质财富或威胁人身安全的风险，保险人都承保。可保风险是保险人可以接受承保的风险，它是有条件、有范围的。一方面，从社会效益、保险企业效益和经营技术考虑，只能选择可保风险，即承保特定的灾害事故或事件作为保险责任；另一方面，投保人从自身利益考虑，对其所面临的风险也要经过分析和筛选，有选择性地进行投保，从而降低成本。

可保风险一般具有以下几个特性：一是风险不是投机性的；二是风险必须具有不确定性；三是风险必须是大量标的均有遭受损失的可能性；四是风险必须是意外的；五是风险可能导致较大损失；六是在保险合同期限内预期的损失是可计算的。

（二）多数同质风险的集合与分散

保险是通过集合危险实现其补偿职能的，即由多数人或多数企事业参加保险，分担少数人或少数企事业的损失，故保险以多数经济单位的结合为必要条件。所谓“多数”的含义，一般没有具体规定，但必须以收支平衡为最低保险基金，应与支出的保险金总额保持平衡。参加保险的经济单位越多，保险基金越雄厚，赔偿损失的能力越强。

多数投保人的集合使少数投保人的风险得以分散，而分散风险能够保持保险经营的稳定性，也是大数定律和概率论在保险中运用的条件。在保险中，在一定的外部条件下，承保的同类风险标的越多，风险越分散，出现事故的概率和损失概率也呈现规律性和相对稳定性。

（三）保险费率的合理厘定

保险不仅是一种经济保障活动，而且也是一种商品交换行为，投保人以缴纳保险费为条件，换取保险人在保险事故发生时对被保险人的保险保障。要让保险交易顺利进行，就必须合理地制定保险商品的价格——保险费率。合理的保险费率，一是要使投保人有负担保险费的能力，二是要保证保险人的保险费收入与损失赔付总额大体相当。因此，必须根据概率论的科学方法，合理地计算出各种保险的保险费率，以保证保险人的稳定经营与被保险人的合法权益。

（四）保险基金的建立

保险基金是通过保险形式建立起来的后备基金，它是仅用于补偿或给付由自然灾害、意外事故和人生自然规律所致的经济损失以及人身伤害的专项货币基金。保险基金的存在形式是各种准备金，如未到期责任准备金、赔款准备金、保险保障基金等。保险基金具有契约性、筹集的分散性和广泛性、互助性、保值增值性等特点。保险基金既是保险人赔付保险金的基础，又是保险人从事保险资金运用的基础。可见，无保险基金的建立，也就无保险金的赔偿或给付，也就无保险可言。

（五）订立保险合同

保险是一种经济关系，但这种经济关系是通过保险双方当事人签订合同的方式建立起来的。如果没有保险合同的订立，就没有保险关系的建立，就不可能明确双方当事人的权利与义务，保险经济关系也就难以成立。因此，保险合同是保险双方享有权利和履行义务的法律依据，订立保险合同是保险得以成立的基本要素。

三、保险与其他类似经济行为的比较

（一）保险与储蓄

保险与储蓄都是以现有的剩余资金为未来做准备，以应付未来的经济需要。在现实生活中，人们往往将保险与储蓄进行比较，然后决定购买保险还是进行储蓄，但保险和储蓄却具有很大的差异性。

（1）经济行为不同。储蓄是自助经济行为，而保险是一种联合互助的经济行为。

（2）需求动机不同。储蓄的需求动机一般是基于购买准备、支付准备和预防准备，这些需求一般在时间上和数量上均可以确定；而保险的需求则是基于风险事故发生与否的不确定性，以及发生时间和损失程度的不确定性。

（3）权利主张不同。储蓄是以存款自愿、取款自由为原则，存款人对自己的存款有完全的随时主张权，支取未到期存款虽然将损失部分利息收入，但是本利和一定大于本金；保险以投保自愿、退保自由为原则，但中途退保所领取的退保金在扣除保险公司管理费、手续费等费用后一般小于所缴纳的保险费总和。如果不退保，被保险人的主张权要受保险合同条件的约束。

（4）运行机制不同。储蓄主要受利率水平、物价水平、收入水平、社会经济发展水平以及流动性偏好等因素的影响，并且无须采用特殊技术进行计算；保险行为主要受未来损失的不确定性的影响，需要特殊的计算技术。

（5）结果不同。在一定的期限内，储蓄所获得的是确定的本利和；保险则是如果在保险期限内，保险事故发生后，被保险人或受益人可获得超出其所缴纳的保险费几倍或几十倍的保险赔款，但是如果在保险期间内没有发生风险事故，被保险人将得不到所缴纳的保费和赔款。

（二）保险与赌博

保险与赌博都具有射幸性，同属于因偶然事件所引起的经济行为，都有获得大大超过支出的收入的可能，但两者有着本质的差别：

（1）目的不同。保险的目的是基于人类互助合作的精神，谋求经济生活的安定；赌博则是以小博大，基于人类的贪婪和图谋暴利。

（2）动机不同。保险以转移风险为动机，利己不损人；赌博则以损人利己、冒险获利为动机。

（3）机制不同。保险的风险是客观存在的，保险将化风险的不确定性为一定程度的确定性，以达到风险分散的目的；赌博是人为的风险，是将安全置于危险之中。

（4）后果不同。保险可以使被保险人将大额的经济损失变为小额的保险费支出来转移、减少风险发生所造成的影响；赌博则将金钱作为赌注，增加了风险，还会给社会和家庭带来不安定。

（三）保险与救济

保险与救济都是对不幸事故损失进行补偿的行为，目标都是促进社会经济的稳定运行。但两者却又有区别：

（1）权利与义务不同。救济是一种基于人道主义的行为，任何一方都不受约束，没有相应的权利与义务关系；保险是一种合同行为，要受合同的约束，根据保险合同的约定履行各自的义务并享有相应的权利。

（2）救助方式不同。救济是单方面的他助行为，保险是自助和他助相结合的行为。

（3）主张权利不同。救济的数量可多可少，形式多种多样，金钱、实物均可，接受救济者无权提出自己的主张；保险金的赔付或给付则必须按照合同履约，被保险人享有按合同约定主张保险金的请求权，如有异议还可以向法院提出诉讼或要求仲裁，以实现请求权。

四、保险的类别

将保险按照不同的标准进行分类，有利于保险产品购买者能够清楚地了解自己的需求，同时也有利于保险人针对不同的人群推荐和销售不同的保险产品。常见的保险分类有以下几种：

（一）按保险性质分类

按保险性质可以将保险分为商业保险、社会保险和政策保险。商业保险体现的是保险经济领域中的商品性保险关系，社会保险和政策保险则体现的是保险经济领域中的非商品性保险关系。

1. 商业保险

商业保险，是指保险双方当事人自愿订立保险合同，由投保人缴纳保险费，以建立保险基金，当被保险人发生合同约定的财产或人身事故时，保险人履行赔偿或给付保险金的义务。商业保险是由商业性保险公司提供的，是以权利与义务对等关系为基础，以营利为目的的保险。

2. 社会保险

社会保险是指国家通过立法的形式，为社会劳动者及其家属提供基本生活条件，促进社会安定而举办的保险。其主要险种有社会养老保险、失业保险、医疗保险、工伤保险和生育保险五种。社会保险是社会保障制度的一个最重要的组成部分。

3. 政策保险

政策保险是政府为了某项政策目的，运用商业保险的技术而开办的一种保险。政策性保险不以营利为目的，目前世界很多国家都以对政策性保险采取补贴等方式予以扶持。

政策保险的种类包括社会政策保险和经济政策保险两大类。具体项目有：①为实施社会保障政策目的而举办的社会保险，如养老保险、医疗保险、工伤保险、失业保险、生育保险、疾病保险等；②为实现国民生活安定的政策目的而举办的国民生活保险，如劳动者财产损失保险、机动车辆责任保险、地震保险、住宅融资保险等；③为实现农业增产增收政策目的而举办的农业保险，如种植业保险、养殖业保险等；④为实现扶持中小企业发展政策目的而举办的信用保险，如无担保保险、能源对策保险、预防公害保险、特别小额保险等；⑤为实现促进国际贸易目的而举办的保险，如出口信用保险、外汇变动保险、出口票据保险、海外投资保险、存款保险等。

（二）按保险实施方式分类

按保险实施方式可以将保险分为自愿保险和强制保险。

1. 自愿保险

自愿保险是指投保人与保险人在平等自愿的基础上，通过签订保险合同而建立保险关系。在自愿保险中，保险人可以根据情况决定是否承保，以什么条件承保，承保的最大金额。投保人可以自行决定是否投保、向谁投保，也可以自由选择保险险种、保险金额、保和保险期限等。

2. 强制保险

强制保险一般是法定保险，其保险关系是保险人与投保人以法律、法规等为依据而建立起来的，如汽车第三者责任保险、职工养老保险、基本医疗保险、工伤保险、失业保险等。强制保险具有全面性和统一性的特点，表现在：凡是在法律法规等规定范围内的保险对象，不论是法人或自然人，不管是否愿意，都必须参加保险。

（三）按保险标的分类

按保险标的分类，保险一般分为财产保险和人身保险。

1. 财产保险

财产保险是以财产及其有关利益为保险标的的保险。按照保险保障范围的不同，财产保险业务可以进一步划分为财产损失保险、责任保险和信用保证保险。

（1）财产损失保险

财产损失保险就是狭义的财产保险，一般是以物质财产为保险标的的保险业务，其种类很多，主要险种包括火灾保险、货物运输保险、运输工具保险、工程保险等。

（2）责任保险

责任保险是以被保险人依法应负的民事损害赔偿责任或经过特别约定的合同责任为保险标的的保险业务，一般分为公众责任保险、产品责任保险、职业责任保险、雇主责任保险等。

（3）信用保证保险

信用保证保险是以合同双方权利人和义务人的信用关系为标的，以信用风险为保险事故的保险。信用保证保险具体又分为信用保险和保证保险，前者是权利人（债权人）投保，保义务人（债务人）的信用；后者是义务人（债务人）投保，保自己的信用。

2. 人身保险

人身保险是以人的寿命和身体为保险标的的保险。根据保障的范围，人身保险分为人寿保险、意外伤害保险和健康保险。

（1）人寿保险

人寿保险是以被保险人的寿命为保险标的，以生存和死亡为给付保险金条件的人身保险。人寿保险是人身保险的主要组成部分，被保险人在保险期内死亡或期满生存，都可作为保险事故，即当被保险人在保险期内死亡或达到保险合同约定的年龄、期限时，保险人按照合同约定给付死亡保险金或期满生存保险金。

（2）意外伤害保险

当被保险人因遭受意外伤害使其身体残疾或死亡时，保险人依照合同规定给付保险金的人身保险业务。在意外伤害保险中，保险人承保的风险是意外伤害风险，保险人承担赔付责任的条件是被保险人因意外事故导致的残疾或死亡。

（3）健康保险

健康保险是以人的身体作为保险标的，在被保险人因疾病或意外事故产生医疗费用支出或收入损失时，保险人承担赔付责任的一种人身保险业务。

（四）按承保方式分类

按保险承保方式分类，保险可以分为原保险、再保险、共同保险和重复保险：

1. 原保险

原保险是指投保人与保险人之间直接签订合同所确立的保险关系。当被保险人在保险期内因保险事故受到损害时，保险人对被保险人承担赔偿或给付保险金的责任。

2. 再保险

再保险（也称分保），是指保险人将其承担的保险业务，以分保形式部分转移给其他保险人的保险（《保险法》第二十八条第一款）。分出业务的一方是原保险人，接受业务的一方是再保险人。再保险是保险人之间的一种业务活动，投保人与再保险人之间没有直接的业务关系。

原保险与再保险的区别：一是合同主体不同。原保险合同主体一方是保险人，另一方是投保人与被保险人；再保险合同主体的双方均为保险人。二是保险标的不同。原保险合同中的保险标的既可以是财产及其利益、责任和信用，也可以是人的寿命与身体；再保险合同中的保险标的只能是原保险人承保被保险人的保险合同的责任的一部分。三是合同性质不同。原保险合同中的财产保险合同属于补偿性质，人寿保险合同属于给付性质；再保险合同具有补偿性质，再保险人按合同规定对原保险人所支付的赔款或保险金进行分摊。

3. 共同保险

共同保险（也称共保），是由两个或两个以上的保险人联合直接对同一保险标的、同一保险利益、同一保险事故提供保险保障的方式。共同保险的保险金额总和小于或等于保险标的的价值，发生保险损失时按照保险人各自的承保比例来进行赔款的支付。

共同保险与再保险的区别：在共同保险中，每一个保险人直接面对投保人，风险在各保险人之间被横向分散；在再保险中，投保人直接面对的是原保险人，原保险人又与再保险人发生业务关系，投保人与再保险人之间没有直接的联系，两者通过原保险人发生间接关系，风险在各保险人之间被纵向分散。

4. 重复保险

重复保险是指投保人对同一保险标的、同一保险利益、同一保险事故分别与两个以上保险人订立保险合同，且保险金额总和超过保险价值的保险（《保险法》第五十六条第四款）。由于重复保险可能诱发道德风险，各国一般通过法律形式对重复保险予以限制，在发生保险事故造成保险标的损失时，通常要求按一定方式在保险人之间进行赔款的分摊计算。重复保险一般仅限于财产保险。

共同保险与重复保险的区别：在共同保险中，若干保险人事先达成协议，联合起来共同承保，投保人与各保险人之间只有一个保险合同；在重复保险中，投保人与各保险人分别签订保险合同，因而存在多个保险合同。

（五）按保险价值确定的时间及方式分类

按保险价值确定的时间及方式可将保险分为定值保险与不定值保险，该种分类方式只针对财产保险而言。

1. 定值保险

定值保险是指投保人和保险人在订立保险合同时，除根据保险价值确定保险金额（保险人承担赔偿或给付保险金责任的最高限额）外，还要约定保险价值并在合同中载明。当保险标的发生保险事故时，不论保险标的损失时的市场价值如何，即不论保险标的的实际价值大于或小于保险金额，保险人均按合同上载明的保险金额进行赔偿。如果是全部损失，按保险金额赔偿；如果是部分损失，按保险金额的损失程度计算赔偿。以定值保险承保主要针对两类情况：一类是不易确定价值或无客观市场价的特殊标的，如艺术品、古董、书画等，一般由双方约定保险价值，以免事后发生纠纷。另一类是运输中的货物等流动性比较大的标的，由于各地货物价格差别较大，如果待保险事故发生后再来估算实际价值则既困难又麻烦，而且容易引起赔偿纠纷。

2. 不定值保险

不定值保险是指在保险合同中事先不列明保险标的的保险价值，仅列明保险金额作为赔偿的最高限额，等到保险标的发生保险事故之后再根据市场价来估计其保险价值作为赔款计算的依据。当保险金额等于或高于保险价值时，按实际损失赔偿；当保险金额小于保险价值时，按受损标的的保险金额与保险价值的比例计算赔款。生活中绝大多数财产保险都属于不定值保险。

（六）按保险金额与保险价值之间的关系分类

按保险金额与保险价值之间的关系可将保险分为足额保险、不足额保险和超额保险。该种分类方式也只针对财产保险。

1. 足额保险

足额保险是指财产保险合同的保险金额与保险标的出险时的保险价值相等。当保险事故发生时，保险人对被保险人按照实际损失进行赔偿，损失多少赔偿多少。

2. 不足额保险

不足额保险也称部分保险，是指财产保险合同中的保险金额小于保险标的出险时的保险价值。产生不足额保险的原因主要有：一是投保人为了少交保险费或认为标的物发生全损的可能性非常小，没有必要足额投保，因而仅以保险价值的一部分投保；二是保险合同签订以后，保险标的物的价值上涨，导致最初的足额保险变成了不足额保险。对于不足额保险，其赔偿金的计算要分两种情况：一种是保险标的发生全损时，保险人根据保险合同中确定的保险金额赔偿，不足部分由被保险人自行承担；另一种是保险标的发生部分损失时，保险人按照保险金额与保险价值的比例承担赔偿责任。

3. 超额保险

超额保险是指财产险合同中的保险金额大于保险标的出险时的保险价值。产生超额保险的原因主要有：一是在订立保险合同时，保险双方确定的保险金额就大于保险价值；二是签订保险合同后，保险标的物的价值下跌，导致保险金额超过保险价值，使之成为超额保险。当保险事故发生时，保险人只按照保险标的物的实际价值赔偿，其超过部分无效。

五、保险的功能

（一）关于保险功能的不同观点

功能是由事物的根本特征和地位决定，是事物本质的客观反映。有关保险的功能，理论界存在多种不同观点，主要有五种观点。

1. 单一功能说

单一功能说认为经济补偿是保险的唯一功能，即经济补偿是建立保险基金的根本目的，也是保险制度产生的根源。

2. 二元功能说

二元功能说认为保险具有经济补偿和经济给付两大功能，即财产保险具有经济补偿功能，人身保险具有经济给付功能。

3. 基本功能说

基本功能说认为分散风险和经济补偿或给付是保险的两大基本功能，两者相辅相成。保险业可以通过其特有的机制和技术手段分散社会上独立的、偶然的风险，同时达到补偿或给付遭受风险事故者的目的。

4. 多元功能说

多元功能说认为保险不仅具有分散风险和经济补偿或给付两大基本功能，而且还具有积累资金、储蓄、融通资金、防灾防损等功能。

5. 保险功能新说

近年来，我国监管部门和保险理论界对保险功能提出了新的看法，认为保险具有三大功能说，即经济补偿或给付、资金融通和社会管理。经济补偿或给付是基本功能，资金融通是保险金融属性的体现，社会管理功能是保险业发展到一定程度并深入社会生活的诸多层面之后产生的一项功能。有保险监管部门的官员认为，保险的社会管理功能大体包括以下四个方面：①社会保障管理，即一方面商业保险可以为没有参加社会保险的劳动者提供保险保障，另一方面商业保险产品灵活多样、选择范围广，可以为社会提供多层次的保障服务。②社会风险管理，即保险公司与灾害事故打交道，具有识别和衡量风险的专业知识，而且积累了大量风险资料，为全社会风险管理提供了有力的数据支持。③社会关系管理，即通过保险应对灾害损失，不仅可以根据保险合同约定，对损失进行合理补偿，而且可以提高事故处理的效率，减少当事人可能出现的各种纠纷。④社会信用管理，即保险公司经营的产品实际上是一种以信用为基础、以法律为保障的承诺，在培养和增强社会的诚信意识方面具有潜移默化的作用，同时保险在经营过程中可以收集企业和个人的履约行为记录，为社会信用体系的建立和管理提供重要的信息资料来源。

（二）保险的基本功能

保险的基本功能是指保险在一切经济条件下都具有的功能，它不会因经济条件等客观环境的变化而改变，是保险原始的、固有的功能。保险的基本功能有两个，即分散风险、经济补偿或给付。

1. 分散风险

保险可以把集中在某一单位或个人身上的因偶发灾害事故或人身伤亡事件风险，通过收取保险费的办法平均分摊给所有投保人，通过该功能的作用，风险可以在空间和时间上达到充分分散的目的。

2. 经济补偿或给付

保险人通过向投保人收取保险费，建立保险基金，当被保险人遭受损失时，在保险金额幅度内，用保险基金进行赔付，这样，被保险人的财产损失就能因保险人赔付而得到补偿。保险的这一基本功能实际上就是用大家的钱来补偿一部分人的损失，将一部分人面临的风险分摊给所有投保人，从而从整体上提高对风险的承受能力。当然，保险的经济补偿功能，更多的是从财产保险的角度来考察的。对于人身保险而言，因为人的身体或生命是无价的，其价值不能以货币来衡量，所以人身保险的基本功能是给付保险金，属于经济给付范畴。当然，某些人身保险如健康保险中的医疗费用保险、收入损失保险等，当被保险人因保险合同约定的保险事故发生时，将会产生经济上的损失，保险人对其做出赔付，仍属于经济补偿范畴。

第二节　保险合同

一、保险合同的概念

保险合同又称为保险契约，是经济合同的一种。《保险法》第十条第一款规定："保险合同是投保人与保险人约定保险权利义务关系的协议。"

二、保险合同的主体、客体和内容

（一）保险合同的主体

保险合同的主体包括保险合同的当事人、关系人和辅助人。

1. 保险合同的当事人

保险合同的当事人是指直接订立保险合同并享有和承担保险合同所确定的权利和义务的人，包括保险人和投保人。

（1）保险人。保险人又称为承保人，按照《保险法》第十条第三款的规定，保险人是指与投保人订立保险合同，并按照合同约定承担赔偿或给付保险金责任的保险公司。我国法律允许的保险公司的组织形式有国有独资公司和股份有限公司。我国保险公司主要分为财产保险公司和人寿保险公司。

（2）投保人。投保人又称要保人。《保险法》第十条第二款规定："投保人是指与保险人订立保险合同，并按照合同约定负有支付保险费义务的人。”投保人可以是自然人，也可以是法人。按照《保险法》及民法的相关规定，作为投保人还应该具备两个条件：①投保人应该具有相应的民事权利能力和民事行为能力。②投保人应该对保险标的具有保险利益。

2. 保险合同的关系人

保险合同的关系人是指与保险合同的订立间接发生关系的人。在保险合同约定事故发生时，保险合同的关系人享有保险金的请求权。保险合同的关系人包括被保险人和受益人。

（1）被保险人。《保险法》第十二条第五款规定：“被保险人是指其财产或者人身受保险合同保障，享有保险金请求权的人。”财产保险合同的被保险人可以是自然人，也可以是法人；而人身保险合同的被保险人则只能是自然人。

（2）受益人。《保险法》第十八条规定：“受益人是指人身保险合同中由被保险人或者投保人指定的享有保险金请求权的人。”即按照《保险法》的规定，受益人的概念仅限于人身保险合同，受益人享有保险金的请求权。作为人身保险的受益人，在法律上并没有进行限制，即无论是自然人还是法人，均可以被指定为受益人。人身保险的受益人由被保险人或者投保人指定。但是，为了保障被保险人的生命安全，投保人指定受益人须经被保险人同意。被保险人一般可以任意指定受益人。但被保险人为无民事行为能力人或者限制民事行为能力人的，可以由其监护人指定受益人。

被保险人或者投保人可以指定一人或者数人为受益人。受益人为数人的，被保险人或者投保人可以确定受益顺序和受益份额；未确定受益份额的，受益人按照相等份额享有受益权。

被保险人或者投保人可以变更受益人并书面通知保险人。投保人变更受益人时须经被保险人同意。保险人收到变更受益人的书面通知后，应当在保险单上批注。

一般而言，只要人身保险合同中指定了受益人，被保险人死亡后，就只有受益人享有保险金请求权。在特殊情况下，被保险人的继承人有权享有保险金。我国《保险法》第四十二条规定：“被保险人死亡后，有下列情形之一的，保险金作为被保险人的遗产，由保险人依照《中华人民共和国继承法》的规定向被保险人的继承人履行给付保险金的义务：①没有指定受益人，或者受益人指定不明无法确定的；②受益人先于被保险人死亡，没有其他受益人的。受益人与被保险人在同一事件中死亡，且不能确定死亡先后顺序的，推定受益人死亡在先；③受益人依法丧失受益权或者放弃受益权，没有其他受益人的。为了减少道德风险，保障被保险人的生命安全，世界各国的保险法一般都规定：受益人故意造成被保险人死亡或者伤残的，或者故意杀害被保险人未遂的，丧失受益权。”

由于涉及受益人的纠纷较多，我国《保险法》第三十九条至第四十三条对受益人做了较为详细的法律规定。

3. 保险合同的辅助人

保险合同的辅助人是指辅佐、帮助保险双方当事人订立及履行保险合同的人。它通常包括保险代理人、保险经纪人和保险公估人。在我国，一般又将保险合同的辅助人称为保险中介人。

（1）保险代理人。我国《保险法》第一百一十七条规定："保险代理人是根据保险人的委托，向保险人收取佣金，并在保险人授权的范围内代为办理保险业务的机构或者个人。"保险人委托保险代理人代为办理保险业务的，应当与保险代理人签订委托代理协议，依法约定双方的权利和义务及其他代理事项。我国的保险代理人有三种形式：专业代理人、兼业代理人和个人代理人。保险代理人的基本业务范围是代理推销保险产品、代理收取保险费。

（2）保险经纪人。《保险法》第一百一十八条规定："保险经纪人是基于投保人的利益，为投保人与保险人订立保险合同提供中介服务，并依法收取佣金的机构。"根据法律规定，保险经纪人只能是单位，不能是个人。

（3）保险公估人。按照《保险法》第一百二十九条的规定，保险活动当事人可以委托保险公估机构等依法设立的独立评估机构或者具有相关专业知识的人员，对保险事故进行评估和鉴定。在我国，保险公估人主要以保险公估机构的方式从事业务。

（二）保险合同的客体

保险合同的客体是指保险双方当事人权利和义务所共同指向的对象。保险合同的客体不是保险标的，而是保险利益。保险利益是指投保人或被保险人对保险标的具有的法律上承认的利益。保险利益与保险标的不同：保险标的是保险合同中所载明的投保对象，是订立保险合同的必要内容，是保险利益的载体；而保险合同保障的是投保人或被保险人对保险标的所具有的合法利益，没有保险利益，保险合同将会因失去客体要件而无效。《保险法》第十二条和第三十一条明确规定：人身保险的投保人在保险合同订立时对被保险人应当具有保险利益。订立合同时，投保人对被保险人不具有保险利益的，合同无效。此外，《保险法》第四十八条还规定："财产保险合同保险事故发生时，被保险人对保险标的不具有保险利益的，不得向保险人请求赔偿保险金。"

（三）保险合同的内容

保险合同的内容就是让保险合同关系双方明确自己的权利和义务，保险合同的内容具体是通过保险条款体现出来的。

1. 保险合同的基本条款

《保险法》第十八条规定，保险合同一般包括以下几方面事项：

（1）当事人的姓名或者名称和住所。由于保单是由保险人印制的，因此，保险公司的名称和住所已在上面。保单上需要填写的只是投保人、被保险人或相关人的姓名或者名称和住所。

（2）保险标的。保险标的是指作为保险对象的财产及其有关利益，或者人的寿命或身体。保险标的是保险利益的载体。不同的保险合同，有不同的保险标的。

（3）保险责任和责任免除。保险责任是指保险合同中载明的风险事故发生后保险人应承担的赔偿或者给付责任，即是保险双方当事人在保险合同中对保险人所应承担的风险责任范围的具体约定。保险责任因保险的险种不同而不同；责任免除又称为除外责任，是指保险人按照法律规定或者合同约定，不承担保险责任的范围，即是对保险责任的限制，是对保险人不负赔偿或给付保险金责任范围的具体规定。

（4）保险期限。保险期限又称保险期间，是指保险人对保险事故承担赔付责任的起止期限。保险期限既可以按日历年、月、日计算，如财产保险通常为一年，期满后可以续约。人身保险的保险期限较长，有 5 年、10 年、15 年、20 年甚至终身；也可以按一定事件的起止时间来计算，如建筑工程保险的保险期限就是以一个工程的工期来确定的，货物运输则是以一个运程为保险期限。

（5）保险金额。保险金额简称保额。我国《保险法》第十八条规定：“保险金额是指保险人承担赔偿或者给付保险金责任的最高限额。”保险金额也是保险人计算保险费的重要依据。在财产保险中，保险金额的确定以保险标的的价值为依据；在人身保险中，由于人的价值无法用货币衡量，因而一般是由保险合同双方自行约定保险金额。

（6）保险费及其支付办法。保险费是指投保人为使被保险人获得保险保障，按合同约定支付给保险人的费用。保险费的多少，由保险金额、保险费率和保险期限等因素决定。保险费率一般用百分率或千分率表示。保险费率由纯费率和附加费率组成，其中，纯费率是保险费率的基本组成部分。在财产保险中，主要依据保险标的的损失率确定纯费率；在人身保险中，则是依据人的死亡率或生存率、利率等因素确定纯费率。而附加费率主要是依据保险企业在一定期限内的各种营业费用及预定利润确定的。

保险费的支付方式主要有趸交和期交两种，但不论采取什么方式支付保险费，都应在保险合同中载明。

（7）保险金赔偿或者给付办法。保险金赔偿或给付办法应当在保险合同中明确规定，在实践中一般以现金赔付和重置为主。

（8）违约责任和争议处理。违约责任是指保险合同当事人因其过错，不能履行或不能完全履行保险合同规定的义务时，根据法律规定或合同约定所必须承担的法律后果。违约责任也应在保险合同中进行明确规定。

争议处理是指保险双方解决保险合同纠纷的方式。保险合同的争议处理方式，一般包括协商、调解、仲裁和诉讼四种方式。其中，仲裁实行“一裁终局”制度，诉讼实行“二审终审”制度。

2. 保险合同的常用条款

（1）财产保险合同的常用条款。

① 免赔条款。该条款规定，在保险人根据保险的条件做出赔偿之前，被保险人首先要自己承担一部分损失。其包括：相对免赔额，即免赔额以一定百分比表示，如低于规定比率，保险人不负责赔偿，但如损失高于规定的比例，保险人将赔偿全部损失；绝对免赔额，指保险人做出赔付之前，被保险人要自己负担一定的损失金额。一般来说，这种免赔额应用于每次损失；总计免赔额，指把保险期内所有属于保险责任的损失加总在一起，如全部损失低于总计免赔额，保险人不赔偿，一旦全部损失超过总计免赔额，保险人应对所有超过部分的损失予以赔偿。

② 共同保险条款。在财产保险赔案中，损失金额在保险标的价值 10%以下小额赔案总是占绝大多数，所以投保人往往不愿意高额投保。针对这一情况，有些国家在保单上增加共同保险条款，最常用的是“80%共同保险条款”，即损失发生后对保险标的价值估价，如保险金额大于或等于保险价值的 80%，损失在保险金额内全部赔偿；如保险金额小于保险价值的 80%，则按比例赔偿，被保险人要承担一部分损失。其赔偿金额为赔偿金额=损失金额＊保险金额/80%的保险价值。

我国目前还未采用共同保险条款，对于不足额投保的，一律按保险金额与保险价值的比例来赔偿。

（2）人寿保险合同的常用条款。

① 宽限期条款。指投保人在缴纳首期保险费后，以后如没有按时缴纳续期保险费，保险人给予一定时间的宽限（我国保险法规定为60天）。在宽限期内，保险合同仍然有效，若保险事故发生，保险人应按规定承担给付保险金的责任，但应从中扣除所欠缴的保险费。如宽限期满，仍未缴保险费，保险合同自宽限期满翌日效力中止。

② 复效条款。指投保人在保险合同中止以后的一段时期内（我国保险法规定为2年），有权申请恢复保单效力。复效是对原合同法律效力的恢复，不改变原合同的各项权利和义务。复效须经投保人提出复效申请，经保险人审核同意后，投保人补交失效期间的保费及利息，保险合同恢复效力。一般来说，复效比重新投保划算，一是随年龄的增长，保险费率会随之增加；二是身体状况可能发生了较大的变化，会出现增加保费的情况，但复效却不需要考虑这些因素。

③ 自杀条款。很长一段时间来均把自杀作为除外责任，但在人寿保险经营的长期实践中，人们发现对自杀完全免除责任对被保险人来说是很不公平的。因此《保险法》第四十四条规定：以被保险人死亡为给付保险金条件的合同，自合同成立或者合同效力恢复之日起二年内，被保险人自杀的，保险人不承担给付保险金的责任，但被保险人自杀时为无民事行为能力的人除外。保险人依照前款规定不承担给付保险金责任的，应当按照合同约定退还保险单的现金价值。同时，为了让自杀条款更加科学合理，保障保险合同双方的利益，《保险法》第四十五条又做出了规定：因被保险人故意犯罪或者抗拒依法采取的刑事强制措施导致其伤残或者死亡的，保险人不承担给付保险金的责任。投保人已缴足二年以上保险费的，保险人应当按照合同约定退还保险单的现金价值。

④ 贷款条款。贷款条款又称为保单贷款条款或保单质押贷款条款，指人身保险合同在保费缴满一定期限（一般是一年或两年）后，保单持有人可凭保单向保险人申请贷款，其贷款的额度连同利息不得超过该保单上的现金价值。如果贷款本息达到了保单上现金价值的数额时，合同终止。实际操作中，一般贷款额度不超出保单现金价值的一定比例，比如80%。当贷款本利和达到保单现金价值时，投保人应按照保险人通知的日期归还款项，否则保单失效。在保单质押贷款期内发生保险事故，保险人同样要给付保险金，但领取保险金时如果款项未还清，则保险金将在扣除该款项后支付。需特别指出的是，以死亡为给付保险金条件的保险合同，未经被保险人同意，不得将保险单进行质押贷款。

⑤ 自动垫缴保费贷款条款。指保险合同生效满一定期限（一般是一年或两年）后，如果投保人未按时缴纳保费，保险人可用保单已产生的现金价值作为借款，自动贷给投保人抵缴保费，使保险单继续有效。当垫缴的保险费及利息达到保单上的现金价值时，保单将失去效力，保险费自动垫缴的时点为宽限期届满的次日。自动垫缴保费条款属于选择性条款，即只有当保险合同中列有自动垫缴保险费条款，投保人又同意或未对此提出异议的条件下，保险人才能以保单现金价值垫缴保险费。规定自动垫缴保险费的目的是避免非故意的保险单失效。为了防止过度使用这种条款，有些保险公司会对使用次数及每次使用的间隔加以限制。

⑥ 不丧失价值任选条款。这一条款规定，投保人享有现金价值的权利，不因保险效力的变化而变化，投保人可以任选一个方案享有保单上的现金价值：一是办理退保，投保人取得现金价值即退保费。二是减额缴清保险。投保人如不愿继续缴纳保险费，可以减额缴清保险的方式处置保单上的现金价值，即投保人利用保单上的现金价值将原合同改变为一次缴清保险费的同类保险，改保后，保险期限和保险内容保持不变，只是保险金额比原合同有所减少。这种方式适宜于被保险人身体健康状况良好，需要长期保障而又无力缴付保险费的保险合同。三是展延定期保险。是指投保人利用保单上的现金价值将保险合同改为一次缴清保险费的定期保险，改保后，保险金额和保险责任不变，只是改变原保单的保险期限。这种方式对被保险人身体健康状况衰退或职业风险有所增加，又无力缴付保险费的人适用。

⑦ 不可抗辩条款。又称为两年后不否定条款、不可争条款。这是指在被保险人生存期间，从保险合同生效之日起满一定期限（通常为两年）后，保险人将不得以投保人在投保时违反诚信原则，未如实履行告知义务为理由，而主张解除合同。不可争条款的规定，是为了防止保险人滥用权利，以保护投保人的正当权益。

⑧ 年龄误告条款。指对投保人申报被保险人年龄不真实时将如何处理的规定。年龄误告条款一般规定，如果投保人在投保时错误地申报了被保险人的年龄，将按以下办法处理：一是被保险人的年龄不符合保险合同约定的最低或最高年龄，则保险合同自始无效，保险人可以解除合同并按合同约定退还保单的现金价值；二是因年龄误告致使多缴保险费，则调整保险金额或退还溢缴保险费；三是因年龄误告致使少缴保险费，则补缴保费或按实缴保费与应缴保费的比例调整保险金额。

三、保险合同的订立与变更

（一）保险合同的订立

1. 保险合同订立的程序

保险合同的订立是投保人与保险人意思表示一致而进行的法律行为。大致可分为两个程序：要约和承诺。要约是要约人以缔结合同为目的而进行的意思表示，它是合同当事人一方向另一方表示愿与其订立合同的提议。在订立保险合同的过程中，一般是投保人向保险人提出要约，即投保申请；承诺是受约人在收到要约后，对要约的全部内容表示同意并做出愿意订立合同的意思表示。

一般而言，保险合同的订立即意味着保险合同的成立，但保险合同却往往是在保险合同成立后的某一时间开始生效，如从保险合同成立后的翌日的零点开始生效。

2. 保险合同订立的形式

订立保险合同应该采取书面形式，主要有投保单、保险单、保险凭证、暂保单和批单等。

（1）投保单。投保单是指投保人向保险人申请订立保险合同的一种书面形式的要约，在投保单中应列明订立保险合同所必需的项目，投保单一般有统一的格式，由保险人事先准备好，投保人应按保险人所列项目据实逐一填写、投保单一经保险人承诺，即成为保险合同的重要组成部分。投保人对在投保单中所填写的内容，应承担相应的法律责任。

（2）保险单。保险单简称保单，是指保险人与投保人之间订立保险合同的正式的书面证明。保险单通常是由保险人签发并交付给投保人，是对投保人要约的一种承诺。保险单是保险双方履约的依据。

（3）保险凭证。保险凭证又称为小保单，是一种简化了的保险单，是保险人向投保人签发的证明保险合同已经成立的一种书面凭证。保险凭证与保险单具有同等的法律效力。保险凭证没有列明的内容，以保险单的条款为准；保险凭证与保险单的内容相冲突时，以保险凭证为准。采用保险凭证的主要目的在于简化手续，往往是将保险责任及责任免除直接印在如飞机票、车船票等票据的背面。

（4）暂保单。暂保单又称为临时保单，是保险单或保险凭证出立前发出的临时性的保险单证。使用暂保单主要是基于三种情况：①保险代理人已招揽到保险业务但尚未向保险人办妥保险手续时；②保险公司的分支机构接受投保，但尚需请示上级公司时；③保险双方当事人已就合同的主要条款达成协议，但有些条件尚需进一步商榷时。在以上情况下，保险人可先出具暂保单，作为投保人已保险的证明。暂保单的法律效力与正式保单相同，但其有效期较短，一般为30天。在暂保单的有效期间，保险人一旦确定承保并签发保险单，暂保单即自动失效而为保险单所取代；保险人如果确定不予承保，则有权随时提前终止暂保单的效力。

（5）批单。是保险双方当事人协商修改和变更保险单内容的一种单证，也是表现合同变更时最常用的书面证据，批单的法律效力优于原保险单。

（二）保险合同的变更

保险合同的变更是指在保险合同有效期内，保险合同当事人、关系人对合同所做的修改或补充。保险合同成立并生效后，具有法律约束力，保险双方一般不得擅自变更。但是，如果主观意愿或客观情况发生变化，也可以依法变更保险合同。各国保险法律一般都允许保险合同的主体和内容有所改变，我国也是如此。

1. 保险合同主体的变更

保险合同的主体变更是指保险合同的当事人或关系人的变更，主要是指投保人、被保险人或受益人的变更，保险人一般不会变更。保险合同的主体变更，不改变保险合同的客体和内容。在财产保险中，主体变更主要是由于保险标的因买卖、继承、赠予等所有权变更而引起，在这种情况下，要让保险合同继续有效，就需要变更保险合同中的被保险人，在一般情况下，财产保险标的的转让应当通知保险人，经保险人同意继续承保后，依法变更被保险人，保险人可以根据财产保险合同主体变更引起的风险状况的变化，加收或退减部分保险费。财产保险合同主体的变更主要是被保险人的变更；人身保险合同主体的变更，一般取决于投保人或被保险人的主观意愿，而不以保险标的的转让为前提。人身保险合同主体的变更可以是投保人、被保险人或受益人，但主要是受益人的变更。被保险人或者投保人可以变更受益人，但必须书面通知保险人，保险人收到变更受益人的书面通知后，应当在保险单上批注。当投保人与被保险人不是同一人时，投保人变更受益人时则必须经被保险人同意。

2. 保险合同内容的变更

保险合同内容的变更是指保险合同主体享受的权利和承担的义务所发生的变更，

表现为保险合同条款及事项的变更。在保险实践中，由于保险合同附和性的特征，一般不允许保险人擅自对已经成立的保险合同条款做出修订，因此，保险合同内容的变更一般是由投保人或被保险人提出，经保险人同意即可。保险合同内容的变更具体包括：①保险标的的数量、价值增减而引起的保险金额的增减；②保险标的的种类、存放地点、占用性质、航程和航期等的变更引起风险程度的变化，从而导致保险费率的调整；③保险期限的变更；④人寿保险合同中被保险人职业、居住地点的变化等。

第三节　保险的基本原则

一、最大诚信原则

（一）最大诚信原则的含义

最大诚信原则是指保险双方在签订和履行保险合同时，必须保持最大的诚意，互不欺骗和隐瞒，全面履行自己应尽的义务，否则，将导致保险合同无效或承担相应的法律责任。由于保险经营活动的特殊性，保险活动中对诚信的要求更高，要求合同双方在订立和履行保险合同过程中做到最大诚信。

（二）最大诚信原则的主要内容与相关法律规定

最大诚信原则必须以具体的措施加以落实，实践中的措施主要包括告知、保证、弃权与禁止反言。其中，告知与保证主要是对投保人或被保险人的约束，说明、弃权与禁止反言主要是对保险人的约束。

1. 告知

（1）告知的含义。告知包括狭义告知和广义告知。狭义告知仅指投保方对保险合同成立时就保险标的的有关事项向保险人进行口头或书面陈述；广义告知是指保险合同订立时，投保方必须就保险标的的风险状态等有关事项向保险人进行口头或书面陈述，以及在合同订立后，将保险标的的风险的变动或事故的发生及时通知保险人。事实上，在保险实务中所称的告知，一般是指狭义告知，对于保险合同订立后保险标的的风险变化或保险事故发生时的告知，一般称为通知义务。

（2）告知的形式。告知的形式一般有两种，即事实告知和询问告知：①事实告知又称无限告知，即法律或保险人对告知的内容没有明确规定，投保方须主动地将保险标的的状况及有关重要事实如实告知保险人；②询问告知又称有限告知、主观告知，是指投保方只对保险人询问的问题如实告知，对询问以外的问题投保方无须告知。早期保险活动中的告知形式主要是事实告知，但目前世界上许多国家都是采用询问告知的形式。我国《保险法》采取的是询问告知形式，一般操作方法是，把保险人需要投保人告知的内容列在投保单上，要求投保人如实填写。

（3）违反告知义务的法律后果。投保人对保险人询问的事项，未尽如实告知义务时，根据各国保险法的规定，保险人有解除保险合同的权利。我国《保险法》第十六条第二、四、五款规定："投保人故意或者因重大过失未履行前款规定的如实告知义务，足以影响保险人决定是否同意承保或者提高保险费率的，保险人有权解除合同。

投保人故意不履行如实告知义务的，保险人对于合同解除前发生的保险事故，不承担赔偿或者给付保险金的责任，并不退还保险费。投保人因重大过失未履行如实告知义务，对保险事故的发生有严重影响的，保险人对于合同解除前发生的保险事故，不承担赔偿或者给付保险金的责任，但应当退还保险费。”

2. 保证

（1）保证的含义。保证是指保险人要求投保人或被保险人对某一事项的作为或不作为，某种事态的存在或不存在做出许诺。保证是保险人签发保险单或承担保险责任的条件，其目的在于控制风险。

（2）保证的形式。保证可分为明示保证与默示保证：①明示保证是指以文字形式记载于保险合同中的保证事项，成为保险合同的条款。例如，某人确认他从未得过某种重病，意指他在此事项认定以前与认定时他从未得过该种重病，但并不保证今后他是否会患该种重病。②默示保证是指在保险合同中虽然没有以文字形式加以规定，但习惯上是社会公认的或法律确认的投保人或被保险人应该保证的事项，被保险人应按照习惯保证作为或不作为。默示保证与明示保证具有同等的法律效力，对被保险人具有同等的约束力。

（3）违反保证义务的法律后果。由于保险约定保证的事项皆为重要事项，是订立保险合同的条件和基础，因而各国立法对投保人或被保险人遵守保证事项的要求非常严格。凡是投保人或被保险人违反保证，不论其是否有过失，亦不论对保险人是否造成损害，保险人均有权自保证违反之日起解除保险合同。即使投保人或被保险人在损失发生之前已对其违反的保证做出了弥补，也不能以此为由为其违反保证的事实提出辩护。但是，保险人对违反保证之前所发生的保险事故，仍须承担赔偿责任。

3. 说明

（1）说明的含义。说明是指保险人应当向投保人说明保险合同条款的内容，特别是对免责条款内容的说明。

（2）说明的形式。保险人履行说明义务的形式有明确列明和明确说明：①明确列明是指保险人把投保人决定是否投保的有关内容，以文字形式在保险合同中明确载明。②明确说明则不仅要将有关保险事项以文字形式在保险合同中载明，而且还须对投保人进行明确的提示，对重要条款做出正确的解释，即包括书面或口头形式对投保人做出说明。我国《保险法》采取的是后一种形式。

（3）违反说明义务的法律后果。在保险实务中，保险人是否尽说明义务，可以影响投保人是否投保或如何投保，最终影响保险合同的效力。《保险法》第十七条第二款规定：“对保险合同中免除保险人责任的条款，保险人在订立合同时应当在投保单、保险单或者其他保险凭证上做出足以引起投保人注意的提示，并对该条款的内容以书面或者口头形式向投保人做出明确说明；未做提示或者明确说明的，该条款不产生效力。”

4. 弃权与禁止反言

弃权是指合同一方任意放弃其在保险合同中的某种权利。弃权有两个构成要件：一是保险人明知其权利的存在；二是要有弃权的意思表示。这种意思表示可以是明示的，也可是默示的。明示的弃权，如对投保人申明不解除合同或合同继续有效；默示的弃权，即保险人虽未申明不解除合同，但其行为可被推定为放弃解除合同的权利。

禁止反言又称禁止抗辩，是指合同一方既然已经放弃这种权利，将来就不得反悔，再向对方主张这种权利。禁止反言的适用，必须具备以下三个构成要件：①保险人或其代理人必须曾经向投保人或被保险人做出过合同仍然有效的表示，这种表示包括明确的承诺以及默示；②就投保人而言，必须是相信了保险人或其代理人的意思表示，因而继续履行合同；③投保人或被保险人必须证明其因信任保险人或其代理人意思表示而受到损失。《保险法》第十六条第二、三、六款规定："投保人故意或者因重大过失未履行前款规定的如实告知义务，足以影响保险人决定是否同意承保或者提高保险费率的，保险人有权解除合同。前款规定的合同解除权，自保险人知道有解除事由之日起，超过三十日不行使而消灭。自合同成立之日起超过二年的，保险人不得解除合同；发生保险事故的，保险人应当承担赔偿或者给付保险金的责任。保险人在合同订立时已经知道投保人未如实告知的情况的，保险人不得解除合同；发生保险事故的，保险人应当承担赔偿或者给付保险金的责任。"

二、保险利益原则

（一）保险利益与保险利益原则的含义

保险利益也称可保利益，是指投保人或被保险人对保险标的具有法律上承认的利益。衡量投保人或被保险人对保险标的是否具有保险利益的标志，是看投保人或被保险人是否因保险标的的损害或灭失而遭受经济上的损失。也就是说，当保险标的完好、安全时，投保人或被保险人可以从中获益；当保险标的损毁、受害时，投保人或被保险人将因此而遭受经济损失。保险利益的成立要符合三个条件：①可以用金钱计算；②必须是合法利益；③必须是确定的利益，即无论是现有利益还是希望利益，都必须在客观上是确定的、能够实现的利益，而不是凭主观臆测或推断可能获得的利益。

保险利益原则是指在签订并履行保险合同的过程中，投保人对保险标的必须具有保险利益。如果投保人以不具有保险利益的标的投保，保险人可以解除合同；保险合同生效后，投保人失去对保险标的的保险利益，保险合同随之失效（人身保险合同除外）；保险标的发生保险责任事故，只有对该标的具有保险利益的人才具有索赔资格，但是所得到的赔偿不得超过其保险利益额度，这是因为财产保险合同是补偿性合同，投保人以其财产向保险公司投保的目的，在于财产因保险事故受损时能获得补偿。

（二）财产保险与人身保险的保险利益

1. 财产保险的保险利益

一般来说，财产保险的保险利益主要产生于投保人或被保险人对保险标的的各项权利和义务，主要包括现有利益和期待利益。现有利益是指投保人或被保险人对保险标的在投保时已享有的利益，包括财产所有人、经营管理者、财产保管人、承租人、抵押权人与质押权人的利益；期待利益又称希望利益，是指通过现有利益而合理估价的未来利益，如盈利收入、租金收入、运费收入等利益。

财产保险的保险利益在量上一般表现为保险标的的实际价值，在保险合同订立时不一定严格要求投保人对保险标的必须具有保险利益，但保险事故发生时被保险人对保险标的必须具有保险利益。《保险法》第十二条第二款规定："财产保险的被保险人在保险事故发生时，对保险标的应当具有保险利益。”在多数情况下，财产保险合同投保人与被保险人为同一人，但在特殊的情况下投保人与被保险人不是同一人，如在保险实务中出现的商场为购物顾客附赠财产保险，单位为职工购买家庭财产保险等，像这种投保人与被保险人不是同一人的情况下，投保人对于保险标的实际上并没有保险利益，保险合同是否有效关键是看在发生保险事故时，被保险人对保险标的是否具有保险利益。因为在此情况下投保人只有缴纳保险费的义务，一旦保险标的发生保险事故，投保人不能获取非分之利，只要被保险人对保险标的具有保险利益，就可以有效地防范道德风险的发生。

2. 人身保险的保险利益

《保险法》第三十一条规定，投保人对下列人员具有保险利益：本人；配偶、子女、父母；前项以外与投保人有抚养、赡养或者扶养关系的家庭其他成员、近亲属；与投保人有劳动关系的劳动者。除前款规定外，被保险人同意投保人为其订立合同的，视为投保人对被保险人具有保险利益。订立合同时，投保人对被保险人不具有保险利益的，合同无效。

人身无价，因此，人身保险的保险利益一般没有严格的量的规定，除非保险合同对保险金额有最高额度的限制。人身保险着重强调签约时投保人对保险标的具有保险利益，至于保险事故发生时投保人是否对保险标的具有保险利益，并不影响保单的效力和保险金的给付。当投保人为自己买保险时，在保险合同有效期内都具有保险利益；当投保人与被保险人不是同一人时，如丈夫为妻子投保、企业为职工投保等，如果投保人签约时对被保险人具有保险利益，那么保险合同生效后即使投保人与被保险人的关系发生了变化，如夫妻离婚、职工离开原单位等，投保人对被保险人没有了保险利益，也不影响保险合同的效力。

三、近因原则

（一）近因及近因原则的含义

近因是指造成损失的最直接、最有效、起决定性作用的原因，而不是指在时间或空间上与损失最为接近的原因。例如，某商场着火，员工们把从商场里搬出的财物放在路边，不料路边的财物被人盗抢。那么，被盗抢财物损失的近因就应是火灾，因为火灾是对财物被盗起决定性作用的因素，如果没有火灾，财物就不会被搬到路边。

近因原则是指造成保险标的损害的近因属于保险责任的，保险人承担损失赔偿或给付责任；若近因不属于保险责任的，则保险人不承担损失赔偿或给付责任。

（二）近因原则在保险实务中的运用

当保险标的遭受损害时，保险人是否对保险标的进行赔偿，取决于损害事故发生的原因是否属于保险责任。若属于保险责任，保险人应当承担损失赔偿或给付保险金责任；若是除外责任，保险人则不应当进行赔偿或给付。但是，在保险实践中，保险标的的损害并不总是由单一的原因造成的，有的是多种原因同时发生，有的是不间断发生，有的则是时断时续发生，而且在这些原因中，有的属于保险责任，有的不属于保险责任，因此对近因的分析和判断，成为运用近因原则的关键。

1. 单一原因发生

单一原因致损，即造成保险标损害的原因只有一个，那么，这个原因就是近因。若这个近因属于保险责任，保险人进行赔付；若该项近因属于除外责任，则保险人不进行赔付。例如，某人的车辆因车辆本身设备的原因发生自燃而导致损失时，自燃为近因，若其只投保了机动车辆保险的基本险，则自燃不属于保险责任，保险人不予赔偿；若其在投保了机动车辆保险基本险的同时，还附加了自燃险，则保险人应承担赔偿责任。

2. 多种原因同时发生

如果多种原因的发生无先后之分，且对损害结果的形成都有直接与实质的影响效果，那么，原则上它们都是损害的近因。至于是否承担保险责任，可分为两种情况：一是多种原因均属保险责任，保险人负责赔偿全部损失。例如，暴雨和洪水均属保险责任，其同时造成家庭财产损失，保险人赔偿造成的全部损失；二是多种原因中，既有保险责任，又有除外责任，保险人的责任视损害情况而定。如果损害是可以划分的，保险人就只负责保险责任所导致的损害部分的赔偿；如果损害难以划分，则保险人可与被保险人协商赔付。

3. 多种原因连续发生

多种原因连续发生，即各原因依次发生，持续不断，且具有前因后果的关系。若损害是由两个以上的原因所造成的，且各原因之间的因果关系未中断，那么最先发生并造成一连串事故的原因即为近因。如果该近因为保险责任，保险人应负责赔付；反之，则不赔付。

4. 一连串原因间断发生

在一连串连续发生的多种原因中，当有一项新的独立的原因介入导致损害时，若新的独立的原因为保险责任，保险人应进行赔付；反之，保险人不进行赔付。

四、损失补偿原则

（一）损失补偿原则的含义

损失补偿原则是指在财产保险合同中，当保险标的发生保险责任事故时，保险人要对被保险人的经济损失给予补偿，且被保险人不能获得额外利益。该原则只适用于补偿性保险合同（定值保险和重置价值保险除外），而不适用于给付性保险合同。

（二）损失补偿原则的量的限制

在保险实务中，要贯彻损失补偿原则，保险人要对其赔偿金额进行限制。

1. 以实际损失金额为限

在补偿性合同中，保险标的遭受损失后，保险赔偿以被保险人所遭受的实际损失为限。例如，一台电视机投保时，当时的市场价为 5 000 元，保险金额定为 5 000 元，若保险标的在保险有效期内因保险事故造成全损，这时的市场价已跌为 4 000 元，尽管保险单上的保险金额仍是 5 000 元，但如果保险单上没有特别约定，保险人最高只能赔偿被保险人 4 000 元的损失。

2. 以保险金额为限

保险金额是财产保险合同中保险人承担赔偿责任的最高限额，也是计算保险费的依据。保险人的赔偿金额不能高于保险金额；否则，将扩大保险责任，使保险人收取的保险费不足以抵补赔偿支出，影响保险人的经营。例如，某机器设备投保时，当时的市场价为 5 000 元，保险金额定为 5 000 元，若保险标的在保险有效期内因保险事故造成全损，这时的市场价已上涨为 6 000 元，则被保险人最多只能获得 5 000 元的赔偿。

3. 以被保险人对保险标的具有的保险利益为限

被保险人在保险事故发生时对保险标的具有的保险利益是其向保险人索赔的前提条件，保险人对被保险人的赔偿金额要以被保险人对保险标的具有的保险利益为限。保险事故发生时，如果被保险人已丧失了对保险标的的全部保险利益，保险人则不予赔偿；如果被保险人丧失了对保险标的的部分保险利益，那么保险人对被保险人的赔偿仅以仍然存在的那部分保险利益为限。

在保险实务中，保险人对被保险人的赔偿金额要受实际损失金额、保险金额和保险利益三个量的限制，当三者不一致时，以金额最小者为保险赔偿的最高金额。

第四节　社会保险

一、社会保险的概念

社会保险是国家通过立法，多渠道筹集资金，对劳动者（有些国家可能普及到全体公民）在因年老、失业、患病、工伤、生育而减少劳动收入时给予经济补偿，使他们能够享有基本生活保障的一项社会保障制度。社会保险是社会保障制度的核心内容，主要包括养老保险、失业保险、医疗保险、工伤保险和生育保险等子项目。

二、社会保险与商业保险的区别

社会保险与商业保险同属于一种风险转嫁方式，但两者又有区别：

（1）实施主体不同。社会保险的实施主体是国家，商业保险的实施主体是各保险公司。

（2）保障对象不同。社会保险主要以劳动者为保障对象；商业保险的保障对象既可以是财产及其有关利益，也可以是人的寿命和身体。

（3）实施目的不同。社会保险是以社会和谐为宗旨，不以盈利为经营目的；而商业保险的目的是为了赚取利润，实现利润最大化。

（4）实施方式不同。社会保险一般是以法律或行政法规规定，采取强制方式实施；商业保险的实施则主要采取自愿方式。

（5）保险费来源不同。社会保险的保险费一般来自国家、单位和个人，商业保险的保险费则完全来自投保方。

（6）保障程度不同。社会保险是政府为解决有关社会问题而对国民实行的一种基本经济保障，保障程度较低；商业保险实行多投多保、少投少保的保险原则，保障程度弹性较大。

（7）权利与义务的对等关系不同。社会保险强调劳动者权利和义务的相关性，不遵循对等原则；商业保险则强调权利和义务的对等性，遵循的是对等原则，被保险人获得的保障程度取决于其自身缴纳保险费的多少。

（8）管理方式不同。社会保险一般是由政府直接管理或由政府的权威职能部门统一管理，商业保险则是采用商业化方式进行管理。

三、社会保险基金的筹集模式

从世界各国社会保险基金的筹集模式来看，不外乎有以下三种：

1. 现收现付制

现收现付制是以近期横向收付平衡原则为指导的基金筹集方式，是利用目前投保人缴纳的保险费为现在的保险受益人支付保险金，完全靠当前的收入满足当前的支出，以支定收，略有节余。这是目前世界上最普遍的社会保险基金的筹集模式，有 100 多个国家实行这种制度。

现收现付制的优点是：收支关系清楚，制度简便易行，管理成本低；职工按现实收入水平缴纳保险费，可使退休人员的待遇水平与在职职工工资同步增长；以支定收可以避免通货膨胀造成的基金贬值风险。

现收现付制的缺点是：这种筹资模式缺乏长远规划，没有必要的储备积累，难以应付人口老龄化的危机。随着一国人口老龄化趋势的加快和社会保险待遇水平的提高，社会保险缴费提取比例亦会随之上升，将造成个人、企业、国家的负担加重，甚至导致支付危机。

2. 完全积累制

完全积累制，也称基金积累制，是以远期纵向收支平衡原则为指导的基金筹集方式，是将当年的社会保险缴费完全用于社会保险基金积累，并全部计入受益人的个人账户，在达到一定条件如退休后再从社会保险个人账户支取社会保险待遇。

完全积累制的优点是：社会成员为自己参加社会保险缴费，这样可以大大提高个人缴费的积极性，同时也能预防人口老龄化带来的养老保险费负担过重的问题。

完全积累制的缺点是：缺乏社会成员之间调剂的互助功能。以养老保险为例，完全积累制的筹资模式不能改变那些终生收入低、年老劳动能力下降后的社会成员的困境，也很难抵御社会成员因长寿而带来的风险。同时，积累的基金要承担保值增值的风险。

3. 部分积累制

部分积累制又称混合制，是对现收现付制和完全积累制的整合，这是一种把近期横向收支平衡原则与远期纵向收支平衡原则结合起来的筹资模式，即在满足现时一定支出需要的前提下，留出一定的储备以适应未来的支出需求。

部分积累制的优点：既可以避免完全积累制初期费率过高的弊端，又可较好地解决现收现付难以应付的老龄化问题；能形成一定的积累基金，且基金增幅较慢，贬值风险和投资压力较小。

部分积累制的缺点：既受到利率、工资增长率、通货膨胀率等经济因素的影响，又受到人口因素变动的影响，收支平衡模型复杂。如果社会统筹基金与个人账户基金不严格执行分账管理，当社会统筹基金不能满足社会保险待遇发放需要时，就很有可能动用个人账户积累的基金支付社会保险待遇，容易导致个人账户“空账运行”。

从世界各国的情况来看，对于医疗、工伤、失业、生育等方面的保险，由于这些项目具有短期性和不确定性，因此一般都实行现收现付的资金筹集与支出方式。对于养老保险基金的筹集方式，则应视其情况不同而定。例如，在人口结构年轻化、养老保险基金需求量不大的情况下，采用现收现付式的方式是较好的，因为这可以减轻近期内国家财政、企业和个人的养老保险负担，而且可以避免因通货膨胀而造成储备基金的贬值，但现收现付最大的问题是难以应付人口老化的严重挑战，因为这种方式将给后代造成沉重的负担。而完全积累制则能够较好地应付人口老龄化的挑战，也不会给后代造成太大的经济负担。

我国人口年龄结构目前正从“成年型”向“老年型”转变（国际上将60岁以上的人口占总人口的比重超过10%定为“老年型”人口结构）。据有关部门预测，我国60岁以上的老人占总人口的比重将由2000年的9.81%上升到2020年的15.23%，2040年将高达24.28%。从我国的实际情况看，现阶段也不宜采用完全积累制的养老保险基金筹集方式，因为我国长期以来实行的是现收现付的养老保险制度，已经退休或将要退休的职工过去并没有进行养老储蓄积累，如果实行完全积累制的养老保险基金筹集方式，在职职工既要负担退休职工的养老金，又要为自己的将来退休养老进行储蓄，在这种制度实行的初期在职人员的缴费率较高，这是国家、企业和职工个人都难以承受的。因此，我国目前的社会养老保险宜采用部分积累制养老保险基金筹集方式。

四、我国现行社会保险的类型

社会保险是社会保障制度的核心内容，我国现行社会保险主要包括养老保险、医疗保险、工伤保险、失业保险和生育保险等几个子项目。

（1）养老保险。养老保险又称老年社会保险，是对政府立法确定范围内的老年人口，提供经济补偿、物质帮助和生活服务，现阶段我国社会保险制度中的养老保险分为城镇职工养老保险和城乡居民养老保险两大类，其中，城镇职工养老保险通过用人单位和个人缴费筹集养老保险基金，城乡居民养老保险通过个人缴费、集体补助、政府补贴筹集养老保险基金。

（2）医疗保险。医疗保险又称为社会医疗保险，是通过国家立法，主要由用人单位和个人缴费，建立医疗保险基金，当参保人员患病就诊发生医疗费用后，给予一定的经济补偿，并享受相关的医疗服务。目前我国医疗保险主要包括城镇职工医疗保险和城乡居民医疗保险两大类，前者主要通过用人单位和个人缴费筹集医疗保险基金，后者则主要通过个人缴费和国家补贴筹集医疗保险基金。

（3）工伤保险。工伤保险也叫职业伤害保险、工人伤害补偿保险或因工伤害保险，是指劳动者因工作原因受伤、患病、致残或死亡，暂时或永久丧失劳动能力时，从社会保险制度中获得法定的医疗、生活等必要的经济补偿以及对职工因工死亡后无生活来源的遗属提供物质帮助的制度。目前我国只有城镇职工才有工伤保险，工伤保险基金完全由用人单位缴纳。

（4）失业保险。国家通过立法强制实行建立保险基金，对非自愿失业的人员提供基本生活保障并促进再就业的一种社会保险制度。目前我国只有城镇职工才有失业保险，失业保险基金由用人单位和个人共同缴纳。

（5）生育保险。生育保险是通过国家立法，在女性劳动者因生育子女而暂时丧失劳动能力时，由国家、社会提供必要的经济补偿和医疗保健的一项社会保险制度。它是对广大女性劳动者和人类繁衍的关怀和爱护，是生育子女这一家庭事务得到社会承认和资助的国际通行做法。生育保险基金一般由用人单位缴纳，个人无须缴纳生育保险费。从 2017 年 6 月开始，已在我国 12 个试点城市开展生育保险和职工基本医疗保险（统称两项保险）合并实施试点工作。

（6）长期护理保险。这是指以社会互助共济方式筹集资金，对经评估达到一定护理需求等级的长期失能人员，为其基本生活照料和与基本生活密切相关的医疗护理提供服务或资金保障的社会保险制度。这是我国继养老保险、医疗保险、工伤保险、失业保险、生育保险之后，又启动的一项社会保险险种。2016 年 6 月 27 日，人力资源社会保障部办公厅发布了《关于开展长期护理保险制度试点的指导意见》，要求在全国范围启动长期护理保险制度的试点。截至 2017 年 3 月底，从官方公布文件看，已有荆门市、安庆市等 10 个地区发布了试点政策文件，顺利启动了长期护理保险试点工作。目前，我国长期护理保险仍处于试点阶段。

本章小结

1. 保险因风险而产生。保险既是一种经济行为，又是一种合同行为，是投保人根据合同约定，向保险人支付保险费，保险人对于合同约定的可能发生的事故因其发生所造成的财产损失承担赔偿保险金责任，或者当被保险人死亡、伤残、疾病或者达到合同约定的年龄、期限等条件时承担给付保险金责任的商业保险行为。

2. 保险按不同的标准可以进行不同的分类。按保险性质可以将保险分为商业保险、社会保险和政策保险；按保险实施方式可以将保险分为自愿保险和强制保险；按保险标的分类，保险一般可分为财产保险和人身保险；按保险承保方式分类，保险可以分为原保险、再保险、共同保险和重复保险；按保险价值确定的时间及方式可将保险分为定值保险与不定值保险，该种分类方式只针对财产保险而言；按保险金额与保险价值之间的关系可将保险分为足额保险、不足额保险和超额保险。该种分类方式也只针对财产保险。

3. 保险合同是经济合同的一种，是投保人与保险人约定保险权利义务关系的协议，包括保险合同的主体、客体和内容。保险合同的主体包括保险合同的当事人、关系人和辅助人；保险合同的客体是指保险双方当事人权利和义务所共同指向的对象，即保险利益而非保险标的；保险合同的内容就是让保险合同关系双方明确自己的权利和义务，保险合同的内容具体是通过保险条款体现出来的，包括基本条款和常用条款。

4. 保险合同的订立是投保人与保险人意思表示一致而进行的法律行为。大致可分为两个程序：要约和承诺。保险合同的订立应该采取书面形式，主要有投保单、保险单、保险凭证、暂保单和批单等；保险合同的变更是指在保险合同有效期内，保险合同当事人、关系人对合同所做的修改或补充。各国保险法律一般都允许保险合同的主体和内容有所改变。

5. 保险的基本原则包括：最大诚信原则，实践中主要包括告知、保证、弃权与禁止反言；保险利益原则，财产保险的保险利益在量上一般表现为保险标的的实际价值，在保险合同订立时不一定严格要求投保人对保险标的必须具有保险利益，但保险事故发生时被保险人对保险标的必须具有保险利益。人身保险的保险利益一般没有严格的量的规定，除非保险合同对保险金额有最高额度的限制，人身保险着重强调签约时投保人对保险标的具有保险利益。近因原则，近因是指造成损失的最直接、最有效、起决定性作用的原因，而不是指在时间或空间上与损失最为接近的原因，若造成保险标的损害的近因属于保险责任的，保险人承担损失赔偿或给付责任；若近因不属于保险责任的，则保险人不承担损失赔偿或给付责任。损失补偿原则，该原则只适用于补偿性保险合同（定值保险和重置价值保险除外），而不适用于给付性保险合同。

6. 社会保险与商业保险同属于一种风险转嫁方式，但两者又有区别：实施主体不同，保障对象不同，实施目的不同，实施方式不同，保险费来源不同，保障程度不同，权利与义务的对等关系不同，管理方式不同。

7. 从世界各国社会保险的时间经验来看，社会保险基金的筹集模式主要包括现收现付制、完全积累制、部分积累制三种。

8. 社会保险是社会保障制度的核心内容。我国现行社会保险主要包括养老保险、医疗保险、工伤保险、失业保险、生育保险和长期护理保险等几个子项目。

复习与思考

1. 识记：保险、保险合同、商业保险、社会保险

2. 领会

（1）保险的要素与基本功能。

（2）保险的基本原则。

（3）保险合同的当事人、关系人和辅助人。

（4）社会保险与商业保险的区别。

（5）我国现行社会保险的主要内容。

第十章 财政与金融的宏观调控

第一节 宏观调控概述

一、宏观调控及产生

（一）宏观调控的含义

宏观调控是国家从整个社会利益出发，为了实现宏观经济总量的基本平衡和经济结构的优化，采取各种手段，对国民经济整体活动所进行的总体调节和控制。宏观调控的主体是国家，宏观调控的对象是国民经济整体活动，宏观调控的本质是对整个社会经济进行的一种逆向调节。

（二）宏观调控理论的产生

宏观调控理论是20世纪30年代后发展起来的。在19世纪末20世纪初，随着自由资本主义向垄断资本主义的过渡，特别是1929—1933年资本主义世界大危机爆发之后，传统的经济学及其信奉的“供给自动创造需求”的“萨伊定律”以及以亚当·斯密为代表的“国家不干预经济”的主张终于彻底破产，资产阶级经济学家才日益重视对宏观经济理论的研究，其中，英国经济学家凯恩斯所创造的宏观经济理论体系，被西方经济学界称为“凯恩斯革命”。凯恩斯认为，市场并不能自动实现充分就业，政府应对经济实施干预政策，他认为政府可以通过增加财政支出，使之直接形成社会需求，且产生“倍数”扩张社会总需求的作用，从而使市场达到充分就业。这种主张很快受到资本主义国家的重视和采纳。到第二次世界大战后，一些主要资本主义国家普遍加强了对市场经济活动的干预，并在这一历史进程中形成了不同派别的国家对市场经济运行进行宏观调控的理论，如以弗里德曼为代表的货币主义学派和以拉弗为代表的供给学派等。尽管这些理论主张的观点各有不同，但“国家干预经济”理论始终显示出了其强大的生命力。西方资本主义国家的经验表明，完全依靠市场调节这一只“看不见的手”，是不能适应市场经济体制的正常运行的，也不能在强手如林的世界市场的激烈竞争中成为赢家。只有与政府干预经济这只“看得见的手”携起手来，才能保证这个国家经济的可持续发展。

二、市场经济与宏观调控

（一）市场经济条件下，宏观调控的必要性

1. 市场经济的缺陷需要宏观调控

尽管市场机制具有多方面的积极作用，如市场通过价格、供求和竞争机制给予企业动力和压力，把资源配置到效益好的企业，实现优胜劣汰；市场对各种经济信息反应比较灵敏，它通过价格的波动引导生产和消费，自动地实现供求的大致平衡等。但是市场这只“看不见的手”并不是万能的，仍然存在着诸多自身难以克服的缺陷，主要表现在：

（1）市场在实现经济总量平衡上有较大的局限性。在市场经济中，个人和企业追求的往往是当前的、局部的经济利益，而容易忽视长远的、整体的经济利益。市场虽然可以自动调节并最终实现社会总供给和总需求的平衡，但市场调节却是事后的、自发的、盲目的调节，单纯依靠市场调节社会总供求，往往会引起经济大起大落，严重时甚至导致经济危机。

（2）市场难以自发实现经济结构的平衡。在市场调节中，生产什么、生产多少由企业自己决定，社会总供给结构和总需求结构很难自动实现平衡。仅仅通过市场调节，往往会导致社会再生产两大部类之间失衡，导致农业、轻工业和重工业之间比例失调，导致地区经济发展的不协调。

（3）市场无法处理好公平和效率的关系。市场经济往往只通过等价交换意义上的机会均等来体现市场的公平性，这种公平有利于促进市场注重效率，但同时也会带来社会的两极分化，造成贫富悬殊，如任其发展，势必造成社会分配的严重不公平，从而不利于社会经济的稳定与发展。

（4）市场无法处理好环境、资源和经济发展的关系。由于市场经济作用的起点和归宿是商品生产者和经营管理者自身的局部利益，因此，其经营行为往往会以破坏环境、浪费资源为代价，造成自然资源枯竭和环境污染，影响社会经济的可持续发展。

因此，为了克服市场本身的缺陷，减少市场调节的自发性和盲目性，弥补市场调节的不足，需要政府进行宏观调控，以实现国民经济健康、持续、协调地发展。

2. 宏观调控是社会化大生产的客观需要

社会分工和商品经济的发展，促进了生产的社会化。随着生产社会化程度的提高，社会分工越来越细，国民经济各部门、各地区、社会生产各环节之间协作关系越来越密切。为了有效地配置和利用资源，实现社会经济的协调发展，客观上需要在全社会合理组织生产，调节整个社会经济活动，协调各方面的经济关系。政府对社会经济整体进行宏观调控，有计划地分配社会资源，可以促使社会各部门、各地区、各企业和社会再生产之间保持一定的比例关系，从而促进社会化大生产的持续、快速、协调发展。

（二）宏观调控的目标

一国政府在确定宏观调控目标时一般会包括宏观调控的总目标和具体目标，前者

是基本目标，后者是实现基本目标的具体目标。

1. 宏观调控的总目标

宏观调控的总目标是实现社会总需求和总供给的平衡，促进国民经济持续、快速和稳定发展。社会总需求与总供给的平衡包括总量平衡和结构平衡两个方面的内容。

（1）社会总供给和总需求的总量平衡。在市场经济条件下，社会总供给是经济社会的总产量（总产出），是一定时期内，社会向市场提供的商品和劳务的总和。社会总需求是社会经济发展对产品和劳务的需求总量，是一定时期内社会有支付能力的购买力的总和。总供给和总需求不仅包括价值上的平衡，而且包括物资上的平衡。无论是总供给大于总需求，还是总需求大于总供给，都会出现总供求的失衡，造成商品和劳务供大于求或供不应求。在开放经济条件下，总量平衡可用公式表示为：

生产资料供给+消费资料供给+商品劳务净进口=投资需求+消费需求+资本净流入

（2）总供给和总需求结构的平衡。要实现宏观调控的总目标，除了保持社会总供给和总需求的总量平衡外，还要保持社会供给结构和社会需求结构之间的平衡，保持总供给和总需求在价值和物质上的平衡。如，在一定时期内，要保持社会生产资料的供给和社会生产资料的需求之间的平衡，保持社会消费资料的供给和社会消费资料的需求之间的平衡；要保持社会总供给各个组成部分的平衡，如农业、轻工业、重工业之间的平衡；要保持社会总需求各个组成部分的平衡，在消费需求、投资需求、政府需求和国外需求之间保持平衡。如果总供给和总需求只是总量的平衡，在经济结构上失衡时，仍然会发生经济波动甚至发生经济危机，1997 年东南亚金融危机发生的一个重要原因就是泰国等东南亚国家经济结构失衡造成的。

2. 宏观调控的具体目标

宏观调控的具体目标主要包括经济稳定增长、稳定物价、充分就业、国际收支平衡。

（1）经济稳定增长。经济稳定增长，是指在一定时期内经济社会所生产的人均产量和人均收入能保持不间断的增长。经济增长通常用一定时期内实际的国内生产总值的年均增长率来衡量。但要实现经济的稳定增长，还必须注意与资源、环境的关系，要注意投入与产出的关系，即是说，经济稳定增长不仅包括量的增加，同时还应包括质的提高。

（2）稳定物价。稳定物价即保持货币币值的稳定，防止和克服通货膨胀及通货紧缩。这里所说的物价是指全社会的物价总水平，不是指个别商品的价格。稳定物价不是冻结物价，物价在一定程度上的波动是价值规律作用的结果。因此，稳定物价是指不使物价出现持续全面的上涨。一般认为，物价上涨率或下跌率在 3%左右即为物价稳定。

（3）充分就业。充分就业是以失业率的高低来进行衡量的。失业率是指失业人数与劳动力人数的比率。劳动力是指在一定的年龄范围内有劳动能力并愿意工作的人。老人、孩子以及因这样或那样的原因而不愿工作的人，都不能算作劳动力。西方学者认为，充分就业并不表示必须有 100%的就业率，应把摩擦性失业（由于短期劳动力供求调整而造成的失业）和自愿失业排除在外。美国经济学家奥肯考察了失业率和 GDP 的关系，当实际 GDP 相对于潜在 GDP 每增加 3%，失业率大约下降 1%。如果一个国家失业率较高，则说明社会人力资源没有得到充分利用。大多数经济学家认为，低于5%及以下的失业率都是正常的，此时社会处于充分就业的状态。

(4) 国际收支平衡。现代经济是一种开放型的经济，如果一国国际收支失衡，必然会对国内经济产生冲击，从而影响国内的就业水平、价格水平和经济增长。随着信息技术的发展和各国金融开放程度的逐步扩大，如果一个国家的国际收支严重失衡，还可能成为国际“游资”的冲击对象。

理论和实践证明，宏观调控的四大具体目标之间，除了充分就业与经济稳定增长可以互为促进外，其他各目标之间则更多地表现为矛盾与冲突。

(1) 物价稳定与充分就业

当失业人数过多时，需要采取扩张性货币政策，放松银根，引起利率下降，刺激投资需求，进而扩大生产规模，增加就业。随着信用规模的扩张，货币供给量增加，会引起社会总需求增加，进而导致物价上涨。反之，为了稳定物价采取紧缩性货币政策，这会导致利率上升，抑制投资需求，随着生产规模的缩小，失业会进一步增加。显然物价稳定与充分就业是相互矛盾的。

(2) 物价稳定与经济增长

一般来讲，这两个目标是可以相辅相成的。物价稳定，可以为经济发展提供一个良好的金融环境和稳定的价值尺度，从而使经济能够稳定增长；经济增长，又为物价稳定提供了雄厚的物质基础。因此，物价稳定是经济增长的前提，经济增长则是物价稳定的基础，两者在一定范围内可以互相促进。但是，现代市场经济增长与充分就业是相一致的，而充分就业与物价稳定之间是矛盾的。因此，经济增长与物价上涨相伴，在很多情况下，只能在两者之间做出协调，即在可接受的物价上涨率水平上发展经济，在不妨碍经济最低增长需要的前提下保持物价稳定。

(3) 经济增长与国际收支

一般情况下，伴随着经济的增长，国民收入水平提高，支付能力增强，对进口商品的需求相应增加；与此同时，对本来用于出口的产品需求也会增加，致使这部分产品价格上升，该产品的出口会受到影响。两方面的共同作用，使该国出口的增长慢于进口的增长，导致贸易收支状况恶化，引起国际收支失衡。就资本项目而言，要促进经济增长就需要增加投资，相应就要扩大国内储蓄总量，并吸收国外储蓄。随着外资的大量流入，资本项目可能会出现一定数额的顺差，一定程度上可以弥补经常项目的逆差。虽然外资流入可以在一定程度上改善国际收支的状况，但是一旦外资流出，尤其当需要偿还外债时，如果没有足够的出口增长和贸易顺差，国际储备就将下降，国际收支状况就会受到损害。此时，政府为了平衡国际收支，消除贸易逆差，只能采取紧缩性货币政策，这又必然造成国内有效需求下降，经济增长速度放慢。所以，经济增长与国际收支平衡两个目标难以同时实现。

(4) 物价稳定与国际收支平衡

物价稳定主要是指稳定货币的对内价值，平衡国际收支则是为了稳定货币的对外价值。尽管两者都在寻求稳定货币的价值，但却很难同时实现。如果国内物价不稳定，国际收支很难平衡。假如一国出现了通货膨胀，而别国物价相对稳定，物价上涨致使国内货币贬值，外国商品价格相对低廉，导致本国输出减少，输入增加，造成国际收支恶化。即使在物价稳定的情况下，也可能发生国际收支的不平衡，假如本国物价稳定而外国发生了通货膨胀，则导致本国输出增加，输入减少，国际收支会发生大量的顺差，而巨额顺差也是一种不平衡。因此，从根本上讲，只有各国都维持基本稳定的物价水平，并保持贸易规模和商品输出、输入结构不变，才能同时实现物价稳定与国际收支平衡。但在现实生活中，世界经济发展不平衡，各国经济实力、贸易结构及规模都在不断地改变与调整。因此，实践中是很难同时实现上述两个目标的。

（三）宏观调控的手段

在市场经济条件下，政府要进行宏观经济调控，需要借助一定的调控手段来实现调控目标。一般来说，政府宏观调节经济的手段主要有计划手段、经济手段、法律手段和行政手段等。

1. 计划手段

计划手段是政府通过制订长期、中期和短期社会经济发展计划，对国民经济的运行和发展进行宏观调控。无论是在计划经济体制下，还是在市场经济体制下，政府在进行宏观调控时都会运用到计划手段，所不同的是，前者采用的是指令性计划，具有强制的约束力；后者采用的是指导性计划，通过引导微观经济主体根据国家的经济发展战略和产业政策安排自己的生产经营活动。

计划调控的主要功能是从总体上保持社会总供求的平衡，实现国民经济的持续、快速、协调发展。计划手段具有其他宏观调控经济手段所不能取代的作用，尤其是在政府制定中长期社会经济发展战略和发展规划时更是如此。

2. 经济手段

经济手段是政府运用税收、利率、汇率、价格等经济杠杆，调整不同经济主体的利益关系，引导和调节经济运行的手段。其中，税收是国家最主要的财政收入形式，通过税率的高低直接影响企业和个人的经济利益和经济行为；通过调节存贷款的利率，控制消费和投资规模；通过适时调整汇率政策，可以避免汇率的大幅度波动，促进国内经济的稳定增长；政府通过价格政策取向，直接影响企业和个人的经济利益，进而影响供给和需求。

3. 法律手段

法律手段是政府依靠法制力量，通过经济立法和司法，来调节经济关系和经济活动的手段。经济法律、法规代表一国某一阶级的利益和意志。政府利用法律手段干预经济，其目的在于确定权利、责任和义务的关系，调整国家、企业和个人的经济关系，维护市场秩序，保证市场经济的正常运行。

4. 行政手段

行政手段是通过国家行政机关依靠行政组织运用行政命令、指示、规定等行政方式来调节经济活动，以达到宏观调控目标的手段。

在国民经济重大比例失调或社会经济某一领域失控时，运用行政手段调节可以迅速地扭转失控、快速恢复正常的经济秩序。但是，行政手段是短期的非常规手段，在经济手段和计划手段调节无效时才会被迫使用。

宏观调控的计划、经济、法律和行政等手段，各有所长，它们相互联系，互为补充，共同构成宏观调控体系。

第二节　财政政策与货币政策对国民经济的宏观调控

一、财政政策对国民经济的宏观调控

（一）财政政策的含义

财政政策是指一国政府在一定时期内，为实现一定的宏观经济目标而制定的指导财政分配活动和处理各种财政分配关系的基本准则，它是国家经济政策的重要组成部分。财政政策是由财政支出政策、税收政策、预算政策、国债政策、转移支付政策等构成的一个完整的政策体系。在市场经济条件下，财政宏观调控功能的正常发挥，主要取决于财政政策的适当运用。

（二）财政政策的类型

现代经济学根据财政政策在控制经济活动中所起的作用，对财政政策从不同角度进行了划分，下面主要介绍两种不同分类方法下的财政政策类型：

1. 根据财政政策发挥作用的机制，将财政政策分为自动稳定的财政政策和相机抉择的财政政策

（1）自动稳定的财政政策。它是指某些能够根据经济波动情况自动发生稳定作用的政策，它不需要借助外力即可产生调控效果。财政政策这种内在的、自动产生的稳定效果，可随社会经济的发展，自行发挥调节作用，不需要政府采取任何干预行动。

财政政策的自动稳定性主要表现在两个方面：一是税收的自动稳定性。如，税收制度中的累进税率，即可达到对经济活动的自动调节。二是政府支出的自动稳定性。如，对个人转移支出中的最低生活保障金、失业救济金等，当国民经济出现衰退时，就会有不少居民具备申请最低生活保障金或失业救济金的资格，政府将为他们支付最低生活保障金或失业救济金，以使他们能够进行必要的生活开支，这样，国民经济中的总需求不致下降过多。同样，当经济繁荣时，失业者可重新获得工作机会，政府就可以停止这种救济性支出，使总需求不致过旺。

（2）相机抉择的财政政策意味着某些财政政策本身没有自动稳定的作用，需要借助外力才能对经济产生调节作用。一般来说，这种政策是政府根据当时的经济形势，采用不同的财政措施，如，通过控制国债发行规模、财政投资等手段，以缩小乃至消除通货膨胀缺口或通货紧缩缺口，使社会总供给与总需求趋于平衡。

2. 根据财政政策在调节国民经济总量方面的不同功能，将财政政策分为扩张性财政政策、紧缩性财政政策和中性财政政策

（1）扩张性财政政策，又称为松的或膨胀性或积极的财政政策，是指通过财政收支规模的变动来增加和刺激社会总需求，使总需求与总供给的差额缩小以至达到平衡状态。扩张性财政政策采取的主要措施是增加财政支出和减少税收，两者相比，前者的扩张效应更大一些。财政支出是社会总需求的直接构成因素，财政支出规模的扩大会直接增加总需求，增加支出的乘数效应大于减税的乘数效应。减税政策可以增加单位和个人的可支配收入，在财政支出规模不变的情况下，也可以达到扩大社会总需求

的目的。当然，减税的种类和方式不同，其扩张效应也不同。如，流转税的减税在增加需求的同时，对供给的刺激作用更大，所以，它的扩张效应主要表现在供给方面；所得税尤其是个人所得税的减税，主要在于增加人们的可支配收入，它的扩张效应体现在需求方面。在增加支出与减税并举的情况下，扩张效应虽然更大，但可能导致财政赤字，从这个意义上说，扩张性财政政策等同于赤字财政政策。

（2）紧缩性财政政策，又称为紧的财政政策，是指通过财政收支规模的变动来减少和抑制总需求。在国民经济已出现总需求过旺的情况下，通过紧缩性财政政策可以消除通货膨胀，达到供求平衡。实施紧缩性财政政策的手段主要是减少财政支出和增加税收。减少财政支出可以降低政府的消费需求和投资需求，增加税收可以减少民间的可支配收入，降低民间消费需求和投资需求。所以，无论是减支还是增税，都具有减少和抑制社会总需求的效应。在一定经济状态下，增税与减支并举，财政盈余就有可能出现，从这个意义上说，紧缩性财政政策等同于盈余财政政策。

（3）中性财政政策，又称为均衡财政政策，是指财政收支活动对社会总需求的影响保持中性，既不产生扩张效应，也不产生紧缩效应，因此，财政中性政策即是实现财政收支平衡的政策。中性财政政策同样可以对宏观经济发挥调控作用，只是其干预市场经济的力度与扩张性财政政策和紧缩性财政政策比较起来小多了。中性财政政策是20世纪30年代大危机以前普遍采用的政策原则，但在现代市场经济运行过程中，采用中性的财政政策则是比较少见的。因为在经济萧条时，如果坚持财政的年度预算平衡，为了减少赤字，只有减少政府支出或提高税率，其结果是加深衰退；在经济过热时，出现通货膨胀时，为了减少盈余，只有增加政府支出，其结果反而会加剧通货膨胀。

（三）财政宏观调控的目标

财政宏观调控目标必须服从一定时期内国家经济政策目标，经济政策目标的多元性决定了财政宏观调控目标的多元性。在借鉴西方国家经验的基础上，根据我国的国情，财政宏观调控目标主要应包括：经济稳定增长、价格总水平的相对稳定、收入合理分配和资源优化配置。其中，经济稳定增长是财政宏观调控目标中的首选目标。由于这些目标的内容已在本书的相关章节做过论述，因此，在此不再赘述。

（四）财政宏观调控的手段

财政宏观调控手段是指财政收支领域中能够被政府用来作用于国民经济运行过程，以实现财政宏观调控目标的各种财政范畴。财政分配的复杂性决定了财政进行宏观调控时使用手段的多样性，主要包括税收、国债、财政支出等几种形式。

1. 税收

税收作为一种宏观调控手段，由于具有强制性、无偿性和固定性的特征，因此，是一种具有权威性的财政政策手段。税收的宏观调控作用，主要是通过名义税率、纳税人、课税对象、税收优惠和税收惩罚等规定体现出来。税收的宏观调控功能主要体现在：① 资源配置中的作用。如，通过开征消费税，引导消费方向；通过对高新技术开发区实行优惠税率，吸引人力、物力、财力和技术资源的合理配置；通过税收还可以使资源在不同行业、不同部门、不同地区进行优化配置。2006年在全国取消农业税，这在一定程度上调动了人们从事农业生产的积极性就是一个例证。② 收入分配中的作用。如，通过开征所得税、资源税、社会保障税、遗产税、赠与税等调节企业和个人收入。③ 经济持续稳定增长中的作用。如，通过开征企业所得税可以直接调节企业供给，即通过减税可以刺激投资和供给，反之，增税则可以抑制供给；通过个人所得税的开征可以直接影响需求，即通过减税可以增加需求，反之，增税则可以抑制需求；通过累进税率的确定，可以让其发挥“内在稳定器”的作用；通过开征环保税可以降低社会成本，使国民经济达到稳定增长的目的。

2. 国债

国债最初只是用来作为弥补财政赤字的一种途径。在现代市场经济中，国债对宏观经济的调控起着越来越重要的作用。国债的调控作用主要体现在三种效应上：①“排挤效应”，即由于国债的发行，使民间的投资或消费资金减少，从而减少民间的投资或消费需求。②“货币效应”，即国债发行将会引起货币供求的变动。它一方面可以使部分“潜在货币”变为现实流通货币，另一方面则可以把存在于民间的货币转移到政府部门，由政府部门主动进行支出，从而形成现实的需求，达到拉动经济增长的目的。这是国债宏观调控作用的主要体现。③“收入效应”，不论是以未来年度增加税收或是发行新债来偿还，国债持有人在国债到期时，不仅能收回本金，而且还可以得到利息作为回报。政府应用国债资金兴建公共设施，无差别地满足全体社会成员的公共需要。因而，在一般纳税人与国债持有人之间就产生了收入的转移问题。此外，国债所带来的收入与负担问题不仅影响当代人，而且还存在着所谓“代际”的收入与负担的转移问题。总之，政府可以通过调整国债规模，选择购买对象，区分国债偿还期限，制定不同国债利率来实现财政宏观调控的目标。

3. 财政支出

财政支出是财政分配的第二阶段，通过财政支出资金的流向和流量，可以充分地体现政府的政策意图，对国民经济的宏观调控具有十分重要的作用。我们知道，按财政支出主体是否具有补偿性，可以将全部财政支出分为购买性支出和转移性支出两大类。然而，购买性支出与转移性支出对政府的宏观调控方式有着不同的影响。

(1) 购买性支出。这是政府有关机构和国家事业单位履行职责的必要保证，它必然全部转化为社会总需求。它的增减变化，直接引起社会需求总量的变化，影响社会生产、就业及社会总供需的平衡。正是由于这一原因，在西方国家遭遇经济危机时，增加购买性支出往往成为其惯用的方法。

在这里，尤其要提及的是财政的投资支出，由于投融资业务无论是资金筹集还是资金运用，都是按照信用原则进行的，因而它可以在不影响已有分配格局的基础上，开辟财政宏观调控的新领域。在市场经济条件下，财政投资主要是将资金投放于关系到国计民生的基础设施、基础产业以及高科技主导产业的项目上。在“基础瓶颈”条件下，如果政府保持适当的投资比例，政府投资所产生的效应将不局限于自身的投资效应，而是会产生一种“乘数效应”。

(2) 转移性支出。这实际上是经政府的手对社会经济资源在不同产业、地区、部门、阶层和个人之间进行的一种再分配。这种支出不直接表现为政府对商品和劳务的购买需求，而是间接地表现为接受转移支出的单位和个人购买力的增加。

二、货币政策对国民经济的宏观调控

（一）货币政策的含义

货币政策有广义和狭义之分。广义的货币政策是指政府、中央银行和其他有关部门所有有关货币方面的规定和所采取的影响货币供给数量的一切措施。狭义的货币政策是指中央银行为实现特定的宏观经济目标，运用各种货币政策工具调节和控制货币供给量所采取的方针和措施的总和。本章所指的货币政策仅指狭义的货币政策。货币政策在国家的宏观经济政策中居于十分重要的地位，同财政政策一起构成了国家调节经济的两大宏观政策。货币政策的内容主要包括货币政策的目标和货币政策工具等。

（二）货币政策的目标

一般来说，货币政策的目标包括最终目标、中介目标和操作目标三个方面的内容。

1. 货币政策的最终目标

货币政策的最终目标是中央银行通过货币政策操作所要达到的最终宏观经济目标。在我国，主要包括币值稳定、经济稳定增长、充分就业以及国际收支平衡四大目标，与宏观调控的具体目标是一致的（本章第一节已做介绍）。在这四个目标中，币值稳定是货币政策的首要目标，中央银行往往通过控制货币的发行将物价水平的上涨及下跌幅度控制在一定的范围之内，从国内外历史上货币政策的实践来看，物价稳定主要是解决物价上涨问题；充分就业和经济增长主要是通过中央银行操纵各种货币政策工具，增加货币供给、降低实际利率等手段进而促进投资和消费的增加来实现；在开放经济条件下，国际收支平衡十分重要，否则，将对一国的经济产生不良影响，具体表现在对一国物价、利率、汇率、经济和就业等多方面的影响上。

如果一国的货币政策能同时实现这四大目标，那是再好不过的事情了，但这是不太可能的。因为这四大目标之间既有统一性又有矛盾性，如，充分就业和经济增长之间的关系是一致的，而在短期内，充分就业与币值稳定之间却是矛盾的。由于货币政策的最终目标之间的这种矛盾性，使得中央银行在某一特定时期内不可能兼顾全部目标，于是出现了如何选择货币政策最终目标的问题。理论界对此问题颇有争论，主要存在着三种不同的意见，即单目标论、双目标论和多目标论。各国中央银行只能权衡各目标对当前形势的轻重，而选择一个或几个目标作为货币政策的最终目标。

2. 货币政策的中介目标

由于货币政策的最终目标是货币当局在一个较长的时间内力图实现的目标，因而从货币政策的实施到最终目标的实现会存在一个较长的时滞，这将不利于货币当局根据货币政策的实施状况及时调整货币政策，因此，客观上需要设立一些货币政策的中介目标和操作目标。

（1）选择中介目标和操作目标的标准。货币政策的中介目标和操作目标是通过一定的金融指标来观测和控制的。一般认为，中介目标和操作目标若要有效地反映货币政策的效果，则应具备以下几个条件：

①相关性。相关性是指作为中介目标的变量与最终目标之间要有密切的联系，作为操作目标的变量与中介目标之间也要联系紧密，它们的变动一定要对最终目标或中介目标产生可预测的影响。例如，作为操作目标的准备金和基础货币的变动与货币供

给量之间的关系有较为明确的关系，而货币供给量与经济增长、币值稳定、充分就业之间也有紧密的联系。

②可测性。对作为操作目标和中介目标的变量进行迅速而精确的测量是对其进行有效监控的前提。可测性一方面是指中央银行要能够迅速地获取这些指标的准确数据，另一方面是指这些指标必须有明确的定义并便于观察、分析和监测。即是说，作为中介目标要比最终目标能更快地反映货币政策的效果；作为操作目标，在货币政策发生偏差时要比中介目标能更快地发出较为准确的信号。

③可控性。可控性要求操作目标和中介目标变量必须是中央银行运用货币政策工具能够对其进行有效控制的金融指标。中央银行对这些指标控制能力越强，货币政策就越能够达到预期效果。如，物价水平就不能作为货币政策的中介指标，因为货币政策无法直接控制物价水平，并且物价水平的变动是由多种因素造成的，因此，中央银行不能只根据物价水平的变动就做出货币政策工具的运用是对或是错的判断。

（2）可供选择的中介目标。

①货币供给量。货币供给量作为中介目标，其优点在于：a. 各个层次的货币供给量指标，随时可以通过查询中央银行、商业银行等金融机构的资产负债表来进行测算和分析；b. 各个层次的货币供给量的增减可以由中央银行调控基础货币所控制；c. 各个层次的货币供给量的调控能直接影响经济活动，与货币政策的最终目标极为密切。

同时，我们也应当看到，货币供给量作为中介目标也存在着一些弱点，如，从货币政策变动到货币供给量变动存在一定的时滞、中央银行对其控制力度不是很强等。此外，由于货币供给量是分层次的，所以，用货币供给量为中介目标就存在着以哪一层次的货币供给量作为目标的问题，从发展趋势来看，越来越多的国家已把控制的重点从 $M1$ 转向了 $M2$。

②利率。利率作为中介目标的优点在于：a. 利率不仅能够反映货币与信用供给状况，而且能够反映供给和需求的相对变化；b. 中央银行对利率的调整有直接或间接的调控权；c. 利率资料易于获取并能够经常汇集。

但是，利率作为中介目标也有缺点，如，中央银行能够控制的是名义利率，而对经济产生实质影响的是实际利率；利率对经济的作用力度还受货币需求的利率弹性大小的影响。货币需求的利率弹性较大时，利率变动对经济活动的影响才明显。在不同的经济体制下，货币需求的利率弹性是不同的。如，中国正处于计划体制向市场经济转轨的时期，居民的金融资产选择较少，且对未来的收入、养老、就医等的不确定性较大，这些都制约了利率对经济活动的影响效果。

③其他可供选择的中介目标，主要包括贷款量和汇率。贷款量作为中介指标与最终目标有一定的相关性，特别是在金融市场发育程度较低的情况下，银行信贷在社会融资方式中占绝对地位，因而对宏观经济的运行影响较大，而且数据较易获得。中央银行通过规定贷款规模限额控制贷款量，也就控制住了货币供应总量。但在金融市场发育程度较高的情况下，除贷款外，企业还可以通过其他多种渠道融资，贷款规模控制与最终目标的相关性较弱，贷款规模控制主要是依靠行政手段，从而不利于市场机制作用的发挥。我国在改革开放后的十几年时间里，实行的就是以贷款规模为中介目标的贷款规模控制管理。而汇率作为一种中介目标，主要适用于一些实行本币与某国

货币挂钩的发展中国家。

3. 货币政策的操作目标

（1）准备金。由于银行准备金的变动是银行信用扩张或收缩的前提，而中央银行的主要货币政策工具都能对银行准备金产生直接或间接的影响，因而准备金可以作为货币政策的操作指标。由于准备金有不同的统计口径，如准备金总额、法定准备金、超额准备金、借入储备、非借入储备等，因而，在选择哪一个准备金指标作为操作目标上存在着分歧，货币学派认为准备金总额较为合适。

（2）基础货币。中央银行可以通过控制基础货币来间接影响货币供给量等中介目标。基础货币由准备金和流通中的现金组成。在金融市场发育程度较低、现金流通比例较高的情况下，控制基础货币显然比只控制准备金更为重要。如，中央银行通过公开市场操作购买债券时，如果债券出售者将其所得款项以现金形式持有则对银行准备金没有影响；如果将所得款项存入银行，准备金总额才会增加。

（三）货币政策工具

为了有效地运用货币政策的操作目标、中介目标，并最终达到最终目标，中央银行必须采用适当的货币政策工具来实现货币政策目标。货币政策工具是中央银行为实现货币政策的最终目标而对货币供给量等进行调控的手段。货币政策工具包括一般性货币政策工具和选择性货币政策工具。

1. 一般性货币政策工具

一般性货币政策工具包括法定存款准备金、再贴现和公开市场业务，这是世界各国普遍采用的货币政策工具，通常称为货币政策中的“三大法宝”。

（1）法定存款准备金。它是中央银行对商业银行等存款金融机构的存款规定存款准备率，强制性地要求其按照规定的比例计提并上交中央银行所形成的存款金额。目前，凡是实行中央银行制度的国家，一般都实行存款准备金制度。中央银行可以通过调整法定存款准备金比率来影响货币供给量。当流通领域的货币供给量过少，则降低法定存款准备率；相反，则提高法定存款准备率。

作为一种重要的货币政策工具，法定存款准备金的优点是：其对所有存款金融机构的影响是平等的；对货币供给的影响极强，且效果明显，收效迅速。但同时，法定存款准备金也有其缺点，如，法定存款准备金率的变动对经济的震动太大，其轻微的变动就会带来超额准备金的大量增加或减少，扩张或紧缩效果过于剧烈，稍有不慎，将可能给经济造成严重的不良后果。所以，法定存款准备金不适合作为中央银行日常的货币政策操作工具。

（2）再贴现。是指中央银行通过变动再贴现率，影响商业银行从中央银行获得再贴现贷款的数量，进而影响货币供给量。提高再贴现率，商业银行成本提高，向中央银行的借款就会减少，从而减少货币的供给量；相反，降低再贴现率，商业银行成本降低，商业银行向中央银行的借款就会增加，从而增加货币的供给。

再贴现货币政策工具的优点：再贴现货币政策具有告示效应。当再贴现率提高时，人们就会预期到中央银行将实行较为紧缩的货币政策，促进人们减少对资金的需求，从而达到减小货币供给量的目的。当再贴现率降低时情形则相反，再贴现政策可以起到防止金融恐慌的作用。再贴现是中央银行作为最后贷款人而发挥作用的主要形式。

当商业银行发生流动性不足乃至支付危机时，中央银行可通过再贴现途径给予流动性支持，从而可以帮助商业银行渡过难关，将可能避免因商业银行的倒闭而引起的整个金融领域的支付危机与金融恐慌。

再贴现货币政策工具的缺点：从控制货币供给量来看，再贴现货币政策并不是一个理想的控制工具。其主要表现为在再贴现政策实施过程中，中央银行处于被动的地位。虽然中央银行可以规定再贴现的各种条件，但再贴现与否的决定权在商业银行；调整贴现率的告示效应只是相对的，存在出现负面效应的可能。如中央银行调高再贴现率，这时人们有可能会认为社会上已出现了较严重的通货膨胀，中央银行的行为是为了治理通胀，于是就会产生通胀预期，这种预期指导下做出的决定可能就是：当前多借入资金，等到出现更高的通胀时再还。这样，反而与中央银行实施紧缩货币政策的意图相悖。

（3）公开市场业务。公开市场业务又称公开市场政策或公开市场操作，它是指中央银行为了将货币数量和利率控制在适当的范围而在金融市场上公开买卖有价证券的政策行为。当金融市场上资金短缺时，中央银行通过公开市场业务买进有价证券，这实际上相当于中央银行向社会投放了一笔基础货币，增加了货币供给量。相反，当金融市场上货币过多时，中央银行就通过公开市场业务卖出有价证券，以达到回笼基础货币，减少货币供给量的目的。

公开市场业务的优点：公开市场业务的主动权完全在于中央银行；公开市场业务可以根据货币供给量调节的需要灵活地进行；公开市场业务可以经常性、连续性的微幅调整货币供给，具有较强的伸缩性，是中央银行进行日常性调节的理想工具；公开市场业务具有较强的可逆转性，当中央银行在公开市场操作中发现错误时，可立即逆向使用该工具，即可纠正其错误，而不致造成重大损失；公开市场业务一般是通过证券经纪人来买卖证券的，其政策意图不易被社会觉察，具有一定的隐蔽性，可以减轻社会的金融动荡。

公开市场业务由于优点较多，从而使之成为不少国家中央银行经常使用和最有效的调节货币供给量的重要工具。

公开市场业务的缺点：由于公开市场业务较为隐蔽，政策意图的告示作用较弱；需要以较为发达的有价证券市场为前提，如果金融市场发育程度不够或用来交易的金融工具较少，则难以实现前述优点，达不到应有的调节效果。

2. 选择性货币政策工具

前面介绍的法定准备金政策、再贴现政策、公开市场政策都是对信用总量的调节，属于一般性的控制，所以称为一般性货币政策工具。而选择性的货币政策工具则是中央银行针对个别部门、企业或特殊用途和领域的信用而采用的政策工具，主要包括以下内容：

（1）直接信用控制，是指中央银行依据有关法令对商业银行创造信用业务进行直接干预的各种措施的总称。主要的干预措施有：

①利率控制，即规定存贷款利率或最高限额，如，规定存款最高利率，从而控制商业银行的放款能力，限制货币供给量。这是最常用的直接信用控制工具。

②信用配额管理，即中央银行根据金融市场的供求状态及客观经济需要，对各个

商业银行的信用创造加以合理分配和限制等措施。信用配额管理是一种计划控制手段，这是我国在计划经济时期和从计划经济时期向市场经济转轨初期主要采用的一种直接信用控制方式。

③直接干预，亦称为直接行动，即中央银行可以直接对商业银行的信贷业务进行合理的干预。如，直接限制放款的额度，明确规定各家银行的放款或投资的范围等。

④流动性比率管理，指中央银行为了限制商业银行扩张信用，规定商业银行流动资产对存款的比重，从而使商业银行不能任意将流动性资产用于长期性商业贷款。

（2）间接信用控制。间接信用控制主要包括道义劝告和窗口指导两种形式。

①道义劝告。这是中央银行利用自己在金融体系中的特殊地位和威望，通过对商业银行及其他金融机构的劝告，以影响其放款数量和投资方向，从而达到控制和调节货币供给量的目的。由于道义劝告不具有强制性，因此其效果取决于商业银行对中央银行劝告的服从程度。

②窗口指导。这是来自日本银行的做法。其内容是日本银行根据经济形势的需要，规定金融机构按季度提出贷款增加额计划，在金融紧缩期内设置贷款额增加的上限，并要求各金融机构遵照执行。

间接信用控制的优点是较为灵活，但其发挥作用的大小，取决于一国中央银行在该国金融体系中的地位、威望以及是否拥有足够的法律权利和手段。

（3）消费信用控制。消费信用控制是中央银行对不动产以外的各种耐用消费品的销售融资予以控制。其主要包括：确定消费信贷购买各种耐用消费品时首期付款额、分期付款的最长期限以及适合于消费信贷的耐用消费品的种类等。

当中央银行降低首期付款额、延长分期付款期限、放宽消费信贷的耐用消费品的种类时就等于扩大了最大放款额度，势必增加社会对某些商品的需求。反之，就等于降低了最大放款额度，势必减少社会对某些商品的需求。

（4）证券市场信用控制。证券市场信用控制，是指中央银行对有价证券的交易规定应支付的保证金限额，目的在于限制用借款购买有价证券的比重，它是对证券市场的贷款量实施控制的一项特殊措施。

（5）不动产信用控制。它是中央银行对商业银行或其他金融机构发放不动产贷款的额度和分期付款的期限等规定的各种限制性措施。其主要包括：规定商业银行不动产贷款的最高限额、最长期限、首次付款的最低金额等，其目的在于抑制房地产及其他不动产交易的过度投机，避免信用膨胀。

（6）优惠利率。优惠利率是指中央银行对国家确定的重点发展部门、行业和产品规定较低的利率，以鼓励其发展，从而有利于国民经济产业结构和产品结构的调整和升级换代。实行优惠利率主要有两种方式：一是中央银行对这些需要重点扶持发展的行业、产品规定较低的贷款利率，由商业银行执行；二是中央银行对这些行业和企业的票据规定较低的再贴现率，引导商业银行的资金投向和数量。优惠利率这种选择性货币政策工具为较多的发展中国家所采用。

第三节 财政政策与货币政策的配合

财政政策与货币政策是政府进行国民经济宏观调控的两大主要经济政策，两者都是为了实现社会总需求和总供给能达到均衡这样一个总目标，然而，由于两者存在着许多不同之处，因此，需将两者配套使用，使之产生一种合力，并最终达到更好的宏观经济调控效果。

一、财政政策与货币政策配合的可能性和必要性

为了更有效地对国民经济进行宏观调控，有必要将财政政策与货币政策进行配合使用，而且这种配合既有可能，又有必要。

（一）财政政策与货币政策配合的可能性

财政政策和货币政策的内在联系使两者的协调配合成为可能，这种联系主要表现在：

1. 政策实施的主体一致

从表面上看，财政政策的实施主体是财政部，货币政策的实施主体是中国人民银行，但实际上财政部和中国人民银行同属于政府行政机关。因此，财政政策和货币政策实施的主体是一致的，即都是国家；既然实施主体是一致的，两者的配合就是可能的，国家完全有能力使两者协调配合起来。

2. 两者在宏观调控中的作用一致

财政政策与货币政策的制定和实施都是为了实现社会总供给和总需求的平衡。国家财政收支规模的安排，对社会总供需的平衡具有直接的调节作用，而中央银行货币发行量的多少和银行信贷规模的大小，也同样对社会总供需的平衡产生影响。

3. 两者的作用机制都是通过调节企业、居民的投资活动和消费活动来达到政策目标

中央银行的货币政策一般是通过商业银行传导到企业和居民，影响企业和居民的投资、消费行为，进而达到宏观调控的目标；而财政政策主要是通过其政策工具直接影响企业和居民的投资、消费行为，最终达到宏观调控的目标。

4. 财政与银行之间存在着密切的资金往来关系

其主要表现在：财政性存款是银行信贷资金的重要来源，而银行向国家上缴税收，又构成了财政资金的重要来源；国家发行债券会减少银行信贷资金来源，进而影响到银行的货币供给量。

（二）财政政策与货币政策配合的必要性

财政政策与货币政策的配合不仅有可能，而且有必要，主要体现在以下几方面：

1. 两者调控目标的侧重点不同

财政政策调控是以促进经济增长作为首选目标，调控目标的侧重点是解决财政赤字和结构性平衡问题；而货币政策调控是以保持货币币值稳定为首选目标，调控目标的侧重点是调节货币供求总量，解决通货膨胀和通货紧缩的问题。

2. 两者的调控手段不同

财政政策主要通过税收、国债及财政支出等手段实现其目标，货币政策则主要通过法定存款准备金政策、再贴现政策及公开市场政策等手段来达到目标。

3. 两者的时滞性不同

时滞性是指在制定、执行政策的过程中或者政策发挥作用的效果所出现的时间滞后的现象。一般来说，财政政策与货币政策的实施一般会产生五种时滞，它们依次为：认识时滞、行政时滞、决策时滞、执行时滞及效果时滞。由于认识时滞和行政时滞只涉及行政单位而不与立法机构发生关系，即是说，这两种时滞只属于研究过程，与决策单位没有直接关系。因此，这两种时滞可称为内在时滞。内在时滞只涉及经济问题的发现与对策研究，这对财政政策和货币政策来说，几乎没有什么区别。然而就外在时滞来说，财政政策与货币政策的就有较为明显的区别。一般情况下，财政政策与货币政策相比较财政政策的决策时滞较长，执行时滞长，效果时滞短；而货币政策的决策时滞短，执行时滞短，效果时滞长。因此，只有财政政策与货币政策相互配合，才能取长补短，取得优势互补的效果。

4. 两者的可控性不同

财政政策可以由政府通过直接控制来实现调节的目标。例如，要控制总需求可以减少国债发行量，同时缩减财政投资规模。但货币政策通常需要通过货币政策操作工具并经过中间目标的传导过程才能实现其最终目标，在实施过程中，有可能出现偏离最终目标的情况。因此，政府只能通过中央银行来间接控制和逐步实现货币政策的调节目标。

5. 两者的透明度不同

财政政策的透明度高，财政的收入或支出、结余或赤字都是公开的。货币政策的透明度低，除了法定存款准备率、利率、贴现率是公开的外，银行信贷收支平衡的真实状况却难以从银行信贷收支平衡表上反映出来。因为银行贷款可以创造派生存款，整个银行系统信贷投放的合理规模以及货币发行的合理界限等，均不能及时从数字上永远是平衡的信贷收支平衡表中反映出来。

二、财政政策与货币政策在实践中的配合形式

财政政策与货币政策既有配合的可能性，也有配合的必要性，那么，它们之间采取什么样的方式进行配合呢？

同财政政策的分类一样，根据货币政策在调节国民经济总量方面的不同功能，可将其分为膨胀性货币政策、紧缩性货币政策和中性货币政策三种类型。其中，膨胀性货币政策是指货币供应量超过货币的实际需要量，其主要功能是刺激社会总需求的增长；紧缩性货币政策是指货币供应量小于货币的实际需要量，其主要功能是抑制社会总需求的增长；中性货币政策是指货币供应量大体上等于货币的实际需要量，即对社会总需求与总供给的对比状况不产生影响。

国内外实践经验表明，财政政策与货币政策的配合主要包括四种形式。

（一）松的财政政策和松的货币政策的搭配，即“双松”政策搭配

松的财政政策是通过减税、扩大政府支出和国债发行规模等手段来增加社会总需

求；松的货币政策是通过降低法定准备金率和再贴现率，在证券市场上买进有价证券等松动银根的措施，促使利率下降，进而增加货币供给量，刺激投资和消费，增加社会总需求。“双松”政策搭配，可以刺激经济增长和发展，但易引发通货膨胀，不利于经济的稳定和人民生活水平的提高。因此，仅适合于社会总需求严重落后于总供给，即出现相当大的通货紧缩，经济走向低谷的时候使用。

（二）紧的财政政策和紧的货币政策的搭配，即“双紧”政策搭配

紧的财政政策是通过增税、削减政府支出和国债发行规模等手段，限制投资和消费，从而达到抑制社会总需求的目的；紧的货币政策是通过提高法定存款准备率和再贴现率，在证券市场上卖出有价证券等紧缩银根措施，促使利率上升，以减少货币供给量，抑制社会总需求的快速增长。“双紧”政策可以抑制通货膨胀，遏止经济的过热状态。但由于“双紧”政策对社会经济运行的调节是一种“急刹车”式的调节，可能阻碍供给的增加，造成经济严重衰退，结果是“硬着陆”。

“双松”和“双紧”政策，都是在社会供求总量严重失衡的经济条件下采取的对策，但它们却不利于经济的持续和稳定发展，会给经济带来大幅度的波动，给社会带来极大的振荡。因此，这两种同向配合方式一般不宜过多、过长时间地采用。

（三）松的财政政策与紧的货币政策的搭配

松的财政政策在政府支出乘数的作用下，可以迅速、有效地扩张社会总需求，从而起到防止经济衰退和萧条的作用；紧的货币政策通过控制信用规模来控制货币供给量的增长，从而防止通货膨胀。这种政策搭配效应是，在防止通货膨胀的同时，使经济保持适度的增长率。当经济衰退、通货膨胀时，银行应抽紧银根、回笼货币，即采用松的财政政策与紧的货币政策的搭配。但如果长期运用这种政策搭配方式，则会使政府财政赤字不断扩大。

（四）紧的财政政策与松的货币政策的搭配

紧的财政政策可以在一定程度上防止总需求膨胀和经济过热，松的货币政策则可以使经济保持一定的增长率。当银行发行了过多货币、出现信用膨胀时，财政应紧缩开支，增加收入，争取财政收支有结余，即采用紧的财政政策与松的货币政策的搭配。这种政策的搭配效应是，在保持一定经济增长率的同时，尽可能地避免总需求和通货膨胀。但如果长期运用执行松的货币政策，货币供给总量的总闸门处于相对松动的状态，就极有可能导致通货膨胀。

一般来说，政府采用更多的是松紧结合的政策搭配方式，因为在现实经济运行过程中存在的情况往往是，出现了通货膨胀但又不太严重或经济增长较低但又不至于全面衰退。因而，政府可以采用松紧搭配的方式进行调节。当然，要使松紧搭配方式产生良好的效果，就一定要注意把握好松与紧的程度。

三、我国财政政策与货币政策配合方式的具体运用

我国自市场经济体制建立以来，积极运用财政政策与货币政策配合方式对宏观经济进行调节，并取得了较好的效果。

（一）1993—1997 年

为应对经济过热和通货膨胀，实施了适度从紧的财政、货币政策，取得了显著的

反周期调节效果，既有效遏制了通货膨胀，又促进了经济适度增长，形成了“高增长、低通胀”的良好局面。

（二）1998—2004 年

针对亚洲金融危机爆发后国内经济运行中出现的有效需求不足和通货紧缩趋势等问题，政府实施了积极的财政政策和稳健的货币政策，成功地应对了亚洲金融危机的冲击。如，1998—2001 年，GDP 增长率分别为 7.8%、7.1%、8.0% 和 7.3%，CPI 分别为-0.8%、-1.4%、0.4% 和 0.7%，经济保持持续快速增长，通货紧缩趋势得到有效遏制。

（三）2005 年至 2008 年上半年

根据经济社会发展面临的新形势，政府主要实施了以“控制赤字、调整结构、推进改革、增收节支”为主要内容的稳健财政政策，并与稳健的货币政策协调配合，经济社会发展总体呈现出经济增长速度较快、经济效益较好、人民群众得到较多实惠的良好局面。

（四）2008 年下半年至今

2008 年下半年以来我国的财政政策和货币政策的配合主要分为三个阶段：

第一阶段：2008 年下半年至 2010 年上半年，为了应对世界金融危机带来的影响，国家采用了积极的财政政策和适度宽松的货币政策。

第二阶段：2010 年下半年至 2011 年，由于经济危机时采取的适度宽松政策的影响，出现了较为严重的通货膨胀，为了抑制通货膨胀，国家采取了积极的财政政策和适度从紧的货币政策。

第三阶段：2012 年上半年至今，国家通过财政政策和货币政策组合的方式选择，物价保持平稳，2017 年，全国居民消费价格总水平比上年上涨 1.6%。为了进一步促进经济的稳定增长，国家采取了积极的财政政策和稳健的货币政策。

总之，国家为了顺应国际国内宏观经济形势的需要，政府在独立地运用财政政策和货币政策对我国经济进行调控的方式上，已变得更加灵活和成熟。

本章小结

1. 宏观调控是国家从整个社会利益出发，为了实现宏观经济总量的基本平衡和经济结构的优化，采取各种手段对国民经济整体活动所进行的总体调节和控制。宏观调控理论是 20 世纪 30 年代后发展起来的。

2. 宏观调控目标包括总目标和具体目标。宏观调控的总目标是实现社会总需求和总供给的平衡；宏观调控的具体目标主要包括经济稳定增长、稳定物价、充分就业、国际收支平衡。宏观调控的手段主要有计划手段、经济手段、法律手段和行政手段等。在市场经济条件下，政府宏观调控体现出两大特点：以市场自发调节为主，政府自觉调节为辅；以经济手段和法律手段调节为主，行政手段调节为辅。

3. 财政政策是指一国政府在一定时期内，为实现一定的宏观经济目标而制定的指导财政分配活动和处理各种财政分配关系的基本准则。财政政策是由财政支出政策、税收政策、预算政策、国债政策、支付转移政策等构成的一个完整的政策体系。财政宏观调控目标主要包括经济稳定增长、价格总水平的相对稳定、收入合理分配和资源优化配置。其中，经济稳定增长是财政宏观调控目标中的首选目标。财政宏观调控的手段主要包括税收、国债、财政支出等几种形式。

4. 货币政策有广义和狭义之分。广义的货币政策是指政府、中央银行和其他有关部门所有有关货币方面的规定和所采取的影响货币供给数量的一切措施。狭义的货币政策是指中央银行为实现特定的宏观经济目标，运用各种货币政策工具调节和控制货币供给量所采取的方针和措施的总和。货币政策的内容主要包括货币政策的目标和货币政策工具等。其中，货币政策的目标包括最终目标、中介目标和操作目标三个方面的内容；货币政策工具包括一般性货币政策工具和选择性货币政策工具。一般性货币政策工具包括法定存款准备金、再贴现和公开市场业务，这是世界各国普遍采用的货币政策工具，通常称为货币政策中的“三大法宝”。

5. 财政政策与货币政策是政府进行国民经济宏观调控的两大主要经济政策。两者既相互联系又相互区别，因此必须将两者配合起来使用。财政政策与货币政策的配合主要包括四种形式：松的财政政策和松的货币政策的搭配，即“双松”政策搭配；紧的财政政策和紧的货币政策的搭配，即“双紧”政策搭配；松的财政政策与紧的货币政策的搭配；紧的财政政策与松的货币政策的搭配。

复习与思考

1. 识记：宏观调控、财政政策、货币政策

2. 领会

（1）宏观调控的四大目标。

（2）宏观调控的必要性与主要手段。

（3）财政政策的类型。

（4）财政宏观调控的主要手段。

（5）一般性货币政策工具的主要内容。

（6）财政政策与货币政策配合的可能性和必要性。

▶▶ 参考文献

［1］黄达. 金融学［M］. 北京：中国人民大学出版社，2004.

［2］陈共. 财政学［M］. 北京：中国人民大学出版社，2004.

［3］郭庆旺，赵志耘. 财政学［M］. 北京：中国人民大学出版社，2002.

［4］孙文基. 新编财政与金融［M］. 北京：中国审计出版社，2000.

［5］安体富，周升业. 财政与金融［M］. 武汉：武汉大学出版社，1996.

［6］王国清，程谦. 财政学［M］. 成都：西南财经大学出版社，2003.

［7］刘邦驰，王国清. 财政与金融［M］. 成都：西南财经大学出版社，1996.

［8］王国清，等. 国家税收［M］. 成都：西南财经大学出版社，2003.

［9］蒋洪. 财政学［M］. 北京：高等教育出版社，2001.

［10］邓子基，邱华炳. 财政学［M］. 北京：高等教育出版社，2001.

［11］刘明远，魏永芬. 财政金融学［M］. 大连：东北财经大学出版社，2001.

［12］时新荣，郑礼明. 财政与金融［M］. 成都：电子科技大学出版社，2004.

［13］宋瑞敏. 财政与税收［M］. 北京：机械工业出版社，2007.

［14］张彦. 财政与金融概论［M］. 广州：华南理工大学出版社，2003.

［15］胡庆康，杜莉. 现代公共财政学［M］. 上海：复旦大学出版社，2001.

［16］郝书辰. 金融概论［M］. 北京：中国财政经济出版社，2005.

［17］姚健开. 经济学说史［M］. 北京：中国人民大学出版社，2003.

［18］邓子基. 财政学［M］. 2版. 北京：高等教育出版社，2005.

［19］中国社科院财政与贸易经济研究所. 2003—2004中国财政政策报告［M］. 北京：中国财政经济出版社，2003.

［20］哈维·S. 罗森. 财政学［M］. 7版. 郭庆旺，赵志耘，译. 北京：中国人民大学出版社，2006.

［21］大卫·N. 海曼. 财政学：理论在政策中的当代应用［M］. 8版. 张近昌，译. 北京：北京大学出版社，2006.

［22］曼昆. 经济学原理（上/下册）［M］. 梁小民，译. 北京：生活·读书·新

知三联书店，北京大学出版社，1999.

[23] R. 格伦·哈伯特，等. 经济学（微观/宏观）[M]. 张军，等译. 北京：机械工业出版社，2007.

[24] 托马斯·梅耶，等. 货币、银行与经济 [M]. 洪文金，林志军，等译. 上海：上海三联书店，上海人民出版社，1994.

[25] 杰弗里·萨克斯，费利普·拉雷恩. 全球视角的宏观经济学 [M]. 费方域，等译. 上海：上海三联书店，上海人民出版社，1997.

[26] 凯恩斯. 就业、利息和货币通论 [M]. 徐毓丹，译. 北京：商务印书馆，1983.

[27] 殷孟波，等. 货币银行学 [M]. 成都：西南财经大学出版社，2000.

[28] 曹龙骐. 金融学 [M]. 北京：高等教育出版社，2006.

[29] 王松奇. 金融学 [M]. 北京：中国金融出版社，2000.

[30] 戴相龙. 领导干部金融知识读本 [M]. 北京：中国金融出版社，1997.

[31] 孙祁祥. 保险学 [M]. 北京：北京大学出版社，2013.

[32] 姚海明，段昆. 保险学 [M]. 3 版. 上海：复旦大学出版社，2012.

[33] 刘连生，付鹏. 保险学原理 [M]. 北京：经济科学出版社，2012.

[34] 杨忠海. 保险学原理 [M]. 北京：清华大学出版社，2011.

[35] 孙蓉，兰虹. 保险学原理 [M]. 成都：西南财经大学出版社，2010.

[36] 李杰. 保险实务 [M]. 北京：机械工业出版社，2010.

[37] 孙树菡，朱丽敏. 社会保险学 [M]. 2 版. 北京：中国人民大学出版社，2012.